Memory & Recovery
In British and American Novels

트라우마 소설연구 II

기억과 회복의 서사

한국근대영미소설학회

신아사

기획: **근대영미소설학회 출판1팀**

김명진 (연세대학교)

이윤진 (고려대학교)

박재영 (건국대학교)

간행사

본 학회는 일전에 『상처와 치유의 서사』라는 제하에 문학 작품에 나타난 트라우마를 소개한 책을 내놓아 일반 독자들로부터 좋은 반향을 얻은 바 있다. 이는 문학 작품에 나타난 트라우마를 이해하기 쉽게 꼼꼼히 설명해 주신 집필진들의 노력 덕분이겠지만, 오늘날 트라우마에 대한 관심이 그 어느 때 보다 큰 데에도 기인하였을 것이다. 오늘날 우리가 겪고 있는 산업전쟁, 급속도의 현대화 과정은 우리의 전통적 경험 구조를 흔듦으로써 경험 시스템에 혼란을 야기하고 더 나아가 트라우마적 경험을 불러일으킬 요인을 다분히 내포하고 있기 때문이다. 오늘날 트라우마에 관한 관심이 높아지고 트라우마적 경험을 문학에서 제기하는 이유는 바로 여기에 있다. 늘 삶이 트라우마였지만 현 시대만큼 그것을 상기시키는 시기는 없었으니 말이다.

본 학회가 트라우마를 소재로 두 번째 책을 기획한 이유도 이러한 사실에 기인한다. 트라우마적인 삶을 증언하고 트라우마를 재현하고 나타내는 데에 있어 문학만큼 효율적인 것은 없기 때문이다. 하지만 트라우마에 관한 이 두 번째 기획도 그리 만만한 작업은 아니었다. 평상시에는 대학에서 학생들을 가르치면서 전공분야의 논문을 쓰는데도 소홀히 할 수 없는 필진들이 이 계획에 참여하는 것은 시간적으로 볼 때 부담스런 일이기 때문이다. 하지만 고맙게도 필진들은 기꺼이 따로 시간을 투자하여 이 기획에 참여해 주신 결과 이 책이 세상의 빛을 보게 되었다. 아마도 이 책이 갖는 의미를 그 누구보다도 잘 이해하였기기 때문일 것이다.

이 책이 나온 데에는 여러 사람들의 노고가 있었다. 우선 본 학회의 출판 이사진들, 특히 건국대학교의 박재영 교수, 연세대학교 김명진 교수, 고려대학교 이윤진 교수들이 많은 힘을 보태주었다. 이들 출판 이사들은 원고의 취합과 교정에 많은 신경을 써주었고 더 나아가 영문학과 트라우마 이론에 친숙하지 않은 일반 독자의 입장에 서서 필진들에게 적극적인 의견을 개진함으로써 이 책이 일반 독자들에게 보다 가까이 다가갈 수 있도록 최선을 다해 주었다. 이에 대해 본 학회의 회장으로서 본인은 심심한 감사의 말씀을 드린다. 그리고 언제나처럼 본 학회가 기획한 책에 대해 적극적으로 호응해 주시고, 그 계획이 하나의 책으로 나오는데 결정적 도움을 주신 도서출판 신아사의 정현걸 사장님과 편집진에게도 감사의 말씀을 드린다.

한국근대영미소설학회 제 11대 회장

김일영(성균관대학교)

—트라우마, 진실, 그리고 글쓰기/문학

김일영(성균관대학교)

트라우마(Trauma)는 그 기원이 되는 그리스 어원에 따르면 "육체에 가해진 상처"란 의미를 갖고 있다. 하지만 프로이트는 이를 정신적 상처의 의미로 정신분석학에서 사용하였고 후세의 대부분의 정신 분석가들은 프로이트가 말한 의미로 트라우마란 용어를 사용하고 있다. 따라서 우리는 프로이트가 말하는 트라우마의 성격과 그 의미를 간략하게 살펴볼 필요가 있다.

프로이트가 트라우마 이론을 본격적으로 논의한 저서는 『쾌락 원칙을 넘어서』(*Beyond Pleasure Principle*)이다. 이 저서에서 프로이트는 인간의 정신은 외부 자극에 대한 방어막을 갖고 있는데, 외부 자극이 몹시 강력하여 방어막을 뚫고 들어간 경우, 혹은 방어막에 생긴 균열을 통해 외부 자극이 들어온 경우 트라우마가 발생한다고 한다. 그런데 심각한 문제는 일단 트라우마가 형성되면 우리의 정신은 트라우마의 지배를 받게 되는데, 그 이유는 방어막을 뚫고 들어온 이물질로서의 외부 자극은 우리의 정신을 소유하기 때문이라고 프로이트는 설명한다.

이러한 트라우마에는 몇 가지 주요한 특징이 있다. 그 중 하나는 트라우마의 희생자는 트라우마를 일으킨 사건, 즉 외부자극이 발생할 당시, 그 사건(외부자극)의 의미를 이해하지 못하며, 후에야 트라우마에 의한 후유증을 겪게 된다는 것이다. 다른 식으로 표현하자면 트라우마를 일으킨 사고가 발생한 시점과 그 사고로 인한 증후가 발생하기 시작하는 시점사이에는 시간적 간격이 있다는 것이다. 이 시간적 간극을 프로이트는 "잠복기"라 부른다. 마치 세균이 잠복해 있다 나중에 병/증상을 일으키는 것과도 같아서인 것이다.

트라우마에 잠복기가 있는 이유, 즉 사건 당시 그 사건의 의미를 깨닫지 못하고 나중에야 그 사건으로 인한 충격을 경험하게 되는 이유는 트라우마의 희생자가 너무나도 즉각적으로 트라우마를 일으킨 사건을 경험함으로써 오히려 그 사건이 갖는 의미를 이해하지 못한데서 비롯된다. 프로이트가 트라우마를 겪게 되는 요인의 하나로 "놀람"(fright)을 꼽은 이유는 바로 여기에 있다. 사전에 대비할 수 없는, 예측할 수 없는 사건, 즉 "놀람"을 일으키는 사건이 트라우마가 되기 때문이다.

프랑스의 철학자이자 정신분석학자인 자끄 라캉(Jacques Lacan)은 프로이트의 트라우마 이론을 자신의 고유한 이론적 틀로 재설명한다. 그의 핵심적인 정신분석학 저서인 『정신분석의 네 가지 기본 개념』(*The Four Fundamental Concepts of Psychoanalysis*)에서 라캉은 그가 만든 상징계(The Symbolic Order)와 실재계(The Real)라는 개념을 도입하여 트라우마의 본질에 대해 말한다. 따라서 우선 라캉이 말하는 상징계와 실재계에 대한 개념 설명이 필요할 것이다. 본 책에서 라캉의 트라우마 이론으로 작품을 분석한 김일영은 라캉의 상징계를 다음과 같이 설명한다.

"라캉이 말하는 상징계는 상징이나 기호 혹은 넓은 의미의 언어를 통해 표현되고 또한 이 언어를 통해 규정되는 세계를 말한다. 즉 상징계는 인간의 기호나 언어를 통해 의식과 행동을 규제하는 세계로, 이는 언어, 법, 규율의 지배를 받는 세계, 즉 인간 사회 혹은 현실 세계와도 같은 것이다." 우리가 말하는 주체는 이러한 상징계에 진입함으로써 형성되는데, 이 세계에 들어가기 위해선 우리는 포기해야만 하는 것들이 있다. 이에 대해 김일영은 다음과 같이 설명한다. "상징계는 우리가 원하는 모든 것 혹은 갖고 있는 모든 것을 허용하지 않는다. 우리를 통제하는 언어 혹은 상징/기호로 작동하는 이 상징계는 우리가 갖고 있는 것 중 몇 가지를 금기시한다. 즉 상징계는 그 자신에게 해가 되거나 위협적인 것들을 금기시하여 이를 포기할 것을 명하는 것이다. 따라서 상징계/사회 체계에 들어가기 위해선 상징계가 금하는 것을 우리는 포기하여야만 한다. 즉 상징계로 들어가기 위해선, 혹은 상징계가 부여하는 주체/정체성을 갖기 위해선, 우리가 갖고 있던 것 혹은 열망하고 있던 것 중, 상징계가 허용하지 않는 것을 포기할 수밖에 없기 때문에, 상징계 즉 현실 세계에 속하는 우리는 온전한 나의 모습이 아니라, 본래의 모습을 상실한 자아, 즉 분열된 자아로서만 존속하는 것이다."

라캉이 상징계와 대비되는 개념으로 설정한 실재계는 두 가지 관점에서 살펴 볼 수 있다. 라캉의 실재계를 물질로 보는 관점과 비물질의 관점에서 보는 것이 그 두 가지다. 우선 실재계를 물질로 볼 때, 실재계는 상징계에서 배재된 혹은 상징계를 넘어서 존재하는 것으로 간주될 수 있다. 따라서 이런 측면에서의 실재계는 상징화 혹은 기호나 문자로 정의될 수 없는, 즉 상징화(기호화) 과정을 겪은 뒤에도, 여기에 편입되지 않는 잔여물로서 정의된다. 하지만 실재계를 비물질의 관점에서 볼 때 이와는 다른 양상을 보인다. 실재계는 물질로 존재하는 것이 아니라, 상징계 안에 내재한 공간, 혹은 상징계 내의 결핍을 지칭하는 것으로 설명되기 때문이다. 한마디로 말해 실재계는 상징계의 불완전성(상징이나 기호 혹은 언어로 실재계를 표현하지 못한다는 점에서)과 상징계 내의 결핍을 나타내는 것이다.

이런 점에서 트라우마는 라캉이 말하는 실재계의 한 양상이기도 하다. 트라우마는 발생 당시 이해되지 못하고, 동시에 그 의미를 말로 표현할 수 없는 사건, 따라서 상징화(기호화)할 수 없는 경험이기 때문이다. 이 때문에 말로 표현할 수 없는 트라우마를 어떻게 표현 혹은 설명할 수 있는가는 트라우마를 겪는 사람의 숙명적 과제인 것이다. 따라서 트라우마는 언어화(언어로 설명)될 때까지 반복적으로 꿈이나 환영을 통해 나타난다. 트라우마에 시달리는 사람이 반복적으로 같은 꿈을 꾸는 것은 이런 연유에서인 것이다.

김일영은 「트라우마의 상징으로서의 흡혈귀 드라큘라(Dracula): 라캉(Lacan)적 실재계와의 조우」에서 드라큘라를 실재계 혹은 트라우마의 상징으로 보며, 그 증거의 하나로 드라큘라가 거울에 비칠 수 없다는 사실을 드는데 이는 드라큘라가 상징계로 표현될 수 없다는 점을 보여주기 때문이라고 말한다. 즉 드라큘라는 언어화 될 수 없는 혹은 상징계의 기호로 표현될 수 없는 존재이기에 트라우마라는 것이다. 따라서 실재계(의 목소리)로서의 흡혈귀 드라큘라는 "상징화 작업의 '잔여물', 혹은 상징계에서 배제된 '이물질'/'이방인'/'타자'"이며, 그가 이방인/타자의 모습을 갖고 있는 이유는 바로 여기에 연유한다고 말한다.

트라우마를 실재계에 속한 것이라고 말하는 라캉은 트라우마의 발생 원인으로 실재계의 상징계로의 진입을 든다. 상징계 너머에 있어야 할 실재계가 상징계로 진입함으로써 상징계의 운영을 혼란에 빠뜨림으로써 트라우마가 발생한다는 것이다. 라캉이 실재계와의 만남을 트라우마로 규정한 것은 바로 이런 이유에서다. 김일영은 브람 스토커의 『드라큘라』를 트라우마로 접근하면서 이런 점을 지적한다. 실재계에 속하는 드라큘라가 상징계(상징과 기호로 운영되는 현실사회)에 진입함으로써 상징계와 실재계의 경계를 허물어뜨리고, 더 나아가 실재계를 배제함으로써만 존립이 가능한 상징계를 혼란(트라우마)에 빠트린다는 것이다. 현실 사회(상징계)를 옹호하는 주요 남성 등장인물들이 드라큘라를 제거하려는 이유도 김일영은 이런 관점에서 설명한다. "사회의 수호자, 라캉식 표현을 빌리자면, 상징계의 수호자로서의 반 헬싱과 그의 흡혈귀 사냥꾼들은 드라큘라/실재계를 사회 즉 상징계로부터 추방내지 제거하려 한다. 드라큘라 혹은 라캉적 실재계는 상징계의 관점에서 보면, 제거되어야 할 '이방인'/'이물질'/'타자'이기 때문이다."

트라우마의 특징의 또 하나는 꿈(악몽)과 같은 형식을 통해 반복적으로 재현된다는 것이다. 하지만 트라우마에 있어 꿈의 기능에 대해선 프로이트와 라캉의 견해가 다르다. 프로이트는 꿈이 소원 성취의 일환 즉 바라는 바를 꿈을 통해서 이룬다고 설명한 반면 라캉은 꿈이 실재를 접하게 하는 일종의 통로로 설명한다. 이 두 사람의 꿈에 대한 시각차는 프로이트가 소개한 아들을 잃은 어느 아버지가 꾼 꿈에 관한 에피소드에서 극명하게 드러난다.

죽은 아들의 장례를 치르기 전 아들의 시신을 어느 노인에게 돌보아 달라고 부탁한 뒤, 피곤한 상태에서 잠에 든 어느 아버지는 꿈속에서 자신의 몸이 타고 있는 것이 안 보이느냐는 아들의 목소리를 듣고 잠에서 깬다. 그리곤 아들의 시신이 있는 곳으로 가 보니, 노인은 잠이 들어 있었고, 실제로 아들의 시신이 놓여 있던 방에 불이 난 것을 알게 된다. 프로이트은 이 에피소드를 소개하면서 아버지가 꿈을 꾼 것은 잠을 더 자고 싶은 그의 욕망을 충족하기 위한 것이라고 주장한다. 하지만 라캉은 꿈이 잠을 더 자고 싶은 아버지의 소망을 이루기 위한 방도가 아니라, 아버지를 잠에서 깨게 하여 실제로 아들의 시신이 놓인 방에 불이 나고 있다는 사실을 알게 해 주었다고 본다. 꿈은 소원 성취를 위한 수단이 아니라 실제를 알게 하는 데 그 목적을 갖는다는 것이다. 여기서 더 나아가 라캉은 트라우마를 일으킨 경험이 꿈을 통해 반복되는 것은 실재를 직면해야만 해결될 수 있는 트라우마가 상처를 입은 당사자로 하여금 실재를 직시하게 만들기 위해서라고 설명한다.

유재은은 「트라우마를 수행하다: 돈 드릴로의 서사 실험」에서 트라우마 치유의 전단계로서 사실과의 직면의 중요성을 돈 드릴로가 강조하고 있다고 말한다. 그는 돈 드릴로의 『행위예술가』와 『떨어지는 사람』을 수행/공연(performance)의 관점에서 해석하면서, 수행이 트라우마 극복에 중요하다고 주장한다. 그에 따르면 두 작품의 서사구조는 트라우마를 겪고 있는 인물의 생을 이야기를 통해 재구성함으로써 트라우마를 섣부르게 극복하려는 것이 아니라 수행이라는 방식을 통해 가공되지 않은 트라우마의 순간으로 독자를 다시 데려감으로써 트라우마를 일으킨 사건을 직면하게 하는데 그 의미가 있다고 말한다. 즉 유재은은 이 두 작품의 서사는 트라우마적 경험의 순간을 되살리는 것, 그 혼란의 순간을 다시 경험하도록 서사적으로 수행하는 것이라고 주장함으로써 라캉적 실재계의 대면이 트라우마 극복의 전 단계임을 시사하고 있는 것이다.

트라우마는 개인의 상처이면서도 집단의 상처 혹은 타자와의 관계 속에서 파생되는 상처다. 유재은은 수행의 관점에서 드릴로의 작품을 분석하면서 화자와 독자와의 관계 혹은 독자의 참여가 왜 트라우마에 중요한지를 역설한다. 그에 따르면 드릴로는 트라우마의 시간적 특성을 서사적으로 재현하는 형식을 통해 독자들을 트라우마의 경험에 적극적으로 동참시키며, 이러한 수행적 서사를 통해 치유보다는 트라우마가 야기한 자아의 균열에서 새로운 타자와의 관계 성립의 가능성을 모색한다고 말한다. 다시 말해 트라우마는 타자와의 관계를 통해 그 치유의 가능성을 모색할 수 있다는 것이다.

트라우마가 개인의 이야기이면서 동시에 집단의 이야기, 더 나아가 타자와의 관계 속에서 파생된다는 사실은 홍덕선의 글에서 분명하게 제시된다. 「홀로코스트 역사의 트라우마에 접근하기: D.M. Thomas의 『하얀 호텔』」에서 홍덕선은 『하얀 호텔』은 정상적 생활을 하지 못하는 주인공 여성이 겪고 있는 트라우마의 원인과 정체를 파헤쳐가는 트라우마 소설이라고 주장하면서, 극심한 육체적 고통을 겪고 있는 리자라는 여인에 관한 이야기의 의미를 풀어간다. 실제로 존재했던 정신분석가 프로이트가 등장하는 이 소설의 여주인공 리자는 "왼쪽 가슴과 난소에 심한 통증, 호흡곤란"을 겪으며 "일상생활에 큰 지장"을 받는 환자다. 그녀를 치료하는 프로이트는 이를 히스테리에 의한 것으로 간주하며 그 원인을 리자가 어렸을 적 겪었던 정신적 상처에서 찾는다. 즉 프로이트는 그녀의 "어머니와 이모부 간에 불륜의 사랑, 호텔에서 화재로 인한 어머니의 죽음" 등을 리자가 겪고 있는 히스테리 증상의 원인으로 생각하는 것이다. 하지만 작품 후반부에서 토마스는 시선을 1941년 9월 29-30일 키에프의 바비 야 계곡에서 벌어졌던 홀로코스트 사건으로 돌리며 기존에 나왔던 홀로코스트 기록을 다수 차용하여 바비 야 계곡의 참사를 보여줌과 동시에 여기서 희생된 리자의 모습을 그린다.

언뜻 보기에 리자가 어린 시절 겪었던 정신적 상처를 보여준 작품 전반부와 역사적인 홀로코스트의 희생자로서의 리자의 모습을 담은 후반부는 서로 연관성이 없어 보이지만, 그녀가 죽음을 맞이하게 되는 장면을 자세히 살펴본다면 그 둘 사이의 연관성을 발견할 수 있다고 홍덕선은 지적한다. 후반부에서 리자는 "나치 병사에 의해 왼쪽 가슴이 군화로 짓이겨지고 병사의 총구로 강간" 당하는데 이는 작품 전반부에서 리자가 느끼던 왼쪽 가슴과 난소에 느끼는 통증이 사실은 나치 병사에 의한 것임을 암시하는 것이다. 다시 말해 리자의 고통은 프로이트의 말처럼 그녀가 어렸을 적에 느꼈던 성적 억압에 의한 것이 아니라, 리자 자신이 직면하고 있는 "유대인이라는 인종적 문제"였던 것이다. 즉 리자의 트라우마적 증상의 원인은 과거에 있는 것이 아니라 유대인이라는 현재에 있는 것이다. 작가 토마스가 작품의 후반부에 유대인 대학살이라는 홀로코스트를 그려낸 이유와 리자가 이 홀로코스트의 희생자가 되었다는 사실은 이런 의미에서 의미심장하다. 홍덕선은 바로 이런 점을 지적하며 트라우마는 개인적인 것이 아니라 우리의 역사, 사회 속에 내재한 병리적인 것이라는 사실을 지적한다.

트라우마가 단순히 개인적인 상황이 아니라 역사적 · 사회적 맥락,

즉 타자와의 관계 하에서 접근해야 함은 부경숙의 글을 통해서 보다 분명하게 제시된다. 「셔먼 알렉시의 『플라이트』: 역사적 비행을 통한 비행청소년의 트라우마 치유 및 정체성 회복」에서 부경숙은 자신의 별명이 여드름이라고 소개하는 『플라이트』의 주인공이자 화자에 관한 이야기를 트라우마의 관점에서 분석한다. 태어나자마자 미국 인디언 아버지에게 버림받고 6살 때 아일랜드계 백인 어머니가 숨지면서 고아가 된 후, "21곳의 위탁가정을 전전하면서 언어폭력, 신체적 폭력, 성폭력 등의 온갖 학대"를 겪으며 심한 정신적 상처를 입은 화자가 하게 되는 시간 여행과 환생을 다룬 이 소설은 사뭇 판타지 소설처럼 느껴질 수 있다. 하지만 화자가 겪는 시간 여행과 환생은 궁극적으로 화자의 정신적 상처를 역사적·문화적·사회적 맥락에서 살펴볼 수 있게 하는 계기를 마련함으로써 그가 겪는 트라우마를 해결하는 방법을 모색하기 위한 것이다.

미국 인디언 아버지를 둔 화자는 여러 인물로 탈바꿈한다. 1975년 아이다호주(Idaho State)에 있는 나나푸쉬 인디언 보호구역(Nanapush Indian Reservation)에 파견된 백인 FBI요원 행크 스톰(Hank Storm)으로 환생하여 인디언 인권운동가를 고문하고 살해하기도 하며, 1876년에 있던 리틀 빅 혼 전투(Battle of Little Big Horn) 직전 인디언 부락에 살던 12세 된 인디언 소년으로, 어거스터스 설리번(Augustus Sullivan)이라는 나이든 미 기병대의 인디언 추적자로, 9/11 테러가 일어난 즈음에는 백인 비행교관으로, 심지어는 자신을 버린 아버지의 몸으로 환생하여, 서로 대립적인 경험을 하게 된다.

이처럼 서로 대립적인 경험을 역사적 맥락에서 하게 된 화자는 부경숙의 지적처럼 "미국 인디언으로 산다는 것이 어떤 것인지, 백인으로 산다는 것이 어떤 것인지, 그리고 백인과 기득권을 가진 백인성과의 차이가 무엇인지에 대해 배운다." 그럼으로써 화자는 "미국 원주민계와 미국이라는 나라 간의 관계에 대해서도 새로운 시각에서 바라볼 수 있게 되며, 이렇게 공동체적 역사를 개인화함으로써 배타적이고 차별적인 부족주의를 거부하는 포용적인 이해에 도달하게 된다." 즉 배타성을 버리고 타자에 대한 이해를 도모함으로써 화해를 하고 이로 인해 트라우마를 극복할 수 있다는 메시지를 이 작품은 보여주고 있는 것이다. 이를 부경숙은 이렇게 설명한다. "여드름이라 불리는 비행청소년은 자신의 두 혈통이 가져다주는 복잡한 가능성들과 갈등들을 모두 받아들이고 부족주의를 거부함으로써 미국이라는 국가의 이야기인 역사와 자신의 과거 이야기인 개인사를 모두 다각적인 시각에서 이해하고 받아들여 미국 시민으로서 그리고 한 가족의 일원으로서 소속감을 모두 느낄 때 '영혼의 상처'를 치유하고 여드름으로 상징되는 트라우마를 떨치고 마이클로 재탄생할 수 있게 되는 것이다."

트라우마가 홍덕선이나 부경숙의 말처럼 단순히 개인의 이야기가 아니라 역사적 상황이 낳은 병적인 면모라면 이에 대한 치유의 방편으로서의 트라우마에 대한 증언은 반드시 필요한 것이다. 즉 트라우마에 대한 증언은 당위성과 윤리적 문제인 것이다. 라캉이 소개한 바 있던 불타는 아들의 시신에 관한 꿈을 꾼 아버지의 이야기도 트라우마가 윤리의 문제를 수반한다는 사실을 시사한다.

라캉은 이 에피소드를 언급하면서 아버지의 꿈은 실재를 직면하라는 명령으로 받아들여야 한다고 말한다. 꿈은 각성/깨달음으로 가는 통로가 될 수 있다는 것이다. 꿈을 통해 아버지는 잠에서 깨어났고, 깨어남으로써 실제로 아들의 시신이 타고 있다는 사실을 알게 되었기 때문이다. 즉 아버지는 꿈을 통해 실제적으로 또한 상징적으로 "깨어남"(awakening)을 이룰 수 있었던 것이다. 허나 더욱 중요한 사실은 깨어남으로써 아버지는 화재로부터 스스로의 목숨을 구할 수 있었기 때문에 자신의 목숨을 구해준 이 꿈/깨어남을 알려야 할 책임을 지게 된다. 따라서 깨어남/각성(Awakening)은 책임을 수반하는 윤리적 문제가 되는 것이다. 19세기 영국 시인 코울리지(S. T. Coleridge)의 시 「노수부의 노래」("The Rime of Ancient Mariner")의 화자 노부수처럼 트라우마를 겪은 사람은 이를 알려야 할 혹은 다른 사람과 공유하여야 할 의무를 지게 되는 것이다.

한광택은 「트라우마의 폭력, 공감, 윤리: 멜빌의 『빌리 버드』」에서 트라우마와 기억, 윤리의 문제를 다룬다. 19세기 미국소설가 멜빌의 『빌리 버드』를 분석한 글에서 한광택은 이 작품의 중심소재를 트라우마로 보며, 자신을 모함한 사람에게 순간적으로 감정이 폭발하여 폭행을 가하여 결국 죽음에 이르게 한 선량하고 순수하기 짝이 없는 빌리의 이야기를 트라우마로 풀어낸다. 예기치 않게 사람을 죽게 한 빌리 버드의 군사재판과 그의 처형 과정, 이 재판을 주도한 선장 "비어와 빌리의 동료 수병들의 영혼에 아로새긴 깊은 정신적 상흔" 즉 트라우마가 이 작품의 주제라는 것이다. 따라서 한광택은 멜빌이 "빌리가 군법회의에서 선고받은 교수형을 순순히 받아들인 후 처형되는 모습을 묘사하며 군법에 희생된 그에 대한 비어와 동료 수병들의 공감이 공동의 기억으로 치환되는 과정에 초점을 또렷하게 맞추어간다"고 주장하며, "폭력의 가해자이면서 가혹한 법적 폭력의 희생자"이기도 한 빌리에 관한 문제는 트라우마가 윤리의 문제와 직결되어 있음을 강조한다.

트라우마는 이처럼 윤리의 문제이며 동시에 이를 타인에게 전달하여야 하는 대상으로서의 의무의 문제이기도 하다. 즉 트라우마에 있어서 더욱 중요한 것은 트라우마를 일으킨 사건을 다시 기억해 내는 것보다는 그 사건이 무엇을 말하는지, 어떤 의미를 지니고 있는지 이를 증언하는 것이다. 트라우마가 반드시 전달되고 증언되어야 하는 이유는 증언이 사실을 확고히 정착하게 해 주어서가 아니라, 증언하는 행위 자체가 트라우마를 겪은 사람이 살아남을 수 있는 방법, 그의 상처가 치유될 수 있는 방법이기 때문이다. 커루스의 말처럼 생존자는 그들의 이야기를 말하기 위해 살아남아야 할 뿐만 아니라 그들이 앞으로도 살아남기 위해서라도 자신들의 이야기를 해야만 하는 것이다.

희생자를 살릴 증언을 가능하게 해 주는 것 중 하나가 바로 글쓰기다. 자신의 트라우마를 들어줄 청자, 문학상으로는 독자를 창조함으로써 글쓰기는 증언을 가능하게 해 주기 때문이다. 정은숙은 「자메이카 킨케이드의 『루시』에 나타난 어머니/모국 트라우마의 근원과 극복양상」에서 트라우마에서 벗어나기 위한 글쓰기의 중요성, 증언으로서의 글쓰기의 중요성을 이야기한다. 우선 정은숙은 이 작품에 나타나는 루시의 어머니에 대한 증오와 경멸을 이해하려면 작가 킨케이드의 개인적인 삶을 이해해야 한다고 말하며, 이 작품에 나타난 어머니와 딸의 관계를 어머니/식민주의자와 딸/피식민지인 간의 갈등에 초점을 맞춘다. 우선 정은숙은 루시에서 킨케이드/루시가 자신의 어머니/식민주의자에 대해 갖게 된 개인적인 트라우마의 장면들을 어떤 방식으로 은폐하면서 동시에 폭로하고, 더 나아가 극복하는가를 보여주기 위해서, 주디스 허먼(Judith Herman)의 트라우마 이론에 근거하여 미국에서 입주 외국인 보모로서 새로운 삶을 시작한 루시/킨케이드가 어머니/모국으로부터 겪었던 소외와 상실, 그로 인한 분노와 수치심을 극복하고 독립적인 정체성을 모색하는 과정을 살펴본다.

허먼은 트라우마를 벗어나는 방법의 하나가 "가족의 비밀"을 털어놓음으로써 "수치심, 죄책감, 책임감이라는 무거운 짐"(200)을 내려놓는 것이라고 말한다. 루시가 "자신의 출생과 어머니의 "배신"에 대해 털어놓는 장면은 루시가 트라우마적 사건들을 "기억"하기를 통해 회복의 단계로 나아가려는 의지로 볼 수 있는 근거는 여기에 있다. 비록 그 과정에서 기억하기 싫은, 억압해 버린 과거를 다시 떠올리고 분노와 절망의 단계를 거치더라도 "기억"하고 이야기하는 과정은 치유를 향한 한 과정이기 때문에 "이야기의 재구성"은 트라우마를 치유하는 과정에서 반드시 거쳐야 할 중요한 단계이다. 따라서 글쓰기 자체는 트라우마를 겪은 사람이 살아남기 위한 하나의 증언의 행위가 되는 것이다.

트라우마에 있어서 증언 혹은 기억과 글쓰기를 통한 증언의 중요성은 여러 문학 작품에서 찾아 볼 수 있다. 구은숙은 「사랑의 배반, 트라우마 서사와 주체 형성: 토니 모리슨의 『자비』(*A Mercy*)에서 글쓰기가 트라우마를 극복하는데 필수적일 뿐만 아니라 주체성을 회복하는데 있어서 긴요하다는 사실을 모리슨의 소설 『자비』에 대한 분석을 통해 주장한다. 모리슨의 이 소설은 여주인공 플로렌스(Florens)가 사랑하는 사람에게 하는 고백으로 시작된다. 하지만 구은숙의 지적처럼 사랑하는 사람이 자신의 이야기를 읽어주길 기대하면서 폐허가 된 백인 주인의 저택 마루와 벽에 플로렌스가 쓰는 "플로렌스의 이야기는 대장장이를 향한 것이지만 이것은 또한 어머니에게 하는 이야기이기도 하다." 그녀의 글속엔 그녀 생각에 자신을 버린 어머니에 대한 분노와 잃어버린 사랑에 대한 욕구가 동시에 표현되었기 때문이다.

플로렌스가 오해를 하고 있었다는 사실은 소설의 마지막 장에서 밝혀진다. 일인칭 서술로 진행되는 고백을 통해 플로렌스의 어머니는 주인집에 온 바크를 보고는 그가 인간적인 사람임을 직감하고 딸을 보호하기 위해 딸을 데려가 달라고 부탁하였다는 사실이 드러나기 때문이다. 이런 점에서 구은숙의 주장처럼 이 소설은 "포기하는 어머니와 버림받은 딸의 트라우마"를 재현하고 있으며, "모든 등장인물들은 부모와 사회에 의해 버림받은 자들이며, 소설은 이들이 겪는 트라우마와 이들이 잃어버린 사랑에 대한 욕망을 규명하는 과정을 통해 탄생하는 주체"를 보여주고 있는 것이다. 하지만 이런 사실의 중심에는 글쓰기가 있다. "그녀는 말하기와 글쓰기를 통해 억압된 트라우마와 대면하고 자신의 과거를 재구성하며 이 과정을 통해 잃었던 주체성을 회복"하기 때문이며, 이는 또한 "트라우마를 극복"하는 과정이기도 하기 때문이다.

문학/글쓰기와 트라우마 사이에는 불가분의 관계가 있다. 우선 증언으로서의 문학을 접한 독자는 문학 작품을 통해 대리 트라우마를 겪게 되고, 이를 타인에게 알리는 진실의 전달자가 될 수 있다. 다음으로 글쓰기/문학은 트라우마적 경험을 하나의 서사로 만듦으로써 트라우마에서 벗어나게 해 줄 수 있다. 트라우마를 겪는 사람은 과거에 벌어진 트라우마의 영역과 현재의 일상생활의 영역 두 군데에서 동시에 존재한다. 즉 과거의 트라우마적 사건과 현재 벌어지는 사건 간에 시간적인 간극을 모르고 이를 동시에 혼재된 것으로 경험함으로써 혼란에 빠지게 되는 것이다. 하지만 트라우마적 경험을 시작과 끝이 있는 하나의 서사/이야기로 바꾸면, 시간성이 없는 트라우마의 파괴적인 영향에서 벗어날 수 있다. 시간적 연계성을 부여함으로써 현재 삶속에 과거의 트라우마적 사건이 개입되는 것을 막고, 더 나아가 트라우마를 극복하는데 도움을 받을 수 있기 때문이다. 트라우마(의 해결)와 서사(의 형식)가 밀접할 수밖에 없는 것은 이 때문이다.

권영희도 「트라우마와 탈식민주의 서사: 캐럴 필립스의 『마지막 항해』」에서 트라우마와 서사 형식의 관계에 대해 주목한다. 권영희는 "트라우마 개념은 전쟁이나 홀로코스트, 원폭 투하처럼 예외적인 폭력에서 비롯하는 정신적·육체적·상흔 뿐만 아니라, 가부장제나 노예제와 같이 장기간에 걸친 구조적인 지배 종속 관계로 인해 발생하는 트라우마도 포함한다"는 사실을 지적하며, 특히 라카프라(LaCapra)의 구조적인 트라우마와 역사적인 트라우마 개념의 상관관계를 참고하여 포스트모던한 서술 기법들로 받아들여져 온 필립스 소설의 기법적인 특징을 새롭게 이해하고자 한다. 필자에 따르면 『마지막 항해』의 가장 주목할 만한 성취는 노예제를 직접 경험하지 않은 인물들이 노예제의 역사적인 트라우마를 무의식 차원에서 계승하고 구현한다는 점에 있다. 주인공의 일면 모호한 욕망과 섹슈얼리티의 문제가 노예제에서 비롯하는 트라우마의 역사성과 맞닿아 있다는 것이다.

트라우마는 서사의 형태에 영향을 미칠 정도로 서사 즉 글쓰기/문학과 긴밀한 관계를 갖고 있기에 트라우마를 증언이나 진실의 접근으로서의 글쓰기와 분리해서는 상상할 수 없다. 신진범은 트라우마에서 벗어나기 위한 수단으로서의 글쓰기 즉 문학이 의학적으로 타당하다는 사실을 모리슨의 『고향』을 통해 보여주고자 한다. 「외상 후 스트레스 장애와 트라우마의 치유: 문학과 의학의 관점으로 읽는 토니 모리슨의 『고향』」에서 신진범은 두 남매의 트라우마의 원인과 이에 대한 치료법을 제시한다. 어린 시절 프랭크 머니(Frank Money)와 씨 머니(Cee Money) 두 남매는 백인들이 어떤 흑인을 끔찍하게 생매장하는 사건을 목격한다. 그 후 프랭크는 한국 전쟁에 참전하여 의도치 않게 한국 여자 아이를 살해한 후, 트라우마에 시달리고, 여동생 씨는 백인의사의 비인간적 실험 때문에 생식기를 훼손당하는 트라우마적인 사건을 겪게 된다.

어린 소녀를 죽인 죄책감에서 빠져 있던 프랭크는 여동생 씨에 관한 소식을 듣고는 입원해 있던 병원을 탈출해 위독한 여동생을 구해 로터스로 데려가 그 지역 공동체에 속한 여성들의 도움을 청한다. 미스 에셀(Ethel)을 필두로 한 마을 여성들의 도움으로 자궁에서 피를 흘리던 씨는 어느 정도 치유되었고, 프랭크는 서술자와 끝없는 대화를 나누어 공동체의식의 중요성을 깨닫게 된다. 이로 인해 프랭크는 과거 자신이 목격하였던 생매장 되어 죽은 흑인이 묻힌 곳으로 가, 그곳 흙을 파내 "정성스럽게 흩어지고 썩어가는 뼈"를 모아 퀼트에 담고 "월계수 나무 밑에 그 뼈를 묻고, 나무로 된 묘비명을 그 곳에 세운다." 이처럼 억울하게 죽은 이에게 다시 합당한 애도를 표함으로써 그의 트라우마도 점차 치유되는데 이러한 사실은 트라우마의 해결에서 중요한 요인 중 하나가 바로 공동체의식과 애도의 중요성임을 보여주는 것이다.

트라우마의 원인과 그 의미, 더 나아가 그 치유법은 많은 인문학자들의 관심사다. 프로이트, 라캉, 커루쓰, 라카프라카 등의 정신 분석가들과 트라우마 이론가들이 트라우마에 관심을 기울였던 이유는 세계대전이나 홀로코스트, 9/11테러 등과 같은 인간에 의한 참사가 현대 사회에서 빈번히 벌어지기 때문일 것이다. 이런 재앙의 원인은 우리 사회 내에 있는 것이기에 이를 치유해야 할 의무도 사회에 있다. 트라우마에 있어서 증언, 공동체 의식, 애도가 중요한 이유는 이것들이 트라우마가 바로 사회의 책임임을 보여주기 때문이다. 원인이 사회에 있다면 해결책도 사회에서 찾을 수밖에 없다. 정신 분석가들은 트라우마가 사회적 산물 혹은 역사적 산물임을 시사함으로써, 트라우마 이론가들은 트라우마의 원인을 사회에서 찾고 사회적 행위를 통해 그 해결책을 모색함으로써, 사회/공동체의 역할을 강조하였다. 이 책에 수록된 글들도 궁극적으로는 같은 맥락에서 이해될 수 있다. 트라우마의 극복에 있어서 진실과의 대면의 중요성을 역설하고, 진실에 대한 증언으로서의 글쓰기, 진실을 대면하는 매개체로서의 글쓰기의 역할을 강조함으로써 필진들은 트라우마의 해결책을 공동체에서 찾고자 하였기 때문이다. 증언으로서의 글쓰기/문학이 그 어느 때 보다 중요한 것은 바로 이 이유에서다.

CONTENTS

트라우마의 상징으로서의 흡혈귀 드라큘라(*Dracula*)

라캉(Lacan)적 실재와의 조우

김일영 _ 성균관대학교

트라우마의 상징으로서의 흡혈귀 드라큘라(*Dracula*): 라캉(Lacan)적 실재와의 조우[1]

I

작가 소개

『드라큘라』(*Dracula*)의 작가 브람 스토커(Bram Stoker)는 1847년 11월 8일 아일랜드의 수도 더블린(Dublin)에서 영국인 아버지 아브라함 스토커(Abraham Stoker)의 7남매 중 셋째 아들로 태어났다. 어렸을 때부터 병약하였던 스토커의 병상을 지키던 그의 어머니는 어린 스토커를 즐겁게 해 주기 위해 아일랜드의 전설에 등장하는 유령이나 아일랜드 요정 반시(banshee), 시체를 파먹는 귀신 이야기, 콜레라 확산에 대한 이야기, 그리고 산 사람을 생매장할 뻔한 이야기 등을 해주어, 훗날 스토커의 작품에 영감을 주었다고 한다.

병마를 이겨내고 건강한 성인이 된 스토커는 1863년 더블린(Dublin)의 트리니티 대학(Trinity College) 수학과에 입학하여 1868년 졸업하고, 석사학위를 따기 위해 같은 해 같은 대학 수학과 대학원에 입학한다. 하지만 그는 대학원 재학 중에도 문학에 대한 관심을 키워가며 19세기 미국 시인 월터 휘트먼(Walter Whitman)과 여러 다른 작가들의 작품을 읽었으며, 여가시간에는 연극을 보러 다니곤 하였다고 한다.

1876년은 스토커의 인생에 전환점이 된 시기였다. 그는 19세기 영국

1 이 글 중 드라큘라를 트라우마로 분석한 내용은 2014년 12월에 출판된 『근대영미소설』 21권 3호에 수록된 “Traumatic Encounter with the Real: Lacanian Approach to Stoker's Dracula”를 번역 개작한 것이다.

배우 헨리 어빙(Henry Irving)이 더블린에서 공연한 『햄릿』(*Hamlet*)을 보고 이에 감동하여 『이브닝 메일』(*Evening Mail*)이라는 잡지에 어빙의 천재성을 극찬하였는데, 이를 계기로 두 사람은 본격적으로 우정을 쌓게 된다. 1878년에 어빙은 런던에 있는 라이세움 극장(Lyceum Theatre)을 임대하여 자신의 연극단을 만들고 스토커에게 지배인(acting-manager)직을 제안하였고 스토커는 이를 수락하여 어빙이 사망한 1905년 10월까지 이 극장의 매니저로서 거의 평생을 함께 하게 된다.

극장 일을 계기로 많은 예술가와 문인들을 접하게 된 스토커는 틈틈이 집필 활동을 하여 1882년에는 어린아이들을 위한 이야기 모음집 『일몰 아래서』(*Under the Sunset*)를, 1890년에는 그의 본격적인 최초의 소설 『뱀의 길』(*The Snake's Pass*)을 출판한다. 또한 같은 해 4월 스토커는 동유럽의 흡혈귀 전설을 소개해 준 헝가리 출신의 아르미니우스 뱀버리(Arminius Vambery)를 만나고, 이를 계기로 영국 휘트비(Whitby)에서 여름휴가를 보내면서 흡혈귀 소설을 본격적으로 구상하게 되었고, 이는 1897년에 출판된 그의 대표작 『드라큘라』로 이어지게 되었다.

『드라큘라』를 통해 본격적인 작가의 반열에 들었지만 어빙과의 변함없는 우정으로 스토커는 극장 매니저 일을 계속하였다. 그러다 1898년에 발발한 화재로 극장이 상당한 경제적 손실을 입어 운영이 어려워지게 되자, 1900년 어빙은 이 극장을 양도한다. 매니저 일을 그만 둔 스토커는 그 동안 구상하였던 작품들을 하나씩 출판하기 시작한다. 이에 따라 1903년에는 25세기 동안 이집트를 통치하였던 이집트 여왕의 부활을 소재로 한 『일곱 별의 보석』(*The Jewel of Seven Stars*)을 출판하여 고딕 소설가로서의 명성을 한층 더하였다.

1905년 어빙이 사망하자 이에 커다란 충격을 받은 스토커의 건강도 점차 악화되어 이듬해에 그는 뇌출혈로 쓰러져 몇 달 동안 거동도 제대로 못할 정도가 되었다. 그러던 와중 스토커는 자신의 자서전적인 이야기와 어빙에 대한 전기를 기술한 『헨리 어빙에 대한 개인적 회상』(*Personal Reminiscences of Henry Irving*)을 1906년에 출판하였고, 1908년에는 단편 소설 모음인 『눈에 갇혀』(*Snowbound*)와 낭만적인 소설 『레이디 애쓰린』(Lady Athlyne)을, 1909년에는 미스터리 물 『수의를 입은 여인』(*The Lady of the Shroud*)을 출판한다.

왕성한 집필 활동으로 말미암아 스토커의 건강은 점차로 악화되어 1910년에는 두 번째 뇌출혈로 쓰러진다. 최악인 건강 상태에도 불구하고, 그는 1911년에 마지막 작품인 『흰 뱀의 거처』(*The Lair of the White Worm*)를 출판한다. 이 작품을 마지막으로 스토커는 다음해인 1912년 4월 20일 64세의 나이로 런던 핌리코(Pimlico)에 있는 자택에서 임종하였고, 그의 장례식은 그의 아내와 스토커의 절친한 친구였던 카인, 그리고 고인이 된 어빙의 아들이 지켜보는 가운데 조용히 치러졌다.

II

작품 소개 및 줄거리

『드라큘라』의 등장인물인 드라큘라는 15세기 왈라키아(Walachia)라는 지역(현재의 루마니아의 한 부분이다)의 군주였던 실존 인물을 모델로 한다. 그의 본명은 블라드 체페슈(Vlad Tepes)로, 그는 당시 왈라키아를 노리고 있던 터키의 침공으로부터 자국을 지키기 위해 적들을 잔인하게—정확히 말해, 자신의 희생자가 된 적군을 긴 뾰족한 막대에게 꽂아서—처형하여, "꼬챙이 블라드"(Vlad Impaler)란 별명을 얻게 된다. 그는 또한 스스로를 드라큘라(Dracula)라고 칭하였는데, 이는 자신의 아버지가 신성로마 제국의 황제로부터 얻은 칭호인 "Dracul"의 아들이라는 뜻에서였다. 루마니아어로 "Dracul"은 "용" 혹은 "악마," "a"는 "아들"의 의미를 갖기 때문에, 그의 이름은 "용(악마)의 아들"이란 의미가 된다. 브람 스토커는 드라큘라라는 역사적 인물과 그 당시 동부유럽을 중심으로 전해져 내려오던 흡혈귀에 관한 전설을 결합하여, 오늘날 우리가 친숙하게 알게 된 허구적 인물인 흡혈귀 드라큘라를 만들어 내었고, 그가 이 작품을 통해 드라큘라의 속성으로 제시한 것들은 후에 나오는 흡혈귀 소설이나 영화의 패러다임을 제공하게 된다.

이 작품은 여러 사람들의 일기와 편지, 잡지 기사, 녹음, 전보, 배의 항해 일지 등 여러 종류의 기록물로 구성되어 있다. 따라서 이 모든 구성요소들을 시간적 순서에 따라 종합해야 이야기의 줄거리와 전후 맥락을 이해 할 수 있다. 다시 말하면, 이 소설은 독자의 추리와 논리적 사건 구성이 요구되는 복잡한 작품인 것이다. 또한 스토커는 이 작품에 사실성을 부여하기 위해 드라큘라가 처음으로 살륙한 영국 마을인 휘트비의 실제 모습과 이곳에 있는 묘지의 형태를 꼼꼼하게 살펴보고 이를 작품에서 묘사하였으며, 드라큘라 성이 있는 트란실바니아(Transylvania)에 대한 지역적·인종적 정보도 상세히 조사하였다.

이러한 작품 구성상의 특징과 더불어 주목해야 할 점은 이 작품에서 드라큘라의 정체를 밝히고 그를 제거하는데 앞장서는 반 헬싱(Van Helsing)이란 등장인물이 인간의 뇌를 연구하는 과학자이자 정신과 의사라는 사실이다. 드라큘라는 거울에 비치지 않으며 초대받지 않는 곳에는 갈 수 없다는 사실을 통해 암시되듯이, 그는 현실세계에 실제로 존재하는 인물이라기보다는 인간의 무의식의 상징으로 볼 수 있기 때문이다. 따라서 이 작품은 인간의 무의식 혹은 억압된 정신세계에 대한 기록으로 볼 수 있는 것이다. 이에 대한 본격적인 논의를 하기 전에 우선 이 소설의 줄거리를 살펴보기로 하자.

이 소설은 동유럽에 위치한 트란실바니아란 지역으로 향하는 조나단 하커(Jonathan Harker)란 인물의 서술로 시작된다. 영국 출신의 젊은 변호사 하커는 그의 상사의 지시에 따라 영국 내에 부동산 매입을 의뢰한 드라큘라를 만나러 트란실바니아에 있는 그의 성으로 간다. 이곳에서 하커는 드라큘라에게 그를 위해 런던에 구입한 저택에 대해 알려주며 여러 법률적인 서비스를 제공하지만, 곧 자신은 잠겨있는 거대한 문과 절벽에 둘러싸인 이 성에 갇혀 있는 포로와 같다는 사실을 알게 된다. 게다가 그는 드라큘라가 영국에 진입하기 위해 자신을 이용한 것이며 자신과의 용무가 끝나면 자신을 곧 해칠 것이란 사실도 알게 된다. 그러던 중 하커는 젊은 세 명의 여자 흡혈귀의 위협까지 받게 되고, 자신의 종말이 얼마 남지 않았다는 사실을 알고 필사적으로 성벽을 타고 탈출하게 된다.

이때 스토커는 시점을 바꾸어 영국에 있는 하커의 약혼녀인 미나(Mina)와 그녀의 단짝 친구인 루시 웨스턴라(Lucy Westernra)의 이야기로 옮겨간다. 미나는 루시의 요청에 따라 그녀가 현재 머물고 있는 휘트비로 간다. 아서 홈우드(Arthur Holmwood)라는 영국 귀족과의 결혼을 앞 둔 루시가 이곳 휘트비에서 지내는 동안 휘트비에는 러시아 배가 폭풍우로 인해 난파당하는 사건이 벌어진다. 모든 선원들이 실종되고 선장만이 시신으로 발견된 이 배에는 드라큘라가 자신의 성에서 보낸 50개의 상자만이 남아 있었을 뿐이었다. 이 사건 이후 루시는 어렸을 때 겪었던 몽유병 증세가 재발하여 밤새 시달리게 되며 건강도 극도로 악화되어 간다. 이런 그녀의 모습을 보게 된 그녀의 약혼자 아서는 루시를 자신의 의사 친구인 수어드(Seward)에게 보여준다. 하지만 진찰 후에도 그녀의 병의 원인을 알아낼 수 없었던 수어드 박사는 자신의 스승이자 저명한 뇌 과학자인 반 헬싱에게 도움을 청한다.

그 사이 미나는 드라큘라 성에서 탈출한 하커가 부다페스트의 한 병원에 입원해 있다는 소식을 이 병원에서 일하는 수녀의 편지를 통해 알게 된다. 미나는 하커를 만나러 부다페스트로 가고, 네덜란드 출신의 반 헬싱은 루시를 진찰하러 영국으로 건너온다. 루시를 진찰한 후, 반 헬싱은 그녀의 증상이 현대과학으로는 설명할 수 없는 심각한 것이라는 사실을 직감한다. 그는 여러 문헌을 조사한 뒤, 루시가 흡혈귀 드라큘라의 공격을 받고 있다고 판단하여 드라큘라의 침입을 막기 위해 흡혈귀가 기피하는 마늘을 그녀의 방에 바르고 루시의 목에는 마늘을 화환처럼 만들어 걸어준다. 반 헬싱의 이러한 조처로 드라큘라의 접근을 막은 덕분에 루시의 건강은 어느 정도 회복의 기미를 보였지만, 마늘의 용도를 몰랐던 루시의 어머니가 반 헬싱이 루시의 방에 걸어두었던 마늘을 치워 버리는 바람에 루시는 다시 한 번 드라큘라의 공격을 받게 된다. 이에 반 헬싱은 루시에게 또 한 번의 수혈을 하지만, 늑대를 동원한 드라큘라의 공격에 다시 노출된 루시는 많은 피를 빼앗긴 뒤, 결국 숨을 거두고, 흡혈귀로 부활하게 된다.

반 헬싱은 아서와 수어드 박사, 그리고 이들의 친구인 미국인 퀸시 모리스(Quincy Morris) 등을 데리고 루시가 묻힌 묘소를 찾아가 그녀가 언데드(undead) 즉 흡혈귀가 되었다는 사실을 알게 해 준다. 이에 아서는 반 헬싱의 뜻에 따라 흡혈귀가 된 루시의 심장에 말뚝을 박아 그녀를 흡혈귀 상태에서 벗어난 영원한 휴식의 세계, 즉 실제 죽음의 세계로 이끈다. 이 이후 이들은 루시를 파멸시킨 드라큘라를 처치하기로 결정한다.

이 사이 부다페스트에서 결혼한 미나와 하커는 영국으로 돌아와 반 헬싱을 만나고 이들의 뜻에 동참하게 된다. 미나는 수어드가 녹음한 일기와 하커가 쓴 일기, 그리고 자신의 일기를 시간 순서에 따라 일목요연하게 정리하여 이를 드라큘라에 관한 정보를 알아내는데 활용한다. 이를 토대로 반 헬싱은 드라큘라가 휴식을 취하기 위해 트란실바니아로부터 가져온 50개의 상자의 행방을 알아내고 여기에 성체를 뿌려 이를 못 쓰게 하고자 한다. 그들의 계획은 어느 정도 순조로이 진행되었으나, 수어드가 운영하는 정신병원에 수용된 렌필드(Renfield)란 환자가 드라큘라를 이 정신병원에 들어오도록 하는 바람에 이곳에 머물고 있던 미나는 밤마다 드라큘라에게 피를 빨리게 된다. 하지만 드라큘라의 행방을 쫒던 반 헬싱 일행은 이를 전혀 알지 못하고 있었고, 미나 또한 늘 몽롱한 상태에서 드라큘라의 공격을 받았기 때문에 이를 명확하게 의식하지 못하였다. 그러던 중 미나의 피를 빨러 가는 드라큘라를 저지하기 위해 싸우다가 심각하게 부상을 입고 죽어가던 렌필드로부터 이 사실을 알게 된 반 헬싱 일행은 그녀의 침실에서 피를 빨고 있던 드라큘라를 몰아내고, 힘을 합쳐 드라큘라의 상자의 소재를 파악한 뒤 상당수의 상자를 못 쓰게 만든다. 하지만 이미 여러 차례 드라큘라의 공격을 받았던 미나는 점차 흡혈귀로 변해가고 있었고, 이들은 미나가 흡혈귀로 변하는 것을 막기 위해서는 드라큘라를 처치하는 것이 시급하다는 사실을 깨닫게 된다. 따라서 이들은 남은 하나의 상자를 가지고 트란실바니아에 있는 자신의 성으로 도망가는 드라큘라를 처치하러 그곳으로 떠난다. 퇴각하는 드라큘라를 쫓아 육로로 가는 팀과 수로로 가는 팀을 나눈 뒤, 반 헬싱은 미나와 함께 직접 드라큘라 성으로 간다. 성에 도착한 그는 그곳에 있는 세 명의 여자 흡혈귀들을 말뚝을 이용하여 처치하고, 뒤이어 이곳으로 향하고 있던 드라큘라는 그를 육로로 쫓아오던 하커와 모리스의 칼에 의해 죽음을 맞이하고 연기처럼 사라지게 된다. 그 후 몇 년 뒤 다시 모인 반 헬싱 일행은 드라큘라 성을 다시 찾았지만, 이들은 드라큘라가 존재했다는 사실을 증명할 수 있는 것이 아무것도 없다는 사실을 깨닫게 된다.

III

1. 작품 분석에 사용된 트라우마(Trauma) 개념

프랑스의 정신분석가이자 철학자인 자크 라캉(Jacques Lacan)은 『정신 신분석의 네 가지 기본 개념』(*The Four Fundamental Concepts of Psychoanalysis*)이란 책의 「투르케와 오토마톤」("Tuch and Automaton")이란 장에서 그의 독특한 철학 개념인 상징계(The Symbolic Order)와 실재(The Real)의 개념을 도입하여 트라우마의 본질에 대해서 설명한다. 따라서 그가 말하는 트라우마가 무엇인지 이해하기 위해서 라캉이 말하는 상징계와 실재에 대해 살펴보고자 한다.

라캉이 말하는 상징계는 상징이나 기호 혹은 넓은 의미의 언어를 통해 표현되고 또한 이 언어를 통해 규정되는 세계이다. 즉 상징계는 인간의 기호나 언어를 통해 의식과 행동을 규제하는 세계로, 이는 언어, 법, 규율의 지배를 받는 인간 사회 혹은 현실 세계라고 할 수 있는 것이다. 그런데 이 상징계가 중요한 것은 상징계(인간 사회, 현실 세계)에 들어가야만 우리는 정체성 혹은 주체성을 부여 받기 때문이다. 예를 들자면, 변호사, 의사, 학생 등으로서의 각자의 정체성은 이 상징계/사회가 정해준 역할이며, 이 부여받은 역할이 바로 우리의 정체성인 것이다.

이 상징계(현실 세계)에 들어가기 위해서 우리는 반드시 포기해야만 하는 것이 있다. 우리를 통제하는 언어 혹은 상징/기호로 작동하는 이 상징계는 그 스스로에게 해가 되거나 위협적인 것들을 금기시하여 이를 포기할 것을 우리에게 명하기 때문이다. 따라서 상징계로 들어가기 위해서는 혹은 상징계가 부여하는 주체/정체성을 갖기 위해서는 우리가 갖고 있던 것 혹은 열망하고 있던 것 가운데 상징계가 허용하지 않는 것을 우리는 포기할 수밖에 없게 된다. 그 결과 상징계(현실 세계)에 속하는 나는 온전한 나가 아니라, 본래의 모습의 일부를 상실한 분열된 자아로서만 존재하게 된다.

라캉이 말하는 실재는 상징계 너머에 있는 혹은 상징계에 편입되지 않는 우리의 또 다른 모습이다. 따라서 실재는 상징계를 구성하는 언어 혹은 상징/기호로 표현될 수도, 설명될 수도 없는 것이다. 이를 다른 각도에서 설명하자면, 실재는 상징계가 허용할 수 없는 또 다른 우리의 모습이며 상징계에서 배척되어야 할/배척된 우리의 모습인 것이다. 즉 상징계에 들어갈 때 우리가 포기해야만 하는 것, 혹은 상징계에 편입될 수 없는 것이 바로 실재인 것이다. 이런 의미에서 실재는 상징계의 불완전성을 간접적으로 나타낸다고 볼 수 있다. 상징계(의 언어)는 이 실재를 나타낼 수 없기 때문에, 즉 모든 것을 다 포용할 수 없고 설명할 수 없기 때문에 "불완전"하다고 할 수 있기 때문이다.

라캉은 「투르케와 오토마톤」에서 상징계와 실재의 이처럼 대비되는 측면을 이용해 트라우마를 "실재와의 조우" 혹은 "실재의 상징계로의 진입"으로 설명한다. 상징계에서 정체성을 부여받은 우리가 상징계의 언어로 표현할 수도 또한 설명할 수도 없는 실재를 만날 때—혹은 실재에 속하는 우리의 모습이 상징계의 통제 하에 있는 우리에게 다가올 때—우리는 트라우마를 겪게 된다는 것이다. 이와 더불어 라캉은 트라우마를 겪는 사람이 반복적으로 꿈을 꾸는 이유와 꿈과 트라우마의 관계 그리고 트라우마와 실재와의 관계에 주목한다. 트라우마가 보여주는 것은 바로 실재의 모습이며 트라우마로서의 실재의 모습은 꿈이라는 무의식의 산물을 통해 제시된다는 것이다. 따라서 반복되는 꿈 혹은 악몽의 형태로 나타나며, (상징계의) 말/언어로도 표현할 수 없는 이질적인 "타자"(나와는 다른, 따라서 거부감과 혐오감의 대상으로서의 타자의 개념이다)로 등장하는 드라큘라를 우리는 트라우마의 관점에서 살펴볼 필요가 있다.

2. 트라우마의 상징으로서의 흡혈귀 드라큘라: 라캉적 실재와의 조우

트라우마는 어원적으로 "신체에 가해진 상처"를 의미한다. 하지만 20세기의 저명한 정신분석학자인 지그문트 프로이트(Sigmund Freud)는 이 용어를 "정신적 외상"의 뜻으로 종종 사용하여 트라우마는 오늘날 정신적 혼란을 야기하는 "정신적 상처"를 뜻하게 되었다. 프로이트가 말하는 이런 정신적 외상은 스토커의 『드라큘라』에서도 찾아 볼 수 있는데 이는 모두 드라큘라와의 만남을 통해서 야기된다.

드라큘라 성에서 드라큘라를 제일 처음으로 만난 조나단 하커는 자신이 드라큘라 성에 갇혀 있은 포로와도 같다는 사실을 깨닫고는 필사적으로 성을 탈출한다. 하지만 탈출 뒤 그의 모습은 정상적이지 못하다. 정신적으로 너무나 커다란 상처를 입은 그는 종종 환각상태에 빠져 헛소리를 할 뿐만 아니라, 육체적으로도 극도로 쇠약해져 몇 주 동안 병원에 입원할 수밖에 없게 된다. 자신의 아내가 된 미나의 도움으로 퇴원 후에도 그의 모습은 크게 달라지지 않는다. 반 헬싱을 통해 드라큘라가 실제로 존재한다는 사실을 알게 되기 전까지 그는 자신이 만난 드라큘라가 실제로 존재하는 인물인지, 아니면 자신의 환각이 만들어낸 존재인지, 더 나아가 자신이 미쳤는지 의심하고 있기 때문이다. 드라큘라에 의해 정신적 상처를 입게 되는 상황은 드라큘라의 공격을 수 차례 받은 루시 웨스턴라의 경우에서도 나타나는데, 드라큘라에게 피를 빨려 여러 차례 긴급 수혈이 필요하였던 그녀는 드라큘라와의 접촉 후 관능적이고 성적으로 저돌적인 여성으로 변모하였을 뿐만 아니라 정신분열증상까지 보이게 된다. 이처럼 흡혈귀와의 조우는 피해자들을 육체적으로뿐만 아니라 정신적으로도 피폐하게 만드는데, 이런 상처가 트라우마가 되는 것은 피해자들이 흡혈귀의 공격을 전혀 예측하지 못하였다는 사실 때문이다.

프로이트는 『쾌락원칙을 넘어서』(*Beyond Pleasure Principle*)에서 불안(anxiety)과 두려움(fear), 경악(fright)의 차이를 설명하면서 트라우마를 구성하는 요인 중 하나로 "경악"(fright)을 꼽는다. 그에 따르면 위험을 예측할 수 있는 "불안"이나 대상이 누구인지 예측이 가능한 "두려움"은 트라우마를 일으키지 않지만, 대비되지 않은 혹은 전혀 예측하지 못한 위험에 빠질 때 겪게 되는 경악은 트라우마를 일으킬 수 있다는 것이다. 바로 이 점에서 하커와 루시가 겪은 사건은 트라우마적이다. 그들은 드라큘라의 출현을 전혀 예측하지 못하였을 뿐만 아니라 드라큘라가 실제로 존재한다고 믿지도 않았기 때문이다.

라캉이 말한 것처럼 트라우마는 "실재와의 조우" 혹은 "실재의 상징계로의 진입"으로 인해 생겨나기 때문에, 우리는 우선 이 작품에서 무엇이 상징계이며 무엇이 실재로 명명될 수 있는지 살펴볼 필요가 있다. 이 소설의 처음 네 개의 장과 마지막 장의 사건이 벌어지는 장소는 트란실바니아와 그곳에 위치한 드라큘라 성이며, 이 사이에 있는 나머지 장들의 무대는 영국, 특히 휘트비와 런던이다. 이런 점에서 볼 때, 이 작품은 트란실바니아가 영국을 앞뒤로 감싸고 있는 구조를 갖고 있으며, 작품의 주요 내용은 영국을 감싸고 있는 트란실바니아에 거주하는 드라큘라가 자신의 먹잇감을 찾으러 간 영국의 심장부 런던에서 벌어지는 사건들로 구성된 것이다. 작품의 이러한 구조가 갖는 의미는 트란실바니아와 런던이라는 두 대조적인 장소의 성격을 통해 제시된다.

드라큘라가 거주하는 트란실바니아는 "유럽에서 가장 황량하고 잘 알려지지 않은 곳"이며 "이 세상에 알려진 모든 미신"(57)이 모여 있는 가장 원시적이고 미신적인 장소다. 열차시간도 제대로 지켜지지 않는 이곳은 문명화된 세상과는 거리가 먼 미지의 지역으로, 이곳에 위치한 "드라큘라 성의 정확한 위치를 알려주는 지도나 책자" 조차도 없다. 따라서 드라큘라 성에 가기 위해 하커가 선택할 수 있는 유일한 방법은 드라큘라 자신이 몰고 온 마차를 타고 가는 것밖에는 없었던 것이다. 게다가 드라큘라가 모는 마차를 타고 그의 성으로 가는 내내 하커는 잠에 빠져들거나 비몽사몽의 상태에 머물러 있다. 이러한 사실은 하커가 가는 곳은 실제 세계가 아니라 꿈의 세계라는 사실을 상징한다. 다시 말해 트란실바니아와 드라큘라 성은 실제 세계가 아니라 라캉이 말하는 꿈/무의식의 세계인 실재인 것이다. 이는 트란실바니아란 이름 자체가 "숲 너머"의 세상, 라캉이 말하는 "상징계 너머"의 세계란 사실에서도 짐작할 수 있다.

이와 반대로 이 작품의 구조상 트란실바니아에 둘러싸인 영국은 법과 질서가 구현되는 곳으로 서구에서도 가장 문명화된 사회로 제시된다. 트란실바니아와는 달리 이곳의 열차 시간은 정확하게 지켜지고 있으며, 이곳에 거주하는 사람들은 논리와 과학, 법을 신봉하는 사람들이다. 이러한 사실은 이 작품의 주요 등장인물들의 직업과 신분을 통해 제시된다. 주요 등장인물인 드라큘라를 쫓는 다섯 명의 남자들은 당시 서구사회의 주축이 되는 영국의 변호사, 영국과 네덜란드의 의사, 영국 귀족, 미국 사업가 등으로 구성되어 있기 때문이다. 다시 말해 영국은 모든 것이 규율과 법에 따라 통제되고 운행되는, 기호와 언어에 의해 통제받고 운영되는 상징계와도 같은 곳이다. 따라서 트란실바니아에 속하는 드라큘라가 런던으로 침투하여 벌어지는 사건을 다룬 이 소설은 "실재의 상징계로의 진입"으로 야기되는 트라우마에 관한 이야기로 볼 수 있는 것이다.

라캉은 실재가 언어로 표현 될 수 없는, 즉 말이나 기호로 구현할 수 없는, 트라우마의 형태로 종종 나타난다고 말한다. 트라우마도 실재처럼 상징화(언어와 같은 상징이나 기호로 전환시키는 것을 지칭하는 라캉의 개념이다)를 거부하며 동시에 상징계를 초월하거나 상징계에 의해 배척당하기 때문에 언어로 환원될 수 없는, 언어로 재현 불가능한 것이기 때문이다. 바로 이런 점에서 드라큘라를 실재로서의 트라우마로 볼 수 있는 근거를 찾을 수 있다. 그는 트라우마처럼 언어나 문자로 표현내지 재현될 수 없는 존재이기 때문이다.

드라큘라를 제외한 이 작품의 거의 모든 등장인물들은 자신의 경험을 기록한다. 수어드 박사는 축음기에 자신의 일기를 녹음하고, 하커는 속기로 편지를 쓴다. 반 헬싱과 아서, 퀸시도 이들과 마찬가지로 메모나 짧은 기록을 남긴다. 특히 하커의 아내 미나는 자신의 일기를 쓰면서도 하커의 속기록을 일반 문자로 전환하여 타이핑하고, 수어드 박사의 축음기에 녹음된 일기도 문서로 작성하여 다른 사람들도 모두 읽을 수 있도록 한다. 따라서 미나에 의해 집대성된 모든 기록들을 종합해, 반 헬싱은 드라큘라에 관한 정보를 얻고, 이를 토대로 드라큘라의 추적에 나설 수 있었던 것이다. 하지만 작품의 말미에 하커는 드라큘라가 존재했었다는 사실을 입증할 서류가 전혀 없다는 사실을 실토한다. 그 이유로 하커는 드라큘라가 자신들이 보관해 온 드라큘라에 관한 기록물을 모두 태워버렸기 때문이라고 하지만, 드라큘라에 관한 기록이 없다는 사실 자체는 드라큘라가 현실세계에 존재하지 않는다는 점을 객관적으로 나타내는 상징성을 지닌다. 상징계 너머에 있는, 혹은 상징계에서 배제된 드라큘라는 상징계를 구성하는 문자나 글/언어로 표현할 수 없다는 사실을 그에 관한 서류의 부재가 객관적으로 나타내고 있는 것이다.

드라큘라가 거울에 비치지 않는다는 사실도 이런 관점에서 살펴볼 수 있다. 드라큘라 성에서 거울을 보며 면도를 하던 하커는 드라큘라가 바로 자기 뒤에 서 있었음에도 불구하고 그의 모습이 거울에 비치지 않았다는 사실에 몹시 놀란다.

> 잠자리에 든 지 몇 시간 되지 않았지만 더 이상 잠을 잘 수 없을 것 같아서 창에 손거울을 걸고 면도를 막 시작하려던 참이었다. 그때 갑자기 내 어깨 위에 손을 올리고 '잘 잤소?'라고 말하는 백작의 목소리가 들렸다. 거울이 방 뒤를 모두 비추고 있었는데도 백작을 보지 못했다는 사실에 난 깜짝 놀랐다. 백작의 인사에 대답하고는 내가 잘못 본 게 아닌지 확인하려고 다시 거울을 쳐다보았다. 하지만 결코 내가 잘못 본 것이 아니었다. 백작은 내 옆에 있었고 어깨 너머로 그를 볼 수 있었지만, 그의 모습은 분명 거울에 비치지 않았으니 말이다. 방 뒤의 모습이 모두 거울에 비쳤지만 나 말고는 그 어떤 사람의 모습도 거울에 비치지 않았던 것이다. (110-11)

드라큘라가 거울에 비치지 않는다는 사실은 그가 실재하지 않는다는 혹은 그가 영혼이 없는 존재라는 의미가 아니라, 드라큘라는 상징계의 불완전성, 즉 상징계가 드라큘라를 재현 혹은 표현할 수 없다는 사실을 상징적으로 보여준다. 거울이 그를 비칠 수 없다는 사실은 드라큘라가 실재에 속하기 때문에 상징, 혹은 언어/기호로 표현될 수 없다는 사실을 나타내기 때문이다.

드라큘라의 존재를 문서화할 수 없다는 사실—드라큘라의 존재를 문서로 증명할 수 없다는 사실—은 그의 불가지(不可知)성(그의 존재에 대한 어떠한 것도 알 수 없다는 사실)을 암시한다. 지식이나 앎은 의식의 세계인 언어로 구성되고 언어로 대변되는/언어를 통해 유지되는 상징계에 속하기 때문이다. 프로이트는 트라우마를 일으키는 자극에 대해 설명하면서 트라우마를 일으키는 경험은 의식/앎과 양립할 수 없다는 사실을 이렇게 말한다: "모든 도발적인 과정은 . . . 기억의 근간을 이루는 영원한 흔적을 남긴다. 이런 기억의 흔적은 . . . 그 흔적을 남기는 과정이 의식 속에 들어오지 않을 때, 종종 가장 강력하고 오래 지속된다"(27). 프로이트에 따르면 트라우마를 일으키는 자극은 기억의 흔적을 남기는데, 이 흔적은 트라우마의 형태로 반복된다. 하지만 기억의 근간을 형성하는 이 기억의 흔적은 기억 그 자체와는 구분되어야 한다. 무의식 혹은 라캉적 실재에만 기록되는 기억의 흔적과는 달리, 기억은 의식/앎/지식으로 대변되는 상징계에 속하기 때문이다. 따라서 트라우마를 일으키는 경험은 결코 말로 설명될 수도 이해될 수도 없다. 라캉의 실재처럼 그것은 의식으로 편입되기를 거부하기 때문이다.

이와 관련하여 트라우마를 일으키는 사건의 피해자는 자신이 경험하거나 목격한 사건의 의미를 결코 알거나 이해하지 못한다. 역설적으로 말하자면, 커루쓰(Cathy Caruth)라는 트라우마 비평가의 지적처럼, "격렬한 사건을 직접적으로 겪거나 목격"을 하게 되면, 그 목격자/경험자의 의식은 이에 압도되고 마비되어, 오히려 그 사건의 의미를 알 수 없게 되기 때문이다. 이런 의미에서 "보는 것은 모르는 것"이라고 할 수 있다. 트라우마를 일으키는 사건을 아무 대비 없이 직접 목격함으로써 그 사건을 객관적이고 있는 그대로 볼 수 없게 되기 때문이다. 이 소설에서 흡혈귀 드라큘라와 조우한 세 명의 인물이 이러한 사실을 입증한다.

하커는 드라큘라 성에서 몇 달 동안 머무르며 드라큘라와 독대하였기 때문에 드라큘라의 존재를 직접 목격한 인물이다. 하지만 그가 성에서 겪은 끔찍스러운 일들과 드라큘라와 관련된 끔찍스런 사건들은 그가 드라큘라와 만난 것(사건)의 의미를 이해하지 못하게 한다. 심지어 그는 드라큘라 성에서 머무는 동안 드라큘라와 이야기를 나누고 그를 눈으로 직접 목격하였음에도 불구하고, 자신이 드라큘라를 만난 것은 자신의 환각이 만들어낸 허구일 수도, 자신이 미쳐서 그런 환각을 갖게 된 것인지도 모른다고 생각하기에 이른다: "나[하커]는 몹시 충격적인 일을 겪어, 그 일을 생각해 내려고 할 때마다 몹시 정신이 어지럽소. 그리고 그것이 실제로 일어난 일인지, 아니면 광인이 꾼 꿈인지 나도 모르겠소"(254). 하커가 자신이 미친 것은 아닌지 의심을 하는 것은 드라큘라가 실제로 존재하느냐 하지 않느냐의 문제와 관련된 것이 아니라, 압도하는 충격적 경험이 야기하는 트라우마는 이해 될 수도 알 수도 없다는 사실을 시사한다.

이러한 사실은 루시의 경우에 보다 확실하게 드러난다. 루시는 몽유병 증세로 밤이면 밖으로 나가 드라큘라와 부딪치게 된다. 몽유병 증상으로 루시가 잠이 들면 집밖으로 나간다는 사실을 알게 된 미나와 루시의 어머니는 루시의 방문을 잠궈 그녀가 밖으로 나가지 못하게 한다. 그럴 경우 드라큘라는 박쥐로 변신해 루시를 창가로 유인해 창문을 열게 하여 창문을 통해 루시의 방으로 들어가 루시의 피를 빤다. 이런 일이 반복되어 결국 루시는 목숨까지 잃고 급기야는 흡혈귀로 다시 부활하게 되지만, 루시는 그때까지도 자신이 흡혈귀의 공격에 노출되고 있었다는 사실도, 심지어 드라큘라의 존재 자체도 의식하지 못한다. 그녀는 붉은 눈을 가진 "흐릿한" 형상만을 어렴풋이 감정적으로만 기억할 뿐이다.

> 순전히 꿈을 꾼 것은 아니었어. 너무나도 실제 같았거든. 난[루시] 그냥 여기에 오고 싶었던 거야. 왜 그런지는 몰라. 사실 나 무엇인지는 모르지만 이곳에 있는 무엇인가가 두려웠으니 말이야. 잠이 든 것 같기는 한데, 실제로 거리를 지나 저 다리를 건너간 것 같아. 다리를 건너갈 때 물고기가 뛰어 올랐어. 난 그걸 보느라고 난간 위로 몸을 숙였지. 계단을 올라갈 때 개들이 짖는 소리도 들었어 . . . . 그때 붉은 눈을, 그러니까 해 질 때 보았던 것과 똑같은 붉은 눈을 가진 크고 어두운 형체를 보았던 것 같아. 그러곤 아주 기분 좋으면서 아주 불쾌한 기운이 내 주변을 감싸는 듯한 느낌이 들었던 기억이 어렴풋이 나. (243)

루시의 진술이 시사하듯 그녀가 종종 드라큘라를 만났고 그를 보았다는 것은 분명하다. 그녀는 어렴풋하게나마 무의식적으로 드라큘라의 붉은 눈을 의식하고 있기 때문이다: "'그의 붉은 눈이 다시 보이네! 저

것들도 같은 거야.' 그건 난데없이 나온 기이한 표현이어서 난[미나] 무척 놀랐다"(243). 하지만 루시는 드라큘라를 전혀 알아보지는 못한다. 그녀에게 드라큘라는 해가 질 때 그녀가 보았던 것과 마찬가지로 "붉은 눈을 가진 무언가"일 뿐이기 때문이다. 드라큘라와 관련하여 그녀가 기억하는 느낌도 역시 어렴풋하며 역설적이다. 그것은 "아주 기분 좋으면서 아주 불쾌한 것"이기 때문이다. 간단히 말해 드라큘라는 루시를 끊임없이 따라다니지만, 트라우마의 상징으로서의 드라큘라는 상징계/앎과 지식의 세계 너머에 있는 존재이기 때문에, 루시는 진정한 의미에서 드라큘라를 "알지도," "보지도" 못하고 있는 것이다.

미나의 경우도 마찬가지다. 드라큘라의 공격에 노출되었지만, 미나는 드라큘라를 분명하게 기억해 내지 못한다. 루시의 경우처럼 그녀가 기억하는 것도 단지 드라큘라의 "붉은 두 개의 눈"일 뿐이다. 드라큘라와의 만남을 미나는 다음과 같이 회상한다.

> 그 불빛을 계속 지켜보자, 불빛은 둘로 나뉘어져 두 개의 붉은 눈처럼 안개 속에서 나를 비추었다. 그 붉은 눈은 절벽에 위치한 세인트 메리 교회 창문에 석양이 비칠 때, 잠시 넋이 나간 루시가 보았다고 말했던 바로 그 눈 같았다. 그러자 갑자기 공포가 날 엄습했다. 달빛을 받으며 소용돌이 치고 있던 안개 속에서 그 모습을 드러냈던 세 명의 무시무시한 여자들을 보았을 때 남편이 느꼈을 법한 바로 그런 공포였다. 꿈속에서 난 의식을 잃었던 게 분명하다. 모든 것이 암흑으로 변했으니 말이다. 의식을 잃기 전 내게 마지막으로 떠올랐던 것은 안개 속에서 나온 창백한 얼굴을 한 어떤 형상이 내 위로 몸을 구부리는 모습이었다. (495)

드라큘라와의 만남이 가져다 준 공포는 미나의 무의식 속에 각인되어 있기 때문에 그녀는 이를 생생하게 인식하고 있다. 하지만 이와 반대로 드라큘라에 대한 미나의 기억은 매우 제한적이다. 그녀가 기억하는 것은 드라큘라의 붉은 눈과 창백한 얼굴뿐이며, 그녀 자신이 고백했듯이 그녀는 당시에 기절까지 하였으니 말이다. 따라서 미나 자신은 자신에게 일어난 일, 보다 정확히 말해 자신과 드라큘라 사이에 일어났던 일을, 인식하지 못하고 있기 때문에, 드라큘라가 미나의 피를 빤 행위는 다른 흡혈귀 사냥꾼들과 같이 이 장면을 목격한 수어드 박사에 의해 기록된다.

수어드 박사는 이 트라우마적 사건을 목격하고 이를 기록하지만 그 자신도 자신이 목격한 일의 의미를 제대로 알지 못하는데, 이는 그가 제시한 상반되는 두 가지 버전의 기록 혹은 진술을 통해 제시된다. 첫 번째 버전은 그가 미나의 방으로 뛰어 들어갔을 때 보고 느꼈던 것에 대한 기록이며, 두 번째 것은 당시의 상황에 대해 말해 달라는 하커의 요청에 따라 그가 하커에게 한 이야기다. 첫 번째와 두 번째 방식에 각각 묘사된 미나와 드라큘라의 모습을 다음과 같다:

> 그[드라큘라]는 왼손으로 하커 부인의 두 손을 잡아 그녀의 팔이 쭉 펴질 정도로 당기고는, 오른손으로 부인의 목덜미를 잡고 자기 가슴에 얼굴이 닿도록 눌렀다. 그녀의 흰 잠옷은 피로 얼룩졌고 찢긴 옷 사이에 드러난 그의 가슴에는 가느다란 핏줄기가 흘러내렸다. 두 사람의 자세는 고양이에게 억지로 우유를 먹이려고 우유가 담긴 접시에 고양이의 코를 박는 어린아이의 모습과 닮았다. (531-32)

> 백작은 그의 아내를 무자비하게 붙잡아 그녀의 입을 자신의 가슴에 난 상처에 갖다 대었다. 숙인 머리 위에서 분노로 창백한 그의 얼굴이 경련을 일으키고 있는 바로 그 순간에도 손은 헝클어진 [미나의] 머리를 애정 어리고 사랑스럽게 어루만지고 있었다. (535)

얼핏 보면 수어드 박사가 제시한 두 개의 버전은 드라큘라의 가슴에서 흘러내리는 피를 빨고 있는 미나에 대해 같은 내용을 전하고 있는 것처럼 보인다. 하지만 첫 번째 버전의 분위기나 인상은 두 번째 버전과는 전혀 다르고, 심지어는 정 반대의 인상을 전달하고 있는 듯하다. 첫 번째 버전은 미나가 드라큘라의 피를 마시는 장면을 억압적이고 강압적인 분위기로 묘사하고 있는 반면, 미나의 머리를 사랑스럽게 쓰다듬는데 초점을 맞춘 두 번째 버전은 사랑과 애정의 분위기가 지배적이기 때문이다. 같은 사람이 같은 장면을 이처럼 다르게, 심지어 정 반대로 묘사한 것은 우리를 혼란에 빠지게 한다. 정확히 말하자면, 수어드 박사 자신이 눈앞에서 벌어지고 있는 장면에 대해 혼란스러워 하며 그 의미를 모르고 있는 것이다. 마틴(Martin)이란 문학 비평가도 지적했듯이, 하커는 자신이 본 것이 무엇인지 모르고 있거나 그 장면을 어떻게 해석해야 할지 모르고 있는 것이다(89).

트라우마란 용어는 꿈이란 의미의 독일어 "트라움"(Traum)에서도 유래되었다. 따라서 우리는 트라우마가 꿈과도 밀접한 관계가 있다는 사실을 짐작할 수 있을 것이다. 라캉도 트라우마와 꿈의 관계를 다음과 같이 설명한다: "어떻게 주체의 욕망의 전달자인 꿈이 트라우마를 반복적으로 나타나게 할 수 있는가? 트라우마의 얼굴까지는 아니더라도, 그 뒤에 트라우마가 여전히 있다는 것을 보여주는 스크린을 말이다" (『정신분석학의 네 가지 근본적 개념』 55쪽). 프로이트는 꿈이란 평소에 갖고 있던 소망을 드러내는 잠재의식의 행위로 자신의 소원을 성취하고자 하는 욕망에 의해 생겨난다고 말한다. 라캉의 위의 진술을 보면, 그도 프로이트처럼 꿈을 "소원 성취"에 대한 갈망(wish-fulfillment), "주체의 욕망의 전달자"로 보고 있는 듯하다. 하지만 라캉은 곧이어 꿈에 관한 프로이트의 전제에 의문을 제기하며 꿈의 또 다른 기능은 트라우마를 반복적으로 재현하는 것이라고 말한다. 꿈은 단순히 소원성취의 수단이 아니라 고통스런 트라우마를 반복적으로 직면하게 하여 이를 전달하는 역할을 한다는 것이다.

이 소설을 트라우마의 관점에서 살펴볼 수 있는 또 하나의 근거는 라캉이 말하는 꿈의 성격을 이 작품에서 찾아볼 수 있다는 점에 있다. 이 소설에는 꿈의 모티브나 꿈과 같은 몽환적 분위기가 지배적으로 나타나는데 이는 작품의 초반부터에서도 드러난다. 드라큘라의 요청에 따라 그의 성을 방문하기 위해 하커가 런던을 떠나 트란실바니아로 향할 때, 하커는 기이하고 이상한 일들이 언제라도 벌어질 것 같은, 꿈의 세계에 자신이 진입하고 있는 듯한 느낌을 받는다. 게다가 하커 자신도 고백하듯이, 그는 트란실바니아에 머문 첫 날부터 그 원인도 모르는 채 "갖가지 기이한 꿈"에 시달리기까지 한다. 더욱 주목해야 할 사실은, 하커가 드라큘라 성에 머물고 있을 때 드라큘라 자신이 하커에게 "악몽"(bad dream)을 조심하라고 경고한다는 점이다.

> 충고 한마디 하리다. 아니 아주 진지하게 선생에게 경고를 하나 하겠소. 이 방을 나가더라도 절대 다른 방에서는 잠을 자지 마시오. 이 성은 오래된 곳이고 많은 기억들을 담고 있어 적절히 못한 곳에서 잠을 자게 되면 악몽을 꾸게 될 거요. 내 말을 명심하시오. 언제라도 졸음이 엄습하면, 혹 그럴 것 같으면, 서둘러 선생 방이나 이 방으로 들어오시오. 그럼 안전하게 쉴 수 있을 거요. 하지만 내 말을 소홀히 한다면. 그땐. (127)

드라큘라 성에서 하커가 꾸게 될 수도 있는 꿈의 위험성을 강조함으로써 드라큘라는 자신이 말하는 꿈이 우리가 일반적으로 생각하는 꿈과는 다른 것임을 시사한다. 하지만 하커는 지정된 방 이외에서는 자지 말라는 드라큘라의 경고를 무시하며 다른 방에 머무는 도중 졸음이 엄습하였지만 그곳을 떠나지 않는다. 그러자 세 명의 여자 흡혈귀가 하커 앞에 갑작스럽게 나타나 그의 피를 빨기 위해 다가선다. 이런 위기의 순간에 나타난 드라큘라가 여자 흡혈귀들에게 나중에 기회를 줄 터이니 지금은 물러나라고 명령을 내린 덕분에 하커는 이들의 공격을 피할 수 있게 된다. 다음 날 아침, 잠에서 깨어난 하커는 자신이 실제로 여자 흡혈귀들을 만났는지 혹은 자신이 꿈을 꾼 것은 아니었는지 잠시 혼란에 빠지게 되지만, 곧이어 자신이 꿈과 같은 몽환적인 상태에서 실제로 여자 흡혈귀를 만났다는 사실을 깨닫게 된다. 하커가 겪은 여자 흡혈귀들과의 악몽 같은 대면은 일반적인 꿈이 아니라, 라캉의 실재/트라우마적 상징물로서의 흡혈귀와의 실제 대면이었던 것이다.

트라우마는 꿈 혹은 악몽의 형태로 그 모습을 드러내기 때문에 몽유병에 걸린 루시는 그 누구보다도 흡혈귀(즉 트라우마)의 공격에 더 많이 노출되어 있다. 그녀가 겪게 되는 악몽은 바로 흡혈귀와의 대면이며, 흡혈귀와의 대면이 그녀에게는 악몽의 형태로 나타나기 때문이다. 하지만 루시는 자신이 드라큘라의 공격을 받고 있다는 사실을 인지하지 못하고 드라큘라와의 만남이 가져다주는 공포를 희미하게 인식할 뿐이다. 수어드 박사와 루시의 다음 대화는 이러한 사실을 보여준다:

> "자고 싶지 않아요?"
> "네, 자는 게 무서워요."
> "자는 게 무섭다고요! 어떻게 그럴 수 있지요? 잠은 우리 모두가 바라는 축복과 같은 것인데 말입니다."
> "제 입장이라면 안 그러실 거예요. 잠이 무서운 일의 전조가 된다면요!"
> "무서운 일이 일어나는 전조라고요? 도대체 그게 무슨 뜻입니까?"
> "저도 그게 뭔지 몰라요, 진짜 모른다고요. 그래서 더 무서워요. 제가 쇠약해진 것도 잠 잘 때 벌어진 일 때문이에요. 그래서 자는 것을 생각만 해도 무서워요." (289)

루시가 인식하는 것은 드라큘라와의 만남이 아니라, 그를 만났을 때 일어나는 어렴풋한 감정이다. 하지만 그녀는 잠을 자면서 왜 그런 공포를 느끼는지는 알지 못한다. 한마디로 말해 드라큘라와의 만남은 말로 표현할 수 없는 실재와의 만남인 트라우마이기 때문에, 루시는 드라큘라를 만날 때의 감정을 희미하게 기억은 하지만 그와의 만남의 의미를 전혀 이해하지 못하고, 심지어 알지도 못하는 것이다.

여기서 우리는 트라우마가 왜 꿈 혹은 악몽의 형태로 반복되는 가에 대해 의문점을 가질 수 있다. 이에 대해 프로이트는 어떤 사건이 트라우마가 되는 이유는 아무런 대비나 예측하지 않은 상태에서 그 사건을 맞이하였기 때문이라고 말한다. 즉 프로이트는 대비/예측하지 않은 상태에서 경험한 놀라운 사건이 트라우마로 발전할 수 있기 때문에, 현재 트라우마를 겪는 사람은 과거에 겪은 사건을 꿈을 통해 반복적으로 경험함으로써 이에 대비할 준비를 하고, 이를 통해 트라우마를 극복하고자 하는 일환으로, 무의식적으로 트라우마를 꿈의 형태로 반복해서 경험한다고 말한다.

라캉은 프로이드와는 다른 관점에서 트라우마적 꿈의 반복(트라우마가 꿈의 형태로 반복되는 점)을 설명한다. 그에 따르면, 트라우마가 꿈을 통해 반복되는 이유는 언어로 설명될 수 없고, 언어나 그 어떤 기호로도 재현할 수도 없는 실재가 자신의 목소리에 우리가 귀 기울이도록 촉구하기 위해 반복적으로 스스로를 꿈의 형태로 드러낸다는 것이다: "꿈은 근본적으로 우리가 놓친 실체에 대한 경의를 표하는 행위라고 말할 수 있지 않을까요"(『정신분석학의 네 가지 근본적 개념』 58쪽). 라캉은 꿈을 우리가 이해하지 못하고 있는 실재에 대한 우리의 이해를 촉구하기 위한 수단, 즉 실재를 인식함으로써(실재를 언어로 표현함으로써) 트라우마에서 벗어나게 하려는 시도의 일환으로 보는 것이다. 라캉식으로 꿈을 "놓친 실체"(이해지지 못한 실재)를 드러내는 수단, "트라우마적 각성"(트라우마가 무엇인지 깨닫게 하는 것이란 의미로 원어로는 Traumatic awakening으로 표기된다)의 수단으로서 본다면, 꿈은 그 "놓친 실체"/트라우마의 의미를 우리가 이해하게 될 때까지 반복될 것이다. 바로 이런 점에서 반복되는 꿈의 주요 기능은 "트라우마적 각성"에 있는 것이다.

"트라우마적 각성"의 목적은 트라우마(라캉이 말하는 실재)의 의미를 깨닫게 하는데 있지만, 꿈은 실재에 직접적으로 접근할 통로를 제공하지는 않는다. 꿈은 실재를 직접 가리키는 것이 아니라 실재의 대리물이기에, 우리는 트라우마를 알아내기 위해 꿈을 분석 또는 해석하여야 한다. 이 소설은 트라우마를 보여주는/일으키는 흡혈귀가 실재의 목소리라는 사실을 일깨워 준다. 따라서 상징계가 배척한 "이물질"이며 상징계가 추방하고자 하는 실재로서의 흡혈귀는 상징계(현실 세계)의 관점에서 보면 "이물질"/"이방인"/"타자"처럼 보이게 된다. 드라큘라가 이방인/타자의 모습을 갖고 있다는 사실이 작품 내내 강조가 되는 것은 이런 점에서 시사적이다.

드라큘라가 이방인 혹은 타자라는 사실은 그의 국적을 통해 상징적으로 제시된다. 하커에게 말하듯이, 드라큘라는 자신이 외국인처럼 보이고 싶지 않기 때문에 영어를 유창하게 구사하고 싶다고 하지만, 그는 부정할 수 없는 외국인이다. 하지만 그의 "타자성"은 단지 그가 외국인이라는 사실을 통해서만 강조되는 것은 아니다. 그의 기이한 신체는 그가 친숙하지 않은 타자를 상징하고 있다는 사실을 보다 확실하게 보여준다. 매우 굵고 코 위로 이어져 있는 드라큘라의 눈썹과, 날카롭고 긴 이빨, 특히 입술 위로 튀어나와 있을 정도로 긴 그의 송곳니, 매우 뾰족한 그의 귀 끝은 늑대의 모습을 연상시킨다. 즉 타자로서의 드라큘라의 모습은 늑대와 같은 그의 모습을 통해 강조되고 있는 것이다. 하지만 그의 모습은 단지 늑대의 모습만 연상시키지 않는다. 루시에게 접근하거나 그의 추적자들로부터 달아나기 위해 때로 박쥐로 변신하기도 하고, 트란실바니아에 있는 자신의 성에서 나갈 때에는 도마뱀처럼 움직이기도 하는 그는 온갖 동물들의 모습을 닮았기 때문이다. 드라큘라 성에 갇혀 있을 당시 성벽을 타고 내려가는 드라큘라의 모습을 보고 하커가 느낀 감정은 드라큘라가 갖고 있는 "타자성"을 여실히 드러낸다.

> 백작의 몸 전체가 서서히 창문 밖으로 나와 커다란 날개처럼 망토를 휘날리며 얼굴을 아래로 향한 채, 저 끔찍한 절벽 아래로 성벽을 타고 기어 내려가는 것을 보았을 때, 내 감정은 혐오감과 공포로 바뀌었다. 처음에 나는 내 눈을 믿을 수가 없었다. 달빛에 의한 착각이거나 그림자가 만들어 낸 기괴한 현상이라고 생각하였다. 하지만 계속 쳐다보자 곧 그것이 환영이 아님을 알게 되었다. 세월이 지나 변형되고 모르타르가 없어진 성벽 모서리를 백작이 손가락과 발가락으로 움켜쥐고, 성벽의 돌출 부분이나 우툴두툴한 부분을 이용해 마치 도마뱀이 벽을 타고 움직이듯 재빨라 아래로 기어 내려가는 것을 보았던 것이다. (128)

드라큘라의 머리가 창문 밖으로 나오는 보았을 때 하커는 처음에는 "어느 정도 흥미로웠다." 하지만 드라큘라가 도마뱀처럼 움직이는 것을 보자, 그는 공포를 느끼며 드라큘라를 "인간과 유사한 존재"라고 부르는 등 정확히 그를 뭐라고 부를지 알지 못한다. 드라큘라는 상징계를 벗어나 있기 때문에, 상징계/현실 세계의 언어로는 뭐라 규정하기 불가능한 트라우마적 존재/타자라는 사실임을 깨닫게 된 것이다.

역설적으로 말해 "타자성"이 바로 라캉이 말하는 실재의 속성이기도 하기 때문에 드라큘라의 "타자성" 자체가 그가 우리의 존재와 밀접한 관계가 있다는 사실을 나타낸다. 따라서 상징계에 진입하기 전 우리가 갖고 있던 우리의 실재이기에 친숙하면서도, 동시에 상징계가 배척하는 실재계로서의 타자성/이질성을 갖고 있는 흡혈귀에 대해 그의 "희생자"들은 모순되는 감정을 동시에 갖게 되는 것이다. 드라큘라 성에서 세 명의 여자 흡혈귀를 만났을 때의 하커의 반응은 이를 보여주는 전형적인 예이다.

드라큘라가 지정하지 않은 방에서 잠이 든 하커에게 세 명의 여자 흡혈귀들이 다가왔을 때, 하커는 그들의 기이한 모습에 처음엔 몹시 두렵고 놀라워한다. 하지만 곧이어 하커는 그 여자 흡혈귀 중 하나인 "웨이브 진 풍성한 금발과 옅은 사파이어 빛의 눈을 한 몹시 아름다운 여인"이 친숙하게 느껴진다고 고백한다: "나는[하커] 그녀의 얼굴을 아는 것 같았다. 그것도 뭐라 말할 수 없는 두려움과 연관하여 아는 것 같았다. 하지만 나는 그 당시에 어떻게, 또 어디서 보았는지를 기억해 낼 수가 없었다"(132). 이러한 하커의 진술은 여자 흡혈귀들을 난생 처음 만났지만 무의식적으로는 그들의 존재를 인식하고 있었다는 사실을 암시한다. 상징계에서 정체성과 주체로서의 위치를 부여받은 하커에게 상징계가 배척하는 흡혈귀는 낯선 존재이지만, 흡혈귀는 하커가 상징계에 진입하기 전에 갖고 있던 실재의 또 다른 모습이기에 친숙하기도 한 것이다. 즉 하커가 흡혈귀에게 기이함과 친숙함을 동시에 느낀 것 차체가 흡혈귀가 바로 실재의 상징이라는 증거인 것이다.

흡혈귀에 대한 하커의 이러한 상반되는 감정은 다음 순간에 보다 구체적으로 드러난다: "세 여인은 모두 관능적인 붉은 입술과 진주처럼 눈부신 흰 이빨을 갖고 있었다. 그들의 모습에는 모호한 두려움을 불러일으키는 뭔가가, 욕망과 동시에 어떤 섬뜩한 두려움을 불러일으키는 뭔가가 있었다. 난 마음속으로 그들이 저 붉은 입술로 내게 키스해 주기를 바라는 사악하고도 불타는 욕망을 느꼈다"(132-33). 하커는 처음 이들의 모습에서 "모호한 두려움"을 느낀다. 하지만 관능적인 여자 흡혈귀들이 가까이 다가오자, 그는 갈망과 "불타는 욕망"이 뒤섞인 "섬뜩한 두려움"을 느끼며 "황홀경에 빠져 몽롱한 상태에서 눈을 감고 두근거리는 마음으로" 그들이 키스해 주기를 기다린다(135). 실재로서의 드라큘라의 이중적 속성을 보여주는 이 장면은 가해자와 피해자간의 경계가 불분명하며 가해자와 피해자가 사실은 하나임을 암시한다. 하커가 갖게 되는 "사악하고도 불타는 욕망"이 암시하듯이, 그는 단순한 희생자가 아니라 적극적으로 흡혈귀를 열망하고 있기 때문이다. 이처럼 실재로서의 흡혈귀는 기이함과 친숙함을 동시에 갖고 있는 존재에 내재한 "타자성"을 대변하는 것이다.

드라큘라와 그의 희생자간의 관계가 가해자와 피해자의 관계가 아니라 근본적으로 동전의 양면일 수 있다는 사실은 드라큘라와 미나와의 관계를 통해 분명하게 제시된다. 반 헬싱과 그가 이끄는 흡혈귀 사냥꾼들이 드라큘라가 가져온 50개의 상자를 못 쓰게 하기 위해 그 상자들의 행방을 찾는 동안, 미나는 아무런 의식도 하지 못한 채 지속적으로 드라큘라의 공격을 받는다. 하지만 미나가 자신의 피를 빠는 드라큘라를 갑자기 인식하게 되었을 때 그녀 스스로 고백했듯이, 그녀는 아무런 저항도 심지어 그가 피를 빠는 것을 막으려 하지도 않는다.

> '우선, 내[드라큘라] 노고에 대한 보상으로 간단히 식사부터 해야겠다. 얌전히 있는 게 좋을 거야. 네[미나] 피로 내 갈증을 해결한 게 이번이 처음도, 그렇다고 두 번째도 아니니 말이야.' 전 당혹스러웠지만 이상하게도 그를 막고 싶지는 않았어요. 그런 게 그의 손길이 닿은 모든 희생자들이 겪게 되는 끔찍한 저주인 것 같아요. 오, 하나님, 불쌍히 여기소서! 그자가 그 악취 나는 입술을 제 목에 갖다 대었습니다. (538-39)

미나의 진술을 살펴보면, 미나는 진정한 의미에서 드라큘라의 희생자가 아니라는 사실을 우리는 유추할 수 있다. 그녀는 의식적으로 자신이 드라큘라를 갈망하는 것을 "끔찍한 저주"라고 불렀지만, 무의식적으로는 분명히 드라큘라를 원하고 있었으며 드라큘라가 자신의 피를 빠는데 협조 내지 공모하였다는 사실을, 자신은 "그를 막고 싶지는 않았다"는 고백을 통해 시인하였기 때문이다.

흡혈귀와 그 희생자 사이의 관계가 이처럼 불분명하다는 사실(보다 정확히 말해 가해자와 피해자의 구분 혹은 경계가 불분명하다는 사실)은 드라큘라와 미나 사이에 벌어진 소위 "피의 세례"(baptism of blood)를 통해 보다 분명히 나타난다. 드라큘라는 미나의 피를 마시기도 하였지만, 자신의 피를 미나에게 먹도록 하여 소위 "피의 세례"를 시도하는

데, 이를 미나는 다음과 같이 그리고 있다: "그자는[드라큘라] 셔츠를 풀어 헤치더니 길고 날카로운 손톱으로 자기 가슴의 혈관을 쨌어요. 그리고 피가 뿜어 나오기 시작하자, 한 손으론 제 양손을 붙잡고 다른 손으론 제 목을 잡아 제 입을 상처 부위에 대고 눌렀죠. 그래서 전 숨이 막혀 죽거나 그자의 피를 삼킬 수밖에 없었던 거예요"(540). 미나는 자신이 드라큘라의 피를 억지로 마셨다고 말하고 있지만, 앞서 그가 자신의 피를 빠는 것을 막고 싶지 않았다는 사실을 실토함으로써 그녀의 말은 신빙성을 잃는다. 또한 미나도 드라큘라의 피를 마셨다는 사실은 그녀가 일방적으로 피를 빨린 흡혈귀의 희생자가 아니라, 그녀 자신이 피를 빠는 흡혈귀와 같은 존재임을 암시한다. 이런 점에서 미나는 흡혈의 피해자이자 가해자이며, 그녀 자신과 흡혈귀 드라큘라는 하나인 것이다. 드라큘라는 자신이 말하는 "피의 세례"를 하기 직전 이렇게 말한다.

> 그 놈들이[반 헬싱 일행] 가장 사랑한다는 너는[미나], 이제부터 내 살 중의 살, 피 중의 피, 피붙이 중의 피붙이가 되어 당분간은 나에게 아낌없이 포도주를 제공하다가 나중에는 내 동반자이자 조력자가 될 거다. . . . 내 두뇌가 너에게 '와!' 하고 명령하면, 너는 내 명령에 따라 땅이든 바다든 간에 무조건 건너야 할 거다. 그러기 위해서 이렇게 하는 거다. (539-40)

미나가 자신의 '동반자,' '조력자'가 될 것임을 강조하는 드라큘라의 진술은 자신과 미나의 관계가 단순히 피해자와 가해자의 관계가 아님을 분명히 한다. 더 나아가 드라큘라는 「창세기」에 나오는 아담(Adam)이 이브(Eve)를 보고 "살 중의 살이요. 뼈 중의 뼈다"라고 한 말을 간접 인용함으로써 자신과 미나는 피를 나눔으로써 상징적 의미의 부부(아담과 이브처럼)가 되었음을 시사한다. 더 놀라운 사실은 미나도 이를 무의식적으로 의식하고 있다는 것이다.

런던을 떠나 자신의 성으로 도피하는 드라큘라의 추적 경로를 알아내려는 반 헬싱에게 미나는 자신에게 최면을 걸면 그의 퇴로 경로를 알 수 있을 것이라 말한다. 미나는 자신이 최면 상태에 빠지면, 마치 자신이 드라큘라가 된 것처럼 드라큘라가 느끼는 것을 똑 같이 느끼게 되어, 반 헬싱에게 그의 퇴로에 관한 정보를 줄 수 있을 거라고 직감하였던 것이다. 미나는 최면에 걸린 상태에서 자신과 드라큘라와의 경계가 허물어지고 서로 하나의 존재가 된다는 사실을 무의식적으로 알고 있었던 것이다. 즉 우리와 타자, 미나와 드라큘라는 하나인 것이다.

트라우마는 우리와 타자간의 경계를 불분명하게 만든다. 이를 뒤집어서 표현하자면 사회체계는 근본적으로 구분과 차이를 확고히 하는 경계를 정함으로써 유지되기 때문에 경계의 혼란(불분명함)은 라캉이 말하는 상징계(현실 세계)를 위험에 빠트리는 트라우마적 사건인 것이다. 이를 라캉식으로 표현하자면, 상징계는 그 존립을 위해 실재를 배척함으로써/경계를 확실히 함으로써만이 그 정체성과 안전을 확보할 수 있기 때문에 트라우마적 실재를 배척할 수 밖에 없게 되는 것이다. 사회의 수호자, 라캉식 표현을 빌리자면, 상징계의 수호자로서의 반 헬싱과 그의 흡혈귀 사냥꾼들이 드라큘라/실재를 사회(상징계)로부터 추방내지 제거하려 한 것도 이 때문이다. 하지만 이런 시도는 프로이트가 말하는 방어기제(機制)의 관점에서도 설명될 수 있다.

트라우마를 야기하는 자극(적 사건)과 관련하여 의식의 방어기제에 대해 논하던 중, 프로이트는 인간의 의식과 자극에 대한 상호관계를 설명한다. 그에 따르면 인간의 의식은 외부 자극에 대한 방어막만을 갖추고 있는데, 문제는 인간의 의식이 내부 자극에도 역시 노출되어 있다는 것이다. 따라서 많은 불쾌감을 야기하는 내부 자극이 발생할 경우 인간의 의식은 이를 다룰 특별한 방법을 택한다고 한다. 프로이트가 말하는 그 특별한 방법이란, 내부 자극이 감당하기 어려울 정도로 클 경우, 인간의 의식은 그 자극이 내부가 아니라 외부에서 온 자극인 것처럼 다룬다는 것이다. 자극에 대해 의식이 갖고 있는 방어막은 외부자극에 대한 것이기 때문에 이를 활용하려면 내부자극을 외부자극처럼 인식하여야 하기 때문이라는 것이다.

라캉이 말하는 실재로서의 흡혈귀 드라큘라는 프로이트가 말하는 "내부자극"에 해당하는 것으로, 이 내부자극이 의식 즉, 상징계(의식은 현실 세계인 상징계에 해당한다)에 끼치는 영향은 가히 트라우마적이다. 따라서 의식(상징계)은 드라큘라에 대한 방어막을 펼침으로써 스스로를 보호해야만 하는 것이다. 하지만 인간의 의식이 갖고 있는 방어막 혹은 보호막은 외부자극에 대한 것이기 때문에, 반 헬싱은 자신이 지키고자 하는 상징계에 보호막을 치기 위해, 드라큘라가 내부가 아닌 "외부에서 온" 존재(즉 외부자극)인 것처럼 취급한다. 실재의 모습을 보여주는 드라큘라는 사실 인간의 내적 존재(따라서 내부자극)임에도 불구하고 말이다. 바로 이런 점에서 상징계를 보호하고 지키려는 반 헬싱은 드라큘라가 가져다주는 트라우마의 여파가 두려워, 흡혈귀 드라큘라를 통해 구현되는 "타자성"(실재)를 인정하지 않으려 하였고, 더 나아가 거부하고자 하였기 때문에 "트라우마적 각성"(트라우마의 본질이 무엇인지에 대한 깨달음)을 이루지 못하는 것이다.

트라우마는 상징계가 외면하고자 혹은 배척하고자 하는 진실을 표현하는 방식이기 때문에 커루쓰는 『되찾지 못한 경험』(*Unclaimed Experience*)에서 트라우마가 "진실의 문제와 긴밀하게 연관 있다"고 말한다(5). 라캉이 내린 트라우마의 정의인 투르케(Tuché), 즉 "실재와의 조우"도 이런 맥락에서 이해될 수 있다. 트라우마는 상징계가 배척한 또 다른 우리의 진실과 실체와의 대면을 가능하게 하기 때문이다. 하지만 이 조우는 바로 우리의 또 다른 실체에 접근할 기회를 직접적으로 제공하지 않고, 우리의 해석을 요구한다. 즉 트라우마처럼 가장된 형상을 하고 나타나는 드라큘라(실재, 트라우마)가 무엇을 말하는지, 또 어떤 진실(실체)을 말하는지 우리는 해석하여야만 하는 것이다.

이런 의미에서 트라우마 비평가 카프란(Kaplan)의 주장처럼 "트라우마 이론은 되찾은 기억에 관한 것이라기보다는.. 되찾은 지시대상에 관한 것이다"(70). 프로이트가 말한 것처럼, 트라우마는 경험 자체에 의해 야기된 것이라기보다는, 그 경험이 갖는 의미를, 그 경험이 무엇을 의미(지시)하는지 몰랐기 때문에 생기기 때문에. 트라우마 이론은 트라우마를 일으킨 사건을 다시 기억하는 데에 그 의미가 있는 것이 아니라, 그 트라우마가 무엇을 지시(말)하는지, 어떤 사실/실재를 가리키는지 (말하고자 하는지) 알아내는 데에 초점을 맞춘다.

실재와의 조우와 트라우마의 관계에 대한 라캉의 진술은 이런 점에서 시사적이다. "투르케의 기능, 즉 조우로서의 실재의 기능은 . . . 그것이 그 조우의 의미를 파악하지 못하는 경우에 정신분석의 역사에서 트라우마의 형태로 제시된다"(『정신분석학의 네 가지 근본적 개념』 55쪽). 라캉은 트라우마를 "실재와의 조우"라고 말하면서도, 동시에 그 조우의 의미를 파악하지 못하기에 그 조우가 트라우마가 된다고 말한다. 이를 풀어서 말하자면 우리는 실재를 대면하고도 그 실재의 의미를 모르기 때문에 트라우마를 겪게 된다는 것이다. 하지만 이는 실재를 접하게 되는 모든 사람들의 숙명이다. 앞서 살펴봤듯이, 트라우마는 실재가 상징계에 침입/진입함으로써, 즉 우리로 하여금 실재를 대면하도록 요구함으로써 생겨난다. 하지만 언어(말)로 표현할 수 없는 실재는 항상 우리의 이해범위 밖에 있어 우리는 그 의미를 파악할 수 없다. 따라서 "실재와의 조우"의 의미를 우리는 결코 알 수 없는 것이다.

그 만남의 의미를 알 수 없는 것은 드라큘라와의 만남의 경우에도 해당한다. 거울에도 비치지 않는 부재하는 존재/실재로서의 드라큘라는 상징계의 언어로는 표현 불가능한, 따라서 상징계인 현실 밖에서만 존재하는 인물이기 때문에 드라큘라와의 만남의 의미는 항상 우리의 이해 범위 밖에만 있기 때문이다. 이런 점에서 드라큘라를 제거하고자 하는 반 헬싱과 그의 추종자들은 트라우마가 주는 메시지를 전혀 이해하지 못하는 것이다. 그들은 상징계의 틀 안에서만 사고하는 인물들이기 때문이다. 스토커가 이 작품을 통해 궁극적으로 보여주고자 하는 것은 상징계의 한계 혹은 상징계적 사고의 한계와 깊은 연관이 있다. 언어와 기호체계로 구분되고 규정되는 상징계는 그 어떠한 기호나 언어로 표현되거나 규정될 수 없는 실재 즉 드라큘라를 결코 이해할 수도 또한 용납할 수도 없기 때문이다. 하지만 트라우마로서의 흡혈귀는 분명 우리의 실재, 우리의 또 다른 모습, 우리가 보기 두려워하는 우리의 트라우마적 모습이다. 반 헬싱과 같은 상징계적 인물들이 인정하기 두려운 우리의 모습인 것이다.

참고 문헌

Auerbach, Nina. *Our Vampires, Ourselves.* Chicago: Chicago UP, 1995.

Barnard, Suzanne & Fink, Bruce. Eds. *Reading Seminar XX: Lacan's Major Work on Love, Knowledge, and Feminine Sexuality.* Albany: State U of New York P, 2002.

Barreca, R. Ed. *Sex and Death in Victorian Literature.* Bloomington and Indianapolis: Indiana UP, 1990.

Breu, Christopher. "Disinterring the real: Dodie Bellamy's The Letters of Mina Harker and the Late-Capitalist Literature of Materiality." *Textual Practice* 26.2 (2012): 264-90.

Caruth, Cathy. *Unclaimed Experience: Trauma, Narrative, and History.* Baltimore: The Jones Hopkins UP, 1996.

______. ed. *Trauma: Explorations in Memory.* Baltimore and London: The Johns Hopkins UP, 1995.

Eyers, Tom. *Lacan and the Concept of the 'Real'.* New York: Macmillan, 2012.

Feldstein, Richard. & Fink, Bruce. & Jaanus, Maire. Eds. *Reading Seminar XI: Lacan's Four Fundamental Concepts of Psychoanalysis.* Albany: State U of New York P, 1995.

Fink, Bruce. *The Lacanian Subject.* New Jersey: Princeton UP, 1995.

Freud, Sigmund. *Beyond Pleasure Principle.* Strachey, J. Trans. & Ed. New York: W. W. Norton & Company, 1961.

Hansen, Tom. "Unholy Matrimony: The Kiss of the Vampire." *Texas Review* 17 (1996): 56-63.

Homer, Sean. *Jacques Lacan.* London and New York: Routledge, 2005.

Kaplan, Ann. *Trauma Culture.* New Brunswick: Rutgers UP, 2005.

Khader, Jamil. "Un/Speakabilkity and Radical Otherness: The Ethics of Trauma in Bram Stoker's Dracula." *College Literature* 39.2 (2012): 73-97.

Lacan, Jacques. *crits.* Paris: Seuil, 1966.

_____. *The Four Fundamental Concepts of Psychoanalysis.* Jacques-Alain Miller. Ed. New York: W. W. Norton & Company, 1998.

_____. *The Seminar of Jacques Lacan, Book II: The Ego in Freud's Theory and in the Technique of Psychoanalysis*. Sylvana Tomaselli. Trans. Cambridge: Cambridge UP, 1988.

Martin, Philip. "The Vampire in the Looking-Glass: Reflection and Projection in Bram Stoker's *Dracula*" in Clive Bloom, Brian Doherty, Jane Gibb, and Keith Shand. Eds. *Nineteenth-Century Suspense.* New York: Macmillan P, 1988.

Mcdonald, Beth. "The Vampire as Trickster Figure in Bram Stoker's Dracula." *Extrapolation* 33.2 (1992): 128-44.

Pick, Daniel. "'Terrors of the Night': Dracula and 'Degeneration' in the Later Nineteenth Century." *Critical Quarterly* 30.4 (1988): 71-87.

Stoker, Bram. *Dracula.* Ed. Maurice Hindle. New York: Penguin Books, 2003.

Williams, A. "Dracula: Si(g)ns of the Fathers." *TSLL* 33.4 (1991): 445-63.

Zizek, Slavoj. *The Sublime Object of Ideology.* London and New York: Verso. 1989.

트라우마를 수행하다:
돈 드릴로의 서사 실험

유재은 _ 한양대학교

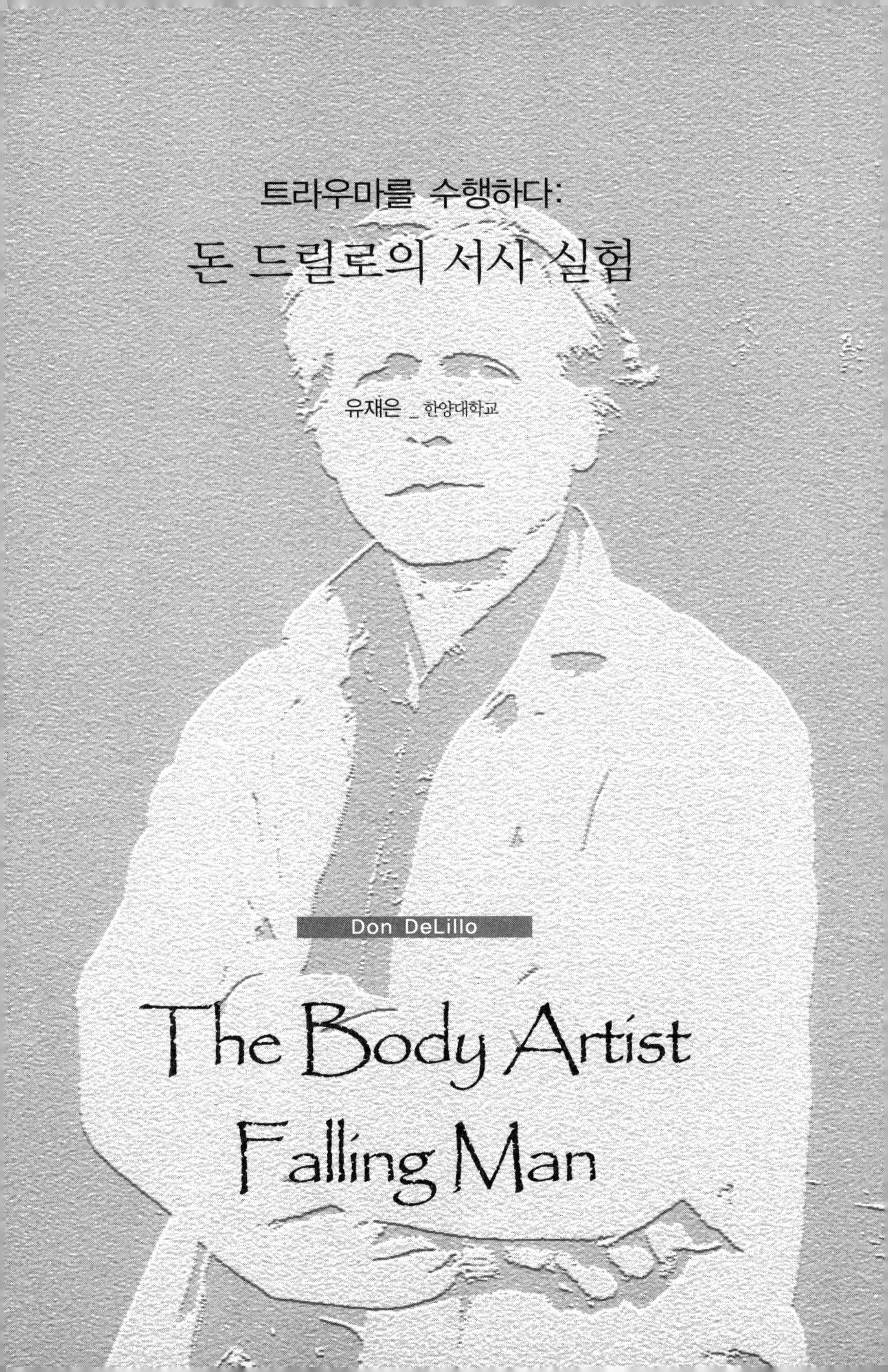

Don DeLillo

The Body Artist

Falling Man

트라우마를 수행하다:
돈 드릴로의 서사 실험[1]

I

작가 소개

현대미국문학의 거장 중 한 명으로 꼽히는 돈 드릴로(Don DeLillo)는 1936년 뉴욕 브롱스에서 이탈리아계 미국인 서민층 가정에 태어났다. 고등학교와 대학교까지 브롱스에서 졸업한 뒤 뉴욕시에서 잠시 카피라이터로 일하다가 1964년 전업 작가로 돌아섰고, 현재까지 15편의 장편소설과 5편의 희곡, 1편의 시나리오, 그리고 다수의 단편소설과 에세이들을 발표하였다. 작품 활동 초기인 1970년대는 드릴로가 양적으로 가장 활발하게 저술활동을 했던 시기로, 첫 장편소설 『아메리카나』(*Americana*)를 시작으로 미국 대중문화와 미국인의 정체성을 탐구하는 다양한 장르의 6편의 장편소설을 발표하였다. 이 초기 작품들은 소수의 비평가들에게서 호의적인 평가를 받는 데에는 성공하지만 전반적으로 큰 주목을 받지는 못하였다. 1980년대에 들어서자 드릴로는 작품을 쓰는 속도를 조금 늦추었고, 이때부터 지금의 드릴로의 명성을 가능하게 한 대표작들이 발표되었다. 1985년도에 출판된 『백색소음』(*White Noise*)은 소비주의를 조장하는 대중매체에 휘둘리는 미국문화와 학문계를 비판적으로 살펴보는 소설로, 이 작품으로 드릴로는 주

1 이 글은 2012년 12월에 출판된 『안과밖: 영미문학연구』 33호에 수록된 "트라우마를 수행하다: 돈 드릴로의 서사실험 연구"를 개작한 것이다.

목받는 미국 주요 작가의 대열에 합류하게 된다. 케네디 대통령의 암살을 다룬 다음 작품 『리브라』(*Libra*)도 평단과 대중의 호평을 동시에 받는 데에 성공하였고, 대중매체와 테러가 난무하는 후기자본주의 세계와 그 안에서의 예술가의 역할을 가늠해 보는 『마오 II』(*Mao II*) 역시 중요한 문학상들을 수상하며 드릴로의 문학적 명성을 공고히 하는데 기여하였다. 11번째 소설 『언더월드』(*Underworld*)는 드릴로의 소설들 중 대중적으로 성공하였을 뿐 아니라 비평적으로도 가장 칭찬받는 작품으로, 1999년 저명한 국제 문학상인 예루살렘 상을 수상하며 미국 밖에서의 드릴로의 명성 또한 확인시켜주었다. 2005년 뉴욕타임즈가 실시한 지난 25년간 쓰인 가장 뛰어난 미국소설을 꼽는 설문에서 『백색소음』, 『리브라』, 『마오 II』의 세 작품이 20위 안에 들었다.

2000년대에 들어서면서는 드릴로의 작품 성향이 급변하였다. 2001년에 발표된 『행위예술가』(*The Body Artist*)는 길이가 100페이지 남짓한 짧은 중편 소설이고, 시공간적으로 고립된 한 예술가를 다룬다는 점에서도 이전 작품들에서 보여준 스케일과 극단적인 대조를 보여준다. 뒤이어 출판된 『코스모폴리스』(*Cosmopolis*)와 『떨어지는 사람』(*Falling Man*)도 길이와 배경, 시야가 모두 제한적이라 특히 2001년에 일어난 9/11 테러사건과 관련하여 열띤 논란을 불러일으켰다. 2010년에 발표된 가장 최근작 『포인트 오메가』(*Point Omega*) 역시 길이와 배경, 스타일의 여러 측면에서 2000년대에 시작된 짧은 소설의 계보를 잇고 있다. 2000년대에 발표된 네 소설에 대한 평가가 엇갈리기는 하지만 드릴로는 여전히 역사적 상상력과 문화적 통찰력이 뛰어난 작가로 평가되며, 그의 대표작들은 현대미국문학 수업에서 다루는 작품 목록에 거의 빠짐없이 등장한다. 해롤드 블룸(Harold Bloom)과 존 두발(John Duval) 등 저명한 비평가들도 가장 뛰어난 20세기 후반의 미국 작가 중 한 명으로 주저하지 않고 드릴로를 거명한 바 있다.

II

작품 소개 및 줄거리

『행위예술가』

극도로 제한된 공간과 등장인물을 다룬 무척 짧은 소설인 『행위예술가』를 2001년에 발표하기 전까지 드릴로는 후기 자본주의 사회의 병폐를 큰 스케일로 다루는 작가로 명성을 쌓고 있었다. 특히 시대의 문제점을 진단하는 매서운 시선이 유명하여 1997년에 발표한 『언더월드』의 표지가 2001년에 일어난 9/11 테러를 예견했다는 평까지 듣는 터였다. 냉전시대를 배경으로 한 이 소설 초판본의 표지로 세계무역센터 건물과 교회, 그리고 얼핏 비행기처럼 보이는 새가 날고 있는 그림을 썼기 때문이었는데, 이는 드릴로의 작품들이 다룬 가상의 사건들이 실제로 일어나는 일들이 이전에도 빈번했기 때문에 가능한 일이었다. 독성 오염물질의 대규모 유출이나 폭탄테러같이 드릴로가 허구로 다룬 사건들은 작가가 진단한 현대사회의 근본적인 문제들과 잇닿아 있었고, 이에 따라 작가 자신의 완강한 부정에도 불구하고 드릴로는 예지력이 뛰어난 작가라는 평가를 받았다. 그래서 대부분의 비평가들은 한 개인의 심리만을 좁고 깊게 파고드는 『행위예술가』를 예외적인 작품으로 취급하여 크게 주목하지 않았다. 하지만 이 작품 이후에 발표된 『코스모폴리스』, 『떨어지는 사람』, 『오메가 포인트』는 모두 『행위예술가』와 유사한 실험적인 형식과 규모를 취하고 있어 이 작품들을 모두 읽은 독자는 『행위예술가』가 보여주는 작품세계 및 형식이 작가의 일시적인 변덕 때문이 아니었음을 알 수 있다.

『행위예술가』는 갑작스런 자살로 남편을 잃은 한 행위예술가의 이야기를 다룬 짧은 중편소설이다. 주인공인 행위예술가 로렌은 나이 많은 영화감독인 남편 레이와 함께 바닷가의 집에서 살고 있었다. 레이가 자살하려고 집을 나가던 날 아침에 시작한 이야기는 그 이후 몇 달 동안 남편과 함께 살던 집에 틀어박힌 로렌의 의식의 흐름을 기술하는데 초점을 맞추기 때문에 시간적으로도 공간적으로도 매우 제한된 느낌을 준다. 소설의 첫 장에서 부부의 일상적인 아침 식사 장면이 묘사된 뒤 2장과의 사이에 삽입된 신문부고를 통해 레이의 자살 소식이 독자에게 전해진다. 앞 장에서 부부가 다투지도 않았거니와 레이가 특별히 자살을 생각하고 있다는 징후는 전혀 없었기에 레이의 부고는 갑작스럽게 느껴진다. 2장에서 홀로 남은 로렌은 친구의 연락도 받지 않으며 힘겨운 나날은 보내는데, 어느 날 갑자기 유령인지, 환영인지, 혹은 자폐증환자인지 불분명한 정체불명의 남자가 집안에 나타나 로렌을 혼란에 빠트린다. 갓 태어난 아기 마냥 시간 및 사회의 관습에 대해 무지하며 때로는 죽은 레이와 로렌 자신의 목소리로 이야기하기도 하는 이 남자를 돌보면서 로렌은 행위예술가로서 자신의 몸을 다시 훈련하기 시작한다. 수수께끼 같은 남자는 나타났을 때처럼 어느 날 갑자기 사라지고, 이후 로렌은 "몸의 시간"이라는 행위예술 공연을 대도시 무대에 올린 뒤 다시 집으로 돌아온다.

『떨어지는 사람』

2001년 9월 11일 맨해튼, 비행기 두 대가 세계무역센터 두 건물에 각각 충돌하였다는 소식에 이어 건물이 무너져 내렸다는 소식이 전해지고, 모든 사람들이 공황상태에 빠진 가운데 어린 아들과 살고 있던 리안의 집에 별거 중이던 남편 키이스가 피투성이가 된 채 찾아온다. 키이스의 직장은 세계무역센터 건물에 있었고, 비행기가 충돌한 이후 불타던 건물이 무너지기 전에 탈출했거나 구출된 터이겠지만 정작 키이스는 아무 것도 기억하지 못하고, 들고 있는 낯선 가방이 누구의 것인지, 왜 가져왔는지도 기억하지 못한다. 테러 후 몇 달이 지나도록 끊긴 기억을 찾지 못하자 키이스는 가방의 주인을 찾아 나서 자신처럼 테러 당시 세계무역센터 건물에서 일하고 있었던 가방의 주인을 만나 탈출 당시의 이야기를 듣게 되지만 기억을 되살리는 데는 실패한다. 다른 한편 리안은 알츠하이머 병을 진단받은 후 자살한 아버지의 기억 때문에 같은 병을 가진 환자들에게 자신들의 이야기를 쓰게 하여 병의 진행을 늦추도록 돕는 자원봉사 활동을 한다. 같은 병을 진단받은 후 자살한 아버지의 기억 때문이다. 역시 맨해튼에 살고 있는 리안의 엄마 니나의 연인은 1970년대 초반 독일에서 좌파 테러리스트로 활동했던 것으로 추정되는 예술중개상인으로, 이 인물의 입을 통해 9/11과 미국에 대한 제 3국의 신랄하고 객관적인 해석이 전해지기도 하지만, 충격과 혼란에 휩싸인 리안은 납득하지 못한다. 리안과 같은 대다수 미국인들의 심리적 공황상태를 상징적으로 보여주듯 한 행위예술가가 나타나 뉴욕 곳곳의 건축물에서 거꾸로 매달린 채 비행기 충돌 직후 불타오르는 세계무역센터 건물에서 떨어져 내리던 사람들의 모습을 재연한다. 다시 몇 년이 흐르자 리안의 엄마와 행위예술가는 사망하고, 키이스는 여전히 일상생활에 복귀하지 못한 채 전문 카드도박사로 살아가며, 리안도 여전히 기억의 상실을 두려워하는 가운데 자원봉사를 통해 만나는 알츠하이머 환자들에게 집중하며 생활한다. 이 같은 소설의 주요 줄거리와는 별개로 테러리스트 중의 한 명의 이야기도 진행되는데, 드릴로는 이 인물의 이야기를 유럽에서 근본주의 집단에 몸을 담게 되는 때부터 납치한 비행기에 앉아 세계무역센터로 돌진하는 순간까지, 즉 키이스의 이야기가 시작되는 순간까지 주인공들의 삶의 이야기와 병행하여 간략하게 보여준다.

9/11 테러를 소재로 해 격렬한 논란을 일으켰던 『떨어지는 사람』은 많은 부분에서 드릴로가 『행위예술가』에서 보여준 서사 실험의 맥을 잇고 있는데, 이를 통해 2000년대에 시작된 그의 새로운 소설 형식이 새로운 이야기 방식이 필요한 시대가 되었다는 문제의식에서 비롯되었음을 알 수 있다. 2001년 9월 11일에 일어난 비행기 납치 테러사건은 미국 사회에 엄청난 충격을 안겨주었고, 대다수 독자들은 미국문학이 이를 반영한 중대한 변화를 보여줄 것을 기대하였다. 드릴로는 『마오 II』와 『언더월드』 등에서 이미 후기자본주의의 세계질서와 이를 대표하는 미국소비문화의 문제점을 비판적으로 다루었을 뿐 아니라 테러를 직접적인 소재로 삼기도 했기에 9/11 테러를 심도 있게 다룰 수 있는 역량이 있는 대표적인 작가로 기대를 모으고 있었다. 첫 소설 『떨어지는 사람』은 하지만 9/11을 본격적으로 다룬 드릴로의 세계와 미국의 관계와 그 역사에 대한 폭넓은 이해를 시도하는 대신 사건 당시 별거 중이었던 부부의 삶에 주목하였고, 이러한 좁은 시야로 인해 논란의 중심에 서게 되었다.

III

1. 치유를 거부하는 서사: 『행위예술가』

일반적으로 트라우마—외상 후 스트레스 증후군 (PTSD)—는 의식적으로 소화할 수 없는 충격적인 사건을 겪고 원치 않음에도 그 경험을 되살리게 되어 일상생활을 유지하는데 어려움을 겪게 되는 정신적 병리 상태를 지칭한다. 하지만 루스 리스(Ruth Leys)가 지적하듯 오늘날 트라우마에 대해서는 다양한 해석이 존재하며, 이에 따라 트라우마의 치료방법에 대해서도 다양한 견해차가 존재한다. 특히 리스는 아프리카 소년병들의 경우와 클린턴 대통령과의 스캔들로 트라우마를 겪는다고 주장했던 모니카 르윈스키의 경우를 대조하는데, 정치적으로 안정되어 있는 미국과 전쟁과 같은 극단적인 상황을 겪는 제 3세계에서의 트라우마가 극적인 차이를 보여준다는 것을 예로 들어 트라우마의 논의에 사회 문화 정치적인 요소를 고려하지 않을 수 없음을 설명한다. 드릴로가 『행위예술가』에서 다루는 트라우마는 유명한 정신과 의사인 주디스 헐먼(Judith Herman)을 비롯한 대표적인 정신 분석가들이 1980년대에 이미 정립하여 현재 미국에서 의학적으로 통용되는 트라우마의 개념과 유사하다. 이 정의에 따르면 트라우마, 즉 외상 후 스트레스 증후군의 가장 큰 특징은 왜곡된 기억과 그 기억의 비자발적인 반복이다. 다시 정의하자면 트라우마는 큰 정신적인 충격으로 인해 한 개인이 자신의 경험을 이해하지 못하게 되고, 이 때문에 자신과 그 충격적인 순간과의 시간적이고 공간적인 거리를 인식하지 못해 그 순간을 반복 경험 및 재생하게 되는 증세인 것이다. 전쟁에서 돌아온 군인이 단순히 심리적 고통을 느끼는 것을 넘어서 전쟁 중의 폭력적인 반응을 평화로운 일상생활에서도 보이는 예를 생각해보면 이러한 트라우마의 정의를 쉽게 이해할 수 있다. 이 전직 군인의 트라우마는 근본적으로 전쟁 상황이 끝나고 그로부터 시간이 흘러 이제는 자신이 다른 상황에 처해 있다는 것을 인지하지 못하기 때문에 생기는 문제이다. 따라서 헐먼을 비롯한 대다수 정신과 의사들과 심리치료사들은 시간 인지능력의 문제를 트라우마의 근본 원인으로 파악하고 환자들이 트라우마의 계기가 된 경험에 대해 이야기할 수 있게 되는 것 자체를 회복의 중요한 첫 단계라고 본다. 시간의 흐름에 의미와 형식을 부여할 수 없기 때문에 트라우마 환자는 자신의 경험을 이야기로 풀 수 없는 것이고, 반대로 그가 충격적인 경험에 대한 이야기를 하게 되면 사건 자체를 객관화 시키며—즉 자신과 사건과의 시공간적 거리를 인식하며—이에 대한 해석을 시도하게 되는데 이것이 가능해지면 이제는 본인이 안전하다는 사실을 깨닫게 되는 것이다. 다소 거칠게 정리하자면, 트라우마는 개인의 감정 및 인지체계가 손상을 입어 시간의 경과를 소화할 수 없게 된 상태이고 트라우마의 치유는 의미를 부여하는 이야기를 만드는 과정을 통해 자아가 다시 독립적인 주체의 자리를 회복할 수 있도록 돕는 것이다.

드릴로가 『행위예술가』에서 묘사하는 트라우마는 기본적으로는 위의 정의와 유사하다. 하지만 소설의 서사 구조가 시간적 거리를 만드는 대신 기억하기 싫은 과거의 순간을 반복하고 이에 독자를 참여시키기 때문에 트라우마의 단순 치유를 목표로 삼고 있지는 않다는 점을 알 수 있다. 『행위예술가』의 첫 장에서 작가는 남편과 평범하게 아침 식사를 하고 있는 로렌의 의식을 정밀하게 묘사한다. 이 장에서 로렌은 혼자만의 생각에 빠져서 남편 레이가 하는 말들을 비롯하여 주변에서 일어나고 있는 일들에 한 박자씩 늦게 반응한다. 로렌의 생각이 창밖의 새나 신문 뉴스, 아침 식사로 먹고 있는 시리얼 등에 머물 때 언어의 한계에 대한 한탄과 더불어 모든 것의 의미가 선명해지는 순간에 대한 열망이 언급되는데, 이 때문에 필립 넬(Philip Nel)을 비롯한 일부 비평가들은 드릴로가 모더니즘으로 회귀하고 있다고 평하기도 하였다. 언어와 의미의 불일치를 예술로 조정하려는 노력이 엿보이는 점에서 버지니아 울프나 제임스 조이스 등 20세기 초반의 모더니즘의 대가들의 작품을 연상되기 때문이다. 하지만 로렌이 언제나와 같이 평범하다고 생각한 이 아침은 곧 돌이킬 수 없는 비극적인 사건으로 이어지는데, 이는 1장과 2장 사이에 삽입된 로렌의 남편의 부고에 의해 다소 충격적으로 밝혀진다. 아침 식사 후 아무 말 없이 집을 나선 레이가 이혼한 전 부인의 집에 가서 권총 자살로 생을 마감하는 것이다. 중요한 점은 이런 방식으로 레이의 죽음이 전해지기 때문에 독자도 로렌과 같이 1장의 기억을 되짚어봐야 하는 위치에 놓이게 된다는 점이다. 신문부고에 따르면 레이는 유럽에서 건너온 영화감독으로, 1970년대에 유명한 영화 2편을 찍었다는 사실 외에는 그의 삶에 대해 확실하게 알려진 바가 거의 없다. 즉 1장에서 평범한 남편이던 레이는 이제 영원히 파악할 수 없는 존재가 되어버린 것이다. 이어지는 2장에서 독자는 남편과 살던 집에 스스로를 고립시킨 로렌을 만나게 된다. 이 부분에서 로렌은 전형적인 트라우마 증상을 보이는데, 남편과의 과거, 특히 남편이 자살하러 나가던 날의 기억을 감당할 수 없는 로렌은 생각을 마비시키는 기계적인 시간의 흐름에 의식을 맡기려고 부단히 노력한다. 즉 그녀는 남편과의 과거를 회상하거나 위로를 전하려는 다른 사람들과 만나는 대신 하루를 의미 없는 잡일들로 빽빽하게 채우고, 그 일과를 최대한 생각 없이 그대로 반복한다. 이렇게 하고도 남는 시간에는 회상을 막기 위해 아무런 연고도 없는 핀랜드 콛카(Kotka)의 한 고속도로를 비추는 실시간(Real time) 비디오를 보며 스크린에 비치는 전자시계에 자신의 의식을 매몰시킨다. 고통스럽고 의미를 알 수 없는 자신의 현재를 비디오의 "실시간"으로 대체시키는 것이다.

여기까지의 줄거리만 떼어놓고 보면, 이 소설은 사적인 삶에 몰입하는 90년대의 다른 미국 소설들과 크게 다르지 않아 보인다. 하지만 『행위예술가』의 다른 점은 소설이 취하고 있는 실험적인 형식에서 찾아볼 수 있다. 예를 들어, 소설은 "시간은 지나가는 것처럼 보인다"(Time seems to pass)라는 첫 문장으로 열리고, 레이의 마지막 날 아침을 구체적으로 묘사하기 시작하는 다음 문단은 "이 마지막 아침에 그들은 여기에 동시에 있었다"(It happened this final morning that they were here at the same time)라는 구문으로 시작한다(9). 이야기가 곧 로렌과 레이의 아침식사로 무심히 넘어가기 때문에 주의해서 보게 되지 않지만, 후에 일어나는 레이의 자살을 염두에 두고 다시 꼼꼼히 읽으면 이 두 문장은 의미심장한 모순으로 가득 차있다는 것을 깨달을 수 있다. 시간이 지나가는 것처럼 보인다니, 그렇다면 사실은 지나가지 않는다는 말인가? 또한 이 문장이 현재 시제인데 반해 다음 문단은 과거시제로 서술되어 있다. 시간이 지나가는 것처럼 보이는 현재는 어느 시점인지, 누가 그렇게 생각하고 있는 것인지 의문이 생기지 않을 수 없다. "이 마지막 아침"이라는 구문에서도 "이"와 "여기"가 "마지막," 그리고 문장의 과거 시제와 충돌한다(9). 독자가 이 아침의 장면을 어느 정도의 시간적 거리를 두고 읽어야하는지 알 수 없도록 고안되어 있는 것이다.

소설 첫 부분의 시간적 혼란을 가중시키는 존재도 곧 나타난다. 로렌이 고립된 생활을 한 지 얼마 지나지 않아 집의 3층에 갑자기 정체를 알 수 없는 남자—연령대도 확실하지 않아 소년 같기도 한—가 등장하는 것이다. 지적장애인인지, 유령인지, 아니면 로렌의 환상인지 정체가 불분명한 이 존재의 특징은 자아의식이 전혀 없다는 것과, 시제의 개념 없이 언어를 구사한다는 점이다. 비가 내린 날 "비가 올 것이다"라고 말하는 남자의 시제를 고쳐주려고 노력하다가 로렌은 사람들이 "이 세상에서 안전하기 위해서" "시간적인 순서"를 "만들어 낸다"는 것을 깨닫는다(85). 즉 시간적인 순서가 의미를 생성하고 이것이 자아를 지탱한다는 것인데, 이 정체불명의 남자의 출현으로 이 시간의 순서는 뒤섞이고 기계적인 시간의 흐름에 의식을 매몰시키던 로렌은 고통스러운 상실의 현재를 뒤풀이하여 직면하게 된다. 처음에는 단순한 시제의 혼란만 보여주던 이 이상한 남자가 곧 로렌의 남편이 살아있을 당시 했던 말과 행동들을 그대로 되풀이하기 때문이다. 이 남자 본인의 자아의식이 존재하지 않기 때문에, 즉 남을 흉내 내고 있다는 의식 자체가 느껴지지 않기 때문에 로렌은 이 남자가 레이를 흉내 내는 중이라고 생각하는 대신 그 순간만큼은 정말 레이가 된 것으로 느낀다. 그녀가 미스터 터틀이라고 임의로 부르는 이 남자를 통해서 기억하는 것이 고통스러워 망각 속에 묻어두려고 했던 순간들을 다시 직면하게 되는 것이다.

이렇게 미스터 터틀의 등장으로 과거의 순간들이 되풀이 되는데 이어 서사 구조상의 뒤틀림도 나타난다. 중요한 한 예가 레이가 자살 하던 날 아침 로렌이 입 속에서 발견한 머리카락 한 가닥이다(12). 색이 연하고 짧은 이 머리카락은 로렌의 것도, 남편의 것도 아니었는데, 남편이 자살한 몇 주 후에야 집안에 나타난 미스터 터틀의 것으로 밝혀진다. 심지어는 미스터 터틀이 "건드리지 마, 내가 이따가 치울게"라는 말을 로렌의 목소리로 하고 난 며칠 뒤 로렌이 똑 같은 말을 하고 있는 자신을 발견하기도 한다(100). 이에 로렌은 미스터 터틀을"미래를 기억하는" 사람이라 부른다(102). 미스터 터틀이 야기하는 서사 순서의 뒤섞임 때문에 독자는 대부분의 이야기를 읽을 때처럼 등장인물의 상황을 이해할 수 있는 안전한 거리를 확보하는 대신, 로렌이 느끼는 시간의 혼란을 함께 경험하게 된다. 다시 말해 충격의 순간의 왜곡된 반복과 이에 따른 시간의 뒤섞임이 문장, 등장인물, 그리고 이야기 구조의 여러 차원에서 실행되는 것이다.

앞서 논의하였듯 트라우마를 임상적으로 해석할 때 충격적인 경험에 대해 이야기한다는 것은 그 경험의 순간으로부터 환자가 시간적이고 감정적인 거리를 정립한다는 것을 의미하고, 이는 그가 트라우마를 겪기 이전 상태의 자아, 즉 한 개인이 스스로를 생각하는 총체적인 방식을 회복한다는 의미이다. 반면 『행위예술가』의 서사 구조는 이해가 가지 않는 상처의 시간들을 고집스럽게 반복 경험하게 함으로써 사랑하는 사람의 갑작스러운 상실이라는 충격으로부터 자아는 영원히 자유로울 수 없다는 사실을 환기시킨다. 즉 트라우마의 상태를 반복 재현하는 구조는 사랑하는 이의 상실을 극복하고 홀로 자립할 수 있게 되는 방식의 치유를 거부하는 형식인 것이다. 어느 날 갑자기 나타났던 것처럼 미스터 터틀은 어느 날 갑자기 흔적도 없이 사라지고, 다시 혼자 남은 로렌은 자신의 몸을 서서히 미스터 터틀처럼 변화시켜간다. 이후 독자는 제 3자의 시선을 통해 미스터 터틀을 다시 만나게 된다. 마지막 장 직전에 삽입된 신문 기사에서 독자는 로렌의 친구인 한 문화기자의 눈을 통해 로렌의 행위예술 공연을 접하게 되는데, 기자는 이해하지 못하지만 독자는 「몸의 시간」(Body Time)이라고 로렌이 이름 붙인 이 행위예술이 미스터 터틀과 함께 했던 시간들을 무대에 올린 것임을 바로 알아차릴 수 있다. 이 공연에서, 그리고 이어지는 인터뷰에서 독자는 벌거벗은 남자로 변신하여 낯선 목소리를 내는 로렌이 미스터 터틀을 공연하고 있다는 사실을 쉽게 깨달을 수 있다. 로렌이 레이가 되는 미스터 터틀을 목격하고 레이와의 과거를 다시 경험했듯, 독자는 레이가 되는 미스터 터틀이 되는 로렌을 만나며 자신이 소설 『행위예술가』를 읽어온 과정의 기억을 다시 되짚어보게 되는 것이다.

전통적인 연극이 무대 밖의 현실을 효과적으로 재현하는 것을 목표로 한다면, 행위예술은 공연자와 관객이 만나는 그 순간이 이미 강력한 영향력을 지니는 하나의 현실임에 주목한다. 특히 로렌의 공연에서 중요한 것은 관객과의 상호작용이다. 미스터 터틀을 통해 자신의 트라우마를 직면한 로렌은 이제 그 경험을 공연을 통해 관객들에게로 확대한다. 이를 효과적으로 독자에게까지 전달하기 위해 드릴로는 삽입된 형식의 공연 관람기를 통해 독자로 하여금 관객의 입장에서 로렌의 공연을 감상하도록 해 놓았다. 즉 로렌의 행위예술은 그 자체로서 하나의 현실이며 포장되지 않은 그 순간의 충격에 관객을, 그리고 관객과 같은 위치에 놓인 독자를 노출시키는 것이다. 이런 의미에서 로렌의 공연 제목이 「몸의 시간」이라는 사실은 의미심장하다 하겠다. 로렌이 무대 위에서 체현하는 몸의 시간은 무대 배경으로 틀어놓은 콛카의 실시간 비디오에 비추는 전자시간과 대조를 이루기 때문이다. 개인의 경험과 상관없이 일직선상으로 숫자가 증가하는 전자시계와는 반대로 천천히 그리고 고통스럽게 상실을 표현하는 로렌의 몸의 시간에 관객은 동참하게 된다. 소설 『행위예술가』의 첫 장에서 로렌은 옆에 있는 남편이 곧 자살 할 정도로 심리적으로 불안한 상태임을 눈치 채지 못할 정도로 스스로에게 갇혀 있지만 「몸의 시간」 무대 위의 로렌과 그녀가 몸으로 표현하는 고통은 관객이 보고 참여할 수 있도록 열려 있다. 로렌의 행위예술과 같은 원리로 작동하는 드릴로의 서사 또한 같은 효과를 노린다고 볼 수 있을 것이다. 다시 말해 『행위예술가』는 트라우마로부터 자아가 치유되지 않았음을, 즉 여전히 다른 이들에게 기대어 있고 외부로부터의 자극에 취약함을 상기시키며 자아의 회복이 아니라 상처 난 자아, 안전하지 않은 자아의 상태를 목격하게 하고 경험하게 하는 것을 목표로 삼고 있는 것이다.

이렇게 로렌은 자신의 트라우마를 트라우마로 인정함으로써 오히려 자신이 죽음에 노출되어 있음을 인식하고 그 무력함과 두려움에 직면할 수 있게 된다. 자아가 상실 이전의 상태로 온전히 회복될 수 없는 이유는 '나'와 '다른 사람'들이 완전히 분리되지 않는 존재들로 자아의 개념이 성립되는 과정에 이미 다른 이들이 개입되어 있기 때문이다. 애초에 단독으로 존재하지 않았기에 자아는 타자가 있다가 사라진 빈자리를 메울 수 없다. 로렌은 미스터 터틀을 보며, 그리고 그를 공연하며 남편의 자리를 영원히 메울 수 없다는 사실을 인정하게 되고, 따라서 자아가 홀로 존재하는 것이 아님을 깨닫는다. 미스터 터틀을 기억하며 로렌은 "나는 로렌이다. 하지만 점점 더 아니게 되는 중이야"라고 생각한다(119). 상실 이전의 단독 자아를 회복하는 것이 아니라 취약함과 가변성을 적극적으로 수용한 새로운 자기 인식에 다다른 것이다. 로렌은 죽음에 노출된, 다른 사람들에게 의존적인, 불안정하고 약한 존재가 바로 자신임을 배우게 되고, 『행위예술가』의 독특한 이야기 구조를 통해 독자도 이러한 깨달음의 과정에 동참하게 된다.

로렌이 공연에서 표현하였듯이 트라우마를 겪으며 형성된 열린 자기 인식은 자신의 과거를 고통스럽게 다시 읽는 과정을 포함한다. 그리고 충격의 사건을 포함한 과거를 다시 해석하는 것은 다른 방식의 미래를 열어가려는 의지로 자연스럽게 이어진다. 소설의 첫 장에서 로렌은 순간의 영원성과 자아의 완전성을 추구한다. 닫혀있는 창밖의 새가 날아오르는 순간에 몰입하느라 바로 곁의 남편의 말에 귀 기울이지 않는다. 반면 소설의 마지막 문장에서 로렌은 자신이 누구인지 새로 배우기 위해 몸으로 시간의 흐름을 느끼려고 창문을 연다(113). 미스터 터틀의 존재와 로렌의 공연이 소설 『행위예술가』의 비유라면, 작가는 독자도 로렌과 같은 깨달음을 얻기를 바라고 있다는 것을 알 수 있다.

2. 치유되지 않은 서사: 『떨어지는 사람』

도미닉 라카프라(Dominick LaCapra)와 캐시 커루스(Cathry Caruth)처럼 트라우마를 현대 서구 사회를 읽는 중요한 열쇠로 본 학자들은 트라우마라는 개념을 통해 역사를 읽는 방식의 변화를 모색할 수 있다고 주장한다. 즉 초월적이면서 일방적으로 진행되는 전통적인 역사의 관념을 배제하면서도 구체적이고도 책임감 있는 역사성에 대한 탐색이 가능하다고 본 것이다. 남편을 갑작스럽게 잃은 로렌이 보여주듯 트라우마는 자아의 균열을 만들어내기 때문에 이를 통해 타자와 관계 맺는 다른 방식을 찾아볼 수 있으며, 이렇게 찾아낸 새로운 방식을 통해 일방적으로 의미가 부여되는 역사 기술을 넘어서 자아와 타자의 상호작용에 열려있는 시간 인식 방식을 수립할 수 있을 것이라고 기대하는 것이다. 전통적인 서구 역사철학에서 한 줄기로 서술되는 역사는 그 줄기 밖에 존재하는 초월적 자아를 암묵적으로 상정한다. 이 초자아는 역사를 관찰하고 기술하는 개념적인 존재로, 객관성을 확보하기 위해 역사 밖에 존재하는 것으로 가정되기 때문에 역사 뿐 아니라 죽음과 타자로부터 자유롭다. 따라서 다른 문화권이나 문화적 약자에 대한 배려가 전혀 없는 독단적이고 비윤리적인 역사관이 성립 가능하여지며, 이 때문에 암묵적인 초자아의 존재는 서구의 제국주의적인 역사 서술의 큰 병폐로 지적되어 왔다. 이러한 역사학의 초자아는 서구적 자아 개념이 확장된 것으로 볼 수 있는데 서구 철학의 전통에서 개인의 자아의 정의는 시간의 흐름과는 무관하게 독립적으로 완성되어 있는 것으로 여겨진다. 다시 말해 자아를 정의하는 데 있어 어느 개인에게나 작용하는 시간, 즉 죽음이나 시대의 영향 등을 고려하지 않는 것이다. 이렇게 스스로를 시간의 영향으로부터 자유롭게 생각하는 방식은 한 개인이 트라우마 때문에 시간의 흐름을 소화할 수 없게 되면 깨지게 된다. 나 자신이 시간과 다른 이들의 영향 아래 놓인 존재임을 직면하게 되는 것이다. 그래서 커루스 등의 학자들은 트라우마라는 시간과 자아의 혼란을 통해 역사를 인식하는 새로운 방식이 나타나리라 기대한다. 로렌이 『행위예술가』의 마지막 부분에서 얻는 시간에 대한 깨달음도 이같은 맥락에서 이해할 수 있다. 공연을 마치고 다시 집으로 돌아온 그녀는 "어떤 일이 일어나고 있다. 일어났다. 일어날 것이다. 이것이 그녀가 믿는 것이었다. 이야기가 있고 의식의 흐름과 가능성이 있는. 미래가 존재하게 되는"이라고 생각한다(99). 실시간 비디오 스크린에 비치는 기계적인 숫자의 변화 대신, 시간의 변화를 인식하는 구체적이면서도 의미 있는 방식을 터득하게 된 것이다. 앞에서 살펴보았듯이, 이렇게 로렌이 시간을 유기적으로 인지하게 된 것은 그녀가 자신이 다른 이들의 삶과 죽음과 깊이 관련되어 있음을 깨달았기 때문이다. 그리고 『행위예술가』의 독특한 이야기 구조를 통해 드릴로는 독자들도 로렌이 겪는 트라우마의 경험에 동참하도록 적극적으로 유도한다. 하지만 트라우마가 가져오는 시간 혼란의 특징을 이용한 이러한 실험적인 서사는 『떨어지는 사람』에서 개인의 트라우마를 넘어서는 국가적인 집단 트라우마를 다루며 의미심장한 한계를 노출한다.

앞서 언급했듯이 국제 정세나 세계역사를 점검하는 대신 한 가정을 묘사하는 좁은 시야 때문에 『떨어지는 사람』은 소설 발표 직후부터 신랄한 비판을 받았다. 1990년대 그토록 통렬하게 후기자본주의의 세계 경영을 꼬집은 작가가 정작 그가 지적해 오던 문제들이 가장 참혹하고 극단적으로 응집되어 나타난 사건을 다루는 데 있어서 폭을 좁혀 개개인의 정신적인 충격을 다루는 데 그쳤다는 것이 무책임하게까지 보였던 것이다. 하지만 9/11 테러 두 달 뒤에 발표된 드릴로의 에세이 「미래의 폐허에서: 9월의 그림자 속 테러와 상실에 관한 소고」에 비추어보면 『떨어지는 사람』의 제한된 시야 자체가 테러 이후 진행된 미국의 정치 문화적 상황에 대항하기 위한 작가의 전략이었음을 추측해 볼 수 있다.

9/11 직후 부시 행정부는 대외적으로는 테러와의 전쟁(War against Terror)을 선언하여 보복 전쟁을 정당화하였고 대내적으로는 국가 안보를 빌미로 기본 민권의 침해를 허용하는 애국조례(Patriot Act)를 발동시켰다. 흔들리는 국가의 위상을 재정립하려는 이러한 시도 속에서 국수주의적이고 전체주의적인 담론이 힘을 얻었으며, 반론은 반애국적인 것으로 거센 비난을 받았다. 결국 폐쇄적이고 맹목적인 미국 패권주의가 득세하며 테러 직후 일어났던, 세계역사 속에서 미국의 역할을 돌아봐야한다는 자성적인 목소리들은 침묵을 강요당하게 되었다. 이후 『떨어지는 사람』이 출판된 2007년까지의 6년 동안 부시 정권이 아프가니스탄과 이라크에서 벌였던 전쟁들은 눈에 보이는 성과 없이 연장되어 미국 정부는 대내적으로는 국력을 낭비하고 있다는 비난을 듣기 시작하였고, 장기적인 경기침체로 대외적인 자부심 또한 큰 타격을 받았다. 이를 무마하기 위해 미국은 국내의 감시체제를 강화해 국가의 중요 정책에 대한 비판을 반역행위로 판단할 수 있는 법적근거를 마련하는 등

보다 전체주의적인 나라로 전환하였으며, 이 과정에서 그라운드 제로(Ground Zero), 고국방위 (Homeland Security), 악의 축(Axis of Evil) 등 9/11을 애국적으로 해석하는 방편이 되어주는 일련의 상징체계들을 만들어내었다. 부시 행정부가 제공하고 대중매체는 활발히 유통시킨 9/11을 해석하는 상징과 이야기를 단순화시켜 요약하자면 다음과 같다. 미국의 자유를 시기한 이들이 반인륜적인 공격을 감행했으나 용감한 미국인들은 이를 곧 이겨냈고 적들을 가차 없이 응징해 결국 싸움은 미국의 승리로 끝날 것이다. 9/11에 대해 다른 방식으로 설명하는 것을 불가능하게 만든 이러한 미국 내의 상황 때문에 저명한 여성학자인 주디스 버틀러(Judith Butler)는 9/11을 통해 미국의 나르시스적인 자국 중심주의가 잠시 흔들려 다른 나라와의 상호 의존성을 깨달을 수 있는 기회가 올 수도 있었지만, 테러 직후 가동된 해석 방식들 때문에 미국 중심의 제한된 시야가 재정립되었고, 결국 타국 및 다른 문화와의 경계선이 오히려 더욱 강화되는 결과를 낳았다고 지적한 바 있다. 대중매체가 큰 힘을 보탠 이상 애국주의의 열기 속에서 9/11이 일깨운 불편하고 복합적인 진실은 힘을 잃었고, 테러 전보다도 훨씬 강압적이고 폐쇄적인 나라가 등장하게 되었다.

에세이 「미래의 폐허에서」에서 드릴로는 이러한 미국 내의 폐쇄적인 정치 문화적 기류를 감지하고 이에 반발한다. 테러를 이용하기 위해 내세운 부시 행정부의 전체주의적인 서사에 저항하기 위해, 또 다른 한편으로는 테러리스트들의 동력이 된 근본주의라는 또 다른 전체주의적인 이야기 방식도 거부하기 위해 이 둘과는 내용뿐 아니라 형식면에서도 차별화된 "대항서사(counter-narrative)"의 필요성을 주장하는 것이다(34). 그의 주장에 따르면 9/11에 의해 역사의 종언과 끝없는 미래를 노래했던 포스트모더니즘의 서사가 종말을 고했고, 그 빈자리를 전체주의적인 세계 해석—부시 행정부와 테러집단 양쪽의—이 채우게 되었다. 드릴로는 이러한 전체주의적인 관점에 대항할 수 있는 이야기 방식의 필요성을 제기하며 혼란스러웠던 테러의 기억들, 앞뒤가 맞는 이야기로 구성될 수 없는 이야기의 파편들 모두가 대항 서사라고 암시한다. 이러한 맥락에서 보면 『떨어지는 사람』의 서사 전략이 어느 정도의 의의를 가지는 지 가늠해 볼 수 있다. 국제관계 및 역사 속에서 9/11을 폭넓게 바라보려는 시도를 포기한 소설의 좁은 시야 자체가 전체주의적인 서사에 대항하는 선택인 셈이다. 즉 드릴로는 전체주의적인 이야기 방식을 피하며 개개인의 삶이 사소한 것에서부터 다른 문화와 역사에까지 연결되어 있는 것을 보여주는 이야기 방식을 추구한다.

9/11을 역사상 유일무이한 사건으로서 어떤 맥락 속에서도 이야기할 수 없다는 입장을 취하는 것이 『떨어지는 사람』이 대항서사로서 맞서고자 하는 또 다른 태도이다. 나오미 클라인(Naomi Klein)이 주장하듯, 9/11테러 사건이 모든 것을 변화시켰다는 믿음 때문에 대다수 미국인들은 테러 이후 미국의 후기자본주의 시장논리가 오히려 더 거침없이 전개될 수 있게 되었다는 사실을 깨닫지 못하였다. 드릴로도 이러한 태도를 「미래의 폐허에서」에서 언급하는데, 그에 따르면 테러사건 "자체는 비유나 직유에 기대어 설명할 수 없다. 우리는 그 충격과 공포를 있는 그대로 받아들여야한다. 비교 불가능하다는 것이 이 사건의 특이성이다. 하늘에 빈 공간이 생겼다. 작가는 울부짖는 그 빈 공간에 기억, 다정함, 그리고 의미를 주려고 노력하는 것이다"(34). 즉 드릴로는 9/11에 대해 역사상 전례가 없는 일이므로 이에 대해 이야기할 수 있는 방법이 전혀 없다고 내버려 두었다가는 정치계와 그에 영합하는 주류 미디어들의 선전 이외에는 9/11을 이해할 수 있는 방법이 없어지므로 차별화된 방식으로 9/11에 대한 이야기를 하는 것이 중요하다고 주장하는 것이다. 9/11을 비역사화, 비맥락화하는 지성계의 혼란에 맞서 이야기를 해야 함을 주장하되 동시에 전체주의적인 지배담론의 선전과도 다른

방식의 서사를 내놓아야 하는 고충 속에서 드릴로는 『행위예술가』에서 시도했던, 트라우마 환자들이 경험하는 방식으로 시간을 체험하도록 유도하는 이야기 구조를 다시 한 번 시도해 보기로 결정한 듯하다.

『떨어지는 사람』은 모두 세 장으로 나뉘어 있다. 각 장의 제목은 그 장의 주제와 연결된 인물의 이름이 대신하고 있는데, 예를 들어 첫 장의 제목은 "빌 로튼"으로, 어른들이 언급하는 빈 라덴의 이름을 잘못 알아들은 아이들이 사용하던 이름이다. 이 장은 테러 직후 몇 주간의 상황을 묘사하는데, 잘못된 빈 라덴의 이름이 상징하듯 혼란과 두려움, 납득할 수 없음과 충격을 지배적으로 묘사하고 있다. 키이스는 비행기가 충돌하던 순간이나 그 이후의 탈출에 대해 기억하지 못하고, 왜 리안의 집 앞에 오기로 결정하였는지도 설명하지 못한다. 키이스의 의식과 더불어 소설은 연기와 재, 먼지, 건물 파편들이 폭풍우처럼 몰아치는 거리에서 시작하는데, 그 거리는 자체로 한 "세계 (world)"로, 다른, 혹은 그 이전의 세상과는 완전히 격리된 독립된 시공간으로 느껴진다(3).

> 그것은 더 이상 길이 아니라 한 세계—떨어지는 재의, 밤과 같은 시간과 공간—이었다. 그는 진흙과 잔해들 사이로 북쪽으로 걷고 있었고, 수건을 얼굴에 대거나 겉옷을 머리 위로 쓴 사람들이 달려 지나갔다. 그들은 손수건을 입에 눌러대고 있기도 했다. 신발을 손에 든 한 여자는 한 손에 신발 한 짝씩을 들고 그를 지나 뛰었다. 그들은, 그들 중 일부는, 파편들이 그들 주위에 떨어져 내리는 중에, 뛰는 도중에 넘어졌다. 혼란 속에 볼품없이 차 밑으로 숨은 이들도 있었다.
> 붕괴의 요란한 소리, 그 울림이 여전히 공기 중에 있었다. 이것이 지금의 세계였다. 연기와 재가 길을 따라 굴러 내려와 모퉁이를 돌았다, 지진 같은 연기의 밀물로 모퉁이를 몰아치며. 사무용지들이 번쩍이며 지나갔다. 아침의 관 덮개 속에 다른 세상의 것 같은 모서리가 날카로운 규격용지들이, 떠다니며, 휘돌며 지나갔다. (3)

활기찼던 대도시 중심가는 테러로 인해 재와 연기, 파편의 세계로 일순 변하고, 의미체계의 근본이 흔들린 가운데 등장인물들은 일종의 의미와 질서를 회복하기 위해 필사적이지만 이 낯선 세계를 읽을 줄 아는 이는 아무도 없다. 리안과 키이스, 그리고 그들을 중심으로 한 소수의 주변 인물들은 테러 이후의 삶에 힘겹게 대응하기 시작하는데, 곧 무너질 세계무역센터를 걸어 내려오던, 혹은 테러 소식을 듣고 이해할 수 없어 하던 그 9/11 직후의 순간에 인물들은 붙잡혀 있고, 소설의 구조 또한 그 순간으로 반복적으로 돌아간다. 즉 9/11 테러의 충격을 바로 극복했다고 주장하며 그 극복의 상징으로 일으킨 전쟁을 또 다른 승리신화로 변질시키려는 부시 행정부의 선전과는 반대로 혼란과 충격의 순간이 여전히 가시지 않았음을, 미국의 트라우마가 여전히 트라우마로 남아 있음을 깨우치려는 노력을 보여주는 것이다.

두 번째 장의 제목 "어니스트 헤칭어"는 70년대 초반 독일에서 테러리스트로 활동하다 예술중개상인으로 변신한 남자의 이름이다. 이 장은 소설의 주요인물들이 테러 후 몇 달이 지난 시점에서 다른 이들과의 교류를 통해 각자가 경험한 테러 당시의 일들을 이해해 보려고 애쓰는 시기를 그린다. 테러 후의 매일은 일상적으로 느껴지지만 이 평범한 나날이 테러가 만들어냈던 재와 연기가 쏟아지는 거리의 세계와 어떻게 연결되어 있는지는 아무도 설명하지 못하고, 그 이질감 속에 인물들은 표류한다. 1장 말미에 키이스는 리안에게 "우리의 작은 삶으로 가라앉을 준비가 되었다"라고 선언하지만, 반복된 상담치료에도 불구하고 키이스는 테러 당시의 기억을 되살리지 못한다(73). 그는 세계무역센터를 탈출한 다른 사람인 프로렌스를 찾아서 그녀의 탈출 이야기를 들으며 자신이 잃어버린 기억을 찾으려 노력하지만 눈물지으며 춤추는 프로렌스의 이야기로도, 그녀와의 육체적 관계로도 감정적 유대감을 만들어내지 못하고, 결국 기억도 회복하지 못한 채 보름 정도 만에 그녀와 헤어진다.

어니스트 헤칭어는 지금은 마틴이라는 이름을 쓰고 있는 리안의 엄마의 애인이고 작품 내에서 미국에 대한 제 3국의 시선을 제공하는 유일한 인물이다. 마틴은 미국인 동료들과 리안을 만난 한 자리에서 세계 역사에서의 미국의 역할을 신랄하게 비꼰다.

> 이 나라의 부주의한 모든 힘에도 불구하고, 이 나라가 전 세계에 야기하는 모든 위험에도 불구하고, 미국은 더 이상 문제가 되지 않을 거요 . . . . 우리는 모두 미국이 중요치 않다는 생각을 가지기 시작했소, 텔레파시 같은 거지. 곧 미국에 관해서는 그 나라가 가져오는 위험에 관한 것 빼고는 아무도 생각하지 않는 때가 올 거요. 미국은 중심 자리를 잃고 있소. 그 자신이 싼 오물의 중심이 되고 있지. 그것이 미국이 차지한 유일한 중심이요. (191)

마틴의 지적에 미국인인 한 도서관 관장이 반론을 제기한다.

> 우리가 중심을 차지하고 있다면 당신들이 우리를 그 자리에 놓은 거요. 그것이 당신들의 진정한 딜레마지. 모든 것에도 불구하고 우리는 여전히 미국이고 당신들은 여전히 유럽이지. 당신들은 우리의 영화를 보러 가고 우리의 책을 읽고 우리 음악을 듣고 우리의 언어를 말하지. 어떻게 우리에 대해 생각하기를 멈출 수 있겠소? 당신들은 항상 우리를 듣고 보는데. 스스로에게 물어봐요. 미국 다음에 무엇이 오겠소? (192)

미국이 중심에 있지 않은 세상을 상상하지 못하는 자신감에 찬 이 질문에 대한 마틴의 대답이 의미심장한데, "이 미국은 이제 모르겠는걸, 못 알아보겠어. 미국이 있던 자리에는 빈공간이 있다"며 오만 때문에 미국의 중심적 역할이 사라졌다고 암시하기 때문이다(193). 이러한 마틴/헤칭어의 비판적인 시선은 많은 부분 9/11 직후 저명한 언어학자이자 사회학자인 노암 촘스키(Noam Chomsky)가 미국의 오만함에 대해 퍼부은 신랄한 비난을 상기시키고, 미국인 도서관장의 분개하는 반응은 촘스키의 주장에 분노했던 미국 대중의 정서적 상태를 반영하는 듯하다. 즉 마틴은 9/11의 직/간접적인 원인을 뿌리 깊은 미국의 자국중심주의와 제국주의에서 찾고 있는데, 문제는 여전히 정신적 충격에 휩싸인 리안에게는 그의 지적이 어떠한 깨달음도 주지 못한다는 점이다.

키이스와 리안이 느끼는 마비감과 고립감은 한 행위 예술가의 퍼포먼스로 상징적으로 표현된다. 리안은 귀가 길에 뉴욕 곳곳의 건축물에 매달린 채 테러 직후 세계무역센터에서 떨어지던 사람의 사진을 재연하는 행위예술을 목격하는데, 이에 분노하는 사람들도 많지만 어딘가 마비된 것 같은 리안의 감각을 뚫고 영향력과 충격을 전달하는 것은 이 퍼포먼스뿐이다. 리안의 표현에 따르면, 이 공연은 "너무 가깝고 깊었으며 너무 개인적이었다"(163). 공연을 보고 있는 사람들이 할 수 있는 말은 하나뿐이었다.

> 누가 떨어지고 있어. 떨어지는 남자. 그녀는 이것이 그의 의도인지 궁금했다. 이런 식으로 말을 퍼뜨리는 것이, 핸드폰으로, 사적으로, 세계무역센터 타워와 납치된 비행기에서 그랬듯이. 아니면 그녀는 그의 의도를 꿈꾸고 있었는지도. 그녀가 지어내고 있는 것일지도. 그녀는 그 순간 위로 너무나 팽팽히 늘려져서 그녀 자신의 생각을 할 수 없었다. (165)

이렇게 세계무역센터에서 떨어지던 사람의 사진을 단순히 그 모양뿐 아니라 효과 면에서도 재연한 이 행위예술은 『행위예술가』의 로렌의 공연과 마찬가지로 소설 자체에 대한 상징으로 읽을 수 있다. 다시 말해, 행위예술 공연 「떨어지는 사람」은 같은 이름을 딴 소설의 제목에서도 알 수 있듯이 소설 자체가 보여주는 행위예술과 겹친다. 즉 「떨어지는 사람」의 행위예술가 데이빗 제니악이 그랬듯, 소설은 9/11 테러의 가장 불편하고 고통스러운 순간들을 반복적으로 재생한다.

2001년 9월 11일 아침, 세계무역센터에는 평일 근무 중이었던 사람들이 가득했고, 납치된 비행기가 충돌한 직후 고층에서 일하던 많은 사람들이 불길을 피해 몸을 던졌다. 무수히 날리는 종잇조각들처럼 떨어져 내리던 이들을 찍은 비현실적인 사진들이 많이 남았는데, 그 중에서도 특히 양복과 타이를 맨 채 세계무역센터 건물과 평행하게 거꾸로 떨어지는 남자의 사진은 바로 다음날 배포가 금지될 정도로 충격적이었다. "떨어지는 남자"라는 별칭이 붙게 된 이 사진은 미국 대중의 상상력을 강력하게 사로잡은 동시에 깊은 혐오감을 주어서 9/11 테러 이후 1년이 지난 2002년에 에릭 피슬(Eric Fischl)을 비롯한 몇 명의 조각가들이 "떨어지는 사람"을 주제로 한 전시공연을 하려 했으나 대중의 반발이 심해 철거된 사례가 있었다. 많은 비평가들이 10여 년이 지난 현재에도 "떨어지는 사람"의 이미지가 미국에서 금기에 가깝다고 증언하는데, 이는 이 사진이 보는 이에게 미국인의 일상이 얼마나 쉽게 충격적으로 깨질수 있는지 상기시켜 주기 때문이다. 다시 말해 리안이 알츠하이머 환자들을 위한 자원봉사 활동 후 귀가 길에 목격한 「떨어지는 사람」 행위예술 공연은 아직 아물지 않은 아픈 상처를 헤집으며 반복 경험하게 해 보는 이들을 미국, 미국인이라는 정체성의 충격적인 실체에 직접적으로 노출시키는 것이다.

소설의 제 3장의 제목은 행위예술가 데이빗 제니악의 이름을 땄다. 이에 따라 제 2장에서 나타난 테러와 그 맥락을 이해하려는 노력이 허사로 돌아간 3 년 뒤를 그리는 제 3장 자체가 데이빗 제니악의 행위예술과 같이 충격의 순간을 되살리는 기능을 수행한다고 볼 수 있다. 테러 이전 직장 동료들과 카드게임을 종종 했던 키이스는 전문 포커 플레이어가 되어 카드게임의 일정한 규칙에 파묻힌 채 무심코 기억이나 역사를 불러일으키지 않으려 애쓰며 살아간다(225). 카드게임의 일정한 규칙이 로렌이 한 때 도피했던 실시간 전자시계와 비슷하게 생각을 마비시키는 기능을 수행하기 때문에 키이스가 결국 테러의 경험을 극복하지 못한 채 그 기억으로부터 도피하였음을 알 수 있다. 한편 리안은 알츠하이머병에 걸렸던 아버지에 대한 기억 때문에 자신이 만나는 환자들이 기억과 자아를 잃어가는 것을 보며 공포를 느낀다. 드릴로가 한편으로는 키이스를 통해 감당할 수 없는 기억에 대한 공포를, 다른 한편으로는 리안을 통해 기억 상실에 대한 두려움을 보여주고 있음을 알 수 있다. 이렇게 적극적으로 기억을 되살리지도 그렇다고 기억을 지우지도 못하는 키이스와 리안의 상태를 상징적으로 보여주듯이 소설 『떨어지는 사람』의 서사 구조는 제니악의 행위예술과 같이 테러의 기억을 반복 재생한다. 작가는 리안이 「떨어지는 사람」 공연을 보고 같은 제목의 사진을 떠올리듯, 그리고 이 사진이 테러의 충격을 생생하게 전달하듯, 독자도 『떨어지는 사람』 이라는 같은 제목의 소설을 읽고 행위예술 공연과 사진, 그리고 9/11 당시의 충격을 다시 느끼기를 기대하는 것인데, 이는 다른 문화와 종교에 대한 적개심, 국민의 기본권 침해 등으로 이어진 과격한 애국주의의 열기로 재해석되지 않은 테러의 순간을 다시 맞닥뜨림으로써 그 충격을 통해 한 개인이, 그리고 미국이 다른 이들과 다른 문화권에게 열려있고 이어져있는 약한 존재라는 것을 깨닫게 하기 위해서이다.

> 리안은 더 읽지 않았지만 그 설명이 어떤 사진을 지칭하는지 바로 알아차렸다. 그녀가 테러 다음날 신문에서 그것을 처음 보았을 때 엄청난 충격을 받았었다. 타워를 배경으로 거꾸로 있는 남자. 고층건물의 덩치가 사진의 틀을 채우고 있었다. 남자는 떨어지고, 그녀 생각에 타워들은 그 바로 뒤에 인접해 있었다. 솟구치는 거대한 선들, 수직의 기둥 선들. 그녀는 생각했다—셔츠에 피가 묻은, 혹은 탄 자국이 있는 남자, 그리고 그의 뒤의 기둥들의 효과. 그 구성이라니. 가까이 있는 타워, 북쪽 건물은 어두운 줄무늬, 다른 쪽은 밝은 줄무늬. 그리고 그 덩어리감—그 거대함. 남자는 거의 정확하게 어둡고 밝은 줄무늬들 사이에 놓여 있었다. 거꾸로, 자유낙하. 이 사진은 그녀의 마음과 정신에 구멍을 태웠다. (222)

리안이 기억하는 이사진을 재연하는 데이빗 제니악의 행위예술 공연, 특히 리안이 목격한 공연의 기록은 남아있지 않았다. 하지만 리안 자신이 그 공연의 기록이 된다. 리안에 따르면 "그 낙하의 사진은 없었다. 그녀가 사진—그 감광성 표면—이었다. 내려오는 그 이름 없는 몸, 이것이 그녀가 기록하고 흡수해야 하는 것이었다"(223). 리안은 데이빗 제니악의 행위예술을 우연히 목격하게 되어 받은 충격을 통해 자신이 경험한 테러의 순간을 되새기는 것이고, 리안의 눈을 통해 공연을 본 독자도 그 장면을 통해 그 충격의 순간의 증인이 되는 것이다. 이러한 리안과 독자의 경험을 염두에 두면 『떨어지는 사람』이 보여주는 이야기 방식이 9/11을 극복하는 것이 아니라 그 순간을 되살리는 것임을, 즉 그 혼란의 순간을 다시 경험하도록 서사적으로 유도하는 것임을 알 수 있다. 앞서 언급하였듯이, 드릴로는 9/11이 너무나 충격적이고 전례 없는 사건이라 논의할 수 없다는 무력한 태도에서 벗어나려고 시도하되, 조급하게 애국적인 관점에서 포장해서 이용하는 정치적인 해석과는 다른 방식으로 이야기를 풀어내기 위해 비행기가 충돌하고 사람들이 떨어져 내리던, 일상의 시간이 가장 끔찍하게 깨졌던 그 순간으로 독자를 반복적으로 데려가는 것이다.

소설 『떨어지는 사람』의 각 장 뒤에는 테러리스트 중의 한 명인 하마드의 의식을 따라가는 짧은 부분이 붙어 있는데, 테러 직후부터 시작되는 소설의 주요 줄거리와는 대조적으로 이 부분들은 독일에서 테러리스트 조직이 형성되는 순간부터 납치된 비행기가 세계무역센터에 부딪히는 순간까지를 서술한다. 소설의 가장 마지막 장에서 하마드와 키이스의 이야기가 연결되고 키이스가 기억하지 못했던, 비행기가 충돌한 직후 피투성이가 된 동료의 죽음을 지켜보는 그의 지옥 같은 경험이 묘사되기 때문에 독자는 테러의 순간을 다시 한번 목격하게 된다. 충격의 순간을 실제적인 시간의 흐름과 관계없이 반복 경험하는 트라우마의 특성을 모방한 소설 구조인 것이다. 동료의 죽음 이후 키이스는 정전이 되어 어둡고 매캐한 연기가 가득한 무역센터의 계단을 다른 생존자들과 함께 줄지어 걸어 내려오고, 소설은 그가 연기와 떨어지는 파편으로 가득한 거리로 나서는 가장 첫 부분으로 돌아가면서 끝난다. 전체 시간적으로는 테러리스트 조직의 기원부터 시작하여 테러 이후 미국인들의 삶까지 다루지만, 이 같이 충격의 순간을 반복적으로 보여주는 서사구조는 소설 『떨어지는 사람』이 시간의 흐름을 거슬러 트라우마의 생생한 순간 그 자체로 독자를 데려가는 데 중점을 두고 있다는 것을 알려준다. 제니악의 행위예술을 마주한 리안이 그랬던 것처럼 재생된 낯설고 섬뜩한 순간 앞에서 정치권의 포장된 해석을 따르는 것이 아니라 스스로 그 충격의 의미에 대해 생각하도록 만드는 것이 이 소설의 주된 목표인 것이다.

이렇게 애국적인 의미를 부여하는 이야기를 통해 섣부른 트라우마의 극복 혹은 회복을 추구하는 대신에 가공되지 않은 충격의 순간으로 독자를 다시 데려가려 한다는 면에서 『떨어지는 사람』은 전작 『행위예술가』와 유사한 면을 보여준다. 하지만 『떨어지는 사람』에서는 트라우마를 서사적으로 수행하는 실험 외에 트라우마의 원인을 되돌아보고 이를 통해 새로운 자아 및 시간 인식을 추구하는 맺음을 찾아볼 수 없다. 물론 두 작품에서 다루는 트라우마의 성격 및 원인이 큰 차이를 보인다는 점은 고려해야 하겠지만, 『떨어지는 사람』이 중편에 불과한 『행위예술가』에 비해 보다 폭넓은 고찰이 가능한 장편소설이라는 점을 고려하면 전작에 비해 트라우마의 원인과 결과에 대해 탐색하는데 철저하지 못하다는 약점은 간과하기 힘들다. 특히 두 작품의 결말을 비교해 보면 『행위예술가』가 성취했던 새로운 역사인식의 가능성에 『떨어지는 사람』은 도달하지 못함을 알 수 있다. 테러 후 3 년이 지난 어느 날 리안은 옷을 벗으며 옷에 남아있던 땀 냄새의 흔적을 맡고 자신의 몸을 느낀다.

> 그러다 어느 날 늦은 밤, 옷을 벗느라고 그녀는 깨끗한 초록 티셔츠를 머리위로 잡아당기다 딱히 냄새라고는 할 수 없는, 어쩌면 냄새의 희미한 흔적일지는 몰라도 아침에 뛰고 난 직후의 쉰내는 아닌 어떤 향을 느꼈다. 그것은 그냥 그녀였다, 그녀의 몸 속속들이. 그것이 몸과 몸이 지니는 모든 것이었다, 안과 밖으로, 정체성과 기억과 인간의 온기. 그것은 냄새 맡았다기보다 그녀가 알고 있는 것에 가까웠다. 그녀가 항상 알고 있던 것. 다른 사람이 되고 싶었던 소녀가 그 안에 있었고, 그녀가 정확히 이름 부를 수 없는 희미한 다른 것들도 있었다. 그것은 벌써 지나가고 있는 작은 순간이었다. 항상 잊히기 직전에 있는 그런 순간. (236)

이전까지 기억 상실의 공포와 감당할 수 없는 기억 사이에서 방황하던 로렌은 위와 같이 체취를 통해 자신의 몸을 느낀 후 어느 정도의 안정을 되찾는다. 그녀는 마침내 "믿을만한 평온 속에서 혼자 있을 준비가 되었다. 푸름을 가르는 은빛 비행기들이 그날 나타나기 전에 그랬던 것처럼"이라고 생각할 수 있게 되었다(236). 그러나 트라우마에 사로잡히기 전처럼 완전히 홀로 존재할 준비가 되었다는 것은 『행위예술가』의 결론에 비추어 보았을 때 트라우마로부터의 회복이라기보다는 이전 상태로의 퇴보에 가까운데, 전작에서와는 달리 타자에 열린 자아가 확보되지 못했기 때문이다. 위안은 될지언정 발전적이지 못한 이러한 리안의 마무리를 방해하듯, 곧바로 이어지는 테러리스트의 이야기를 통해 드릴로는 독자를 다시 9/11 테러의 순간으로 데려간다. 리안이 혼자 있을 준비가 되었다고 생각한 것에 독자가 충분히 안도감을 느끼기 전에 맨해튼을 향하고 있는 납치한 비행기에 앉아 승객들을 감시하고 있는 하마드의 이야기가 이어지는 것이다.

앞서 논의하였듯이 『떨어지는 사람』을 맺는 마지막 장면은 무역센터 붕괴 후 재와 파편이 가득 떨어지던 거리를 묘사하는 소설의 제일 첫 장면과 일치한다. 소설의 첫 두 문장은 "이것이 지금의 세상이었다. 연기와 재가 길을 따라 몰려오고"인데, 이 장면은 소설 마지막 부분에서 다음과 같이 거의 동일하게 반복된다(3).

> 돌풍에 사람들이 땅으로 쓰러졌다. 연기와 재의 먹구름이 그들을 향해 몰려오고 있었다. 빛이 다 빠져나가 밝은 낮은 사라졌다. 그들은 달렸고 넘어졌고 일어서려고 노력했다. 수건으로 머리를 감싼 남자들, 잔해로 눈이 보이지 않는 여자, 누군가의 이름을 부르는 여자. 이제 빛은 흔적만 남아있었다. 이후에 오는 빛, 부서진 물체의 잔유물이 지닌, 공기 중에 떠도는 다양하고 인간이었던 것들의 재의 폐허에 남은. 연기가 지나가는 속에서 그는 한 걸음을 걷고 또 다음 걸음을 뗐다. 발밑에는 돌 부스러기들이 느껴졌고 사람들은 달리고 물건들이 날아가느라 사방에 움직임이 가득 차 있었다 . . . . 돈과 신발을 잃으며 그들은 달려 지나가고 있었다. 그는 버스를 잡으려 달리는 것처럼 손을 들고 있는 여자를 보았다. (246)

소설의 첫 부분과 마지막 부분이 맞물리는 것을 보면 『행위예술가』와는 달리 『떨어지는 사람』의 서사구조가 거의 완벽한 원을 그린다는 것을 알 수 있다. 이렇게 미래로 나아가는 대신 시작한 곳으로 돌아오는 서사구조에 더하여 주인공들의 마지막 모습에도 아쉬움이 남는데, 『행위예술가』의 로렌이 관객 앞에서 공연하듯이 주인공들이 다른 사람의 존재감을 자신 안에 느끼는 일은 일어나지 않기 때문이다. 키이스가 프로렌스를 찾아내 그녀의 이야기를 듣고 살아남은 자의 죄책감과 외로움을 위로받기 위해 육체적인 관계를 맺기도 하지만 각각의 충격과 고립감은 전혀 완화되지 않고, 두 사람의 관계 역시 지속되지 않는다. 키이스와 리안의 관계도 일상의 겉모습을 위해 이혼하지 않았을 뿐 둘 사이의 심적 연대감이나 공감을 찾아보기 힘들기 때문에 회복되었다고 보기 힘들다. 다시 말해, 충격의 순간으로부터 의식적으로 도피하는 주인공들 대신 소설의 서사가 독자를 그 순간으로 고집스럽게 되풀이해 데려오기는 하지만 도피하는 대신 무엇을 배워야 하고 어떻게 극복해야 하는지는 가르쳐주지 않는 것이다.

결국 『떨어지는 사람』이 보여주는 트라우마의 순간을 반복 재생하는 이야기 방식은 좁은 의미의 치유를 의도적으로 거부하는 모습이라기보다는 아직 충격으로 감각과 생각이 마비되어 있는 모습에 가까운데, 이는 이 소설과 에세이 「미래의 폐허에서」에서 주장하는 서사의 예를 보다 자세히 비교해 보아도 확인 할 수 있다. 「미래의 폐허에서」의 서론 부분에서 드릴로는 대항서사라고 이름 지은 새로운 이야기 방식의 필요성을 주장한 뒤 이 방식을 조목조목 논리적으로 설명하는 대신 다양한 개인들의 9/11 경험담을 다소 혼란스럽게 병치한다. 테러 당시의 기억이라는 것 외에 이야기들을 한데 묶는 주제 의식 등을 찾기 어려워 더 난해한 이 에세이의 후반부는 맨해튼의 한 거리에서 메카를 향해 기도를 올리는 한 이슬람 여인을 묘사하면서 끝난다. 사람들과 차량이 복잡하게 얽히는 맨해튼의 한 교차로 구석에서 히잡을 쓴 한 여인이 엎드려 기도를 올리는데, 이는 세속적이고 일상적인 시간과 장소가 종교적이고 초월적인 시간과 장소와 잠시 겹치는 장면으로 묘사된다. 이 장면을 통해 드릴로는 사실성 여부와는 관계없이 개인적이고 소소하되 다양한 이야기들이 서로 겹치고 만나는 지점들, 즉 서로 다른 기억, 서로 다른 충격과 이야기의 차원이 공존하고 엮이는 부분을 찾는 것이 중요하다는 결론을 내는 것이다. 이러한 서사방식은 서로 다른 문화, 서로 다른 삶의 방식을 존중하면서도 그것들이 교차하는 지점에 주목한다는 점에서 테러 이후 버틀러가 주장했던 "우리의 삶이 다른 이들의 삶과 깊이 관련되어 있음을 생각할 수 있게 해 주는 이야기 방식"과 맥이 통한다(7).

이렇듯 하나의 큰 이야기 틀을 부여하는 대신 다양한 개인들의 이야기들이 공명하는 지점에 주목하는 것이 드릴로가 제안한 9/11 서사의 핵심이라고 한다면, 『떨어지는 사람』의 문제는 이 같은 의미 있는 이야기들의 교차점이 드러나지 않는다는 점에서 찾을 수 있다. 소설의 마지막 부분에서 테러리스트와 주인공들의 이야기가 이어지는 듯하나, 그 지점에서 생성되는 의미는 감지되지 않아 그야말로 물리적인 맞물림에 그친다. 다시 말해 비행기가 충돌하기 직전까지 하마드의 의식을 따라가던 이야기는 같은 문단, 같은 문장에서 키이스의 이야기로 이어지지만 테러리스트와 희생자가 이렇게 긴밀하게 연결되는 것을 통해 작가가 어떤 메시지를 전하고자 하는지는 파악하기 쉽지 않다.

> 그는 안전벨트를 맸다. 반대편 복도의 카운터에서 병이 하나 떨어졌다. 그는 그 빈 물병이 이리저리 구르는 것을 보고 있었다. 병은 한 쪽으로 빙그르 돌다 다른 쪽으로 굴렀다. 그는 비행기가 건물에 부딪히기 직전, 열기, 연기, 그 다음에 불, 그리고 키이스 네데커를 의자에서 떨어뜨려 벽에 부딪히게 한 충격파가 구조물에 퍼지기 직전, 점점 더 빨리 뱅글뱅글 돌던 병이 바닥을 스쳐 나는 것을 보았다. 그는 자신이 벽을 향해 걷고 있는 것을 발견했다. 그는 벽에 부딪히기까지 전화기를 떨어뜨리지 않았다. 바닥이 그 아래서 미끄러지기 시작했고 그는 균형을 잃고 벽을 따라 바닥에 주저앉았다. (239)

여기서 첫 번째 "그"는 비행기 안에 앉아있는 테러리스트 하마드이고 두 번째 "그"는 사무실에 앉아 전화를 받고 있던 키이스이다. 드릴로는 『떨어지는 사람』에서 테러리스트의 의식을 상상해 보려 한 점 때문에 테러리스트에게 인간적인 동기를 부여하려 했다고 해서 구설수에 오르기도 했다. 위 문단에서 테러리스트와 피해자를 같은 대명사로 지칭한 것과 같은 예가 그 빌미를 제공했음을 쉽게 알 수 있다. "그"라는 대명사 안에서 하마드와 키이스의 정체성이 일순 섞이는 것처럼 느껴지기 때문이다. 하지만 하마드와 키이스를 연결해 보려는 이러한 분명한 노력에도 불구하고, 이들의 접점은 물리적인 것 외에는 찾아 볼 수 없다. 하마드가 타고 있던 비행기가 일으킨 충격파가 키이스를 벽으로 날렸을 뿐, 그리고 형식적으로 같은 대명사를 공유할 뿐, 이들의 시선이나 의식이 잠시라도 교차하는 지점은 이전에도, 이 문단에서도, 하마드의 의식이 사라진 다음 부분에서도 발견할 수 없다.

이 문단 이후 소설은 키이스가 펄럭이며 떨어지는 셔츠, 몸의 기억만을 가진 빈 셔츠를 멍하니 바라보는 것을 그리며 끝난다.

> 그는 줄지어 서있는 소방차들을 지나갔는데 소방차들은 이제 헤드라이트를 번쩍이며 빈 채로 서 있었다. 그는 그가 보고 듣는 것들 속에서 그 자신을 찾을 수 없었다. 두 남자가 머리와 옷에서 연기가 새어 나오는 채로 얼굴을 아래로 누워있는 어떤 사람을 들 것에 싣고 뛰어갔다. 그는 그들이 먹먹한 먼 거리 속으로 움직여가는 것을 보았다. 거기가 그의 주변의 모든 것이, 떨어지면서, 있는 곳이었다. 길 표지판, 사람들, 그가 이름 모르는 것들이.
>
> 그리고 그는 하늘에서 셔츠 하나가 떨어지는 것을 보았다. 그는 걸으면서 셔츠의 팔이 이 세상의 어떤 것과도 같지 않게 펄럭이며 떨어지는 것을 보았다. (246)

위의 문단에서 키이스의 시선을 통해 독자는 키이스의 몸 대신 떨어지는 셔츠가 상징하는 사라진 누군가의 몸에 주목하게 된다. 『행위예술가』가 몸으로 돌아오며 끝났던 것과는 정반대로 몸의 상실을 강조하는 결론이다. 몸의 빈자리를 강조하는 마지막 문장으로 인해, 독자는 리안이 자신의 몸을 홀로 느끼며 테러 이전으로 돌아갈 수 있을 것 같다고 생각했던 자기위안에 동참할 수 없게 된다. 9/11 테러가 준 충격을 받아들인 뒤 성숙할 수 있는 근거가 없기에 등장인물들도, 독자도 9/11의 트라우마로부터 회복할 수 없다. 테러 이전의 상태로 돌아가는 것이 가능하지도, 바람직하지도 않다는 작가의 의지가 느껴지는 결말이다. 하지만 그렇다고 해서 드릴로가 테러 이후 어떤 변화를 기대하고 있는 지도 알 수 없는데, 이는 변화의 시작점이자 구심점이 되는 몸이 사라졌기 때문이다.

『행위예술가』에서 다른 사람으로 변화하는 로렌의 몸은 공연이 이루어지는 순간의 현재성과 직접성을 강조한다. 로렌의 공연을 관람하는 관객은 로렌의 몸이 변화하는 그 순간을 함께 경험하게 되고, 이와 마찬가지로 로렌의 몸의 변화를 서사를 통해 관람하는 독자도 소설을 읽고 있는 자신의 "지금, 여기"를 의식하게 된다. 공연 이후 로렌은 몸이 느끼는 시간을 통해 자신의 자아의 불완전함을 실감하고 고립에서 벗어나 다른 이들과 함께하는 미래를 향해 나아간다. 이러한 로렌의 이야기를 읽는 독자 또한 소설을 읽는 "현재"에 자리 잡은 자신의 한계를 발견하고 다른 이들을 향해 열린 마음을 갖도록 하는 것이 『행위예술가』의 실험적 서사의 목표라 할 수 있을 것이다. 하지만 이러한 상징적 역할을 하던 몸이 사라졌다는 사실을 강조하는 『떨어지는 사람』의 결론은 작가가 9/11이라는 충격을 인지하고 해석할 수 있는 지점을 마련하지 못했다는 사실을 의미한다. 테러 직후 키이스는 "아직 그의 몸으로 완전히 돌아오지 못했다"고 묘사된다(59). 즉 키이스는 그의 현재를 파악하고 충격을 소화할 준비가 되어 있지 않았다. 그리고 소설 마지막 부분에서 독자는 키이스의 몸이 아니라 누군가의 몸이 한 때 존재했다가 사라진 빈 공간을 보게 된다. 드릴로가 『떨어지는 사람』에서 키이스뿐만 아니라 독자의 "지금, 여기"를 자리매김할 수 있는 지점을 마련하는데 실패한 것을 인정한 것이다. 작가가 사건의 전체성이나 개인의 경험들의 교차점을 확보하지 못했기에, 여러 인물들의 이야기들도 그저 흩어진 파편들로 남는다. 이에 따라 테러 이후의 삶으로 나아가지도, 테러 이전의 생활로 돌아가지도 못하고 9/11의 기억에 사로잡혀 있는 등장인물들처럼 소설의 서사도 깊이 있는 깨달음을 향한 반복대신 의미부여를 할 수 있는 자리까지 나아가지 못해 쳇바퀴를 돌고 있을 뿐이다.

IV

성숙한 9/11 문학을 기다린 많은 독자들은 엄청난 충격으로 자기 구성을 무너뜨리는 트라우마가 사고와 지각체계에 변화를 일으켜 새로운 문학형식을 이끌어내는데 기여할 것이라고 기대했다. 하지만 레이첼 스미스(Rachel Smith)가 지적하듯 실험적인 문학 형식만으로는 새로운 의미를 이끌어 낼 수 없으며 트라우마를 소재로 한다는 것만으로는 지배 세력이 선전하는 보수적인 관점을 재탕하는 일에서 벗어날 수 없다 (518). 실제로 9/11 테러 이후 미국 사회는 강경한 애국주의와 보수주의로 돌아섰고, 9/11을 다룬 많은 문학도 새로운 시각을 보여주는 대신 미국의 보수화에 동조하는 모습을 보여주었다. 특히 실험적인 형식을 도입했으나 테러 이전의 미국을 이상화하는 결과를 이끌어낸 조나단 포어(Jonathan S. Foer)의 『극단적으로 시끄럽고 믿을 수 없이 가까운』(*Extremely Loud and Incredibly Close*)과 같은 작품과 비교하면, 드릴로의 『떨어지는 사람』이 시도하는 트라우마를 강조하는 서사는 9/11 테러의 충격을 생생하게 전달하는 기능을 성공적으로 완수한다고 할 수 있는데, 이는 『극단적으로 시끄럽고 믿을 수 없이 가까운』처럼 테러 이전의 미국을 그리워하거나 테러로 더욱 강해진 미국을 그리는 대신 미국의 약점이 극단적으로 노출된 충격의 순간을 고통스럽게, 그리고 고집스럽게 되풀이하여 보여주기 때문이다. 「미래의 폐허에서」에서 드릴로는 "줄거리는 세계를 줄인다"고 지적한 바 있다(34). 전체주의적으로 세계의 역사를 단순화시키는 시각을 경계하는 표현인데, 이러한 맥락에서 보면 『떨어지는 사람』에서 보여주는 트라우마의 반복이 잘잘못을 가리는 판단을 보류하는 것이며, 이는 당시 미국의 강경한 보수주의에 비판을 가하는 정치적인 입장 표명이라는 해석도 가능하다. 하지만 『떨어지는 사람』이 「미래의 폐허에서」보다 6년 후에 발표되었다는 점을 고려해 보면, 판단 보류라는 수동적인 결론은 역시 아쉬움이 남는다. 작가가 소설 속에서 의미 있는 접점을 그릴 수 있는 시각을 제공하지 않기에 트라우마의 시간적 경험의 궤적을 따르는 이야기의 구조 자체가 작가 역시 트라우마에 사로잡혀 있다는 증거가 된다. 즉 『떨어지는 사람』의 서사는 얼마나 고통스러운지를 잊지 않게 하는 효과, 무력한 순간을 의식표면에 떠올리는 효과는 있으나, 의미 있는 해석은 아직 가능하지 않아 고통스러운 순간을 그저 되풀이 할 뿐이다.

드릴로가 가장 최근에 발표한 소설 『오메가 포인트』에서도 트라우마적 시간경험의 특징을 모방하는 서사가 나타나는데, 이 역시 작가가 여전히 충격 자체에 얽매여 있을 뿐 아직 어떻게 해석해야 할지 결정하지 못했다는 느낌을 준다. 『오메가 포인트』의 주인공은 독립영화 감독으로, 펜타곤에서 미국의 이라크 침공을 이념적으로 정당화하는 작업을 했던 늙은 석좌 교수와의 인터뷰를 다큐멘터리 영화로 제작하려고 한다. 하지만 교수를 취재하러 간 미국 서부의 사막에서 교수의 젊은 딸이 흔적도 없이 사라지고, 감독은 영화 촬영을 끝맺지 못한다. 상영시간을 24시간으로 늘린 영화 「싸이코」를 관람하면서 시작한 이야기는 결국 주인공이 교수의 딸의 실종이 준 충격에서 벗어나지 못한 채 다시 느리게 상영되는 「싸이코」를 보는 장면으로 돌아오며 끝난다. "실시간은 의미 없다"(Real time is meaningless)라고 하면서도 『행위예술가』의 로렌이 떨치고 나왔던 그 전자 시간 안으로 다시 도피하는 인상을 남기는 것이다(115). 결국 드릴로는 아직 9/11이 남긴 트라우마를 다룰 수 있는 적절한 이야기 방식을 찾고 있는 중인 듯하다.

『오메가 포인트』에서 미국 국방성은 석좌교수가 했던 일을 9/11 테러로 "잃어버린 미래를 다시 취하는 일"이라고 정의한다(30). 9/11 테러로 잃어버릴 뻔 했던 미국의 절대 우위가 확실하게 보장된 미래를 이라크 전쟁으로 다시 회복했다는 의미이다. 즉 9/11 테러와 관련하여 트라우마를 인정하는 것은 미국의 취약성을 인정하는 것이며, 트라우마의 빠른 치유는 미국의 강대함을 재확인한다는 의미로 해석하는 것이다. 이와 같은 미국 국방성의 해석은 트라우마를 다루는 데 있어 치유를 위한 치유를 궁극적인 목표로 삼는 것이 위험한 일일 수도 있다는 사실을 상기시켜 준다. 트라우마의 단순한 치유에 제동을 거는 드릴로의 서사 실험은 힐링이라는 화두가 유행 중인 오늘날의 우리 사회에서도 과연 우리는 어떠한 의미의 회복을 추구하고 있는지 점검해 봐야 할 필요성을 일깨워준다.

참고 문헌

Abel, Marco. "Don DeLillo's 'In the Ruins of the Future': Literature, Images, and the Rhetoric of Seeing 9/11." *PMLA* 118.5 (2003): 12-37.

Butler, Judith. *Precarious Life: The Power of Mourning and Violence*. New York: Verso, 2004.

Caruth, Cathy. *Unclaimed Experience: Trauma, Narrative, and History*. Baltimore: Johns Hopkins UP, 1996.

DeLillo, Don. "In the Ruins of the Future: Reflections on Terror and Loss in the Shadow of September." *Harper's Magazine* Dec. 2001: 33-40.

_____. *The Body Artist*. New York: Scribner, 2001.

_____. *The Falling Man*. New York: Scribner, 2007.

Ermarth, Elizabeth. "The Crisis of Realism in Postmodern Time." *Realism and Representation*. Madison: U of Wisconsin P, 1993.

Foer, Jonathan Safran. *Extremely Loud and Incredibly Close*. New York: Houghton Mifflin Harcourt, 2005.

Herman, Judith. *Trauma and recovery: The Aftermath of Violence from Domestic Abuse to Political Terror*. New York: Basic Books, 1997.

Kauffman, Linda. "The Wake of Terror: Don DeLillo's 'In the Ruins of the Future,' 'Baader-Meinhof,' and *Falling Man*." *Modern Fiction Studies* 54.2 (2008):

353-77.

LaCapra, Dominick. *Writing History, Writing Trauma.* Baltimore: Johns Hopkins UP, 2001.

Leys, Ruth. *Trauma: A Genealogy.* Chigao: U of Chicago P, 2000.

Mauro, Aaron. "The Languishing of the Falling Man: Don Delillo and Jonathan Safran Foer's Photographic History of 9/11" *Modern Fiction Studies* 17.3 (2011): 584-606.

Nel, Philip. "Don DeLillo's Return to Form: The Modernist Poetics of The Body Artist." *Contemporary Literature* 43.4 (2002): 736-59.

Smith, Rachel. "Organic Shrapnel: Affect and Aesthetics in September 11 Fiction." *American Literature* 83.1 (2012): 517-47.

Versluys, Kristiaan. *Out of the Blue: September 11 and the Novel.* New York: Columbia UP, 2009.

Zizek, Slavoj. *Welcome to the Desert of the Real!* New York: Verso, 2002.

홀로코스트 역사의 트라우마에 접근하기:

D. M. Thomas의 『하얀 호텔』

홍덕선 _ 성균관대학교

D. M. Thomas

The White Hotel

홀로코스트 역사의 트라우마에 접근하기: D. M. Thomas의 『하얀 호텔』

I

작가 소개

영국 콘월 출신의 작가 D. M. 토머스(D. M. Thmoas)의 대표작 『하얀 호텔』(*The White Hotel*)은 1981년 미국에서 출판되면서 대중의 폭발적인 인기를 끌어 모았고, 미국에서 시작하여 나중에는 영국에서까지 베스트셀러의 목록에 오르며 그때까지 별로 알려지지 않았던 토머스를 순식간에 주목 받는 작가들의 목록에 올려놓았다. 이 작품에 대한 저널의 서평들도 열광적이었고, 그는 바로 여러 상을 받으면서 영국 최고 권위의 부커상 후보자의 최종 목록에까지 올랐다. (그 해의 부커상은 살만 루시디(Salman Rushdie)의 『자정의 아이들』(*Midnight's Children*)에게로 돌아갔다.) 이 소설에서 다루어진 프로이트의 섬세한 정신분석 과정이라든지 충격적인 홀로코스트 역사의 소재는 확실히 일반 독자의 호기심을 끌만한 내용들이었다. 더구나 이런 기본 소재를 바탕으로 극적인 전개와 강렬한 성적 이미지, 그리고 적나라하도록 폭력을 생생하게 다룬 묘사 등은 대중 소설로서의 특징도 충분히 갖춘 소설임을 입증해 주었다. 그런가 하면 이 소설을 구성하는 프롤로그와 6개의 장은 각각 다른 서술적 관점과 상이한 문체를 사용하고 있어 비평가로부터 독특하고 실험적이라는 찬사를 받았다. 한 서평자의 말을 빌려 이 소설의 매력을 한마디로 집어본다면, 이 소설은 "착상의 강력함과 아름다움, 설파해가는 대담한 방식"을 보여준 그야말로 강렬한 작품이다

(Flanagan 537).

『하얀 호텔』의 놀라운 대중적 인기와 비평적 관심으로 토머스는 일약 널리 알려졌지만, 사실상 그의 다른 작품들은 그다지 큰 주목을 받지 못하였다. 이런 이유에서인지 『하얀 호텔』에 대한 많은 연구에도 불구하고 이 작가에 대한 개별적 연구서는 아직까지 나온 적이 없어 작가의 생애에 대해서는 극히 간략하게만 알려져 왔다. 그는 1935년 영국 남서부에 위치한 콘월의 작은 마을 레드루스에서 태어났다. 레드루스는 19세기 산업혁명 시기 주석과 구리 광산으로 유명하였지만 20세기에 들어오면서 쇠락한 곳으로, 토머스는 자신의 성장기에 크게 영향을 주었던 두 가지 특성으로 이제는 쇠락한 광산 지역 분위기와 그곳 주민들의 정신세계를 사로잡았던 감리교를 꼽았다. 그의 집이 바로 감리교 교회의 옆이었던 데에다 부모님이 독실한 신자였던 관계로, 그는 찬송가와 설교에 큰 감명을 받으며 어린 시절을 보냈다고 회상하였다. 성장과정에서 또 하나 중요한 요소는 그가 태어난 콘월이 영국 런던에서 멀리 떨어진 켈트 문화권 지역이란 점이었다. 자연히 그의 작품에는 영국 중심부 문화에 거리를 둔 아웃사이더의 관점이 지속적으로 스며있다. 특히 그의 시에는 고향의 정서가 깊게 담겨 있으며, 그가 가장 좋아하는 작가도 예이츠를 비롯하여 켈트 시인들을 들고 있다. 고향에 대한 그의 사랑은 떠나지 않아 결국 1987년 콘월에 영원히 정착하여 지금까지 살고 있다.

토머스의 할아버지와 마찬가지로 목수였던 아버지는 1920년에 미국으로 건너가 10년간 할리우드의 폭스 영화사에서 무대설치 일을 맡아 하였지만, 1929년 미국의 경제 공황으로 직장을 잃게 되자 다시 영국 고향으로 귀국해야만 했다. 그러나 고향에서도 생활이 여의치 않자 아버지는 토머스가 14살 되던 1949년 가족을 데리고 오스트레일리아의 멜버른으로 이민을 떠났고, 그곳에서의 생활도 여의치 않자 2년 후인 1951년 다시 영국의 고향으로 되돌아왔다. 고향에서의 고등학교 시절 토머스는 러시아를 배우기 시작했고, 이후 1950년대 미국과 소련 간에 냉전의 갈등이 지속되었음에도 불구하고, 그는 러시아에 대한 깊은 관심을 유지하며 평생 러시아 문학을 꾸준히 번역하였다. 특히 러시아 시인 안나 아크마토바(Anna Akhmatova)를 비롯하여 1980년대 동시대 시인들의 작품을 번역하는가 하면 푸슈킨의 시와 희곡을 번역하였고, 1998년에는 노벨문학상을 받은 러시아 소설가 알렉산더 솔제니친의 전기를 써서 정치성이 담긴 뛰어난 저술에 주는 오웰 상을 수여받기도 하였다.

토머스는 옥스퍼드 대학의 뉴 컬리지에서 영문학을 공부하였고, 졸업 후에는 고등학교에서 교편을 잡아 4년간 영어를 가르치다가, 웨일즈의 헤어포드 사범대학으로 자리를 옮겨 15년간 영문학을 가르쳤다. 1978년 헤어포드 사범대학이 문을 닫게 되자, 그는 전업 작가가 되어 외롭고 고립된 창작 작업에만 몰두하였다. 이때 쓰기 시작한 작품이 『하얀 호텔』이다. 이미 대학시절부터 시와 단편소설을 쓰기 시작했던 그는 과학소설 잡지 『신세계』(*New Worlds*)에 여러 편의 시와 산문을 꾸준히 발표하면서 1968년에 첫 시집을 발간하였고, 1978년에는 소설 『플루트 연주자』(*The Flute-Player*)로 골랜츠 가디언 판타지 문학상을 받으면서 작가로의 재능을 인정받기 시작했다. 세계적인 주목을 받게 한 작품은 『하얀 호텔』로 30개 이상의 언어로 번역될 만큼 국제적으로도 널리 알려졌고, 이 작품으로 그는 로스앤젤레스 소설상을 받았다. 안타깝게도 80년대 중반 아내가 암으로 고통을 받으면서 그도 극도의 신경쇠약으로 창작 에너지와 삶의 의지가 모두 꺾이는 고통의 시기를 겪어야 했으며 그 후유증으로 이따금씩 우울증에 시달린다고 그는 한 인터뷰에서 고백하기도 했다. 『하얀 호텔』 이후에도 여러 권의 시집과 소설을 써냈으며 2014년에는 『눈 속의 사냥꾼들』(*Hunters in the*

*Snow)*을 발표하지만, 모두 『하얀 호텔』의 명성에 눌려버린 인상을 준다. 마치 윌리엄 고울딩(William Golding)이 자신의 첫 작품으로 『파리 마왕』(*Lord of the Flies*)을 쓰고 단번에 세계적 명성을 얻은 이후 그에 비교될 만한 작품을 쓰지 못했던 경우와 비유될 수 있겠다.

II

작품 소개 및 줄거리

『하얀 호텔』을 순식간에 대중적 인기를 끌어 모으며 베스트셀러로 만들었던 1차적 요인은 무엇보다 이 소설의 중심소재가 되는 프로이트의 정신분석과 홀로코스트의 역사적 대참사 사건에 있다. 프로이트의 정신분석은 소설의 전반부를 차지하는 내용으로 히스테리 여성 환자를 치유하기 위해 환자의 어렸을 적 과거를 되짚으며 환자가 겪었을 성적 억압의 정신적 상흔을 찾는 일이다. 반면 소설의 후반부 이야기는 홀로코스트의 사건으로 정점을 이루는데, 우크라이나의 바비 야에서 실제로 벌어졌던 나치에 의한 유대인 대학살 사건에 히스테리 여성 환자를 연루시켜 역사의 악몽을 그대로 체험하게 한다. 이 두 소재 모두 이 소설과는 상관없는 일반 독자들도 익히 알고 있는 친숙한 내용이지만, 서로 연관성이 없어 보이는 두 소재를 소설의 단일한 플롯 속에 서로 결합시키는 일은 쉽지 않은 일이다.

두 소재를 한 플롯 속에 담기 어려운 이유는 양자가 각각 너무나도 다른 정반대의 영역에 속해 있기 때문이다. 즉, 정신분석은 개인의 내면세계를 다루는 사항인 반면 홀로코스트는 공적 역사의 영역에 속하는 사건이다. 홀로코스트가 객관적이고 경험적으로 공유되었던 역사적 사실의 내용이라면, 정신분석은 현실의 경험을 주관적으로 상징화

시킨 영역을 탐구하는 작업이다. 따라서 이런 이질성을 융합시켜 하나의 플롯으로 엮어내려면 작가의 놀라운 상상력이 필요한 만큼, 마찬가지 이유로 독자의 입장에서 보면 두 소재를 한 플롯 내에서 펼쳐내고 있는 『하얀 호텔』의 일관된 주제를 해독해내기가 쉽지 않다. 『하얀 호텔』에 대한 많은 비평적 논란도 바로 이 점으로 모아진다. 즉, 이 소설에서 정신분석과 홀로코스트 역사와의 주제적 연관성은 무엇이며, 이 연관성을 통해 작가는 무엇을 말하려고 하는가 하는 물음이다.

위의 물음에 대한 가장 즉각적인 해답은 트라우마이다. 『하얀 호텔』은 신체상의 만성적 고통으로 인해 정상적 생활을 하지 못하는 주인공 여성이 겪고 있는 트라우마의 원인과 정체를 파헤쳐가는 트라우마 소설이다. 그리고 이를 위해 정신분석 이론과 홀로코스트 역사의 두 차원에서 접근한다. 우선 소설의 전반부는 프로이트 정신분석 이론의 문맥에서 여주인공이 겪는 히스테리의 원인을 파헤쳐간다. 정신분석 이론에 따르면 히스테리는 트라우마의 한 부분으로 간주된다. "외상성 신경증에서 나타나는 증상적 특성은 비슷한 운동 신경증적 증상이 많다는 점에서 히스테리와 흡사하다"는 프로이트의 설명 역시 히스테리와 트라우마의 차이를 크게 두지 않는다(Freud, 『정신분석학』 276). 프로이트는 제 1차 세계대전에서 트라우마를 겪는 군인들에 깊은 관심을 표명하기도 했지만, 정신분석은 근본적으로 트라우마 환자를 치료하는 치료책이다. 이런 맥락에서 트라우마 분석에 프로이트의 정신분석적 접근은 반드시 거쳐야 할 통과의례가 된다.

그러나 이 소설은 정신분석의 히스테리 진단에 만족치 않고 대전환을 통해 후반부에서는 여자 주인공을 홀로코스트의 유대인 희생자로 편입시켜 역사의 트라우마를 그녀에게 직접 부여한다. 사실상 트라우마 연구의 가장 큰 중심부는 홀로코스트 생존자의 트라우마 연구가 차지하고 있다. 그것은 홀로코스트의 인종 대학살은 "문명화된 서구 내부의 야만성"을 증명한 또는 "서구문화의 모든 가치체계"를 영점으로 격하시킨 파국의 사건으로(Shaffer 11), 서구문명의 트라우마라는 상징성을 갖고 있기 때문이다. 따라서 토머스는 소설의 여주인공에게 서구문명의 트라우마라는 큰 짐을 짊어지게 하며 트라우마의 의미를 성찰한다. 이처럼 토머스는 『하얀 호텔』에서 정신분석과 홀로코스트를 연결하는 매개 고리로 트라우마를 내세운다.

1909년부터 제 2차 세계대전 끝까지 약 반세기간을 시간적 배경으로 하는 『하얀 호텔』은 프롤로그와 6개의 작은 장으로 구성되며, 그 텍스트는 편지, 일인칭 시점으로 성적 환상을 그린 시, 이것을 다시 보다 상세하게 삼인칭 시점으로 서술한 산문, 그림엽서, 프로이트의 일인칭 시점으로 서술되는 정신분석 사례집, 전통적 리얼리즘 방식을 따라 전지적 시점의 사실적 기술, 기록문서, 죽음 이후의 세계를 그린 환상 등 여러 담론의 형태와 서술 시점을 활용한다.

『하얀 호텔』의 짜임새와 내용을 좀 더 세밀하게 살펴보면, 소설의 첫 시작을 알리는 프롤로그는 음악 형식을 상기시키는 서막의 역할을 한다. 프롤로그는 1909년부터 1931년까지 지그문드 프로이트와 그의 정신분석 전공자 동료들이 서로 주고받은 편지들로 이루어진다. 이 편지들 중 1920년도 프로이트의 편지를 통하여 그가 리자 어드먼(Lisa Erdman)이라는 젊은 여자의 "심한 성적 히스테리"를 치료하고 있으며(11), 이 치료과정에서 그 여자 환자가 자신의 환상을 그린 시와 산문을 보내왔다는 사실을 밝힌다. 실제로 그 여자 환자가 보내온 긴 시가 이 소설의 제1장의 내용이며, 그 환자의 산문이 이 소설의 제2장이 된다.

프로이트가 편지에서 언급했던 것처럼 "음란한 표현"이 넘쳐나는 제1장 "돈 죠바니"는 성악을 전공하는 젊은 환자 리자가 모차르트의 오페라 악보의 빈 여백에 1인칭 시점으로 쓴 시다(11). 이 시는 리자가 기차 여행에서 우연히 만난 젊은 군인과 알프스 산맥의 호숫가에 자리 잡은 가상의 '하얀 리조트 호텔'에서 며칠간 열렬한 육체적 사랑을 나누는 내용을 담은 환상적 시이다. 순전히 환자 자신의 환상의 산물이어서 논리성은 없어 보이지만 리자의 무의식에 담겨 있는 억눌렸던 성적 내용들이 여러 이미지로 표출된 글이어서, 오히려 프로이트에게는 그녀의 숨겨진 심리적 상흔을 밝혀주는 실마리가 된다.

제2장 "개스틴 일지"는 프로이트의 요청에 따라 "돈 죠바니" 시를 더욱 확대시켜 자세히 써나간 산문이다. 이 산문은 앞선 시를 더욱 상세히 설명하고 있어 주석의 성격을 갖고 있으며, 또한 시와 마찬가지로 포노그라피라고 간주될 만큼 성적 이미지와 행위로 가득 찬 환상의 산물이다. 그렇지만 흥미롭게도 이 산문에는 성적 쾌락의 내용만이 아니라 화재, 폭우, 사고 등 갑작스런 재난과 죽음의 사건들이 시의 경우보다 더욱 풍부하게 출현한다.

서술시점이 바뀌어 프로이트의 일인칭 시점으로 서술되는 제3장 "아나 G. 부인"은 프로이트가 환자 리자를 치유해가는 과정을 서술해 나간 정신분석 사례집이다. 리자는 왼쪽 가슴과 난소에 심한 통증, 호흡곤란, 식욕감퇴로 결혼생활과 음악활동까지 중단할 만큼 일상생활에 큰 지장을 받는 심한 환자이다. 프로이트의 정신분석 이론에 따르면 히스테리의 원인은 궁극적으로 성적 억압에 의한 증상임으로, 리자의 육체적 증상 밑에 숨어 있는 정신적 상흔, 즉 트라우마를 추적해 가는 프로이트의 정신분석 과정은 자연히 리자가 어린 시절 겪었던 중요한 과거 사건들을 하나씩 파헤쳐간다. 그 결과 프로이트는 그녀의 어머니와 이모부 간에 불륜의 사랑, 호텔에서 화제로 인한 어머니의 죽음, 이후 변해버린 아버지와의 차가운 관계에서 히스테리의 근원을 밝혀낸다. 그녀에게 히스테리를 일으키게 만들었던 이런 불행한 사건들은 그녀가 어린 시절 이해하지 못하고 겪었던 경험이어서 기억 속에 억눌려 무의식에 숨겨져 있었다. 프로이트의 비유를 빌리면, 어린 시절의 경험은 "메두사가 화석화"가 되어버려 새삼 "뒤늦게 그 명칭을 부여할 수 없었던" 것들이다(109). 그렇기 때문에 화석처럼 굳어진 채 견고하게 숨겨있던 과거를 리자 자신이 파고들어 이를 직면할 때 비로소 그 억압된 악몽에서 깨어나 치유될 수 있다. 다행히도 프로이트의 분석과 그에 따른 치유의 결과로 리자의 육체적, 심리적 고통은 크게 완화되어 그녀는 다시 성악가로서의 정상적인 생활로 돌아갈 수 있었다.

제4장 "건강 리조트"는 리자가 프로이트에게서 치료를 받은 지 11년이 지난 1929년에서 시작하여 이후 7년간 비교적 행복한 생활로 접어드는 1936년 시기까지의 생활상이 기록된다. 앞 장에서의 서술방식과는 달리 4장에서는 전지적 시점에서 서술되는 전통적인 리얼리즘의 서술방식이 채택된다. 이제 리자는 가끔씩 옛 증상이 다시 나타날 때도 있지만 대체로 많이 완화된 상태여서 정상적인 생활을 해나가는데 어려움을 겪지 않고 이모와 함께 비엔나에서 살면서 오페라 가수로서의 작은 명성을 누리고 산다. 다행히도 1936년에 유대인계 러시아 성악가 빅토르 베렌스타인(Victor Berenstein)과 결혼을 하고 그의 전 부인에서 태어난 14살배기 아들 콜리아(Kolya)를 사랑하며 키우게 된다. 그리고 결혼에 앞서 비엔나에서 이모와 살고 있을 때 프로이트로부터 그녀의 정신치료 사례연구를 출판하고 싶으니 출판을 허락해줄 수 없겠냐는 요청 편지를 받게 된다.

이제 마흔 살에 접어든 리자는 자신의 과거사를 담은 프로이트의 사례연구 보고서를 다시 읽으면서 그 사례서의 환자와 자신과의 커다란 간격을 느끼며, 동시에 프로이트의 분석에 큰 오류가 있음을 인식한다. 따라서 프로이트에게 보내는 답장에서 리자는 솔직하게 자신의 과거사를 되짚어보며 프로이트 분석이 지녔던 오류의 원인과 내용을 밝힌다. 리자의 고백에 따르면, 무엇보다 그녀는 치료 당시 프로이트에게 정말 중요했던 자신의 과거 사건을 털어놓지 않았으며, 어느 경우에는 거짓말까지 하였던 것이다. 그 거짓말을 치료 당시 리자가 의식하며 했던 것은 아니지만, 지금에서 뒤돌아보면 그것은 그 당시 리자가 현실에서 받았던 상처에 대한 심리적 보상으로 무의식 중에 저지른 환상의 산물이었던 것이다. 이에 따라 이모부와 불륜을 저지르다 화재로 죽은 엄마에 대한 리자의 감정, 아버지와의 관계, 대학시절의 남자친구와의 성적 관계, 남편과의 부부관계—이 모든 것들의 의미가 새롭게 해석될 수밖에 없게 된다. 또한 그녀가 썼던 1장과 2장의 환상의 글에 나오는 성적 이미지들과 폭력의 이미지도 프로이트의 해석처럼 오이디푸스 콤플렉스에 의한 성적 억압에 그 원인이 있는 것이 아니라, 그보다는 그녀가 자라면서 부딪쳤던 주위의 반유대주의 분위기에 의한 인종적 억압에서 생겨난 것임을 밝힌다.

제5장 "침대칸 열차"에서 독자는 바비 야의 세계로 들어선다. 1941년 9월 29-30일 우크라이나의 바비 야 계곡에서 실제로 3만 명이 넘는 유대인이 집단학살을 당한 대표적 홀로코스트 역사의 현장으로 리자도 끌려들어가며 나치에 의해 최종 죽음을 맞이하는 과정이 기록된다. 우크라이나의 키에프에서 행복한 결혼생활을 꾸려가던 리자의 생활은 독일군의 침공으로 갑작스런 큰 위협에 직면한다. 남편은 이미 소련의 스탈린 정권 하에서 정권을 비판한다고 붙잡혀 간 이후 생사를 알 수 없고, 콜리아를 홀로 키우며 집을 지키던 리자에게 모든 유대인을 다른 곳으로 이주시키겠다는 독일군의 명령이 떨어진다. 그렇지만 이주는 말뿐이고 실상은 바비 야의 계곡으로 유대인을 모두 집결시켜 집단학살을 자행하고 계곡 밑으로 떨어뜨리는 거였다. 리자는 유대인에 해당되지 않았지만 콜리아 홀로 죽음을 맞게 할 수 없어 그와 함께 바비 야의 높은 계곡에서 뛰어내린다. 계곡 밑바닥의 무수한 시체더미에서 아직 숨이 남아있던 리자에게 다가온 나치 병정은 군화로 그녀의 왼쪽 가슴을 짓밟고 총구로 성적 추행을 하는 음란한 짓을 벌리며 그녀의 마지

막 생명을 앗아간다. 이로써 그녀가 오랫동안 고통을 받았던 왼쪽 가슴과 난소 통증의 원인이 밝혀진다.

마지막 제6장 "캠프"는 리자와 그녀의 인생에 등장했다 사라졌던 여러 인물들, 그리고 새롭게 등장하는 인물들이 모두 긴 기차여행 끝에 현실세계에 존재하지 않는 가상의 장소, 그렇지만 팔레스타인 지역과 흡사해 보이는 곳에 도착하여 잠시 새 삶을 살아가는 모습이 제시된다. 자연히 제6장에서 발생하는 사건은 철저히 상상의 산물임을 말해 준다. 이곳에서 리자는 엄마를 만나 화해하며, 모든 것을 함께 공유하는 일종의 천국과 같은 행복한 삶을 맞이하고, 그녀의 육체적 통증이 모두 사라졌음을 확인하는 것으로 끝을 맺는다.

III

프로이트 정신분석과 히스테리

『하얀 호텔』의 스토리는 주인공 리자가 겪는 트라우마에 그 중심이 있음을 알 수 있지만, 이 소설의 다양한 서술방식은 그 트라우마의 정체를 다양한 각도에서 바라보게끔 한다. 예를 들어, 제1장의 경우처럼 시 형식을 빌려온 서술은 트라우마를 환상적 상징으로 접근하게 만들지만, 제3장의 사례분석 담론은 트라우마를 치밀한 과학적 분석의 시선으로 접근하게 이끈다. 그런가 하면 제5장은 일종의 역사 기록문서의 형태를 취하며 리자의 트라우마를 역사적 현상으로 다루고, 제6장은 "마술적 리얼리즘"으로 밖에 해석할 수 없게끔 현실성을 벗어나 환상의 세계를 펼쳐 보임으로써 트라우마의 치유를 언급하고 있다.

트라우마를 둘러싼 다양한 정체에도 불구하고 이 소설의 핵심은 리자가 겪는 트라우마의 원인을 규명하는데 있으며, 『하얀 호텔』은 그 원인을 크게 정신분석과 역사의 두 차원에서 해명하려고 시도한다. 우선 분량 면에서 소설의 가장 많은 부분을 차지하는 것은 정신분석적 진단 내용이다. 그것은 이 소설의 전반부(제1장~제3장)를 전부 차지하며, 후반부의 일부가 되는 제4장에서도 상당량을 할당하여 리자와 프로이트 간의 편지를 통해 정신분석 내용을 재점검한다. 이에 따라 독자에게 끼치는 정신분석 내용의 비중은 소설의 분량 면에서는 가장 크다고 하겠다.

분량 면에서만이 아니라 내용 면에서도 리자의 트라우마를 파헤쳐가는 정신분석의 세밀함은 많은 비평가들이 인정하듯이 실질적으로 독자를 압도하는 매력으로 작용한다. 이 소설의 저자는 정신분석 진단의 과학적 객관성과 정밀함을 돋보이기 위해 정신분석의 권위자인 역사의 실제 인물 프로이트를 소설 속에 투입시켜 주인공 리자를 직접 진단하고 치료해간다. 그리고 등장인물 프로이트의 1인칭 화법을 사용하여 자신이 주도하는 정신분석 치료과정을 낱낱이 기록하게 만든다. 이처럼 제3장은 프로이트의 1인칭 시점으로 작성한 일종의 정신분석 사례보고서이다. 제3장의 제목이 "안나 G 부인"이란 사실에서 확인할 수 있듯이, 프로이트는 환자 리자의 이름을 가명 "안나"로 기록하는데(90), "안나"라는 이름은 1885년 프로이트가 동료 브로이어(Joseph Breuer)와 함께 '안나 O'라는 가명의 히스테리 환자를 진단해갔던 실제 사례를 즉각 상기시킨다.

정신분석 이론이 정립되어가는 초기 시절 프로이트와 브로이어가 공저한 『히스테리 연구』(*Studies on Hysteria*)에 수록된 안나 O의 사례 연구에 따르면 매우 지적인 21살의 젊은 여성 안나 O는 병원에서 아버지의 병을 간호하던 중 갑자기 심한 기침과 오른쪽 사지의 마비를 겪게 되었고, 점차 시각 장애, 언어 장애 및 환영에 시달리기까지 하다가 1881년 브로이어의 정신분석 치료를 받기 시작하였다. 진단 결과 안나는 히스테리 환자로 판명되었고, 히스테리성 통증의 직접적 원인은 아버지의 병환과 죽음에 대한 "불안감과 공포"(브로이어, 프로이트 61)에 있었다. 다행히도 최면을 통한 "대화 치료"로 이런 증상을 유발시킨 사건을 기억 속에서 끄집어내게 함으로써 증상이 완화되었다(Breuer & Freud 46). 진단에 따르면 안나의 히스테리 증상의 안나 O의 실제 사례와 이 소설의 유사성은 리자의 증상과 치료방식에서도 나타난다. 리자의 증상으로는 왼쪽 가슴과 난소 부근의 통증 외에도 "식욕감퇴"와 "시각상의 환영"으로 고통 받고 있다는 사실은 안나 O를 상기시킨다(90). 또한 리자의 치료는 자신의 기억을 파고들어가 커다란 인상을 남겼던 과거의 사건을 하나씩 들춰내는 일에서부터 시작된다.

『하얀 호텔』은 제3장은 리자의 히스테리아 사례를 위해 "안나 O"의 사례 외에 "도라"에 대한 프로이트의 히스테리 사례연구를 상호텍스트성(intertextuality)의 예로 활용한다. 프로이트의 정신분석 이론이 원숙하게 발전했던 시기에 발표한 도라의 사례는 "안나 O"의 사례보다 리자의 히스테리아 분석과정과 더욱 많은 유사성을 안겨준다. 1905년 발표한 『히스테리아 사례 연구』에 수록된 이 사례 내용에 따르면, 1900년 프로이트가 11주에 걸쳐 치료를 담당했던 히스테리 환자는 '도라'라는 가명의 18살 젊은 여성으로 목소리가 나지 않는 실성증(aphony)을 앓고 있었다.

히스테리 증상을 일으키는 결정적인 요인으로는 성적인 영역에서의 충격이라고 하겠는데, "안나 O"와는 달리 도라의 사례가 바로 이에 해당한다. 도라의 경우를 살펴보면, 도라의 부모님은 사랑이 없는 결혼생활을 유지하고 있었고, 이웃집 K의 부부도 마찬가지의 경우였다. 어느 날 도라는 K가 자신에게 성적 접근을 취했다고 비난하면서 K의 뺨을 때리는 사건이 발생하였지만 K는 전적으로 결백을 주장하면서 문제가 되기 시작했다. 프로이트는 도라의 히스테리 원인으로 도라의 아버지와 K의 부인 간의 친밀한 관계에 대한 도라의 질투, 그리고 K의 성적 접근에 대한 도라의 복합적 감정이 결합된 것으로 해석했다. 도라의 아버지가 중도에 도라를 데리고 가는 바람에 프로이트의 치료가 중단되는 실패를 겪으며 이 사례는 끝을 맺었다.

도라의 사례보고서에서 프로이트 자신이 밝혔듯이, 그가 이 사례 연구보고서의 본래 제목을 「꿈과 히스테리」로 이름 지었던 이유는 "꿈-해석을 치료에 도입하여 기억 장애로 인한 공백을 채워 넣음으로써 히스테리 증상을 규명할 수 있다는 점"을 보여주려는 데에 있었다 (Freud, 「도라」 192). 즉, 프로이트 의도는 꿈을 해석하는 방식으로 의식의 표면 아래에 숨어 있는 무의식적 충동을 밝혀냄으로써 히스테리 증상을 규명하려는 거였다. 대체로 꿈은 의식되지 않은 것(또는 심층 의식)의 욕구 충족 표현을 의미한다. 이때 충족되지 못한 욕구는 대부분 성적인 것이다. 프로이트는 다양한 꿈의 사례들을 명료하게 언어로 분석함으로써 어두운 수면 아래에 잠겨 있던 무의식의 세계를 수면 위로 끌어올리는 혁명적인 역할을 이루었다. 이후 꿈 해석은 프로이트 정신분석 이론의 트레이드마크가 될 정도로 중요한 개념이자 치료방법이 되었는데, 도라의 정신분석 치료에서 프로이트는 도라의 꿈 두 개를 분석한다. 마찬가지로 『하얀 호텔』의 제3장에서도 리자의 증상 원인을 밝히기 위해 소설 속의 프로이트는 리자의 꿈과 거의 꿈에 해당하는 성적 환상—즉, 1장과 2장의 내용 —을 적극적으로 해석해 들어간다.

『하얀 호텔』이 프로이트의 실제 사례집과 긴밀한 "상호텍스트성"을 이룬다고 해도 18살의 도라와는 달리 리자는 이미 결혼까지 했던 "지적이며 내면의 진실성을 갖춘 품격 있는 젊은 여성"이라고 소설 속의 프로이트는 기술한다(110). 또한 리자에 대한 프로이트의 정신분석 내용을 살펴보면 실제의 "안나 O"나 "도라"의 사례집과는 비교가 되지 않도록 한 인격체의 복잡한 내면세계가 펼쳐진다. 정신분석의 사례집이 과학적 담론의 모형을 추구하는 것과는 달리 『하얀 호텔』은 문학적 담론이라서 인물의 내면세계를 포착해내는 깊이에 있어서 당연히 비교가 될 수는 없겠다. 그렇지만 리자의 증상을 파헤치는 제3장의 정신분석 사례집은 실제 사례집처럼 "관찰에 기초하여 경험적으로 발견된 임상적" 과학성에 충실하도록 객관적 세밀함을 놓치지 않고 있다(Breuer & Freud 251).

제3장에서 프로이트의 정확한 진단과정의 첫 단계는 환자인 리자가 분석자 의사 프로이트에게 자신의 과거사를 모두 상세하게 털어놓는 일이다. 그리고 이런 치료과정의 초반 단계가 다 그렇듯이 리자가 초반에 회상하는 과거사는 그녀의 의식 영역에 담겨있는 것들이다. 그렇지만 리자의 히스테리 원인을 파악하는 데 보다 더 중요한 내용은 의식이 억압하여 무의식 속에 숨어 있는 것들이다. 프로이트에 따르면 이 무의식적 생각과 감정을 끌어내기 위해 의사는 환자와 대화를 나누면서 자유연상에 의해 환자의 생각이 제약이나 의식적 제동 없이 자동적으로 흘러나오게 만들어야 한다. 자연히 환자는 의사에 전적으로 신뢰감을 갖고 있어야 모든 것을, 특히 프로이트 정신분석에서 중히 여기는 성에 관한 가장 은밀한 사적 내용까지 제약 없이 털어놓게 된다.

따라서 등장인물 프로이트의 정신분석 다음 단계는 무의식에 잠겨 있는 리자의 심리적 억압 내용으로 들어가는 일이다. 자연히 과거사에 대한 이야기를 털어놓은 이후 리자의 꿈이 제시되고, 이 꿈에 대한 리자의 설명이 이어지다 보면 자유연상의 힘에 의해 잊혔던 기억들이 더욱 보태지면서 새로운 내용이 보강된다. 앞에서 지적했듯이 꿈은 정상적인 일상생활에서 충족시키지 못한 욕구를 충족시키기 위해 일어나는 것이라서, 리자의 꿈에 대한 프로이트의 즉각적인 해석은 리자의 성적 충동을 억압하고 있는 것이 무엇인지 그 윤곽을 서서히 밝혀내기 시작한다.

우리가 어린 시절의 기억을 다룬 적이 있는 지 의심스럽다. 우리가 간직하고 있는 것은 모두 어린 시절과 연관된 기억들뿐일 것이다. 이 기억들이 보여주는 우리의 어렸을 적의 모습이란 그냥 보이던 그때의 모습이 아니라 훗날 그 기억들이 상기될 때 나타나는 모습들이다 . . . . 그럼에도 불구하고 안나 부인의 꿈에 기억들이 출현한 것은 그 기억이 중요성을 지니고 있다는 걸 뜻하는 듯싶다. 그 기억이 그녀의 히스테리와 관련된다고 상정하기가 어렵지 않다. 왜냐하면 메두사가 화석화시킨 것들은 이미 그녀의 얼굴을 힐끗 쳐다본 적이 있어서 뒤늦게 그녀가 명칭을 부여할 수 없었던 것이다. (109)

우리의 기억 속에 담겨있는 우리의 어렸을 적 모습은 단순히 어렸을 적 그 당시의 모습 그대로가 아니라 세월 속에 변형되어 저장되어 있는 것이라서, 지금 기억을 회상하여 떠올리는 어렸을 적의 모습은 자연히 변형된 모습이다. 그러면 기억 속으로 수용될 때 이런 변형을 일으키게 만드는 것은 무엇일까? 비유적으로 말해 보면, 그것이 바로 메두사의 얼굴이다. 한번 쳐다보기만 해도 그 순간 우리를 그대로 고착시키는 것이 메두사의 흉측스러운 얼굴이다. 과거의 충격적인 경험은 경험의 순간 고착되지만 우리의 의식은 고착된 그대로의 모습이 아니라 변형된 모습으로 기억 속에 수용한다. 그리고 고착된 모습은 의식에 의해 명칭을 부여받지 못하고 무의식의 세계로 들어가 히스테리와 같은 트라우마로 작동한다.

프로이트가 리자의 무의식 세계를 엿볼 수 있는 중요한 텍스트로는 리자의 꿈만이 아니라 『하얀 호텔』의 1장과 2장에서 보여주는 리자의 환상 이야기도 있다. 리자의 첫 번째 꿈에 대한 해석 이후 프로이트의 치료는 리자의 휴가로 잠시 중단되었지만, 개스틴 리조트의 휴양지에서 돌아온 리자는 프로이트에게 자신의 시를 적은 책을 넘겨준다. 그 책은 모차르트의 오페라 『돈죠바니』 악보집으로, 리자는 악보 밑에 마치 가사인양 자신의 환상적 시를 적어온 것이다. 제1장에 제시된 리자의 이 시는 "외설스럽고 논리적 의미가 통하지 않는"(113)다고 프로이트가 지적할 만큼 "환영에 가까운 에로티시즘"으로 가득 차 있지만(Hughes 37), 동시에 프로이트에게는 리자의 성적 욕망을 아무런 제약 없이 드러낸 "놀랍도록 용감한 기록문서"이기도 하다(117). 그렇지만 이 환상의 시들을 논리적으로 이해하기가 힘들어 프로이트는 리자에게 좀더 "통제되고 차분한 방식"으로 다시 써달라고 요청하자(114), 리자는 "자신의 본래 환상을 더욱 확대"시킨 산문 이야기를 가져왔다(114). 제2장을 구성하는 이 산문은 제1장과 비교해 볼 때 죽음, 파괴, 폭력의 이미지들이 더욱 많이 넘쳐난다는 점 외에는 근본 내용에 큰 변함이 없기 때문에 프로이트는 이 두 형태의 "에로틱 판타지"를 통해서 리자의 "가장 순수한 욕망 충족"을 발견한다(115). 그의 분석에 따르면, 성적 환상이 넘쳐나는 개스틴의 "하얀 호텔"은 "어머니의 몸"으로 "죄의식이나 후회의 짐을 짊어지지 않은 장소"(115), 즉 "어머니의 자궁"이다(143). 또한 어머니의 자궁으로의 귀환을 욕망하는 것은 "평생 동안 자기 사랑"의 리비도적 성적 욕망에 해당하며 "모든 잠재적 위험"과 "죽음으로부터의 도피"를 욕망하기 때문이다(116).

리자의 환상을 그린 하얀 호텔에서의 성적 환희는 다른 한편으로는 죽음을 향한 퇴영적 사랑의 표현이라고 프로이트는 지적한다. 하얀 호텔은 자궁으로 돌아가려는 인간의 무의식적 욕망이면서도 동시에 "자아 에로티시즘"으로 귀납되는 파괴적 충동이기도 하다(116).

> 새로 태어난 리비도는 모든 잠재적 위험에 대해 우위를 차지한다 . . . . 이것은 하얀 호텔의 "선한" 면으로 넘쳐나는 환대이다. 그러나 파괴성의 그림자가 단 한 순간이라도, 심지어 최고 절정의 쾌락 순간에서도 무시될 수 없다. 모든 걸 베푸는 어머니이지만 운명의 호텔을 방문할 계획을 세우고 있다. (116-17)

여기서 "운명의 호텔"이란 어머니가 이모부와 불륜의 뜨거운 사랑을 나누던 쾌락의 장소였지만, 바로 그 곳의 뜻하지 않던 화재로 인해 죽음을 맞이한 비극의 장소이기도 하다. 그렇기 때문에 리비도적 쾌락은 죽음과 등을 맞대고 있다. 심각한 신체적 고통을 수반하는 리자의 히스테리 증상은 "리비도적 환상의 극단이 극단적인 병적 상태와 결합"한 산물이라는 프로이트의 진단은 죽음 충동의 정체를 잘 지적하고 있다 (8). 또한 리나의 환상의 산물인 제1장과 제2장에서 성적 환희와 함께 재난과 죽음의 파괴적 사건이 동시에 병존하였던 것도 이러한 프로이트의 해석을 따르면 쉽게 이해된다.

흥미롭게도 소설 속의 프로이트는 리자의 히스테리 증상을 분석하면서 이를 보편적인 문명이론으로 발전시킨다. 즉, 리자의 히스테리 증상은 어느 개인의 특이한 심리적 현상이 아니라 보편적으로 드러나는 초 심리적 모형임을 강조한다. 실제로 프로이트는 『쾌락 원칙을 넘어서』(*Beyond the Pleasure Principle*)와 『문명과 그 불만』(*Civilization and Its Discontents*)에서 죽음 본능은 호전적이고 폭력적인 경향을 갖는 우리의 리비도 충동 속에서 그 모습을 드러낼 뿐만 아니라 문명의 역사적, 문화적 충동 속에 잠복해 있다고 제시한다. 따라서 프로이트는 리비도적 충동과 죽음의 충동을 생명 본능과 죽음 본능, 즉 에로스와 타나토스로 이름 짓고, 이 두 가지 상반된 에너지가 문명을 이루어왔다는 문명의 모형을 제시한다. 이처럼 프로이트는 말년에 정신분석을 문화적, 역사적으로 적용하는 데에 깊은 관심을 보였지만, 그는 개인의 사적 영역이 변이를 초월하는 이론적 방식을 결코 성공적으로나 일관되게 풀어가지 못하였다. 토마스의 소설은 프로이트의 보편적 초역사적 접근방식의 한계를 반영하여, 후반부에서 전개될 홀로코스트 역사의 트라우마를 통해 프로이트의 문명원리를 넘어서는 역사의 비전을 추출해낸다.

리자의 히스테리를 분석해 들어가는 등장인물 프로이트의 전체 해석 과정은 실제의 프로이트 정신분석 이론이 보여줄 수 있는 많은 매력을 『하얀 호텔』의 독자들이 충분히 즐길 수 있게 해 준다. 정신분석의 권위자로서 프로이트의 목소리가 제3장 전체를 지배하며, 프로이트 자신이 실제 저술한 저서와 사례집들의 내용이 상호텍스트성으로 섞여 들어와 리자의 분석에 대한 그의 목소리는 한층 더 권위를 갖는다. 이런 권위가 보탬이 되어 리자가 제공한 자료에 의존한 프로이트의 분석은 마치 인간의 내면세계를 낱낱이 들여다보는 듯한 인상을 준다. 프로이트는 고백을 망설이는 환자 리자의 의식적 무장을 해제시키고 숨어 있던 과거 기억들을 하나씩 상기하도록 유도하는가 하면, 미로 같아 보이던 리자의 지나간 과거 경험을 결국 오이디푸스 콤플렉스에 의한 '가족의 로망스'로 명료하게 윤곽 짓는다. 심지어 프로이트의 의미추적 과정은 주석까지 달아가며 그의 연구에 객관성과 과학성을 부각시킨다. 프로이트의 정신분석은 리자의 정상적인 생활을 가로막았던 육체적 고통의 뿌리가 결국 어린 시절 겪었던 성적 트라우마에 있음을 언명하고 있는 것이다.

그러나 『하얀 호텔』의 묘미는 제4장에 들어서면서 프로이트 정신분석의 권위성을 전면 뒤집고 부정하는 데에서 트라우마의 개념을 다시 새롭게 접근해 가는 점에 있다. 그것은 프로이트의 치료 이후 11년이 지나 이 치료 사례집을 출판하려고 하면서 프로이트 해석의 권위성에 리자 자신이 도전장을 던지면서 큰 위기를 맞게 된 것이다. 프로이트의 해석 전체가 잘못된 원인은 일차적으로 리자 자신이 자신에 관한 진실을 온전하게 털어놓지 않았던 점에 있음을 인정하며 리자는 프로이트에게 편지를 통해 사과한다. 그렇지만 문제점은 프로이트의 해석 자체에도 있음을 또한 밝힌다. 리자가 프로이트의 해석의 오류를 하나씩 짚어가며 진실을 밝히고 자기 나름의 해석을 제기해 나가자, 이제까지 이 소설의 전반부에서 독자의 감탄을 자아내며 단단하게 구축되었던 프로이트 해석의 진실성이 위협받는 위기에 직면한다.

리자 자신이 제기하는 해석상의 차이를 크게 요약하면, (1) 리자 신체적 고통은 순전히 신체 기관의 문제로 인한 것이지 프로이트가 진단하듯이 성적 억압으로 인한 히스테리 증상이 아니다. (2) 프로이트 히스테리의 원인으로 리자의 성적 죄의식을 밝히려고 했지만, 성적으로 개방적이었던 자신에게는 성적 갈등 대신 아버지의 혈통을 이어받아 유대인이라는 인종상의 문제가 깊이 개입되어 있다. 그리고 이 핵심적 사항을 숨겼던 이유는 프로이트가 유대인 혈통이라는 사실로 인해 그를 당혹하게 만들고 싶지 않아서였다. (3) 정신분석 이론은 과거의 트라우마에 중요성을 두고 이를 파헤치는 작업이지만, 리자 자신은 과거보다는 현재와 미래에 깊은 관심을 갖고 있다. 따라서 프로이트의 진단은 트라우마의 원인으로 어머니의 근친상간 장면 목격과 다섯 살 때 갑작스럽게 어머니를 잃은 충격으로 해석하지만, 리자의 진짜 관심은 과거에 이루어졌던 어머니의 근친상간 사실에 있는 것이 아니라 그 근친상간에 내포된 상징성, 즉 선과 악의 공존하는 현실의 부조리성에 있다.

결국 리자가 제기하는 프로이트 해석의 문제점 근원은 트라우마의 원인을 성적 억압과 죄의식에서 찾는 데에 있다. 즉, 리자의 지적은 단순히 리자의 사례를 분석해가는 데에서 생겨난 해석상의 개별적 오류만이 아니라 그 해석의 기초가 된 정신분석 이론 전체의 유효성을 위협하고 있는 셈이다. 리자의 반박으로 소설의 전반부를 이끌어가던 프로이트의 권위가 무력화되는 위기를 맞은 것이다. 프로이트의 정신분석 이론에 대한 이 소설의 입장을 좀 더 명확히 살펴보기 위해 저자 토머스가 이 소설의 머리말 "작가 노트"에서 언급한 내용을 참고할 필요가 있다.

> 우리는 이 소설의 '핵심 영역'이라고 할 히스테리의 풍경에서 지그문트 프로이트라는 장대한 인물을 만나는 일 없이는 여행할 수 없다. 프로이트는 . . . 정신분석이라는 위대하고 멋진 현대적 신화의 발견자이다. 신화란 숨겨진 진실의 시적, 극적 표현을 뜻하는데, 이 점을 강조한다고 해서 정신분석의 과학적 타당성에 이의를 제기하려는 의도는 없다. (vii)

프로이트의 위대성을 높이 평가하는 토머스의 말 속에는 분명 아이러니가 담겨있다. 정신분석 이론과 치유방법의 유효성에도 불구하고 그 이론은 '시적, 극적 표현'인 '신화'의 담론이라는 점을 토머스는 강조한다. 여기서 '시적, 극적 표현'을 '미학적' 또는 '허구적 재현'이란 의미로 받아들이는데 무리가 없다면, 이에 정반대가 되는 개념으로는 '사실적 재현' 또는 '경험적 진실'이라고 하겠다. 그리고 『하얀 호텔』의 후반부에서 리자의 트라우마 원인을 추적하기 위해 홀로코스트의 역사가 등장하는 것을 보면, 토머스는 소설의 전반부에서 미학적 또는 허구적 재현으로서의 정신분석 이론의 한계를 짚어내고, 후반부에서는 그와 정반대로 역사의 현실 세계로 방향전환을 꾀하고 있음을 알 수 있다.

소설의 후반부에서 도입한 바비 야 계곡에서 벌어졌던 홀로코스트 역사의 스토리 전개는 독자에게 분명 새로운 흥미를 불러일으키지만, 한편 갑작스런 스토리 전환은 독자를 당황하게 만들며 그 전환의 의도가 무엇인지를 생각하게 이끈다. 자연히 이런 돌출된 방향전환은 비평가들로부터 많은 논쟁을 불러일으켰다. 정신분석에서 홀로코스트 역사로 방향을 전환한 이 소설의 의미는 무엇인가? 앞에서 인용한 "작가 노트"를 참고한다면, 정신분석의 담론과 홀로코스트 역사의 담론은 서로 어떤 차이가 있는가? 궁극적으로 방향전환이 일어날 거라면 구태여 소설의 전반부에서 장황하게 프로이트까지 등장시키며 정신분석 사례를 치밀하게 그려나간 이유는 무엇인가?

이 소설에서 갑작스럽게 방향 전환한 이유를 파악하기 위해서는 프로이트에 반발한 리자의 반박 내용을 좀 더 검토해 볼 필요가 있다. 이미 앞에서 요약했던 반박 내용의 주된 요지는, 과거에 벌어졌던 정신적 상흔이 아니라 현재 사회에서 벌어지는 윤리의 문제가 리자의 관심사라는 것이다. 프로이트의 정신분석 이론은 병의 근원을 사회적 경험에서 추출하는 것이 아니라 사회적 경험이 왜곡되는 심리적 환상에 초점을 맞춘다. 그렇지만 실제로 리자의 증상을 일으켰던 것은 유대인이라는 인종적 문제였기에 리자는 이렇게 항변한다. "나를 괴롭히는 사항은 삶이 선한 것인지 아니면 악한 것인지의 물음입니다 . . . . 정신 나간 소리처럼 들릴 줄 모르겠지만, 근친상간이란 개념은 상징으로써가 아니라 오히려 실제 사건으로써 훨씬 깊이 저를 고통스럽게 만든다고 생각합니다. 세상을 이루는 선과 악의 상호교배"(192). 이처럼 선과 악이 공존하는 사회적 현실에 집착하고 있어, 리자는 연쇄 살인범이 처형되었다는 신문기사를 읽고 "어딘가 지금 이 순간에도 누군가는 최악의 가능한 공포를 다른 인간에게 가하고 있다"고 생각하는가 하면(179), "늑대 인간"의 악몽을 꾸기까지 한다(192). 그리고 마침내 이 소설의 끝에서 리자의 증상은 히스테리가 아니고 현실 역사의 트라우마에 의한 것임이 판명되면서 리자의 관심사가 이 소설의 의도와 일치함을 알 게 된다. 이제 『하얀 호텔』의 후반부(특히 제5장)는 홀로코스트 희생자로서 리자의 트라우마를 파헤쳐가는 작업이 된다.

IV

홀로코스트의 트라우마

홀로코스트는 인간 생명을 앗아간 물리적 재난의 의미로서만이 아니라 이 재난이 발생하기 이전까지 서구 문명세계가 쌓아왔던 "모든 사고방식과 사고체계를 폐기시키는 세계인식의 파국적 사건"임을 뜻한다(Berger 59). 그것은 이제까지 진행되어왔던 삶의 방식을 더 이상 적용시킬 수 없는 한계 상황에 봉착했다는 것을 의미한다. 따라서 홀로코스트 이후의 세계는 참상의 트라우마를 안고 살아가는 증상의 세계로, 우리는 언제나 그 사건을 되돌아보도록 운명 지어졌다. 트라우마의 특성상 그 파국의 사건은 이해될 수도 없고 복구시킬 수도 없지만 그렇다고 해서 거기로부터 도피할 수도 없는 일이다.

"아우슈비츠 이후 시를 쓰는 일은 야만적"이라는 아도르노의 선언은 홀로코스트 문학이 짊어진 어려움을 단적으로 말해 준다(Adorno 34). 아우슈비츠의 홀로코스트는 서구문명에서 지워질 수 없는 역사적 트라우마로 문학의 중요한 소재이지만, 한편으로는 이 사건이 지닌 엄청난 파괴력에 의해 문학에서 다루기에 극히 어려운 소재이기도 하다. 이러한 역설은 유대인 대량 학살 사건이 인간성의 본질에 대해 천착할 수 있는 성찰의 좋은 기회를 제공하면서도, 죽음으로 내몰린 유대인 희생자의 처참한 실제 고통을 문학이라는 미학적 담론으로 재구성하기에는 양자 간에 분명히 존재하는 간극에서 발생한다. 그것은 이 역사적 사건을 통해 인간성을 근복적으로 재성찰한다고 하지만, 인간성의 말살을 보여준 잔혹한 죽음의 참상 앞에서 인간성의 의미 자체를 언급하는 것 자체가 불가능하며 희생자의 고통을 언어로 재현하는 것이 오히려 문학의 사치처럼 여겨지기 때문이다. 그렇기 때문에 아도르노는 홀로코스트 이후 문학이 할 역할은 침묵 밖에 없다고 선언한 것이다.

아도르노의 선언은 홀로코스트가 서구인에게 준 정신적 트라우마를 한 마디로 대변해 주지만, 그것은 동시에 홀로코스트의 재현 가능성에 본격적으로 물음을 던진 시발점이기도 하다. 홀로코스트의 재현가능 문제와 관련하여 한 작가는 홀로코스트를 "현대의 메두사 머리"로 비유한다(Rosenbaum 493). 그리스 신화에 나오는 악의 화신 괴물 메두사를 정면으로 쳐다보는 자는 돌로 변하듯이, 홀로코스트의 핵심에 놓여있는 인간성의 비극을 있는 그대로 직면하여 재현하기에는 형이상학적 공포가 너무나 버거울 수 있다. 그 공포의 세계는 소위 '말로 표현될 수 없는' 영역이 되기 때문에 아도르노 식의 침묵으로 잠겨들게 된다. 물론 이때의 침묵은 단순한 진실 회피가 아니라, 문학의 구성, 문체, 언어적 비유 등 문학적이라고 정의될 수 있는 모든 미학적 형식들이 이 비극적 사건의 핵심에 놓여 있는 형이상학적 공포를 약화시킬 수 있다는 두려움의 진지한 표시이다.

그러나 한편 홀로코스트의 진실이 '말로 표현될 수 없는' 트라우마의 영역이라 해도 무참히 죽어간 희생자들의 인간 가치를 다시 회복시켜주는 것이 이후 세대의 윤리적 의무이기에 침묵할 수 없는 당위성이 존재한다. 그것은 죽은 희생자들의 침묵을 그냥 침묵으로 남겨놓는 것이 아니라 오히려 이들이 겪은 고난의 참상과 가해자가 행사한 폭력의 비윤리성을 낱낱이 밝혀가는 적극적인 노력이 필요하다는 주장이다. 비록 우리들의 일상 언어가 불완전할지라도 일상적일 수 없는 인종 대량학살의 진실을 밝히고 그 죄악상의 원인을 밝혀내는 홀로코스트의 기록이 이후 세대가 행하여야 할 임무가 된다. 실제로 전후에 쏟아져 나온 무수한 생존자들의 증언부터 희생자 또는 생존자들의 일기, 기록, 인터뷰 등은 이런 노력의 산물이다. 그 중에서도 생존자의 증언은 가까이 다가갈 수 없는 사건에 접근하는 주된 통로를 제공한다. 생존자들은 현장에 있었으며 그 사건을 직접 목격하고 경험했던 유일한 증인이어서 증언이 지닌 여러 한계에도 불구하고 인식론적으로나 윤리적으로 권위를 부여받는다. 그들만이 우리를 현장으로 이끌어가서 사건을 직접적으로 접촉하게 만드는 유일한 권한을 가지고 있다.

『하얀 호텔』의 제5장은 홀로코스트의 트라우마를 파헤치기 위해 역사 기록문서의 형식을 취한다. 소설의 전반부를 지배하는 분위기가 성적 욕망의 리비도적 분출을 적극적으로 수용하는 자유분방함이었다면, 후반부(특히 제5장)는 인종 대학살이 벌어지는 우크라이나의 바비 야 계곡을 향해 한발씩 나아가는 과정이어서 차분하고 비장한 긴박감이 떠돈다. 이런 후반부의 특성을 감안하여 제5장은 역사의 현장을 객관적으로 담아낼 수 있는 역사 기록문서의 서술방식이 채택되고, 특히 리자가 수천 명의 유대인들과 함께 죽음에 다가서는 바비 야 계곡에서의 장면에서는 실제 역사의 그 당시 현장의 사건을 경험했던 생존자의 증언을 적극 활용하였다. 토머스가 『하얀 호텔』에서 빌려온 텍스트는 아나톨리 쿠즈네소프(A. Anatoli Kuznetsov)의 『바비 야』(*Babi Yar: A Document in the Form of a Novel*)인데, 『바비 야』는 1941년 9월 29-30일 키에프의 바비 야 계곡에서 유대인 33,771명을 대량학살 하였던 홀로코스트 사건을 기술한 소설 형식의 기록문서이다. 그런데 쿠즈네소프는 자신의 책을 쓸 수 있었던 바비 야 역사 현장의 자료로써 당시 홀로코스트의 유일한 생존자였던 여성 프로니체바(Dina Mironovna Pronicheva)의 법정 증언을 그대로 옮겨왔다는 사실을 이렇게 밝혔다. "그녀는 그곳을 벗어난 유일한 증인자이다. 나는 그녀 자신의 증언 그대로 받아 적었을 뿐, 내 자신의 말은 조금도 보탬이 없이, 이제 그녀의 이야기를 말해 보겠다"(Kuznetsov 98). 토머스 역시 쿠즈네소프의 『바비 야』를 통해 프로니체바의 증언을 제5장의 핵심 장면에서 적극 활용하였다.

생존자의 증언을 활용한 일로 인해 『하얀 호텔』은 출판 이후 한 동안 혹심하게 표절 논란에 휩싸였다. 물론 토머스는 프로니체바의 증언과 쿠즈네소프의 저서를 활용했다는 사실을 『하얀 호텔』의 첫 페이지에서 비록 작은 활자지만 분명히 명시하고 있어 법률상의 표절에 해당하지는 않는다. 그렇지만 유명한 소설가인 마틴 에이미스가 지적한 것처럼, 생존자의 "증언 부분은 압도적으로 강렬한 것이고, 또한 이 소설의 절정을 이루는 최고의 걸작품이다 . . . . 그렇지만 토머스가 그 부분을 쓴 셈은 아니다"(Amis 124). 에이미스의 냉소적인 논평은 제5장의 바비 야 계곡에서 리자가 죽음을 맞이하는 장면은 이 소설에서 가장 훌륭한 부분이며 그 강렬함이 독자를 압도하지만, 아쉽게도 토머스 자신의 독창적인 상상력의 결실이 아니라 프로니체바에게서 나온 것이라는 지적이다. 표절 비난에 대해 토머스는 『타임즈 문예란』(*Times Literary Supplement*)에 보낸 편지에서 이 역사의 장면을 서술해나갈 "가장 적절한 목소리는 카메라의 기록과도 같은 목소리"가 되기를 원했으며, 그것은 "그곳 현장에 서있는 자의 목소리"라고 자신의 방식을 변호하였다(재인용 Berger 89). 이것은 토머스 자신도 생존자의 증언이 갖는 중요성을 처음부터 깊이 인식하고 있었음을 보여주는 말로, 그는 이 소설의 가장 중심을 차지하는 역사적 파국의 장면을 재현하기 위해 증언이 지닌 권위를 빌려온 것이다.

토머스의 표절 문제는 법률적 문제가 아니어서 이내 대중의 관심에서 사라졌지만, 비평가들의 학구적인 논쟁은 이 사건을 통해 소위 포스트모던적 표절의 한계에 대한 논의로 발전시키며 꾸준히 이어졌다(Brown 60-61). 그리고 이 논의의 결과 대체로 비평가들은 토머스의 텍스트가 지닌 나름의 특이성으로 "정서적 강렬함"을 들며, 그 장점은 토마스가 물려받은 앞서의 텍스트와는 아무런 관계가 없는 그만의 고유성으로 인정하였다. 이때 정서적 강렬함이란 독자의 공감을 이끄는 강력한 무기가 될 것이다. 이런 논의 과정에서 보듯이 죽음으로 향하는 유대인 희생자들의 행진을 그린 제5장은 비극적 숭엄함을 불러일으키는 강렬함으로 독자의 상상력을 사로잡는다. 그리고 독자의 공감 또는 감정이입은 리자의 트라우마가 한 개인의 트라우마가 아닌 인류 공동의 트라우마라는 사회적 윤리성으로 확대된다. 이제 홀로코스트의 파국적 사건이 역사적 사실로 선명하게 조명되면서 리자의 트라우마에 관한 수수께끼가 최종적으로 풀려나간다.

제5장에서 리자는 자신과 함께 음악활동을 하던 성악가 남편과 결혼하여 남편의 전처가 낳은 콜리아와 함께 우크라이나의 키에프에서 가난해도 행복한 생활을 꾸려가지만, 나치의 침공으로 리자는 또 다시 유대인 인종의 문제에 부딪친다. 남편은 정치적 이념 문제로 러시아 정부에 걸려들어 소식이 없는 상황인데, 나치는 리자가 사는 게토 지역의 모든 유대인 주민들에게 바비 야의 계곡으로 모이라고 명령을 내리면서 유대인 문제가 소설 속에 다시 대두된다.

리자는 유대인 아버지의 혈통을 이어받았지만, 그녀는 독일인 첫 남편의 이름을 따서 독일식의 에르트만(Erdman)으로 바뀐 터였다. 그 후 첫 남편과 이혼하고 다시 유대인 남편과 결혼하여 우크라이나 국적을 취득하기는 하였지만 이름은 바꾸지 않은 상태여서 법률적으로 나치들이 박해하는 유대인 그룹 분류에서 벗어날 수 있었다. 그렇지만 문제는 콜리아의 아버지가 유대인이어서 콜리아도 자연히 유대인으로 등록되어 있는 거였다.

공포에 떠는 어린 콜리아 혼자 나치의 손에 넘길 수는 없는 일이라서 리자는 온갖 폭력과 모욕을 견디며 콜리아와 함께 죽음의 계곡 앞에 선다. 그렇지만 곧 닥쳐올 나치의 집중사격을 받기 전에 계곡의 심연으로 뛰어내린다. 피로 물든 수많은 시체들 위로 떨어진 리자는 마지막 숨을 거두기 전 나치 병사에 의해 왼쪽 가슴이 군화로 짓이겨지고 병사의 총구로 강간을 당하는 비인간적 모독의 절정을 맞는다. 자신의 신체적 증상이 정신적 요인이 아니고 신체 자체의 문제라던 리자의 자가진단은 예언처럼 이제야 사실임이 증명된 셈이다. 리자의 신체적 고통은 홀로코스트의 트라우마와 일치된 것으로, 리자의 증상은 프로이트가 진단했던 히스테리가 아니고 역사의 산물임이 밝혀진 것이다.

V

트라우마의 치유

『하얀 호텔』의 마지막을 이루는 제6장 “캠프”는 리자의 죽음 이후 세계를 다루고 있는 점에서 철저히 환상적 서술임이 명백하다. 리자와 많은 승객들이 악몽과 같은 혼돈의 기차 여행 끝에 캠프에 도착하는 것으로 제6장은 시작되는데, 제5장의 바비 야 비극을 고려할 때 이들 승객들은 리자와 함께 바비 야의 계곡에 떨어졌던 죽음의 동반자들이며, 지금 죽음 후 어디론가 최종 목적지를 향해 여행 중임을 추측할 수 있다. 이들이 여행 중 잠시 머무는 이곳 임시 캠프는 “어디에도 없는 곳” 이란 설명이 없어도 현실성이 없는 상상의 설정이라는 걸 알 수 있지만(257), 그래도 “단조로운 사막”과 “오아시스” 풍경은 이곳이 공간적으로 팔레스타인 지역임을 강하게 암시한다(258, 259). 또한 제2차 세계대전이 끝나면서 팔레스타인 지역에 이스라엘 국가가 성립되었던 역사를 감안하면 소설의 환상적 배경에도 불구하고 정치적 현실성을 은연중 담고 있는 듯하다. 이 환상의 장소에 토머스는 리자를 비롯하여 콜리아, 리자의 어머니, 프로이트, 그리고 소설의 앞에서 나왔던 여러 인물들을 등장시키고 또한 헤어졌던 가족과 친구들의 소식을 알게 함으로써 이곳은 일종의 만남과 소통의 장소가 된다. 그렇지만 이 행복한 장소에 모인 이들은 세상에서 받았던 상처의 표시를 그대로 갖고 있기도 하다. 프로이트는 턱에 발생한 암으로 인해 여전히 심하게 붕대를 감고 있으며, 리자는 죽음을 맞이할 때 받은 타격으로 인해 다리를 절뚝거리고, 리자 어머니의 얼굴 한쪽은 화상의 상처가 그대로 남아있으며, 영국 군인은 오른팔을 잃은 상태에 변함이 없다.

토머스는 이 상상의 장소를 트라우마를 치유하는 곳으로 설정한다. 사람들은 “행복한 공동체적 기운”으로 넘쳐나는 이곳에서 서로 간에

이기심을 버리고 함께 편안히 즐거움을 공유한다(261). 이제 리자는 어머니를 만나 일종의 화해를 한다. 어머니와 이모부의 불륜으로 비록 트라우마까지는 아닐지라도 어린 리자에게 깊은 마음의 상처를 주었던 어머니는 그 불륜의 진상을 고백하며 리자의 오해를 풀어주고, 성년으로서 이해의 폭이 넓어진 리자 또한 어머니를 새롭게 이해하려고 들며 어머니의 과오를 용서한다. 두 사람의 용서와 화해는 리자가 어머니의 젖가슴에서 마음껏 젖을 빨고 이어 어머니에게 자신의 젖가슴을 빨게 하는 상징적 행위가 잘 증명해 준다. 앞에서 있었던 프로이트의 분석에 따르면, '하얀 호텔'은 결혼이나 관습과 같은 형식에 얽매이지 않고 리비도적 욕망이 마음껏 발휘되는 상징적 기호였던 것처럼, 이제 리자와 어머니 간의 모성애를 주고받는 행위는 성적인 뉘앙스를 초월한 윤리성의 의미를 던져준다. 더구나 이런 모성애적 나눔이 모녀간에만 이뤄지는 것이 아니라, 어머니는 이곳에 보내진 "많은 고아들"을 위해, 그리고 리자는 이곳에서 만나 사랑이 막 싹트기 시작한 오른팔을 잃은 "영국 중위"를 위해 젖을 남겨두는 점에서 위로와 베풂의 윤리적 온기가 퍼져간다(269). 바로 앞에서 역사의 아픈 트라우마를 드러내며 인간성을 추악한 궁지로 내몰았던 것을 상기한다면, 이에 이어지는 이곳은 현실의 그 쓰라린 트라우마를 보듬고 위로하는 곳임이 분명하다. 그렇기 때문인지 리자는 그날 하루 종일 왼쪽 가슴과 난소의 고통이 없었다는 사실을 깨닫는다.

리자의 트라우마가 치유되는 희망과 낙관주의로 끝을 맺는 제6장을 통해 토머스는 홀로코스트의 현실을 초월하는 유토피아를 꿈꾸고 있는 것인가? 이런 식의 유토피아적 환상이 인류의 트라우마를 만드는 역사의 폭력을 해결할 현실성 있는 해답이 되는가? 선과 악이 상호보완적으로 공존하는 현실에 대해 고민하는 리자는 정신분석 이론의 접근방식을 비역사성이라고 거부하였는데, 이제 제6장이 보여주는 위로의 메시지는 충분히 역사적이고 윤리적인가? 홀로코스트 이후 시를 쓰는 일이 가능한지를 물었던 아도르노의 물음을 상기한다면, 이 마지막 장면은 또 하나의 미학적 해답은 아닌가?

앞 장에서 현실의 비관적 전망을 목격한 이후 소설의 결말이 제시하는 해답에 대해 이런 질문이 쏟아지는 것은 너무나 당연한 일이다. 비평가들 역시 대체로 토머스의 해결에 의구심을 표명하며 제6장의 소설 결말을 부정적으로 반응한다. 그럼에도 불구하고 이 소설의 결말에 긍정적인 일면을 지적한 한 비평가의 논평을 소개해 볼 필요가 있겠다. 이 비평가의 해석에 의하면, 이 임시 캠프가 주는 "연옥과도 같은 희망"은 "기다림의 몸짓"이라는 것이다(Robertson 472). 이런 해석의 타당성을 뒷받침하기 위해 이 비평가는 『하얀 호텔』의 말미에 나오는 리자의 말을 증거로 제시한다. "어떠한 형태이든 사랑이 있는 곳에는 구원의 희망이 있다고 생각해요 . . . . 가슴에 사랑을 담고 있는 곳이라면"(271)이라는 리자의 말은 "중요한 건 과거가 아니라 미래"(271)라는 말과 연관되어, 과거의 트라우마에 집착할 것이 아니라 미래 구원의 열린 세계로 나아가기를 내세운다. 임시 캠프는 앞으로 떠날 여행을 위해 잠시 휴식하는 장소이다. 그렇기 때문에 단테 『신곡』에 나오는 '연옥'과도 같이 기다림의 장소이다. 이곳 임시 캠프에서 벌어졌던 모성애적 위로와 베품은 미학적이지만 윤리성이 담긴 거여서 더 큰 최종적 해답을 모색하기 위한 발판의 역할은 할 수 있겠다. 리자의 트라우마는 영원히 지워질 수 없는 상흔이지만 어쨌든 고통을 완화해 가는 치유의 길은 꾸준히 탐색되어야겠다.

참고 문헌

Adorno, Theodor. *Prisms*. Trans. by S. and S. Weber. London: Noville Spearman, 1955.

Amis, Martin. "The D. M. Thomas Phenomenon." *Atlantic* 251.4 (April 1983): 124-26.

Berger, James. After the End: Representations of Post-Apocalypse. Minnesota: U. of Minnesota P, 1999.

Breuer, Joseph. and Freud, Sigmund. 『히스테리 연구』. 김미리혜 옮김. 열린책들, 1997.

Brown, Lady Falls. "The White Hotel: D. M. Thomas's Consderable Debt to Anatoli Kuznetsov and Babi Yar." *South Central Review* 2.2 (Summer 1985): 60-79.

Flanagan, Thomas. "To Babi Yar and Beyond." *The Nation* (May 2, 1981): 537-39.

Freud, Sigmund. 「도라의 히스테리 분석」, 『꼬마 한스와 도라』. 김재혁 권세훈 옮김. 열린책 들, 1997.

______. 『정신분석학의 근본 개념』. 윤희기 박찬부 옮김. 열린책들, 1997.

Hughes, Mary Joe. "Revelations in The White Hotel," *Critique* 27.1 (Fall 1985): 37-50.

Kuznetsov, A. Anatoli. *Babi Yar: A Document in the Form of a Novel*. New York: Farrar, Straus and Giroux, 1970.

Robertson, Mary F. "Hystery, Herstory, History: 'Imagining the Real' in Thomas's The White Hotel." *Contemporary Literature* 25 (1984): 452-77.

Rosenbaum, Thane. "The Audacity of Aesthetics: The Post-Holocaust Novel and the Respect for the Dead." *Poetics Today* 27.2 (Summer 2006): 489-95.

Shaffer, Brian W. *Reading the Novel in English, 1950-2000*. Blackwell, 2006.

Thomas, D. M. *The White Hotel*. Penguin, 1981.

셔먼 알렉시의 『플라이트』:
역사적 비행을 통한 비행청소년의 트라우마 치유 및 정체성 회복

부경숙 _ 서강대학교

셔먼 알렉시의 『플라이트』: 역사적 비행을 통한 비행청소년의 트라우마 치유 및 정체성 회복[1]

I

작가 소개

미국 원주민계 작가인 셔먼 알렉시(Sherman Alexie)는 1966년 10월 7일 미국 워싱턴주(Washington State)의 스포캔(Spokane)에서 태어났다. 그의 아버지 셔먼 조세프 알렉시(Sherman Joseph Alexie)는 코어드레인(Coeur d'Alene) 부족이고 그의 증조부는 러시아계 백인이었으며, 그의 어머니 릴리언 아그네스 콕스(Lillian Agnes Cox)는 콜빌(Colville), 츠악타우(Choctaw), 스포캔 부족 및 유럽계 미국인의 후손이다. 알렉시의 친가는 알렉시의 아버지가 5세 때 웰피닛(Wellpinit)에 위치해 있는 스포캔 원주민 보호구역(Spokane Indian Reservation)으로 이주했고, 그의 외가는 대대로 스포캔 원주민 보호구역에서 살아왔다. 알렉시의 부모는 그의 아버지가 스포캔 원주민 보호구역으로 이사 온 얼마 후 식수대에서 당시 14세였던 그의 어머니의 도움을 받아 물을 마시면서 처

1 이 글은 셔먼 알렉시(Sherman Alexie)의 2007년작 『플라이트: 소설』(*Flight: A Novel*)에 대하여 미국의 개인주의사상 전통과 사회문화적 시민권에 초점을 맞춰 2009년에 『현대영미소설』 제16권 2호에 게재한 영어논문 "Historical Detours to American Citizenship: Rejection of Tribalism and Celebration of American Individualism in Sherman Alexie's *Flight*"를 미국 원주민계 트라우마 이론을 중심으로 재구성하여 우리말로 다시 쓴 글이다.

음 만났고, 후에 결혼하여 알렉시를 포함하여 6남매를 낳아 기르게 되었다. 스포캔 원주민 보호구역에서 자란 알렉시는 미국 원주민(Native American)이라는 말보다는 미국 인디언(American Indian)이라는 말을 선호하며, 자신을 스포캔 및 코어드레인 인디언으로 소개한다. 알렉시는 시애틀(Seattle)에 정착한 후 자신을 도시인디언(urban Indian)이라고 지칭하며, 1994년에 히닷사(Hidatsa), 호청크(Ho-Chunk) 및 포타와토미(Potawatomi) 부족계인 다이앤 톰헤이브(Diane Tomhave)와 결혼하여 둘 사이에 아들 둘을 두었다.

뇌수종(hydrocephalus)을 갖고 태어난 알렉시는 생후 6개월에 뇌수술을 받았고 어린 시절에는 병약하였으나, 점차 건강해져 고등학교 시절에는 농구선수로 이름을 떨치기도 했다. 원주민 보호구역 내의 학교에서 나눠준 교과서에 자신의 어머니 이름이 적혀 있은 것을 보고 30년 이상 새 교과서를 마련하지 못한 원주민 보호구역 학교의 교육환경에 충격을 받은 알렉시는 좀 더 나은 교육환경을 찾아 원주민 보호구역에서 차로 약 36킬로미터 떨어진 백인마을인 리어던(Reardan)에서 홀로 중고등학교를 다녔다. 알렉시는 중고등학교 재학 중의 좋은 학업성적과 학생회장 활동, 그리고 토론팀에서 활약하는 등의 우수한 경력 덕에 장학금을 받고 1985년에 곤자가대학교(Gonzaga University)에 입학하여 의예과와 법학과에서 공부하였다. 하지만 적성이 맞지 않아 1987년에 워싱턴주립대학교(Washington State University)로 편입하여 그곳에서 미국학을 전공하며 받은 창작수업의 영향으로 『팬시댄싱과 관련하여: 단편과 시』(*The Business of Fancydancing: Stories and Poems*)를 집필하며 작가의 길로 들어서게 되었다.

여러 분야에 재능이 많았던 알렉시는 시, 단편, 소설, 청소년문학 등을 포함한 다양한 장르의 작품 24권을 출판하였으며, 1993년 첫 소설부문 펜/헤밍웨이후보상(PEN/Hemingway Citation for Best First

Fiction), 2001년 단편부문 펜/말라무드상(PEN/Malamud Award for Short Fiction), 2007년 청소년문학부문 내셔널북어워드(National Book Award for Young People's Literature), 2010년 소설부문 펜/포크너상(PEN/Faulkner Award for Fiction) 등을 수상한 바 있다. 스탠드업 코미디언으로 공연하기도 하는 한편, 알렉시는 극작가 및 영화제작자로도 활동하는데, 그가 자신의 1993년 단편집 『로운 레인저와 톤토가 천국에서 주먹다짐을 하다』(*The Lone Ranger and Tonto Fistfight in Heaven*)를 토대로 각본을 쓰고 제작한 『스모크 시그널즈』(*Smoke Signals*)는 1998년 선댄스 영화제(Sundance Film Festival)에서 관객상(Audience Award)과 제작자상(Filmmakers Trophy)을 받았다. 또한 자신의 1992년작 『팬시댄싱과 관련하여: 단편과 시』를 극작가와 감독으로서 영화화한 『팬시 댄싱과 관련하여』(*The Business of Fancydancing*)는 2002년에 샌프란시스코(San Francisco), 필라델피아(Philadelphia), 빅토리아(Victoria), 듀랭고(Durango) 등지의 영화제에서 각종 상을 수상하였다. 오랫동안 청소년 교육 프로그램과 미국 인디언 청소년 지원 프로그램을 후원해 온 알렉시는 2005년에 미국 인디언 청소년들에게 영화제작기술을 가르쳐 주고 미디어를 통한 사회변혁을 추구하는 비영리단체인 롱하우스 미디어(Longhouse Media) 창립에 참여하였고, 롱하우스 미디어의 창립이사로서 계속 미국 인디언 청소년들을 후원해 오고 있다.

알렉시의 작품세계

자신을 이야기꾼이라고 소개하곤 하는 알렉시의 작품세계는 시, 수필, 단편소설, 중장편소설, 영화대본 등 여러 장르를 넘나들며 현대 미국인이자 인디언 보호구역에서 살고 있는 미국 원주민으로서의 미국 인디언들의 복잡한 삶의 애환을 해학적으로 그리고 있다. 알렉시는 총 16권이 넘는 시집과 단편집을 출판하였으며, 그의 초기 작품집으로는 1992년에 출판된 데뷔작 『팬시댄싱과 관련하여: 단편과 시』(*The Business of Fancydancing: Stories and Poems*)와 『나는 말을 훔칠 수 있다』(*I Would Steal Horses*), 그 이듬해인 1993년에 출판된 『로운 레인저와 톤토가 천국에서 주먹다짐을 하다』(*The Lone Ranger and Tonto Fistfight in Heaven*) 등이 있다. 또한, 그의 후기 시집과 단편집으로는 2009년에 출판된 『얼굴』(*Face*)과 『전쟁무용』(*War Dances*), 2013년에 출판된 『신성모독: 선정된 기존작품과 신작품들』(*Blasphemy: New and Selected Stories*)과 같은 해 출판된 『내가 훔친 것은 무엇이오, 내가 번 것은 무엇인가』(*What I've Stolen, What I've Earned*) 등이 있다. 『로운 레인저와 톤토가 천국에서 주먹다짐을 하다』에 실린 단편 「인디언 보호구역에 있는 유일한 교통신호등은 이제 더 이상 빨간 불이 들어오지 않는다」("The Only Traffic Signal on the Reservation Doesn't Flash Red Anymore")에서 인디언 보호구역에서의 삶이 워낙 고달프기 때문에 희망을 갖기는 힘들다고 하면서도 "그래도 인디언들은 어떻게든 살아남는다. 그런데 어떻게 보면 인디언들이 큰 고난은 쉽게 이겨내는 것 같다. 대량학살, 모국어와 땅 소유권 상실 같은 것들 말이다. 제일 고통스러운 것은 작은 것들이다. 식당에서 주문을 받아주지 않는 백인 웨이트레스, 톤토, 워싱턴의 미식축구팀 이름인 레드스킨즈"라고 말한 것처럼 알렉시는 시집과 단편집에서 20세기 및 21세기 미국 인디언 보호구역에 사는 미국 원주민들의 일상적인 삶의 애환을 애정 어린 시선으로 담아내고 그러한 생존투쟁인 삶의 역사적 배경을 비판적으로 다룬다(49).

백인이 아닌 미국 원주민이라고 식당에서 주문을 받아주지 않는 것과 같은 사소한 인종차별 행위들을 마이크로어그레션("microaggression")이라고 부른다. 마이크로어그레션은 1970년에 심리학자인 체스터 엠 피어스(Chester M. Pierce)가 흑인들이 평소에 당하는 일상적인 모욕과 멸시를 일컫는 말로 처음 사용했고, 1973년에 경제학자인 메리 로우

(Mary Rowe)가 여성에 대한 차별행위들까지 포함하도록 의미를 확장시킨 용어인데, 심리학자인 데럴드 윙 수(Derald Wing Sue)는 마이크로어그레션을 "소속된 집단에 따라 특정 개인들을 비하하는 사소한 일상생활 속의 차별적 행위들"이라고 정의한다(xvi). 알렉시의 작품세계는 이러한 마이크로어그레션들이 미국 원주민들에게 끼치는 정신적 및 심리적 상처와 톤토라는 가상의 인물처럼 영화나 텔레비전과 같은 대중문화에서 미국 원주민을 야만인이나 열등한 존재로 정형화해서 획일적으로만 비추는 체계적 차별, 또 살아 숨쉬는 현대인들인 미국 원주민을 동물이나 만화처럼 스포츠팀의 마스콧으로 그려낼 뿐만 아니라 미국 원주민을 비하하는 말인 레드스킨즈와 같은 이름을 고집하여 미국 원주민에 대한 그릇된 인식을 확산시키는 차별과 그 후유증에 초점을 맞춘다.

시집과 단편집 뿐 아니라, 1995년작인 『보호구역 블루스』(*Reservation Blues*), 1996년작인 『인디언 살인자』(*Indian Killer*) 그리고 2007년작인 『플라이트: 소설』(*Flight: A Novel*)과 청소년문학작품인 『짝퉁 인디언의 생짜 일기』(*The Absolutely True Diary of a Part-Time Indian*)와 같은 소설들에서 알렉시는 미국 원주민들이 겪어야 하는 인종차별과 미국에서 가장 가난한 지역에 속하는 인디언 보호구역에서의 어려운 삶, 그리고 그러한 환경으로 인해 망가지기도 하고 또 때로는 그러한 환경에 저항하며 이겨내기도 하는 인물들을 통해 미국 원주민의 수난사, 현대사, 그리고 저력을 그려낸다. 미국 원주민들에 대한 미국 주류사회의 차별 뿐 아니라 미국 원주민 사회 내에서 일어나는 가정폭력, 알코올중독, 약물중독, 폭행사건, 고등교육의 부재, 실업 등의 문제 역시 날카로운 시선으로 다루는 알렉시의 작품세계는 개성적이고 복잡다단한 내면세계를 지닌 등장인물들과 알렉시 특유의 아이러니와 해학적 재치를 통해 독자들이 미국 원주민의 수난사를 포함한 미국 역사에 대해 더 포괄적으로 배우고 인종차별에 대해 생각해 보며 현실 속의 사회적 문제에 대해 짚어보도록 유도한다. 알렉시가 자신의 단편집 『로운 레인저와 톤토가 천국에서 주먹다짐을 하다』를 바탕으로 1998년에 쓴 영화각본 『스모크 시그널즈: 영화각본』(*Smoke Signals: A Screenplay*)과 자신의 데뷔작인 『팬시댄싱과 관련하여: 단편과 시』를 2003년에 극화한 『팬시댄싱과 관련하여: 영화각본』(*The Business of Fancydancing: The Screenplay*) 역시 알렉시 특유의 날카롭지만 따뜻한 시선과 유머로 그의 문학세계의 주요 주제를 영화의 세계로 확장시켜 나간다.

II

작품 소개

셔먼 알렉시의 2007년작인 『플라이트: 소설』(*Flight: A Novel*)은 "나를 여드름이라 불러라"라며 주인공이자 화자인 15세 소년이 독자에게 자신을 소개하는 것으로 시작한다. 이렇듯 『플라이트』는 아무도 관심을 가져주지 않아 이름조차 잃어버리고 여드름이라 놀림 받으며 외로움에 지친 15세 고아 소년이 새로운 가족을 찾고 자신의 이름을 되찾는 과정을 담은 소설이다. 여드름이라 불리는 이 소설의 주인공이자 화자는 태어나자마자 도망간 미국 인디언 아버지에게 버림받고 6살 때 아일랜드계 백인이었던 어머니가 유방암으로 숨지면서 고아가 된 후, 21곳의 위탁가정을 전전하면서 언어폭력, 신체적 폭력, 성폭력 등의 온갖 학대를 겪고 어디 한 곳에도 마음 붙일 곳 없이 심한 소외감과 수치심에 짓눌려 산다. 자신의 삶을 "잔인한 망나니들과 비행기 추락의 연속"으로 정의하며 이전의 20곳의 위탁가정에서의 생활을 "20건의 작은 비행기 추락"으로, 자신을 "매번 새 위탁가정에 돌진해 추락해버리는 불타는 제트비행기"(11)에 비유하는 이 소년의 말은 미국의 9/11 테러 사건을 연상시키며 이 소년이 얼마나 고통 받고 불행하게 살아가고 있는지를 여실히 보여준다.

『플라이트』는 이렇게 비통한 삶을 살던 소년이 희망을 찾아가게 되는 과정을 8단계로 나누어 이야기를 풀어나간다. 먼저, 소설의 제1장에서 여드름이라 불리는 고아 소년이 자신과 자신의 삶을 독자들에게 소개하고, 자신이 얼마나 외로운지, 그리고 그 외로움이 고아라서인지 미국 인디언 혼혈아라서인지, 아니면 자신이 여드름이 잔뜩 나고 삐쩍 마른 못생긴 아이라서 그런지 모르겠다고 말하면서, 자신이 겪고 있는 개인적, 가정환경적, 계층적, 그리고 인종적 갈등들과 그러한 다양한 정체성 요소들 간의 상관관계에 대하여 혼란을 겪고 있음을 보여준다. 또한 작가는 지식과 배움을 갈망하지만, 변변한 책 한 권조차 없는 위탁가정에서 텔레비전과 같은 대중매체에 의존하여 세상에 대해 배우는 소년의 모습을 보여줌으로써, 독자들로 하여금 언어와 대중문화가 갖는 힘에 대해 다시금 짚어보도록 유도한다.

제2~3장에서는 소년이 21번째 위탁가정에서 문제를 일으키고 도망갔다가 경찰에 잡혀 아동감호소에 수용되면서 정의(Justice)라는 이름의 17세 백인 소년을 만나고, 이후 그곳에서 풀려난 뒤에 둘이 겪게 되는 이야기를 담고 있다. 여드름이라 불리는 소년은 정의라는 "이 백인 소년이 나를 외로움으로부터 구제해줄 수 있다는 느낌이 강하게 든다"(24)며 그를 무조건 따른다. 그는 자신이 너무 외로운 나머지 "아버지가 없어서 나와 비슷한 또래의 다른 십대아이가 나에게 아버지가 되어주기를 원하는 아이"(26)였기에 정의가 시키는 대로 총 쏘는 연습을 한다. 결국, 그는 19세기 인디언들의 생존염원을 담았던 유령춤(Ghost Dance)의 21세기적 재현방법은 총기난사를 통한 대량살상이며 그렇게 유령춤을 재현해내야만 소년이 그리워하는 부모님이 이 세상에 되돌아오게 만들 수 있다고 하는 정의의 주장에 설득당하여 시애틀(Seattle) 중심지 은행에 들어가 총을 난사하며 사람들을 마구 죽이고 자신도 은행경비원이 쏜 총에 뒤통수를 맞고 숨지게 된다.

그러나 제4~6장에서는 제3장 끝에서 총에 맞아 숨진 소년이 환생한다. 소년은 21세기에서 1975년으로 시간여행을 하여 아이다호주(Idaho State)에 있는 나나푸쉬 인디언 보호구역(Nanapush Indian Reservation) 내의 레드 리버(Red River)라는 곳에 파견된 35세 백인 FBI요원 행크 스톰(Hank Storm)으로 환생한다. 그리하여 FBI요원들과 인디언 인권보호운동 지도자들 중 변절자들이 결탁하여 인디언 인권운동가를 고문하고 살해하는 경험을 하면서 "나쁜 사람들과 좋은 사람들이 똑같은 소리를 하면 누가 누군지 어떻게 알지?"(56)라고 물으며, 정의라는 형에 대한 믿음을 되짚어보고 절대적 선과 악이 있는 것인지에 대해 생각해보게 된다.

그 다음 단계인 제7~9장에서는 소년이 역사적으로 더 이전으로 거슬러 올라가 1876년 6월 25-26일의 리틀 빅 혼 전투(Battle of Little Big Horn) 직전에 인디언 부락에 살고 있던 12세 내지 13세 된 인디언 소년으로 환생한다. 거기서 소년은 자신이 인디언들의 생활과 인디언과 미기병대 간의 전쟁에 대해 텔레비전을 통해 배웠던 것들이 얼마나 많이 잘못 되었는지 깨닫게 되고 역사도 역시 하나의 이야기에 불과하며 그 전달하는 주체에 따라 편중되고 왜곡될 수도 있음을 깨닫는다. 소년이 환생한 인디언 소년은 이전에 백인 기병대가 자행한 인디언 학살에서 겨우 살아남았지만 그때 기병대원이 목줄을 끊어 말은 물론, 소리조차 내지 못하는 벙어리가 된 몸이다. 그러나 여드름이라는 소년은 벙어리가 되어버린 그 인디언 소년이 아버지로부터 무한한 사랑을 받는다는 것을 발견하고는 "나에게 가족이 있어. 진짜 가족. 진정한 가족."이라며 "나는 생애 처음으로 행복해"라고 한다(65). 하지만 리틀 빅 혼 전투의 참상을 겪으며 그 행복은 곧 깨지고, 백인들이 인디언들에게 행했던 잔인한 고문과 살인과 시신훼손을 이번에는 인디언들이 백인들에게 복수하기 위해 똑같이 자행하는 것을 본 후, "복수란 동그라미 속에 든 동그라미 속에 든 동그라미인가?"라고 물으며 정의와 복수의 관계에 대해 고민하게 된다(77).

다섯 번째 단계인 제10~12장에서는 거스(Gus)라는 애칭으로 불리는 어거스터스 설리번(Augustus Sullivan)이라는 나이든 미기병대의 인디언 추적자의 몸으로 환생하는데, 이번에는 환생한 몸을 완전히 장악하지 못하고 거스의 기억, 분노와 슬픔과 같은 감정, 그리고 의사에 압도당한다. 행복에 굶주려 보이는 어린 군인들을 보며 소년은 전쟁은 아이들이 어른들을 보호하기 위해 싸우는 어처구니없는 것이라는 것을 깨닫고, "나는 정의가 전쟁터로 내보낸 아이야"라고 하며 전쟁은 정의가 아닌 복수를 위한 것임을 이해하게 된다(84). 그는 거스가 군인들을 인디언 부락으로 안내해 주는 것을 막아보려 시도하지만, 거스의 기억과 복수심에 제압당하고 만다. 이후 소년은 그의 의식이 막지 못한 거스의 안내로, 훨씬 우수한 무기로 무장한 미기병대가 인디언들에게 몰살당한 한 백인 개척민 가족의 복수를 위해 인디언 부락을 습격하여 대부분 노인과 여자, 그리고 아이들뿐인 인디언들을 마구 학살하는 와중에서도 다섯 살짜리 인디언 아이를 안아들고 그를 살리려고 필사적으로 뛰는 16세쯤 되어 보이는 군인을 발견한다. 소년은 "복수의 정반대를 선택한"(93) 자를 목격하고 그 자를 도와주면서 자신이 "옳은 일을 한다"(95)는 확신을 가지게 됨으로써 드디어 거스의 몸을 완전히 조정할 수 있게 되고, 활을 거머쥔 소년을 지칭하는 바우 보이(Bow Boy)와 작은 성인을 뜻하는 스몰 세인트(Small Saint)라고 이름 붙인 그들을 살려주기 위해 자신을 희생한다. 은행에서 대량살상을 저질렀던 소년이 이제는 다른 사람을 살려주기 위해 자신을 희생할 수 있게 변한 것이다. 또한 자신이 은행에서 저질렀던 묻지마식 살인이나 거스의 몸을 빌려 바우 보이와 스몰 세인트를 살려주기 위해 추적해 오는 군인들을 향해 총을 쏘는 살인행위나 모두 사람을 죽인다는 점에서는 마찬가지가 아닌가라고 물으며 한층 성숙한 의식을 보여준다.

여섯 번째 단계인 제13~15장에서는 9/11 테러 사건이 일어난 이후의 시점으로 주인공 소년이 파란 눈과 금발의 지미(Jimmy)라는 백인 비행교관으로 환생한다. 지미는 자신이 믿고 친구로 생각했으며 자신이 비행술을 가르쳐주었던 이디오피아 출신 이슬람교도인 아바드(Abbad)가 시카고 도심에 여객기를 추락시키는 테러 행위를 저지르자 심한 배신감에 괴로워한다. 아바드 때문에 느낀 배신감을 떨치지 못하는 지미는 자신이 사랑하는 20년 조강지처 린다(Linda)를 두고 사랑하지도 않는 헬가(Helga)라는 아가씨와 13개월 동안 바람을 피우고, 결국에는 두 여자 모두에게 배신감을 안겨주고 만다. 이에 소년은 지미가 자기 아버지처럼 거짓말쟁이이자 사기꾼이니 자신이 지미의 몸에 갇힌 것은 자신이 저지른 죄에 대한 형벌이라 느끼며 "그러니까 이것도 또 다른 종류의 정의인가보다. 난 내 아버지와 꼭 같은 자의 몸속에 환생했으니."라며 다시 정의에 대해 생각해 본다(118). 결국 "왜 사람들은 이렇게 서로에게 상처를 주지?"(119)라고 묻고, 호숫가로 경비행기를 추락시켜 자살하는 지미의 몸속에 갇힌 그는 비행기가 수면에 닿기 전에 "우리는 모두 같은 사람이야. 그리고 우리 모두는 추락하고 있어"(130)라고 말한다.

그 다음 제16~18장에서는 소년이 시간여행을 처음 떠나기 전의 현재였던 2007년으로 되돌아와서 그가 원래 살던 시애틀에서 48킬로미터 정도 떨어진 타코마(Tacoma)라는 곳에서 쉰 살 정도 되는 주정뱅이 노숙자로 환생한다. 그 주정뱅이 노숙자의 몸으로 젊은 백인 관광객 부부와 만나면서 그는 백인(white)과 백인성(whiteness)이 동일한 것이 아님을 상기하게 되고, 지나가던 백인 남성과 이야기를 주고받으며 존중(respect)이란 사람을 사람으로 대하는 것이라는 점을 깨닫게 된다. 주정뱅이 노숙자로 환생한 자신이 지니고 있는 빛바랜 사진이 다섯 살 무렵의 자신의 사진임을 발견한 소년은 그 주정뱅이 노숙자가 바로 자기 아버지임을 알게 되고, 그 몸이 지닌 기억들을 통해 아버지가 어린 시절 할아버지에게 학대당하며 자존감을 잃게 되었고, 그래서 자기가 태어날 때 겁에 질려 도망가게 되었음을 이해하게 된다.

마지막 부분인 제19~21장에서 소년은 2007년 시애틀의 은행에서 대량살상을 일으키기 직전으로 돌아온다. 시간여행을 하면서 많이 배우고 변한 소년은 은행 속의 사람들을 보면서 "어쩜 우리 모두 외로운지도 몰라. 어쩌면 저들 중 일부도 초고속으로 시간을 관통해서 전쟁, 전쟁, 전쟁을 보는지도 몰라. 어쩌면 우리 모두 이것을 같이 겪는지도 몰라"라고 생각하게 되고, 사람들을 해치고 싶지 않아 자수를 하게 된다(158). 조사 과정에서 은행의 보안 테이프에서 소년이 잠시 사라졌다 다시 나타나는 현상이 확인되지만, 소설은 소년이 정말로 시간여행을 한 것인지, 아니면 모든 것은 소년의 상상 속에서 일어났던 것이고 보안 테이프는 녹화 과정에서 잠시 문제가 생겨서 그렇게 보이는 것인지의 여부는 독자의 판단에 맡겨둔다. 이 부분에서 독자는 소년이 이모의 애인으로부터 성적학대를 당했고 열 살 때 결국 유일하게 남은 혈육인 이모로부터 버림받아 위탁가정을 떠돌게 되었다는 소년의 가장 큰 비밀을 알게 된다.

보호감호 끝에 소년은 경찰관 데이브(Dave)의 주선으로 데이브의 형제부부를 위탁부모로 맞이하게 되는데, 소방관 로버트(Robert)와 간호사 메리(Mary)는 소년을 입양할 뜻을 비치며 소년을 따뜻하게 맞이한다. 데이브, 로버트, 메리로부터 진정한 받아들임과 애정을 느끼고 자신이 그리도 소망하던 가족을 드디어 갖게 되었다고 생각하게 된 소년은 "그런데 나에게도 기회가 주어졌다는 생각이 들기 시작했어. 이제 외롭지 않게 될 수도 있다는 생각이 들기 시작했어. 가족 비슷한 걸 나도 갖게 되었다는 생각이 들기 시작했어"(180)라며 희망을 갖게 되고, 여드름 치료제를 발라주는 메리에게 "제 진짜 이름은 마이클이에요. 저를 마이클이라 불러주세요"(181)라며 소설의 결말에서 본명을 되찾게 된다. 그리하여 여드름이라는 아픈 별명으로 시작된 소설은 마이클이라는 본명을 찾는 희망에 찬 말로 끝을 맺는다.

III

1. 트라우마와 "영혼의 상처"

상처를 뜻하는 고대 그리스어 트라우마(τραῦμά)에서 유래한 영어 용어인 트라우마(trauma)란 외상(外傷)을 지칭하는 의학용어로, 심리학에서는 과거의 충격이나 고통으로 인해 겪는 정신적 어려움을 일컫는다. 일반적으로 트라우마는 아직 완전히 극복하지 못한 과거의 충격이나 고통, 즉, 아직 완전히 치유되지 않은 마음의 상처를 뜻하는 의미로 사용된다. 트라우마는 개별적으로 겪은 사고, 폭행, 천재지변, 전쟁, 가정폭력, 성폭력, 언어폭력, 학교폭력, 신체적 부상, 질병, 가족이나 친구의 죽음 등의 경험에 의해 발생할 수 있고 공동체의 일원으로서 겪은 전쟁, 천재지변, 정치적 억압, 폭력, 민족적 수난사 등의 경험에 의해 발생할 수도 있다. 뿐만 아니라, 직접 경험을 한 피해자는 물론 옆에서 그 경험을 간접적으로 겪은 목격자에게도 발생할 수 있고 공동체적 또는 역사적 트라우마의 경우에는 대물림이 될 수도 있다.

1990년대에 영국의 유명한 문예지인 『그란타』지(*Granta Magazine*)와 미국의 유명한 문화지인 『뉴요커』지(*The New Yorker*)에 의해 21세기의 미국문학을 이끌어갈 작가 20명 중의 한 명으로 선정되었고 다양한 문학상을 수상하였으며 오늘날 대표적 미국 원주민계(Native American) 작가로 꼽히는 셔먼 알렉시(Sherman Alexie)는 이러한 다양한 트라우마를 2007년작인 『플라이트: 소설』(*Flight: A Novel*)에서 다루고 있다. 『플라이트』의 출판에 맞춰 알렉시가 2007년 4월 11일에 미국의 공영 라디오 방송인 NPR의 "전국적인 화제"("Talk of the Nation")라는 프로그램에서 한 인터뷰에 의하면 『플라이트』는 알 카에다(Al Qaeda)라는 이슬람 급진주의집단이 점보여객기를 납치하여 미국 뉴욕의 월드트레이드센터(World Trade Center) 고층빌딩 두 동에 고의적으로 충돌시켜 붕괴시킴으로써 수천 명의 사상자를 냈던 9/11 테러 사건과 그 이후 미국이 치른 이라크 전쟁(Iraq War)에 대한 그의 반응이며, 트라우마로 남아있는 미국 역사상의 엄청난 폭력 사건들, 특히 미국 원주민인 미국 인디언(American Indian)들의 수난사에 대한 고찰이다. [본 논문에서는 알렉시가 「나의 공인받지 못한 자서전」("The Unauthorized Autobiography of Me")의 여러 글에서 미국 원주민(Native American)이라는 말보다 미국 인디언(American Indian) 또는 그냥 인디언(Indian)이라는 말을 선호한다고 밝힘에 따라 이하 미국 인디언이라는 말을 쓰겠다.]

에두아르도 듀란(Eduardo Duran), 보니 듀란(Bonnie Duran), 마리아 옐로우 호어스 브레이브 하트(Maria Yellow Horse Brave Heart) 그리고 수전 옐로우 호어스-데이비스(Susan Yellow Horse-Davis)와 같은 미국 인디언 트라우마 이론가들은 「미국 인디언 영혼의 상처 치유하기」("Healing the American Indian Soul Wound")라는 논문 등을 통해 크리스토퍼 컬럼버스(Christopher Columbus)가 미대륙에 처음 상륙한 이후 오늘날에 이르기까지 미국 인디언들이 대대로 겪어야 했던 멸시, 억압, 강탈, 고통, 문화적 말살, 그리고 죽음의 연속으로 인해 마음 깊이 받은 상처와 고뇌가 누적되고 대물림되는 집단적 · 역사적 트라우마를 겪고 있다고 지적하며, 그 트라우마를 "영혼의 상처"("soul wound")라고 일컫는다(341-42). 그들은 또한 미국 인디언들이 겪는 이러한 "영혼의 상처"는 복합적 트라우마로, 인디언 말살정책과 식민주의로 인한 대학살과 전통문화의 파괴 그리고 미국 주류사회가 미국 인디언들의 수난사를 인정해주기를 거부하는 것에서 기인한다고 설명한다. 마리아 옐로우 호어스 브레이브 하트(Maria Yellow Horse Brave Heart)와 르미어라 드브륀(Lemyra DeBruyn)은 「미국 인디언 홀로코스트: 해소되지 못한 역사적 비통 치유하기」("The American Indian Holocaust: Healing Historical Unresolved Grief")라는 논문에서 "영혼의 상처"라 부르는 "해소되지 못한 역사적 비통"의 누적물인 역사적 트라우마는 유럽인들의 미대륙 정복으로 인하여 미국 인디언들이 목숨, 땅, 그리고 고유문화를 빼앗김에서 기인하며, 오늘날 미국 인디언 사회의 높은 자살률, 살인, 사고사, 가정폭력, 아동 학대 및 알코올 중독 현상은 대물림되는 만성적 트라우마와 해소되지 못한 비통함의 결과라고 주장한다(60).

알렉시의 『플라이트』는 미국 인디언 아버지와 아일랜드계 백인 어머니 사이에서 태어난 삐쩍 마른 여드름투성이의 15세 고아 소년의 이야기를 통해 소설 속의 현재 시점인 2007년까지에도 계속 이어지고 있는 미국 인디언들의 역사적 "영혼의 상처"와 9/11 테러 사건으로 인한 미국 국민들의 집단적 트라우마를 연결시켜 폭력, 복수, 정의, 용서, 치유에 대하여 고민하면서 변화를 가져올 수 있는 개인의 힘에 대하여 고찰하는 소설이다. 알렉시가 『로운 레인저와 톤토가 천국에서 주먹다짐을 하다』에 포함된 단편 중 하나인 「모든 작은 태풍」("Every Little Hurricane")에서 "그들은 모두 증인들일 뿐이었고, 그 이상은 되지 못했다. 수백 년 동안, 인디언들은 대규모 범죄를 목격한 증인이었다"라고 말한 것처럼 미국 인디언들이 목격해 온 트라우마의 역사를 알렉시는 『플라이트』를 통해 미국 인디언들 뿐 아니라 모든 미국인을 포함한 독자들이 증인이 되도록 보여준다(3). 그리고 같은 단편집에 수록된 다른 작품인 「인디언 보호구역 상상하기」("Imagining the Reservation")에서 "생존 = 분노 곱하기 상상력. 보호구역에서는 상상력만이 유일한 무기이다"라고 제시한 것처럼 알렉시는 『플라이트』를 통해 미국 인디언들이 단순히 목격하기만 하고 다른 것은 아무 것도 하지 못한 무력한 증인의 위치에서 상상력을 이용한 목도 행위인 소설을 통하여 사회정의를 실현시키고 "영혼의 상처"를 치유할 수 있음을 시사한다(150). 또, 알렉시는 한발 더 나아가 『플라이트』를 통해 인디언들을 포함한 모든 미국인들이 9/11 테러 사건으로 인해 받은 집단적 트라우마를 소설이라는 상상력의 공간을 통하여 극복하여 건설적으로 함께 살아남는 방법을 제시해 주고 있다.

소설의 제목인 "플라이트"(flight)라는 영어 단어는 하늘을 난다는 뜻의 "비행" 또는 날아오르는 "비상"을 지칭하는 것일 수도 있고, 도망을 간다는 뜻의 "도주"를 지칭하는 것일 수도 있다. 따라서 소설 제목은 이 작품에서 주인공이 "영혼의 상처"를 치유하기 위해 하게 되는 역사적 시간여행을 역사적 비행으로 일컫는 것으로 볼 수도 있고 9/11 테러 사건 같은 참상을 불러오는 편협한 부족주의와 아이들을 해치는 학대로부터 도주하여 트라우마를 치유하고 행복을 찾는 소설의 줄거리를 일컫는 것으로 볼 수도 있다. 또 한편, 이 소설의 제목은 트라우마를 치유하고 어엿한 시민인 한 개인으로서 거듭나는 주인공의 비상을 일컫는 것으로 볼 수도 있다.

2. 빗자루에 매단 여드름 한 봉지가 되어버린 소년의 "영혼의 상처"

알렉시의 소설 『플라이트』는 자신을 독자들에게 직접 소개하는 주인공 화자의 말로 시작한다:

> 나를 여드름이라 불러라.
> 다들 나를 여드름이라 불러.
> 그건 내 진짜 이름은 아니야, 물론. 내 진짜 이름은 중요하지 않아.
> 오늘 아침, 난 낯설어 알아보지 못하는 방에서 잠을 깼어. 난 자주 낯선 방에서 깨곤 해. 늘상 하곤 하는 일이야. (1)

본명을 밝히지 않은 채 그저 여드름이라는 별명으로 불러달라는 이 주인공 화자의 말은 19세기 미국의 대표적 서사소설인 허먼 멜빌(Herman Melville)의 『백경』(*Moby-Dick*)이 "나를 이스마엘이라고 불러라"(18)라는 첫 문장으로 시작하는 것을 연상시키지만, 성경에 나오는 인물인 이스마엘의 의미심장한 이름이 연상시킬 수 있는 주체성과 권위와는 달리 놀림의 대상이 되는 여드름이라는 별명으로 자신을 지칭한다는 점, 그것도 스스로 선택한 것이 아니라 다른 사람들이 다들 그렇게 부르기에 본명 대신 그런 별명을 자신의 이름으로 받아들였다는 점, 그리고 바로 이어서 자신의 본명은 중요하지 않다며 자신이 하찮은 존재로 무시당하며 살고 있다는 것을 드러낸다는 점에서 자신이 소외된 약자의 위치에 있음을 알린다.

여드름이라 불린다는 이 주인공 화자의 정체성은 이데올로기가 개인을 주체로 호명한다는, 즉 우리의 주권의식과 정체성이 일상에서의 호명 행위에 의해 이데올로기적으로 구축된다는 유명한 프랑스의 마르크스주의 철학자인 루이 알뛰세(Louis Althusser)의 호명(interpellation) 이론으로 설명할 수 있다: 이 주인공 화자는 여드름이라 호명됨으로써 신체적 흉인 여드름으로 정체성과 자아의식이 구축되고, 스스로 내재화한 여드름이란 호명에 따른 주체성에 따라 그 이상의 존재감은 갖지 못하기에 자신의 본명이 중요하지 않으니 여드름이라고 부르라고 초대하는 것이다. 이러한 주체성과 존재감의 부재는 주인공 화자가 자신의 본명이 중요하지 않다고 치부해버린 바로 다음에 자신이 하는 일이란 이 위탁가정에서 저 위탁가정으로 옮겨 다니느라 늘상 낯선 방에서 깨어나는 것이라고 말하는 것으로 한층 강조된다. 독자들이 주인공 화자의 본명조차 알지 못하는 상황은 주인공 화자가 자신이 기거하는 곳을 결정하지도 못하고 늘상 낯선 곳으로 다시 옮겨져 뜨내기 삶을 살아야 하는 상황을 반영한다.

그저 여드름이라 불리는 『플라이트』의 주인공 화자는 제대로 된 이름도, 가족도, 가정도 갖지 못한 15세 된 고아 소년으로 미국 사회에서 소속감을 가진 시민으로서 살기 위해 필요한 기본 조건을 하나도 갖추지 못하여 사회문화적 시민권을 박탈당한 상태이다. 15살이라는 아직 어린 나이에 그는 성명이 지워진 채 여드름이라는 신체적 특징으로 호명당하며 이미 "20곳의 다른 위탁가정에 살아보았고 22곳의 다른 학교를 다녔으며" 전 재산이라곤 "두 벌의 바지와 세 개의 셔츠와 네 벌의 속옷과 야구 모자 하나와 양말 세 켤레와 (『분노의 포도』, 『피 속에 흐르는 겨울』, 그리고 『죽음의 영역』이라는) 세 권의 소설과 아버지 어머니의 사진 뿐"이어서 자신의 "전 인생이 자그마한 배낭 하나에 다 들어가진다"고 할 정도로 가진 것도 소속된 곳도 없는 소외계층으로서 뜨내기 인생을 살고 있다(7). 이러한 그의 불안정한 뜨내기 삶은 미국 신화에서 내세우는 어디든지 자유롭게 갈 수 있는 자유를 바탕으로 한 미국적 기동력을 보여주는 것이 아니라 개인적으로는 사회문화적 시민으로서 서지 못함을 보여주는 것이며, 역사적으로는 미국 인디언들이 백인 정착민들에게 지속적으로 쫓기면서 삶의 터전을 빼앗기고 강제 이주 당하며 전통사회가 파괴되어온 수난사를 반영한다. 또한 배낭 하나에 충분히 다 담길 정도로 적은 그의 소지품은 생산과 소비 체계로 이루어지는 시장경제와 자본주의적 부의 축적을 전제로 하는 아메리칸 드림(American Dream)에서 그가 어느 정도로 배제된 삶을 살고 있는지를 보여줌으로써 그가 극심하게 소외된 계층임을 드러낸다.

주인공 화자가 자기의 "전 인생"과 동일시한 소지품 목록은 최소한의 필수품인 옷가지 몇 개가 대부분이다. 이 소지품들은 자신을 차별화시키고자 하는 욕구가 큰 십대 청소년들이 자신의 물건을 개별적으로 색, 무늬, 스타일 등을 구분하여 묘사하는 경향과는 달리 주인공 화자에 의해 그저 담담하게 품목과 개수만으로 제시되어 주인공 화자가 성명이 있는 개별적 시민으로서가 아니라 그저 신체적 특징인 여드름으로만 축소된 존재로서 느끼고 있는 주체성과 자존감의 부재를 강조해준다. 주인공 화자가 지닌 물건 중 개인적인 것이라곤 세 권의 소설책과 부모의 사진뿐인데, 세 권의 소설 모두 1939년, 1974년, 그리고 1979년작으로, 오래 된 작품들일 뿐 아니라 사회에서 소외된 계층들의 이야기를 담고 있어 주인공 화자가 2007년 현대 미국사회에서 설 자리가 없다고 느끼는 것을 간접적으로 보여준다.

이 소지품들 중 부모의 사진은 주인공 화자의 인종적 정체성을 드러내는 역할을 한다. 그가 태어날 때 아버지가 출산 중인 어머니를 버리고 병원에서 도망을 갔었기에 주인공 화자는 아버지를 알기는커녕 만나본 적도 없지만, 아버지의 "여드름 흉터 가득한 얼굴이 담긴 사진"을 보곤 자신을 버린 아버지가 "이런 저런 부족 중 하나"의 일원으로 "이런 저런 보호구역 중 하나" 출신인 미국 인디언임을 안다(4). 알렉시는 티모시 패트릭 배러스(Timothy Patrick Barrus)라는 백인이 나스디즈(Nasdijj)라는 필명으로 나바호(Navajo) 인디언인 척 행세하며 회고록을 비롯한 여러 책을 출판하여 인기를 끌었다가 2006년 1월 25일자 『엘에이주간지』(*LA Weekly*)의 고발기사로 들통이 난 사건에 대하여 그 며칠 후인 1월 29일에 『타임』지(*TIME*)에 기고한 글 「도둑질 맞은 이야기가 자신의 이야기일 때」("When the Story Stolen is Your Own")에서 "구체적으로 소속 부족원들, 일족, 의식 및 지역"을 밝힐 수 있는 것이 "인디언으로서의 정체성에 필수불가결한"(5번째 문단) 요소라고 명시한 적이 있다. 그런데 『플라이트』의 주인공 화자는 자신의 아버지가 어느 지역에 있는 어느 부족의 어느 인디언 보호구역의 어느 일족 출신인지를 전혀 모르고 있어 미국 인디언으로서의 정체성이 자긍심을 가질 수 있는 구체적이고 정통성 있는 것이 아니라 그저 인종차별의 대상이 되는 모호한 인종적인 분류뿐으로 전락한 상태에 놓여 있다.

주인공 화자가 여섯 살 때 유방암으로 숨진 어머니는 백인이었다. 자신의 기억과 지니고 있는 사진 한 장으로 주인공 화자는 어머니가 초록색 눈과 빨강머리를 가진 백인이었음을 알고 있고, 아마도 아일랜드계 미국인이었을 것이라고 짐작한다. 자신을 "옅은 베이지색 피부에 초록색 눈을 가진 혼혈"(60) 인디언이라고 묘사하기도 하는 주인공 화자는 부모의 사진을 보며 자신이 어머니로부터는 초록색 눈을 아버지로부터는 여드름으로 인해 "망가진 피부와 검은색 머리칼과 전형적으로 큰 인디언 코"(4)를 물려받았음을 알 뿐, 인디언으로 산다는 것이 무엇인지 또는 아일랜드계 백인으로 산다는 것이 무엇인지 그리고 둘의 혼혈로 산다는 것이 무엇인지 전혀 알지 못하여 근본을 모르는 삶을 살고 있다:

> 그래, 난 아일랜드계 백인과 인디언 혈통을 가졌어, 부모님이 계셔서 나에게 아일랜드계 백인이자 인디언으로서 산다는 것이 어떤 것인지 가르쳐 주신다면 이 세상에서 제일 멋진 혈통이겠지. 그런데 나에게 부모님이 안 계실 뿐 아니라 수년간 안 계셨어, 그래서 난 사실 아일랜드계이지도 인디언이지도 못해. 나는 텅 빈 하늘, 일식 상태인 인간일 뿐이야. (5)

배낭에 지니고 다니는 오래 된 세 권의 소설책처럼, 부모의 오래된 사진은 주인공 화자의 소외감을 증폭시켜주는 정체성의 부재와 소속감의 결여를 상징한다. 주인공 화자는 여드름으로 흉이 졌을 뿐 아니라 혼혈아라는 인종적 정체성의 모호함으로 인하여 시민을 상징하는 이름을 내세우지 못하고 그저 여드름이라는 별명으로 불리며 무시당하는 삶을 살고 있는 것이다.

혼혈아인 주인공 화자는 아버지가 정식으로 미국 인디언 부족의 일원으로 등록시켜주지 않았기 때문에 법적으로 인디언으로서의 지위를 인정받지 못하여 인디언 아동 복지법(Indian Child Welfare Act)의 보호를 받지 못하며, 어머니로부터 초록색 눈은 물려받았으나 미국 주류사회의 일원으로서 인정받는 시민임을 상징해 주는 백색 피부를 받지 못하여 결국 이도 저도 아닌 어정쩡한 림보(limbo) 상태에 버려지게 된 것이다. 부모 양쪽으로부터 받은 혈통은 결국 서로가 가질 수 있는 장점을 해치는 작용을 할 뿐, 주인공 화자에게 정체성을 제공해 주는 기초가 되어주지는 못한다. 문화적으로 정체성을 형성하고 영위하는 법을 가르쳐줄 부모의 부재 속에서 주인공 화자는 명확한 법적 지위도 인종적 정체성도 문화적 정체성도 갖지 못한다. 유명한 철학자이자 사학자였던 흑인인권운동가 윌리엄 에드워드 버그하르트 두보이스(W.E.B. Du Bois)는 『흑인들의 영혼에 관하여』(*The Souls of Black Folk*)에서 백인우월주의 사회에서 소수자인 흑인들이 살아가기 위해 백인들의 시선으로 자신을 늘상 재보게 되는 "이중의식"(double consciousness)을 지니게 되고 그에 따라 자신의 정체성에 내재된 "이중성"(twoness)으로 인한 갈등을 겪게 된다고 설명하는데, 주인공 화자는 그러한 이중성조차 제대로 느끼지 못하는 공백상태에 놓인 것이다(9).

주인공 화자는 저명한 프랑스의 여성학자이자 정신분석학자인 줄리아 크리스테바(Julia Kristeva)가 『검은 태양: 우울증과 멜란콜리아』(*Black Sun: Depression and Melancholia*)에서 군사적 및 정치적 트라우마와 개인적 트라우마가 연결될 때 발생한다고 밝힌 것과 유사한 방식의 인지 및 자기표현 장애를 겪는다. 그로 인해 정체성에 대한 인지와 표현이 손상되다 못해 결국 자신의 몸에 새겨진 여드름투성이의 유색인종 아이라는 정체성만이 남을 뿐이다. 이는 자신을 여드름이라고 부르라는 초대가 "여드름으로 인한 수치심이 나를 죽이고 있어"라고 말하며 "외로움 때문에 여드름이 나나"라든가 "인디언이어서 여드름이 나나"라고 물으며 결국 자신의 인종적 정체성에 대한 인지장애를 겪고 있는 장면에서 잘 드러난다(4). 즉, 부모도 집도 소유물도 이름도 없는 주인공 화자에게 남은 것이라곤 여드름과 그 여드름이 상징하는 수치심과 외로움 뿐이며, 그에게 자신이 인디언이라는 것은 여드름 밖에 남은 것이라곤 없는 삶으로 전락한 것으로 인한 수치심과 외로움 외에 아무것도 가진 것이 없는 삶을 뜻한다. 그리하여 주인공 화자는 인디언으로서 산다는 것이 무엇인지 알지도 못한 채 인디언으로서의 "영혼의 상처"를 안고 살아가게 된다.

3. 다양한 정체성화 과정을 통한 "영혼의 상처" 치유

알렉시가 2005년에 오세 니그렌(Åse Nygren)과의 인터뷰에서 미국 인디언들의 정체성은 고통으로 규정된다고 한 것처럼(157), 『플라이트』의 주인공 화자는 문화적 정체성은 갖지 못한 채 인종차별에만 노출된 인디언이자 가정폭력과 성폭력을 당하며 위탁가정을 전전하는 가난하고 학대에 무방비 상태로 놓인 고아이며, 또한 외로움과 수치심에 몸부림치는 청소년이라는 삼중의 고통으로 "영혼의 상처"를 안고 살아가는 존재이다. 이러한 주인공 화자에게 "정의"라는 이름을 가진 17세 백인 소년이 다가와 관심을 보여주고 정을 느끼게 해준다. 새로 보내진 위탁가정에서 도망갔다가 경찰에 잡혀 갇히게 된 청소년 감호소에서 만나게 된 정의라는 그 백인 소년은 여드름투성이인 주인공 화자와는 정반대로 맑은 피부를 가지고 있고 잘 생겼는데, 주인공 화자에게 "진정한 친절"로 다가온다고 느끼게끔 해준다(21). 그래서 주인공 화자는 "이 백인 아이가 나를 외로움으로부터 구해줄 수 있다는 느낌이 정말 들어"(24)라며 그를 따르게 되는데, "나는 나랑 같은 십대아이가 나에게 아버지가 되어주기를 바라는 아버지 없는 아이야"(26)라며 자신보다 불과 두 살밖에 많지 않은 아이에게서 가정의 포근함을 느끼고자 한다는 사실을 파악하고 있으면서도 그에게 점점 이끌려간다.

청소년 감호소에서 사회복지시설로 옮겨진 주인공 화자를 정의라는 소년이 찾아와 도망시킨 후 그 둘은 시애틀의 부둣가 근처 공장지역에 있는 버려진 창고에서 같이 지낸다. 주인공 화자는 정의라는 소년이 가져온 38구경 소총과 물감총으로 표적을 쏘는 연습도 하고 1870년대 미국 인디언들을 말살하고자 하는 백인들에 대항하기 위해 미국 인디언들이 제의로 추기 시작했던 유령춤(Ghost Dance)에 대해서 이야기를 나누기도 한다. 그러다 결국 "정의"가 설득한 대로 여드름이라 불리는 주인공 화자는 시애틀 시내 중심지에 있는 한 은행에서 붐비는 점심시간에 "이 사람들이 죽어야 어머니와 아버지가 내게로 돌아오실 수 있다는 걸 알아"라며 무작위로 사람들을 총으로 쏘아 죽이고 만다(35). 복수라고 부를 수도 없는 "묻지마 범죄"식의 대량살상을 일으킨 주인공 화자는 백인 "정의"에 의해 세뇌되어, 반항적이고 삐딱하지만 그래도 이해할 수 있는 비행청소년에서 자신과 아무런 상관이 없는 사람들을 마구 쏘아죽인 이해 불가능한 대량살인마로 변한다. 그는 결국 은행 경비원의 총에 뒷머리를 맞고 쓰러진 몸이 땅에 닿기도 전에 즉사하는데, 이를 통해 알렉시는 응징식의 백인 정의라는 개념과 역사에 대해서, 그리고 정의라는 이름으로 자행되는 감정적 행위들에 대해서 의문을 제기한다.

미국의 9/11 테러 사건 이후의 트라우마를 연구한 저서인 『트라우마 문화: 미디어 문화에서의 테러와 상실의 정치학』(*Trauma Culture: The Politics of Terror and Loss in Media Culture*)에서 미국의 영문학자이자 영화학자인 이 앤 캐플린(E. Ann Kaplin)은 트라우마가 새로운 주체와 주체성을 만들어내고 트라우마를 일으키는 사건들의 정치적 및 이데올로기적 배경은 트라우마의 강도에 영향을 미치며 개인적인 트라우마와 집단적인 트라우마를 구분하기가 힘들다고 주장하였는데(1, 4), 여드름이라 불리는 주인공 화자는 이러한 주장의 좋은 예이다. 즉, 고아가 되고 버려진 개인적인 트라우마와 미국 인디언들이 역사적으로 받은 집단적 트라우마가 주인공의 내면에 함께 어우러져 구별할 수 없는 "영혼의 상처"로 새겨지며, 정의라는 백인 소년의 부추김으로 부모를 되살려내고 싶은 동기에서, 다시 말해 여드름이라는 주체성이 아닌 소설의 끝에서야 밝혀지는 "진짜 이름"인 마이클(Michael)로서의 주체성을 회복하고픈 마음에서(181), 은행에서 사람들을 마구 쏘아 죽이게 된 것이다. 이후 소설에서 여러 시대의 여러 사건에 여러 인물로 연이어 환생하는 역사적 비행 경험을 하면서 트라우마 치유의 한 과정인 목도를 통하여 복수란 "원 안에 든 원 안에 든 원"이란 사실을 깨닫곤 자신이 안고 있는 "영혼의 상처"로부터 헤어나지 못하게 발목을 잡고 있는 분노로부터 벗어날 수 있게 된다(77).

정체성의 정치학을 연구한 저서 『정체성의 윤리학』(*The Ethics of Identity*)에서 세계적으로 유명한 문화연구가이자 철학자인 콰미 앤서니 아피아(Kwame Anthony Appiah)는 "개성이 사교성을 전제로 하며" 우리의 정체성은 개인적인 차원 뿐만 아니라 "더 넓은 집합체의 일원"으로서도 존재한다고 한다(20, 21). 아피아는 "우리 각자의 개별적인 정체성의 집단적 차원"인 집단적 정체성이 "우리 자신 밖의 무언가에 대한 반응"이라고 말하는 것은 그것이 "역사적 산물"이라고 말하는 것과 같으며 그러한 정체성은 "타인들과 연관되기 때문 뿐만 아니라 그러한 정체성을 가진 사람이 어떻게 행동해야 한다는 사회적 통념에 의해서도 구성되기 때문에 사회적이다"라고 지적한다(21). 여드름이라 불리는 주인공 화자가 보여주는 개인적 차원에서의 자신의 정체성에 대한 인식은 자신의 집단적 정체성 내지는 그러한 집단적 정체성의 부재에 의해 영향을 받았다. 십대청소년 마이클로서의 자아와 정체성은 타인의 시선과 타인이 붙여주는 꼬리표에 의해 여드름밖에 남지 않는 존재로 축소되는 혼혈고아라는 자신의 지위에 대한 뼈저린 인식에 의해 규정되고, 시민 마이클이 아닌 비행청소년 여드름이 되어버린 주인공 화자는 그에 따라 행동을 하게 된다. 주인공 화자가 소설 첫 부분에서 새로운 위탁가정에서 보인 반항적인 행동이나 정의라는 백인 소년에게 보인 반응은 이러한 정체성을 가진 아이가 어떻게 행동해야 한다는 사회적 통념과 기대에 의해서 규정되고 구성된 것이며, 당연히 부여되어야 할 마이클이라는 정체성이 지닌 인정된 미국 시민으로서의 집단적 정체성을 갖지 못함에서 기인한다. 고아가 되고 위탁가정에서 학대받는 주인공 화자의 개인적 트라우마는 그가 미국 인디언으로서 물려받았고 대중매체에서 상시적으로 재생산해내는 집단적 트라우마에 의해 증폭되며, 사회문화적 시민권을 박탈당한 상태에 놓이게 되는 트라우마를 강화시켜 여드름이라 불리는 주인공 화자가 "원 안에 든 원 안에 든 원"과 같은 트라우마와 상실의 반복적 구조 속에 갇히게 만든다(77).

캐나다의 유명한 과학철학자인 이언 해킹(Ian Hacking)은 인간세계의 현상들과 그러한 현상들을 우리가 이해하고 분류하는 개념들 간의 상호작용관계를 역사적으로 살펴보는 유명론의 일종으로 변증법적 현실주의(dialectical realism)라고도 불리는 동적 유명론(dynamic nominalism)을 주장했다. 아피아는 이러한 해킹의 동적 유명론을 토대로 "일단 사람에게 꼬리표가 달리게 되면, 그러한 꼬리표가 달린 사람들에 대해서 사회가 갖는 생각이 사회적 및 심리적 영향을 끼치게 된다"고 하며 꼬리표가 "정체성화"의 과정을 형성한다고 주장한다. 이러한 정체성화 과정이란 "개인들이 이용할 수 있는 기존의 꼬리표와 정체성들을 참조하여—자신의 인생 계획과 좋은 삶이 어떤 것이라는 구상을 포함한—각자의 과제를 형성하는 과정"을 말한다(66). 아피아는 사회적 정체성 패러다임을 구성하는 세 가지 요소로 (스테레오타이프를 중심으로 조직된) 꼬리표에 대한 사회적 인식, (개별적 정체성의 일부로서 꼬리표를 내재화하는 것인) 꼬리표로서의 정체성화, 그리고 (꼬리표에 의해 한 부류로 분류되는 사람들을 대하는 행동 유형이라고 할 수 있는) 꼬리표로서 취급받음을 꼽는다(66-69). 여드름이라 호명되고 그 외의 다른 꼬리표를 사용하는 것을 거부당한 마이클은 아피아가 말하는 사회적 정체성 패러다임에 의해 마이클로서의 주체성을 상실하게 되고, 정체성화의 과정을 통해 오로지 여드름으로서만 존재하게 된다. 그러므로 알뛰세의 호명이론과 아피아의 정체성화 과정에 대한 주장에서 볼 수 있듯이, 여드름이라 불리는 주인공 화자가 마이클로서의 주체성과 정체성을 회복하기 위해서는 먼저 꼬리표란 그러한 꼬리표가 달린 사람들이 정형화된 기대와 제약에 묶여 사회문화적 시민권을 박탈당하게 만드는 규정적인 이름이라는 것을 인식할 수 있어야 한다.

알렉시는 『플라이트』에서 주요 역사적 트라우마를 재조명하고 새롭게 인식해야만 소수자로서 호명되고 정체성화되는 제약과 주체성의 상실을 극복할 수 있다는 생각을 제시한다. 그래서 정의라는 백인 소년의 부추김으로 은행에서 대량 살상을 일으킨 주인공 화자가 1970년대 파인 리지 인디언 보호구역(Pine Ridge Reservation)에서 미국 인디언 인권운동가(American Indian Movement activists)들과 미연방수사국(FBI) 요원들이 무장 충돌한 사건, 1876년 6월 25-26일의 리틀 빅 혼 전투, 1864년 11월 29일의 샌드 크리이크 대학살(Sand Creek Massacre), 그리고 2001년의 9/11 테러 사건을 연상시키는 역사적 사건들을 시간여행과 환생이라는 형식을 빌려 체험하게 만든다. 여드름이라는 주체성을 가진 주인공 화자는 본인의 의사와는 아무 상관없이 이 위탁가정에서 저 위탁가정으로 옮겨지면서 "낯설어 알아보지 못하는 방에서"(1)

깨는 것이 일상이 되어버렸던 것처럼 역사의 어느 시점 어느 사건에 언제 삽입될지 전혀 알 수도 없고 통제할 수도 없는 역사적 비행을 하게 된다. 그리고 주인공 화자는 환생의 형식을 통해 역사적 트라우마를 경험하게 되면서 개인적 트라우마와 역사적 트라우마가 겹쳐지는 "영혼의 상처"를 여실히 드러낸다. 그러면서 주인공 화자는 피해자와 가해자 양쪽 모두의 입장에서 정체성화 과정을 겪게 된다.

역사적 비행을 하면서 피해자와 가해자의 입장을 바꿔가며 환생의 형식을 통해 다양한 정체성화 과정을 경험한 주인공 화자는 하나의 고정된 시각에서 벗어나서 점차적으로 옳고 그름, 피해자로 희생당하게 되는 과정, 분노, 복수 및 정의에 대하여 더 폭넓은 이해를 하게 되고 그 결과 갈등과 분쟁에 대하여 다각적인 시각에서 분석하고 이해할 수 있게 된다. 1973년의 운디드 니 사건(Wounded Knee Incident of 1973) 때의 미국 인디언 인권운동 단체였던 에임(AIM)을 극화한 아이언(IRON) 인권운동가들이 "가난하고 자신을 지킬 능력이 없는 사람들을 보호해 주는데 관심이 없고" "그저 사람들에게 고통을 주길 좋아해"서 "독립투사들이나 그 비슷한 것도 아니다"라고 주인공 화자가 인식하게 되는 것이라든지(50), 행크(Hank)와 아트(Art)로 대표되는 FBI요원들은 "우리나라를 지켜주지도 않고" "역시 사람들에게 고통을 주길 좋아해"서 법을 지키고 집행하는 경관(lawmen)으로도 볼 수 없기 때문에 이 사건에 연루된 양쪽 모두가 "서로 똑같다"는 점을 주인공 화자가 깨닫게 되는 것이 좋은 예이다(51, 56). 그 결과 주인공 화자는 살인이란 "어이가 없는 것"이라고 생각하기 시작하고 "좋은 사람들과 나쁜 사람들이 똑같은 말을 할 때 누가 누군지 어떻게 알지?"라고 묻게 된다(53, 56).

첫 번째 역사적 비행에서 FBI요원 행크로 환생한 주인공 화자는 은행에서 무고한 사람들을 쏴 죽였던 자신이 인디언 인권운동가의 살해에 가담한 "진짜 행크 스톰보다 하나도 나은 것이 없다"는 것을 깨닫곤 행크 스톰으로서의 정체성화의 과정을 겪는다(52). "나도 행크 스톰이야"라고 말 할 수 있게 되면서 주인공 화자는 행크 스톰으로서의 정체성화 과정을 통해 어느 한쪽도 완전히 옳거나 그르다고 규정짓지 않는다(52). 그러므로 그는 행크 스톰을 적이라거나 살인자라는 꼬리표로 한정짓지 않고 "백가지 측면 중 단 하나가 살인자일 뿐"인 다층적이고 복합성을 지닌 개인으로서 볼 수 있게 된다(58). 그 뒤 연이은 역사적 비행을 통해 백인 병사에게 성대를 파손당해 벙어리가 된 미국 인디언 소년, 미국 인디언을 추적하는 거스(Gus), 9/11 테러 사건을 극화한 시카고 비행기 테러 사건의 범인인 아바드(Abbad)에게 비행조정술을 가르쳐준 비행교관 지미(Jimmy)로 환생하면서 주인공 화자는 다양한 정체성화 과정에 대한 이해를 다각도에서 심화시키고 넓혀가게 된다. 이러한 다양한 정체성화 과정 경험은 주인공 화자가 절대적이고 추상적인 꼬리표를 거부하고 각각의 사람이 지닌 보편성과 개별성 모두를 볼 수 있게 해 준다. 한발 더 나아가, 주인공 화자는 여러 가지 정체성화 과정들 간의 관계를 인지하고 이해하기 시작하고, 그 결과, 자신의 정체성을 역사적으로 맥락화된 개인으로서 재정립하게 된다.

이러한 역사적 정체성화 과정의 경험들은 마지막으로 주인공 화자가 자신의 아버지로 환생하는 경험을 할 수 있도록 준비시켜 준다. 미국 인디언으로서 역사적 트라우마를 안겨준 사건들을 겪고 그 사건들에 연루된 사람들을 악당 또는 영웅이 아닌 다양한 면이 있는 복잡한 개인들로 볼 수 있는 이해력을 얻음으로써 그러한 트라우마로 인한 "영혼의 상처"를 치유하기 시작한 주인공 화자는 출생 시 아버지에게 버림받은 개인적 트라우마와 마이클로서의 주체성을 잃어버리고 여드름으로 호명되는 개인적 트라우마를 직시하고 마침내 "나는 내 아버지다"라고 선언할 수 있게 된다(150). 그리하여 주인공 화자는 미국을 나와 너의 대결구도가 아닌 나와 네가 우리로 함께 가는 것으로 새로이 생각할 수 있게 되고 우리라는 가장 기본적인 단위인 가족의 문제를 직면할 수 있게 된다. 자신을 버렸던 아버지를 이해하고 용서할 수 있게 되면서 주인공 화자는 역사적 트라우마와 개인적 트라우마가 어우러졌던 "영혼의 상처"를 치유하기 시작하고, 새로운 가족을 맞이하고 받아들일 수 있는 마음의 준비가 된다.

4. "영혼의 상처" 치유를 통한 부족주의의 거부와 개인 지위 회복

『플라이트』에서 여드름이라 불리는 주인공 화자는 "영혼의 상처"를 치유함으로써 마이클이라는 본명과 그러한 본명이 상징하는 주체성과 사회문화적 시민권을 되찾게 되는데, 그 이전에 부족주의(tribalism)를 거부하는 것을 배운다는 점이 중요하다. 즉, 역사적 비행을 통하여 역사적 트라우마 사건 현장으로의 환생과 각각의 정체성화 과정 경험을 통해 주인공 화자는 부족주의를 거부할 수 있게 되고, 그러한 부족주의의 거부가 "영혼의 상처" 치유와 정체성 회복을 연결시켜준다. 주인공 화자는 각기 다른 부류의 사람들이 다양한 정체성을 가지고 있을 수 있고 그러한 정체성화 과정들이 꼭 절대적일 필요도 서로 적대적이거나 배타적일 필요도 없다는 것을 배운다. 다양한 정체성화 과정들을 경험하게 해 주는 역사적 비행인 시간여행을 통해 주인공 화자는 서로 다른 정체성화 과정들 간의 경계선을 가로지르는 고통의 보편성을 인지하게 되고, 그럼으로써 대립적 이분법에 갇힌 사고로부터 벗어나게 되어 자신의 개인적 인생 이야기와 한 국가로서의 이야기인 미국의 역사를 연결시킬 수 있게 된다:

> 우리가 추락하는 동안, 나는 어머니와 아버지 생각을 한다. 나는 내가 사랑한 사람들 생각을 한다. 나는 내가 증오한 사람들 생각을 한다. 나는 내가 배신한 사람들 생각을 한다. 나는 나를 배신한 사람들 생각을 한다.
> 우리는 모두 같은 사람이다. 그리고 우리 모두는 추락하고 있다. (130)

자살하는 비행교관 지미의 몸 안에서 주인공 화자가 겪게 되는 9/11 테러 사건을 연상시키는 이 경비행기 추락 장면에서 알렉시는 성경에 나오는 인류의 타락과 낙원으로부터의 추방 이야기(biblical fall of man)를 떠올리게 하는 어감의 글로 주인공 화자가 사람은 누구나 잘못을 할 수 있는 여지를 공통적으로 지니고 있다는 사실을 깨닫는 모습을 보여준다. 이러한 깨달음은 그러한 공통점을 부정하는 부족주의가 결국에는 주인공 화자의 "우리는 모두 같은 사람이다. 그리고 우리 모두는 추락하고 있다"라는 깨달음을 부정하고 각자가 속한 집단의 절대적 우위만을 주장하여 우리 모두 폭력의 희생자가 되게끔 만든다는 것을 경고해주고 있다(130).

주인공 화자가 부족주의를 거부하게 되었다는 것은 구체적 부족의 일원으로서의 정체성을 부정하거나 거부한다는 뜻은 절대 아니다. 앞서 제2장에서 이야기했듯이, 알렉시에게는 미국 인디언의 정체성에 있어 어느 부족 일원인지가 매우 중요하다. 알렉시는 「도둑질 맞은 이야기가 자신의 이야기일 때」("When the Story Stolen is Your Own")라는 2006년 『타임』지(*TIME*) 기고문에서 "구체적으로 소속 부족원들, 일족, 의식 및 지역"을 밝힐 수 있는 것이 "인디언으로서의 정체성에 필수불가결한"(5번째 문단) 요소라고 했을 뿐 아니라, 그런 요소들을 구체적으로 밝히지 않으면서 미국 원주민계 문학이라고 주장하는 글은 모두 수상쩍다고까지 했다. 알렉시는 2006년 당시의 나스디즈(Nasdijj)의 사기극이나 미국 인디언이 아니면서 미국 원주민계 작가라고 거짓말하는 다른 사기꾼들의 행위는 "실제로 멀쩡히 존재하는 부족들을 말살시킨 엄연히 실제로 일어난 미국의 침략이 정말 생생하게 살아 숨쉬는 인디언들이 수세대에 걸쳐 견뎌내야 했던 참으로 뼈저린 바로 그 실재의 고통을 냉소적으로 하나의 문학적 스타일로 가져다 썼기 때문"(7번째 문단)에 지탄받아야 하며 우리 모두가 경계해야 하는 문제라고 했다.

이러한 알렉시의 입장은 2000년에 『아이오와 리뷰』(*Iowa Review*)지에 실린 그의 말과 일맥상통한다. 당시 알렉시를 인터뷰하던 조엘 프레이저(Joelle Fraser)에게 알렉시는 "어떤 글이 부족적인 특징이 없다면, 그리고 인디언들이 이해하기가 쉽지 않다면, 어떻게 그 글을 미국 원주민계 문학이라고 할 수 있겠습니까?"라고 단언했다. 특정 부족의 일원으로서 정체성을 갖는 것은 알렉시에게 있어 타인에 대한 배타주의가 아니라 예술이 가져야 하는 구체성의 문제이며, 부족주의를 고수하는 것과는 엄연히 다르다. 알렉시는 이어서 프레이저에게 "'보편적'이란 말은 흔히 한 예술작품의, 한 프로젝트의 특이성을 중재하기 위한 수단이다. 나는 그 용어를 지독히 싫어한다; 그 말은 모욕적이다. 나는 보편적이고 싶지 않다"라며 "창조물은 구체적이고 그 작품에 대한 반응도 구체적이다. 좋은 예술은 구체적이다"라고 선언했다.[2] 소설의 첫머리에서 여드름이라 불리는 주인공 화자가 아버지가 어느 인디언 보호구역의 어느 부족 출신인지 모르고 어머니처럼 아일랜드계 미국인으로서 살아간다는 것이 어떤 것인지 몰라 겪는 정체성의 부재는 그러한 구체성의 부재에 기인하며 주인공 화자가 지닌 몇 개 되지 않는 소지품이 개성이 반영되어 있지 않다는 사실에서 드러난다. 이러한 구체성의 부재는, 다시 말해 소속된 가족이 없음을 드러내는 소속부족의 일원으로서의 정체성의 부재는 주인공 화자의 개별성과 미국이라는 사회 내에서 개인으로 인식되는 지위에 있어야만 누릴 수 있는 사회문화적 시민권을 지우는 결과를 가져와 그를 "텅빈 하늘"의 공백상태로 만든다(5). 그리고 한 발 더 나아가 미국 시민 마이클로서의 주체성을 빼앗아 가버리는 부족주의의 폐해에 노출시켜 결국 그를 "빗자루에 매단 여드름 한 봉지" 뿐인 존재로 전락시키고 만다(4).

---

2 <http: // www.english.illinois.edu / maps / poets / a_f / alexie / fraser.htm> 참고

주인공 화자가 역사적 비행을 하며 살인에 가담하는 FBI요원 행크의 몸 안에, 미기병대의 학살에서 겨우 살아남았지만 성대가 잘려 벙어리가 되어버린 인디언 소년의 몸 안에, 또는 본의 아니게 테러 행위에 연루되어 배신감을 떨치지 못하고 바람을 피워 아내를 배신한 후 경비행기를 호수에 추락시켜 자살하는 비행교관 지미의 몸 안에 환생하여 겪은 경험들은 모두 부족주의의 결과였다. 그러나 인디언 추적자 거스(Gus)의 몸 안에 환생한 주인공 화자가 자신의 안내로 인디언 마을에 다다른 미기병대가 남녀노소 가리지 않고 마구 학살하고 있는 현장에서 다섯 살 바기 인디언 소년 바우 보이(Bow Boy)와 진정한 군인은 민간인을 학살하지 않는다며 바우 보이를 구해 주고자 노력하는 앳된 16세 백인 기병대원 스몰 세인트(Small Saint)가 도망갈 수 있도록 도와준 행위는 맹목적인 부족주의를 거부하고 인류라는 더 큰 부족의 일원으로서의 주인공 화자의 정체성을 재확인시켜주는 결정이었다.

시간여행을 마치고 다시 소설의 현재 시점인 2007년 은행에서 자신이 대량살상을 저지르기 직전의 순간으로 되돌려 보내졌을 때 주인공 화자는 사람들을 쏘지 않겠다고 결정하고 경찰에 자수한다. 이러한 주인공 화자의 선택은 거스의 몸 안에서 부족주의를 거부한 행위의 연장선상에서 두려움 및 증오와 분노를 근간으로 하는 부족주의를 거부한 것이다. 여드름이라 불리는 주인공 화자가 시간여행을 하며 겪은 다양한 역사적 경험은 그로 하여금 “어쩜 우리 모두 외로운지도 몰라” 그리고 “어쩜 우리 모두 이것을 함께 겪고 있는지도 몰라”라고 깨닫게 해준다(158). 이를 통해 그는 “사람들에게 상처를 주는 게 지겨워. 사람들로부터 상처를 받는 것도 지겨워”라고 선언하고(161-62), “살인을 해서는 안 되는 것인가봐. 누가 하라고 시키든 말이야. 동기가 얼마나 좋은 것이든 나쁜 것이든 간에 말이야. 모든 생명은 신성한 것이라고 믿어야 하는 것인지도 몰라”라는 결론에 이르게 된다(162).

주인공 화자가 스스로 이러한 결론에 이르게 된다는 점은 의미가 크다. 주인공 화자는 한 개인으로서 개별적인 선택을 하는데, 이 선택은 결국 사회에 영향을 끼치게 된다. 일차적으로는 주인공 화자가 내린 결정으로 인해 은행에서 살해당하지 않고 자신들이 그러한 위험에 처했었다는 사실도 모른 채 일상생활을 계속 영위할 수 있도록 운명이 바뀐 사람들이 직접적인 영향을 받는다. 하지만 더 크게는 또 한 건의 테러 행위로 인해 평상심과 일상이 또다시 흔들리고 그에 따른 공포심으로 인해 배타적이고 차별적인 부족주의를 지키고자 하는 유혹이 증폭되는 것을 방지하여 미국 사회 전체가 혜택을 본 셈이 되는 것이다. 『스타 트리뷴』지(*Star Tribune*)의 새라 티 윌리엄즈(Sarah T. Williams)가 2007년에 알렉시를 인터뷰한 기사에 의하면, 알렉시는 9/11 테러 사건으로 인해 자신이 인종적 증오와 폭력에 관하여 1996년에 썼던 소설 『인디언 살인자』(*Indian Killer*)에서 보여줬던 대립적이고 배타적인 부족주의를 버리고 2007년에 『플라이트』를 통해 부족주의를 거부하는 소설을 쓰게 되었다고 한다:

> 알렉시는 2001년 9월 11일의 테러 공격이 "나를 엄청나게 변화시켰다"고 말했다. 그는 "나는 부족주의의 종말이 무엇인지를 보았다 – 그것은 사람들이 비행기를 몰아 건물에 추락시키는 것이다. 그 이후로 나는 부족주의적인 사고방식의 부정적인 면모들을 버리려고 무척 애써왔는데, 그런 부족주의적 사고는 거의 언제나 폭력의 시초가 되는 어떤 종류의 공포심과 연관이 있다"라고 말했다. "『인디언 살인자』는 극히 부족주의적이고 근본주의적인 소설이다. 나는 정말로 의절하듯이 그 작품을 버렸다."

이러한 그의 생각은 『플라이트』에 이어서 같은 해에 출판한 자서전적인 청소년문학 작품인 『짝퉁 인디언의 생짜 일기』에도 아주 구체적으로 밝혀져 있다:

> 나는, 그래, 스포캔 인디언이 맞다는 사실을 깨달았다. 나는 그 부족의 일원이다. 하지만 나는 또한 미국 이민자들의 부족의 일원이기도 하다. 또 농구선수들의 부족 소속이기도 하다. 그리고 또 책벌레 부족 소속이기도 하다.
> 그리고 또 만화가들의 부족.
> 그리고 또 만성적 자위행위자들의 부족.
> 그리고 또 십대 소년들의 부족.
> 그리고 또 작은 마을 출신 아이들의 부족.
> 그리고 또 태평양을 낀 미국 북서부지방 출신 사람들의 부족.
> 그리고 또 또띠아 칩과 살사를 아주 좋아하는 사람들의 부족.
> 그리고 또 가난한 자들의 부족.
> 그리고 또 장례식에 가는 사람들의 부족.
> 그리고 또 사랑받는 아들들의 부족.
> 그리고 또 제일 친한 친구들을 정말로 많이 그리워하는 소년들의 부족.
> 그것은 엄청 큰 깨달음이었다. (217)

이렇듯 알렉시는 우리가 수많은 부족의 일원이 될 수 있고, 소속 부족은 시시각각 변할 수 있으며, 그러한 부족들이 서로 적대적일 필요도 배타적일 필요도 없음을 작품을 통해 주장하고 있다. 그리고 그럼으로써 부족주의를 강력히 거부하고 있다.

알렉시는 그 후 지속적으로 이러한 입장을 재확인시켜 왔다. 이듬해인 2008년에는 마야 재기(Maya Jaggi)와의 인터뷰에서 "오로지 한 가지, 한 부족으로서만 정체성을 제한하여 형성하면 다른 사람들을 인간이 아닌 그저 상징으로만 여기게 되고, 바로 그러한 것이 부족주의의 종말"이며 9/11 테러 사건이 그 사실을 깨닫게 해주어 자신이 많이 변했다고 말했다. 이어서 알렉시는 그 전 해 『짝퉁 인디언의 생짜 일기』에서 썼던 것처럼 자신이 스포케인(Spokane) 부족의 일원이지만, "또한 농구를 하는 사람들의 부족이라든가 책벌레 부족과 같은 다른 부족의 일원이기도 하다"라고 하였다. 이것은 그가 외부에서 강요되는 호명,

정체성화, 또는 본질론적인 꼬리표가 아닌 개인의 선택과 결정을 토대로 형성된 이전보다 훨씬 더 유연하고 확장된, 배타적인 부족주의를 거부한 부족 개념을 가지게 되었음을 보여준다.

또 2013년에는 「경계선 밖에서의 삶에 대해 셔먼 알렉시가 말하다」("Sherman Alexie on Living Outside Borders")라는 방송 프로그램에서 "부족주의의 종말은 비행기를 몰아 건물에 추락시키는 것이다. 그것이 바로 종말이다. 그래서 나는 그 때(9.11 테러 사건) 이후로 중간적인 위치에서 살고자 노력해 왔다, 자주 실패하곤 하지만, 그래도 노력해 왔다."라고 말하며 부족주의 타파의 필요성을 강조했다. 여드름이라 불리는 『플라이트』의 주인공 화자는 부족주의를 거부함으로써 아피아가 사회적 정체성 패러다임을 논하며 지적했던 정체성화의 제약에 묶이기를 거부하고, 그 결과, 미국의 주류사회에 편입되고 제대로 된 시민권을 행사하면서 살기 위해 필요조건으로 요구되는 개인이라는 지위를 회복하여 미국 시민이라는 부족과 인류라는 부족의 일원으로서 살기를 선택할 수 있는 길이 열리게 된다.

알렉시는 이러한 개인의 중요성을 강조해 왔다. 2003년에 로버트 카프리치오소(Robert Capriccioso)는 "알렉시가 진정 우리에게 주고자 하는 것은 그의 소설, 영화, 그리고 공식 석상에서의 언행을 통해 그가 제시해 주는 사회적 논평"이라고 말하면서 알렉시를 소개하고 그를 인터뷰했는데, 알렉시는 당시 "사람이 여럿 모인 단체는 변화할 수가 없어요. 무슨 말인고 하면, 개인이 개별적으로 결정을 내리는 것이에요"라고 하며 자신이 궁극적으로는 개인에게 주체적인 힘과 책임 모두를 둔다는 점을 명백히 했다. 총을 내려놓고 살상을 하지 않기로 결정하는 것은 여드름이라 불리는 주인공 화자가 한 개인으로서 내린 결정이다. 비행청소년이라든가 "영혼의 상처"를 입은 인디언이라는 등의 꼬리표가 자신의 행동을 규정짓는 것을 거부함으로써 주인공 화자는 집단적 정체성의 제약으로부터 벗어나 자아의 주권을 회복하는 한 개인으로서 다시 서게 된다.

5. 나가는 말: 트라우마 치유를 통한 시민으로서의 이름 되찾기

여드름이라 불리는 주인공 화자는 시간여행을 통해 다양한 역사적 경험을 하면서 미국 인디언으로 산다는 것이 어떤 것인지, 백인으로 산다는 것이 어떤 것인지, 그리고 백인과 기득권을 가진 백인성과의 차이가 무엇인지에 대해 배운다. 주인공 화자는 또한 아버지가 불러주는 노래를 듣는 것과 같은 사소한 경험들이 "작은 의례"가 되어 부자지간과 같은 가족 간의 관계에 대한 이해를 얻게 됨으로써 미국 원주민계와 미국이라는 나라 간의 관계에 대해서도 새로운 시각에서 바라볼 수 있게 되며, 이렇게 공동체적 역사를 개인화함으로써 배타적이고 차별적인 부족주의를 거부하는 포용적인 이해에 도달하게 된다(5).

역으로 또한 주인공 화자는 자신이 안고 있는 "영혼의 상처" 중 대물림 받은 역사적 트라우마를 이해하고 치유하기 시작하여 역사의 소용돌이에 휩쓸린 개인들을 단순히 꼬리표로 판단해서는 안 된다는 것을 배운 후에야 비로소 자신의 아버지 역시 그러한 트라우마의 산물이라는 사실을 이해할 수 있게 된다. 소설의 첫머리에서 "나는 일부 사람들이 욕에 겁을 먹고 역겨움을 느낀다는 것이 이상해. 그래, 모음과 자음을 특정하게 섞어 모아놓은 것을 두려워하는 사람들이 있다고. 너무 웃기지 않아? 그 얼간이들은 모든 낱말 하나하나가 우리가 부여해 주는 의미와 힘 밖에는 가지지 못한다는 것을 왜 모르지?"라고 말하며 욕이 사회적으로 갖는 힘에 대해 잘 이해하고 있음을 보여준 주인공 화자는 소설 뒷부분에서 자기 아버지와 같은 사람들에게 상처를 주고 그들을 해치는 꼬리표라는 낱말들이 발휘하는 힘을 진정으로 이해하게 된다(14).

주인공 화자가 역사적 비행을 하며 마지막으로 환생하는 몸은 자신이 그토록 미워하면서도 그리워하고 찾았던 아버지이다. 역사적 트라우마를 겪으며 이해의 폭을 넓혀간 시간여행 이후에 "두들겨맞고, 멍이 들고, 부러진" 술주정뱅이 노숙자로 전락한 아버지의 몸속에 환생한 주인공 화자는 그제야 비로소 자신의 아버지가 자기를 미워해서 버리고 떠났던 것이 아니라 자신도 학대받은 개인적 트라우마와 인디언으로서 받은 집단적 및 역사적 트라우마로 인한 마음의 병이 있어(150), 즉, "영혼의 상처"를 이기지 못하고 망가져서 아들에게 상처를 주거나 제대로 된 아버지 노릇을 하지 못할까봐 두려워서 떠났던 것임을 이해하게 된다. 그는 한발 더 나아가 "그런데 무엇이 그를 병들게 만들었지? 그리고 무엇이 그를 이렇게 파괴시켰지?"라고 물으며 아버지라는 한 개인을 넘어선 더 큰 차원의 이해를 구하는 질문을 할 수 있게 된다(153). 그리고 그러한 이해는 주인공 화자가 정체성과 주체성의 상실을 보여주는 "나를 여드름이라 불러라"(1)라는 소설의 첫마디로부터 미국 시민으로서의 자신의 정체성을 되찾는 "제 진짜 이름은 마이클이에요. 저를 마이클이라고 불러주세요"(181)라는 소설의 마지막 마디로 도달할 수 있게 해준다.

주인공 화자가 여드름이라 불리는 비행청소년에서 마이클이라는 시민으로 되돌아가는 데에는 시간여행을 하면서 겪은 여러 역사적 경험과 다양한 정체성화 과정, 그리고 마지막으로 자신의 아버지의 상처를 이해하고 보듬어줄 수 있게 되는 이해력 외에도 추가로 필요한 조건이 하나 더 있는데, 그것은 바로 새로운 가정의 품속으로 들어가는 것이다. 은행에서 살인을 하지 않기로 마음먹고 자수한 뒤 주인공 화자는 그동안 자신에게 이해심을 보여주었던 경찰관 데이브(Dave)의 주선으로 데이브의 형제 부부인 로버트(Robert)와 메리(Mary)의 집으로 가게 되는데, 소방관인 로버트와 간호사인 메리는 위탁부모의 역할을 거쳐 주인공 화자를 입양할 장기적인 계획으로 주인공 화자를 데려온 것이다(177). 그러므로 그들의 집은 자신을 학대하는 위탁가정을 20곳 넘게 전전하며 자신의 인생이 "잔인한 놈들과 비행기 추락의 연속"이라고 이야기했던 주인공 화자에게 잠시 거쳐 가는 임시숙소가 아니라 안전한 보호와 사랑을 받을 수 있는 새로운 가정의 가능성을 제시해 준다(11).

여기서 주목해야 할 점은 이 새로운 가정이 주인공 화자에게 마이클로서의 사회문화적 시민권을 회복할 수 있는 공간이 되어주기 위해선 새로운 아버지와 어머니 뿐 아니라 새로운 삼촌도 필요하며 그들 어른 세 명의 직업 모두가 국가의 공공 제도화된 조직과 울타리를 상징해주고 9/11 테러 사건 당시 피해자들을 구조하고 미국인들에게 국가의 보호를 느끼게 해준 역할을 해낸 직업들이라는 점이다. 경찰관, 소방관, 간호사라는 직업은 모두 조직적이고 공적인 국가 구조와 기능을 대변해줄 뿐 아니라 국가가 시민을 보호해 줘야 한다는 사상을 근간으로 이루어진 기관들과 사회구조를 상징해 주는 것이고, 이러한 역할을 하는 사람들의 보호와 보살핌을 받는 가정 속으로 편입되어 들어가면서 여드름이라 불리는 비행청소년은 비로소 마이클이라는 시민으로 돌아올 길이 열리게 되는 것이다. 소설 첫 부분에서 주인공 화자가 비행청소년으로 낙인 찍혀 있을 때, 그를 담당한 한 사회복지사가 주인공 화자가 넥타이를 어떻게 맨다든가 구두를 어떻게 닦아야 한다는 등의 시민의식을 형성해 주는 "작은 의례들"을 배운 적이 없어 "완전히 실현된 인간으로 사는 법을 배운 적이 없다"고 한 것처럼, 한 사회에서 평범한 시민으로서 산다는 것은 그 사회에서 보편적이라고 여기는 "작은 의례들"을 자연스레 해낼 수 있는 능력을 전제로 하기 마련이다(5, 6). 주인공 화자는 미국 시민사회를 대표하는 로버트와 메리의 가정 속으로 들어가 그들과 데이브의 인도로 건강에 좋은 간식을 집에서 만들어 같이 야구 경기를 보러 가고(176), 애정의 표시로 어른이 머리를 쓰다듬어주기도 하며(177), 학교가 끝났을 때 어른이 데리러 와주기도 하는(178) 등의 일상생활 속의 평범한 시민의식을 형성해 주는 "작은 의례들"(5)에 참여하게 되고서야 비로소 역사적 트라우마를 목도하고 경험하고 치유하면서 얻은 새로운 범인류적인 역사적 이해를 개인적이고 개별적인 차원에서 자신의 인생에도 적용할 수 있게 되는 것이다.

여기서 주인공 화자에게 새로운 어머니 메리와 새로운 아버지 로버트 뿐 아니라 제2의 새로운 아버지와 같은 삼촌 데이브도 꼭 필요한데, 그 이유는 두 가지이다. 첫 번째는 주인공 화자가 전혀 모르는 낯선 집에서 마음을 열고 새로운 가정을 받아들이고자 노력하기 위해서는 두려움에 휩싸여 방어적으로 거친 행동을 되풀이하지 않아야 하는데, 역사적 비행인 시간여행들을 하기 이전부터 알고 있었고 "항상 쿨하게 대해줘서" 주인공 화자가 자기를 "해치지 않을 것이라고 믿었던" 데이브가 그러한 새로운 가정과 새로운 부모를 믿고 마음을 열 수 있는 연결고리 역할을 해주기 때문이다(17). 역사적 비행 이후 자신이 비행청소년으로서 위험한 존재일 뿐 아니라 한발 더 나아가 "사랑받을 수 없는지도 모른다"고 생각하여 절망하는 주인공 화자에게 데이브는 낯선 새로운 위탁가정을 안전한 공간으로 만들어주고 전혀 모르는 이방인인 새로운 부모를 두려운 미지의 대상에서 믿어볼 수 있는 안전한 대상으로 변신시켜줌으로써 누군가가 자신에게 관심을 갖고 자신을 위해 애쓴다는 사실을 주인공 화자에게 알려주어 사랑받을 가능성에 대해 희망을 가질 수 있게 해 준다(173).

두 번째 이유는 데이브가 주인공 화자의 새로운 삶에서 사라지지 않고 적극적인 역할을 맡음으로 인해서 주인공 화자가 아버지와 이모로부터 버림받았던 트라우마를 치유해 주는 역할을 한다는 점이다. 새로운 가정에서의 주인공 화자의 생활 모습은 그 다음 날 아침장면부터 우리에게 자세히 보여지는데, 소설 첫머리에서 새로 배정된 위탁가정의 낯선 부엌에서 자신을 성가신 짐으로 여기는 새로운 위탁부모와 부딪혀 가출하게 되었던 것과는 달리 이번에는 화목한 가정의 평범한 아침 식사 장면이 펼쳐지면서 새로운 부모가 주인공 화자에게 정성과 관심을 쏟아주고 자신을 떠넘긴 것은 아닌지 의심했던 데이브도 함께 자신을 계속 돌보아줄 것이라는 사실을 주인공 화자가 알게 된다. "나는 데이브가 나를 자신의 형제에게 떠맡기는 것이 아니란 사실을 깨닫는다. 데이브도 나를 돌봐줄 거야. 말이 되는 것 같네. 내게는 가능한 한 많은 아버지들이 필요하니까"라고 주인공 화자가 혼자 생각하는 구절은 데이브가 자신에게 아버지 역할을 해줄 것이라는, 즉 자신을 버리고 사라지지 않고 계속해서 자신의 인생의 일부로 남아 자신을 돌봐줄 것이라는 점을 깨닫고 주인공 화자가 새로운 가정과 부모에 대하여 마음의 문을 열기 시작하는 장면이다(176).

두 번째 양아버지이자 양삼촌으로서 데이브의 존재는 주인공 화자가 친아버지에게 버림받았던 상처 뿐 아니라 친이모 주이(Aunt Zooey)에게 버림받았던 트라우마도 치유해줄 수 있는 것이다. 주인공 화자가 여섯 살 때 어머니가 유방암으로 숨진 후 어머니에게 주인공 화자를 돌보겠다고 약속했던 유일하게 남은 친척이었던 주이 이모는 동거남이 어린 주인공 화자를 성폭행함에도 불구하고 조카를 보호해주기는커녕 동거남의 편을 들며 주인공 화자를 때리곤 했고, 그 동거남은 주인공 화자에게 자신이 보잘 것 없는 존재라고 느끼게 만들어 자아가 파괴되도록 만든 것이었다:

> [이모의 동거남은 내게 밤중에 찾아와 나를 헤치며 이렇게 말하곤 했다] *이젠 아무도 널 사랑하지 않아. 이젠 아무도 널 사랑하지 않아. 이젠 아무도 널 사랑하지 않아.*
>
> 나는 더 이상 울지 않는 법을 배웠다.

나는 내 마음 안으로 숨는 법을 배웠다.
나는 다른 사람이 되는 법을 배웠다.
나는 차갑고 무덤덤하게 사는 법을 배웠다. (161)

학대를 못 견뎌 여덟 살 때 처음 가출했던 주인공 화자는 아홉 살 때 자고 있던 이모의 동거남에게 라이터액을 뿌리고 불을 붙이려 시도해 보지만 잠에서 깬 이모의 동거남에게 두들겨 맞아 병원에 실려 가게 된다. 그 일로 감옥에 갔던 동거남이 출소 후 자신과 헤어지자 이모는 자신이 동거남에게 버림받은 것이 조카 탓이라며 결국은 주인공 화자가 열 살 때 햄버거와 감자튀김을 사오라는 심부름을 시킨 사이 조카를 버리고 도망가 버렸다. 이로써 여드름이라 불리는 아이의 위탁가정 체계 속에서의 "잔인한 놈들과 비행기 추락의 연속"인 비행청소년으로서의 삶이 시작되었던 것이었고(11), 주인공 화자에게는 모든 역사적 비행을 경험하고 되돌아온 은행에서 사람들을 해치지 않기로 결정한 후 데이브 경관에게 자수하기 직전인 소설 끝부분에 가서야 비로소 독자에게 이 이야기를 털어놓을 수 있을 만큼 가장 아픈 개인적 트라우마였던 것이다. 그래서 데이브가 주인공 화자에게 또 다른 양아버지이자 양삼촌 노릇을 해 주는 것은 바로 유일하게 남은 혈육이었던 이모에게 받았던 트라우마를 치유하는데 필수불가결한 것이다.

주인공 화자가 미국 시민으로서 다시 서기 위해서는 국가와 사회를 대표하는 직업을 가진 어른들이 보호해 주는 울타리인 가정 속으로 들어가는 것도 필요하지만, 현대 미국사회의 상업적이고도 시각중심적인 문화에 편입되는 것 역시 필요하다. 로버트, 메리, 그리고 데이브가 만들어주는 시민 가족의 일원이 됨으로써 주인공 화자가 이제는 누리게 된 모든 "작은 의례들"(5)과 평범한 미국 생활의 단면들에 더하여 주인공 화자는 혼자 쓰는 침실과 그에 달린 화장실이 생겨 자기만의 사적 공간이 생기고, 화장품을 통하여 흉지지 않은 몸을 가질 가능성이 생기게 된다. 새로운 어머니가 되어준 메리는 여드름을 없애줄 치료제를 발라주겠다고 함으로써 주인공 화자에게 새로운 정체성에 걸맞는 새로운 얼굴을 만들어줄 것을 제의해 준다. 새로운 양어머니 메리는 이전까지는 주인공 화자가 너무 가난하고 정보가 없어서 손에 넣을 수도 사용해 볼 수도 없었던 여드름 치료제 화장품을 바름으로써 "낡고 죽은 피부세포들을 제거"하여 주인공 화자가 "훨씬 행복해질 것"이라고 말하며 주인공 화자에게 비행청소년으로서의 모습을 지우고 새로운 모습을 만들어가자고 제안한다(179). 메리가 주인공 화자에게 "몇 달 후면 완전히 새로운 모습이 될 거야"라고 하는 약속은 미국에선 누구나 자신이 원하는 모습으로 새로 태어나고 성공할 수 있다는 미국의 신화를 상징해 준다(180).

그리고 바로 이렇게 새로운 피부를 만들어 새로운 모습을 가질 수 있다고 생각하는 희망이, 즉 "영혼의 상처" 뿐 아니라 그야말로 사소한 외상의 일종인 여드름 흉터라는 트라우마도 치료하여 지워버릴 수 있다는 희망이 소설의 마지막에서 여드름이라 불리는 주인공 화자로 하여금 메리에게 자신의 본명인 마이클로 불러달라며 마이클로서의 정체성과 자아를 되찾을 수 있게 해 주는 것이다:

> 그런데 이제 나에게도 기회가 주어졌다는 생각이 들기 시작했어. 이제 내가 외롭지 않게 될 수도 있다는 생각이 들기 시작했어. 어쩜 이제 나에게 거의 진짜 같은 가족이 생긴 것인지도 모른다는 생각이 들기 시작했어.
> "죄송해요, 죄송해요, 죄송해요," 나는 계속 반복해서 말한다.
> "괜찮아," 그녀가 말한다. "이제 넌 괜찮을 거야."
> "마이클," 나는 말한다. "제 진짜 이름은 마이클이에요. 저를 마이클이라고 불러주세요." (181)

소비능력을 발휘하고 가시적으로 흉이 진 피부를 제거할 수 있게 되면서 주인공 화자는 평범한 미국 소년으로 다시 태어날 수 있게 되고, 이러한 계층간 이동과 사회문화적 시민권의 유연한 회복은 주인공 화자가 더 이상 외톨이 떠돌이 생활을 하지 않고 한 개인인 마이클로서 시민 가족에 정착했을 때 가능해진다.

이처럼 주인공 화자는 "빗자루에 매단 여드름 한 봉지"(4)일 뿐인 "혼혈아"(60)로 호명되고 정체성화되는 트라우마로부터 새로운 어머니 메리가 제공해 주는 피부 치료제로 상징되는 미국적 자본주의 체제의 소비자로서 그리고 어엿한 시민 가정의 일원으로서 영입될 때에서야 비로소 모든 트라우마로부터 자유로워질 수 있으며, 트라우마를 치유하고 마이클이라는 정체성과 주체성을 가진 개인으로 우뚝 설 수 있게 되는 것이다. 그리고 이러한 영입은 개인적 및 집단적 트라우마가 어우러진 "영혼의 상처"를 역사적 이해를 토대로 치유할 경우에만 가능해진다. 여드름이라 불리는 비행청소년은 자신의 두 혈통이 가져다주는 복잡한 가능성들과 갈등들을 모두 받아들이고 부족주의를 거부함으로써 미국이라는 국가의 이야기인 역사와 자신의 과거 이야기인 개인사를 모두 다각적인 시각에서 이해하고 받아들여 미국 시민으로서 그리고 한 가족의 일원으로서 소속감을 모두 느낄 때 "영혼의 상처"를 치유하고 여드름으로 상징되는 트라우마를 떨치고 마이클로 재탄생할 수 있게 되는 것이다.

참고 문헌

Alexie, Sherman. *Flight: A Novel.* New York: Black Cat, 2007.

_____. *The Absolutely True Diary of a Part-Time Indian.* New York: Little, Brown, and Co., 2007.

_____. *The Lone Ranger and Tonto Fistfight in Heaven.* New York: HarperPerennial, 1994 (1993).

_____. "The Unauthorized Autobiography of Me." *Here First: Autobiographical Essays by Native American Writers.* Ed. Arnold Krupat and Brian Swan. New York: The Modern Library, 2000. 3-14.

_____. "When the Story Stolen is Your Own." *TIME.* 29 Jan. 2006. Web. 4 Feb. 2006.

Althusser, Louis. "Ideology and Ideological State Apparatuses (Notes Toward an Investigation)." *Lenin and Philosophy and Other Essays.* Trans. Ben Brewster. London: New Left Books, 1997. 127-86.

Appiah, Kwame Anthony. *The Ethics of Identity.* Princeton: Princeton University Press, 2005.

Brave Heart, Maria Yellow and Lemyra DeBruyn, "The American Indian Holocaust: Healing Historical Unresolved Grief." *American Indian and Alaska Native Mental Health Research.* 8.2 (1998): 56-78.

Cappriccioso, Robert. "Interview with Sherman Alexie." *Identity Theory.* 23 March 2003. Web. 16 June 2005.

Du Bois, W.E.B. *The Souls of Black Folk.* New York: Penguin, 1989 (1903).

Duran, Eduardo and Bonnie Duran, Maria Yellow Horse Brave Heart, and Susan Yellow Horse-Davis. "Healing the American Indian Soul Wound." *International Handbook of Multigenerational Legacies of Trauma.* Ed. Yael Danieli. New York: Plenum Press, 1998. 341-54.

Fraser, Joelle. "An Interview with Sherman Alexie." *Iowa Review* 30.0 (2000): 59-70. Web. 20 August 2008.

Hacking, Ian. "Making Up People." *Reconstructing Individualism: Autonomy, Individuality, and the Self in Western Thought.* Ed. Thomas C. Heller, Morton Sosna, and David E. Wellberry. Stanford: Stanford University Press,

1986. 222-36.

Jaggi, Maya. “All Rage and Heart.” *The Guardian.* 3 May 2008. Web. 20 August 2008.

Kaplan, E. Ann. *Trauma Culture: The Politics of Terror and Loss in Media and Literature.* New Brunswick, NJ: Rutgers University Press, 2005.

Kristeva, Julia. *Black Sun: Depression and Melancholia.* Trans. Leon S. Roudiez. New York: Columbia University Press, 1989.

Melville, Herman. *Moby-Dick.* New York: W. W. Norton & Co., 2002 (1851).

Moyers & Company. “Sherman Alexie on Living Outside Borders.” Online video. *Youtube. Youtube*, 12 April 2013. Web. 7 December 2014.

NPR, “Author Sherman Alexie Talks ‘Flight’.” *NPR Books.* 11 April 2007. Web. 20 August 2008.

Nygren, Åse. “A World of Story-Smoke: A Conversation with Sherman Alexie.” *MELUS* 30.4 (Winter 2005): 149-69.

Sue, Derald Wing. *Microaggressions in Everyday Life: Race, Gender, and Sexual Orientation.* New York: John Wiley & Sons, 2010.

Williams, Sarah T. “Man of Many Tribes.” *Star Tribune.* 31 December 2007. Web. 20 August 2008.

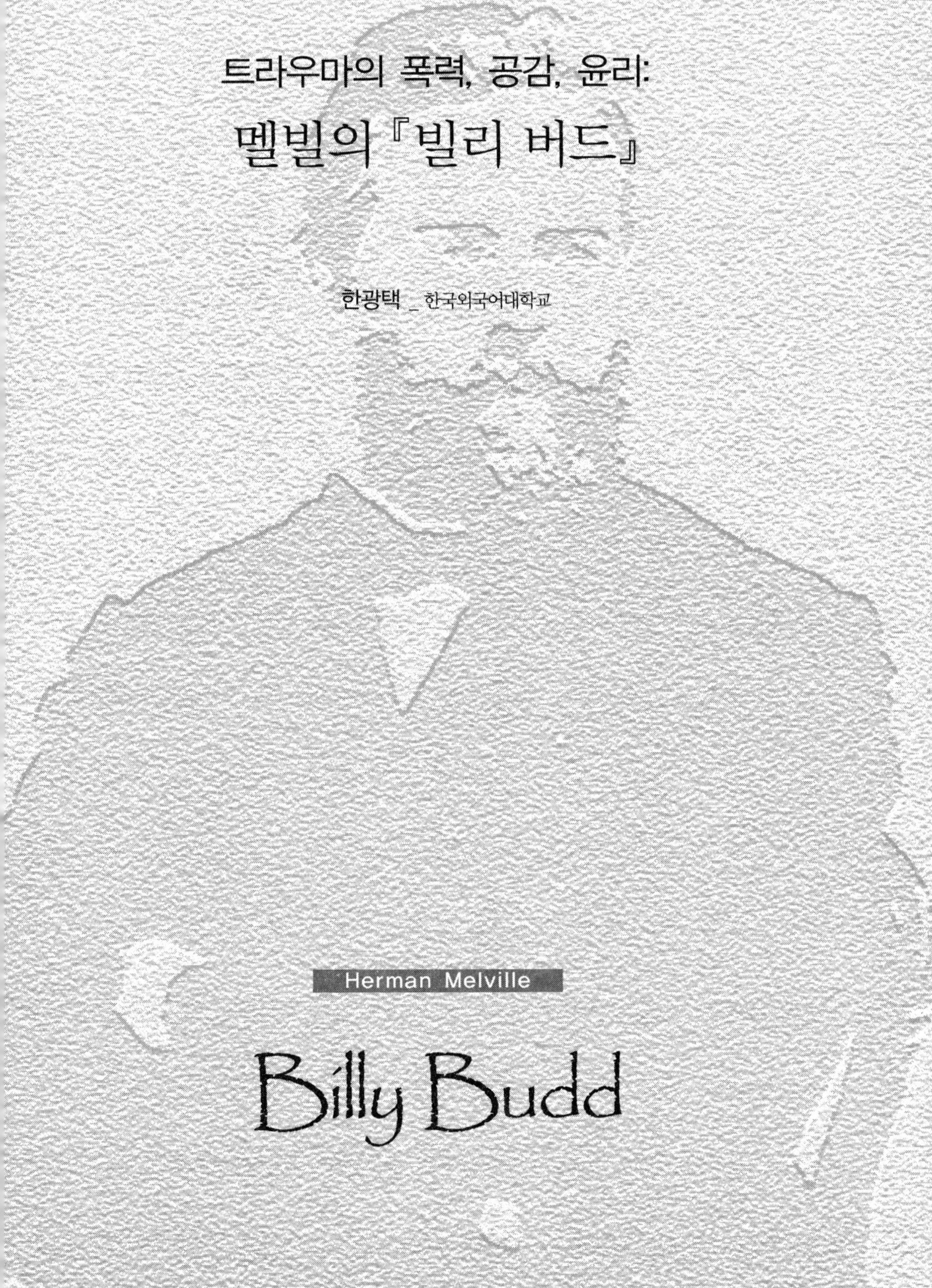

트라우마의 폭력, 공감, 윤리:
멜빌의 『빌리 버드』

한광택 _ 한국외국어대학교

Herman Melville

Billy Budd

트라우마의 폭력, 공감, 윤리:
멜빌의 『빌리 버드』[1]

I

작가 소개

19세기 미국문학을 대표하는 작가인 허먼 멜빌(Herman Melville)은 1819년 8월 뉴욕시에서 태어났다. 친가와 외가 쪽 조부들이 모두 미국 독립혁명에서 활약했던 명문가 출신으로 부친은 수입 관련 사업을 하여 유복한 유년 시절을 보냈다. 하지만 1830년부터 부친의 사업이 파산하면서 가세가 급격히 기울고 1832년에 부친이 사망하게 되자 모친과 여덟 명의 자식들은 각자 생활전선에 뛰어들어야 했다. 멜빌 역시 대학 진학을 포기하고 상점, 은행, 농장, 학교 등을 전전하다가 20세가 되던 1839년에 미국과 영국을 오가는 상선의 선원이 되었다. 일 년 뒤 그는 포경선의 선원이 되어 남태평양을 항해하였는데 친구와 배에서 도망쳐 나와 섬에서 숨어 지내며 원주민들과 함께 생활하기도 하였다. 이후 다시 포경선을 타게 된 멜빌은 하와이에 정착한 후 미군함의 수병이 되었다가 방출되는 등 우여곡절을 겪기도 하였다.

1844년에 귀국한 이후 멜빌은 작가로서의 삶을 선택하였고 그가 직접 겪은 항해의 경험들을 작품의 주요 소재로 삼았다. 특히, 남태평양 식인 원주민들과의 생활을 흥미롭게 묘사한 그의 첫 작품 『타이피』

1 이 글 중 『빌리 버드』를 트라우마의 관점에서 분석한 내용은 2015년 5월에 출판된 『안과밖』 28호에 수록된 「예외의 폭력, 공감의 기억, 구원의 윤리: 멜빌의 『빌리 버드』」를 개작한 것이다.

(*Typee*)는 1846년에 런던과 뉴욕에서 발간되어 상당한 호평을 받았고 대중적 인기를 거두었다. 이듬해인 1847년에 출간한 『오무』(*Omoo*) 역시 남태평양에서의 항해 경험을 토대로 한 작품이었다. 두 작품의 인기에 힘입어 멜빌은 당시 유행하던 해양 모험담 장르의 유망작가로 인정받게 된다. 1847년에 결혼한 그는 뉴욕시로 이주하여 문학계 인사들과 교류하며 본격적인 작가의 길을 걷게 되지만 경제적으로는 계속 어려운 처지에 놓여 있었다. 경제난을 타개하기 위해 멜빌은 1849년부터 불과 이년 사이에 자전적인 항해경험을 토대로 쓴 『마디』(*Mardi*), 『레드번』(*Redburn*), 『하얀 재킷』(*White-Jacket*)을 연달아 출간하지만 계속 상업적인 성공을 거두는데 실패하자 크게 좌절하였고 주변의 도움을 받아 잠시 유럽 여행을 다녀오게 되었다.

재기를 노리며 고심하던 멜빌은 1850년 여름에 너새니얼 호손(Nathaniel Hawthorne)을 처음 만나게 되었는데 호손의 철학적 깊이와 미학적 성취에 매료되어 그와의 친교를 계속 이어갔다. 1851년 겨울에는 혼신을 다해 완성한 역작인 『모비딕』(*Moby-Dick*)이 야심차게 세상에 선보였지만 호응과 비판이 섞인 미지근한 반응을 받았을 뿐이었고 결국 상업적인 성공을 거두는데 실패하고 말았다. 상심과 절망에 경제적 곤궁이 더해지자 멜빌은 이듬해 초에 처음으로 해양소설 장르에서 벗어난 가정소설인 『피에르』(*Pierre*)를 내놓았다. 하지만 이복남매 간의 근친상간을 소재로 삼은데다가 난해한 철학적 관점들이 곳곳에 들어있던 까닭에 작가가 정신착란에 빠져 쓴 작품이라는 비난과 조롱을 받게 되었다. 『피에르』의 참담한 실패 이후 그가 쓰는 작품의 상업적인 성공을 기대하는 것은 더 이상 불가능해졌다.

이후 멜빌은 문학잡지에 단편소설을 기고하며 근근이 살아가지만 여전히 불멸의 위대한 작품을 남기고자 하는 욕망을 포기하지 않았다. 실제로 그는 「필경사 바틀비」(“*Bartleby, the Scrivener*”)와 같은 명작 단편들을 남겼으며 말년에는 장편 시집들을 출간하기도 하였다. 『빌리 버드』(*Billy Budd, Sailor*)는 1891년에 세상을 떠난 그의 유작으로 전해져 그의 사후 33년 후에서야 세상의 빛을 보게 되었고 그의 고난과 고뇌에 찬 일생에 마침점을 찍는 최후의 작품으로서의 가치를 인정받고 있다.

작품 소개

『빌리 버드』는 멜빌의 최후작이자 유고작으로 그의 사후에 발견되었을 당시에는 제목도 없이 미완성된 듯한 원고였다. 멜빌의 아내가 남편의 장례를 치른 후 유품을 정리하다가 발견한 『빌리 버드』의 초고는 연필로 쓴 240매 뭉치더미였으며 "1888년 11월 16일 금요일 시작, 1891년 4월 19일 책의 끝"이라는 메모가 적혀 있었다. 학자들의 연구에 따르면 실제로 멜빌은 『빌리 버드』를 1888년 11월부터 쓰기 시작하여 그가 72세를 일기로 사망한 해인 1891년까지 수정을 거듭했다. 결국, 그의 사후에서야 원고가 발견되었고 이를 토대로 편집된 초판본이 1924년에 런던에서 처음으로 출간되었다.

하지만 초판본과 멜빌의 원고를 면밀하게 비교한 결과 표현과 구성에 있어서 여러 심각한 문제점들이 발견되었다. 결국, 헤리슨 헤이포드(Harrison Hayford)와 머톤 실츠(Merton M. Sealts, Jr.)와 같은 저명한 멜빌학자들이 십여 년의 노력을 기울인 끝에 멜빌의 원래 창작의도와 집필방식에 가장 가깝게 복원된 정본이 1962년에 재출간되었다. 이렇듯 재발견과 재편집의 우여곡절을 거쳐 멜빌의 독자들에게 선보이게 된 『빌리 버드』는 초판의 출간 직후부터 인간, 인생, 법, 폭력, 정의, 죽음 등의 깊은 의미를 고통스럽게 성찰한 멜빌의 대표작품들 중 하나로 인정받았다.

멜빌은 1851년에 출간된 그의 야심작 『모비딕』의 실패 이후 그나마 해양모험소설 작가로서 쌓았던 인기마저도 잃고 평범한 단편작가로 전락하였다가 결국 세관원으로 전업하여 생을 마치게 되었고, 그의 사망 당시 뉴욕 타임즈의 부고기사에 이름이 잘못 표기될 정도로 불행하게도 그는 세상 사람들에게 거의 잊혀진 존재였다. 『빌리 버드』는 그런 비극적 운명을 역전시키는데 큰 역할을 담당하였는데, 사실 『빌리 버드』의 재발견과 인기는 1920년대 들어 멜빌이 19세기 미국을 대표하는 위대한 작가로 재평가되었기 때문에 가능하였다.

멜빌의 대표적인 다른 중편 소설들인 「필경사 바틀비」나 「베니토 세레노」("Benito Cereno")와 마찬가지로 『빌리 버드』도 몇몇 주요 인물들을 중심으로 이야기가 전개된다. 영국 상선의 선원이었다가 전시 상황 때문에 영국 해군에 강제로 징집 당하게 된 빌리 버드는 고아 출신이었지만 천사같이 순진무구한 성품으로 상선에서와 마찬가지로 군함에서도 동료들의 애정을 두루 받았다. 하지만 그의 선임 위병하사인 클래가트(Claggart)는 마치 악의 화신처럼 선의 표본과도 같은 빌리에게 이유 없는 앙심을 품게 되고 함장인 비어(Vere) 앞에서 빌리를 선상반란을 모의한 주동자로 모함한다. 전시에 반란죄는 무조건 교수형에 처해진다는 사실을 알고 있던 빌리는 너무나 당황한 나머지 제대로 된 변론도 못하다가 억울함이 극한 분노로 폭발하여 일순간에 클래카트에게 주먹으로 일격을 가하게 된다. 단 한 번의 주먹질이었지만 그 폭발적인 힘은 클래카트를 즉사시키기에 충분했고, 이를 바로 눈앞에서 목격한 비어는 빌리의 하극상 살인사건을 군법에 따라 처리하게 되고 빌리는 재판 바로 다음날 새벽에 모든 수병들이 지켜보는 가운데 교수형에 처해진다.

이렇듯 단순하고 단조롭기까지 한 줄거리를 30여개의 챕터들에 걸쳐 꼼꼼한 서술기법과 집요한 문체로 풀어내는 멜빌은 스스로를 화자로서 설정하고 작품의 곳곳에서 직접 개입하여 인물과 사건에 대한 설명과 논평을 제공한다. 주제, 설정, 구성 등에 있어서 별달리 새로울 것이 없어 보이는, 오히려 단순한 줄거리와 전형적인 인물설정에 의존하는 작품임에도 『빌리 버드』가 멜빌의 위대한 명작의 반열에 오른 이유는 바로 그의 서술기법과 논평이 씨줄과 날줄처럼 엮어내는 여러 심오한 주제들의 폭과 깊이에 있다.

그동안 많은 평론가들이 다양한 관점과 견해를 통해 『빌리 버드』에 대해 많은 평론가들이 다양한 관점과 견해를 통해 논의하였고 그에 따라 온갖 법학적, 신학적, 윤리적, 정치적, 철학적 해석들이 어지러울 정도로 쏟아져 나왔다. 이렇듯 다채로운 통찰과 이해가 가능한 이유는 빌리, 비어, 클래가트, 동료 수병들에 대한 설명과 묘사 및 이들이 서로 맺는 관계들 각각의 의미에 대한 멜빌 자신의 언급들과 암시들이 단면적인 해석을 거부하기 때문이다. 따라서 독자들이 한 관점에서만 작품의 주제를 파악하려고 할 경우 멜빌이 작품의 결에 새겨 넣은 세세한 의미들의 온전한 독해에 실패하는 경험을 할 수밖에 없다. 이러한 설정은 분명히 『빌리 버드』를 써내려간 멜빌의 의도이며, 특히 『모비딕』과 이후의 작품들에서 지속적으로 시도하였으나 끝내 인정받지 못했던 그의 문학적 성취가 최후작에서까지 포기되지 않고 이루어졌음을 보여준다.

무엇보다도 멜빌이 자신의 작품을 통해 일관되게 그의 동시대인들, 그리고 후대인들에게 강조했던 것은 인간(성)의 진실에 다가갈 수 있도록 도와주는 심오한 진실이었음을 『빌리 버드』는 여실히 입증한다. 갖가지 해석들이 가능한 텍스트의 심연 속에서 독자들이 비로소 마주하게 되는 인간들, 그들이 서로에게 가한 폭력, 그럼에도 서로를 공감하고 기억하는 시간과 그 시간의 의미는 독자들에게 되돌아오게 된다. 그 과정에서 도덕과 윤리의 참된 의미를 되묻는, 결국 인간(성)의 원천, 형식, 내용, 의미를 반성적으로 성찰하는 인간들은 결국 멜빌의 문학적 궤적의 진정한 의미를 되찾게 된 독자들 자신들이다.

II

멜빌의 『빌리 버드』를 엮고 있는 복합적이며 심오한 주제들을 관통하는 가장 중요하고 핵심적인 문제는 단연코 폭력과 법의 문제이다. 폭력과 법의 문제를 면밀하게 살펴보지 않고서는 군함의 최고 지휘관이자 선상에서의 군법 집행의 최종 책임자인 비어가 전혀 예기치 않게 발생한 살인 사건을 법적으로 처리하는 과정의 정치적이며 철학적인 함의들을 제대로 이해할 수 없기 때문이다. 비어의 바로 앞에서 일어났던 그 사건의 가해자는 동료들의 애정과 관심을 두루 받아오던 스물한 살에 불과한 순진무구한 수병 빌리 버드였다. 그는 자신을 선상반란모의 주동자라며 거짓으로 모함하는 선임하사관 클래가트에게 분함을 참지 못하여 갑자기 일격을 가해 즉사시켰다. 이 경악스러운 하극상 살인 사건을 전적으로 자신의 책임 하에 처리하고 수습해야만 하는 비어에게 폭력과 법은 분리하여 생각할 수 없는 동일한 문제의 양면이었다.

군법에 따르자면 빌리가 자신보다 계급이 높은 클래가트를 죽였다는 사실만으로도 이 사건은 관용이나 감형의 대상이 될 수 없었다. 하극상 살인은 군사재판에서 법정 최고형인 사형을 구형하고 집행하는 것이 당연할 수밖에 없는 극악한 중범죄였던 것이다. 특히, 전시에 출항 중인 함선에서 일어난 사건인 까닭에 수병들의 규율과 사기를 고려하지 않을 수 없는 상황이었다. 따라서 살인자가 된 빌리에게는 오히려 더 엄격하고 엄정한 법의 잣대가 적용되지 않으면 안 되었다. 빌리가 행한 폭력의 의미를 규정하고 그에 대한 처벌의 정당성과 형식을 판단하는 법률은 이러한 특정한 조건들에 의거하고 있었다. 그런 까닭에 클래가트의 모함이 비록 조작되었다는 진실이 밝혀진다고 하더라도 하극상 살인죄의 구체적인 정황에 대한 고려는 사실상 받아들여질 수 없었다. 만약 반란죄로 기소된다면 법정최고형을 받게 될 것이 명백하므로 적극적으로 항변해야 했던 빌리가 너무 놀라고 당황한 나머지 더듬거리며 제대로 자기변호를 하지 못하다가 억울함에 북받쳐 클래가트에게 폭력을 가하였던 실제 정황은 고려될 여지가 전혀 없었던 것이다.

항해와 실전 경험이 풍부하고 "해군장교로서 뛰어난 자질을 갖춘"(297) 비어 함장이 이와 같은 사실을 모를 리 없었다. 하지만 그는 "이 사건의 모든 의미들을 가늠하려는 생각에 깊이 빠져" 있던 중 갑자기 격정적으로 다음과 같은 문장을 절박하게 부르짖는다. "하느님의 천사에게 맞아 죽은 거지! 하지만, 그 천사는 교수형에 처해져야 해!"(333) 비유와 상징으로 응축된 이 표현을 통해 멜빌은 빌리의 문제를 정해진 준엄한 법적 절차에 따라 처리해야 하는 비어의 복잡하고 괴로운 내면을 비춘다. 그의 내면에는 그를 사로잡고 있는 깊은 고뇌와 고통이 함께 자리하고 있었다. 이때, 비어가 겪는 고충은 이미 빌리에 대한 사법처리 절차와 결과가 확정되어 있음에도 불구하고 그의 영혼을 파고들며 괴롭히는 훨씬 심층적이고 복잡한 문제에서 기인한다.

비어가 겪는 심적 고통의 표면적인 원인은 평소에 천사와 같이 품행이 선했던 빌리와 같은 인간조차도 우발적으로 살인이라는 악을 저지를 수 있다는 모순뿐만이 아니다. 자신이 직접 두 눈으로 목격한 하극상 살인이 그 동기나 원인이 아닌 오직 행위와 결과로서만 사법적 판단과 단죄를 받게 되는 냉혹하고 냉정한 원칙의 폭력성이 그의 고뇌를 심화시킨다. 현실적 논리와 법리적 해석이 결코 진실의 가능성을 고려하지 않는 상황의 폭력성이 비어의 마음을 짓누르는 문제의 핵심인 것이다. 그러므로 불가피하게 살인을 저지른 천사일지라도 지상의 법에 따라 교수형에 처해지지 않으면 안 된다는 비어의 부르짖음은 그러한 현실이 당연하다는 확신을 되새김하려는 각오가 담긴 외침으로 들리지 않는다. 오히려, 그러한 현실이 당연하다는 인식의 정당성에 의구심을 갖는 문장으로 들린다. 느낌표로 끝맺는 문장이 아닌 물음표로 질문을 새로이 제기하는 문장으로 들리는 것이다.

『빌리 버드』의 독자들은 빌리의 비극적인 운명을 기정사실처럼 정해진 행로에 따라 끌어가고 끝맺는 역할을 맡게 된 비어를 지속적으로 괴롭히는 문제의 이면에 놓인 보다 근원적인 의문을 감지하게 된다. 아무도 예상하지 못한 상황에서 발생한 이례적인 폭력 사건에 대해 가차없는 법적 조치를 취하는 것이 당연하고 불가피하다는 바로 그 이유에서부터 근본적인 문제제기가 시작되기 때문이다. 이제 독자들은 비어가 씨름하는 문제에 더욱 골몰하게 되고 그가 내적인 고충과 갈등을 토로하게 만든 이유를 분명하게 이해하지 못한다면 『빌리 버드』의 주제의 핵심에 결코 다가갈 수 없다는 사실을 깨닫게 된다. 사실, 비어가 고뇌하는 모습은 막중한 권한과 권위를 지닌 군함의 최고 사령관으로서 가지거나 드러내서는 안 되는 부적절한 모습이라고 볼 수도 있다. 하지만 그는 하극상 살인사건을 처리하는 함장으로서 지니기에 적절하지 못한 고뇌와 씨름한다는 사실에 대해서 전혀 수치스러워하거나 자책하지 않는다. 그는 오히려 자신을 괴롭히는 질문에 더욱 몰두하는데, 이는 빌리를 중심에 둔 폭력과 법의 문제가 단순히 사적인 차원의 고뇌에 그치지 않음을 방증한다.

빌리의 살인 사건이 결코 비어의 개인적인 딜레마일 수 없는 이유는 빌리에 대한 멜빌의 묘사에서 이미 드러난다. 작품의 서두에서부터 "간교한 뱀의 꾀에 넘어가 뱀과 같이 악한 부류가 되기 이전의 아담과 다를 바 없던" 선한 천성을 지닌 빌리는 하느님의 천사와 동급인 절대선으로 소개된다(8). 그는 선의 표본이자 표상과도 같은 상징적인 인물로서 흠 잡을 곳 없이 정직하고 인간적인 성품을 지니고 있었다(330). 빌리를 모함했던 클래가트조차도 빌리의 온화하고 순수한 성격과 품행을 인정하여 처음에는 그를 "상냥하고 쾌활한 젊은 친구"라고 불렀을 정도였다(307). 다른 수병들도 빌리를 따스한 애정과 관심으로 보살폈으며 실제로 그에게서는 어떤 악의나 악행의 일면이나 그 가능성도 찾아볼 수 없었다.

사려 깊고 유능한 함장으로 명성이 자자했던 비어 역시 이런 사정을 살인사건이 일어나기 이전부터 이미 파악하고 있었다. 뿐만 아니라 그 역시도 유별나게 친근하고 선량하다고 소문이 난 빌리에 대한 개인적인 관심과 애정을 가지고 있었다. 이런 연유에서 비어는 선천적으로 결코 흉악범이 될 수 없는 빌리의 성품과 애초에 살해까지 의도하지 않았으나 결과적으로 살인으로 끝난 사건의 내막을 재판이 시작되기 전부터 이미 제대로 숙지하고 있었다. 그러므로 빌리의 천성에 대한 고려가 재판과정에서 인정될 수 없는 조건이 비어에게는 결코 견디기 쉬운 상황은 아니었다. 특히, 빌리의 인간적인 본성을 전혀 감안하지 않은 채 법정 최고형으로 단호하게 엄벌하는 절차에만 따른다는 것은 비어에게는 양심적으로 감당하기 어려운 일이었다. 빌리의 인간성(humanity)의 기본적인 요건들을 전혀 고려하지 않은 채 오직 그가 한 행위와 그로부터 유발된 결과에만 초점을 두고 단면적이고 일방적인 판결을 결정하는 일련의 과정은 빌리뿐만 아니라 비어에게도 가혹한 폭력일 수밖에 없었다. 역설적이게도 인간의 폭력을 심판하는 법의 구조와 기능이 문제가 되는 폭력을 행사한 이에게, 그리고 그 폭력을 처벌하는 이에게 도리어 폭력이 되어 되돌아 온 것이다.

그러므로 비어가 내적으로 겪는 고민과 고통은 법이 개인의 문제를 다루는데 있어서 인간성의 조건과 영향에 대한 판단을 완전히 배제하기 때문에 도식적이고 기계적인 법적 판단을 내려야 하는 상황에 처한 이들이 피할 수 없는 보편적인 고뇌이기도 하다. 이들의 고뇌는 폭력을 단죄하는 법이 그 과정에서 일방적이고 폭력적으로 적용될 수밖에 없는 상황과 조건에서 비로소 대면하게 되는 딜레마를 수반한다. 이와 같은 딜레마가 재판의 시작부터 끝까지 오직 군법만의 지배를 받는 특수한 상황과 조건과 결부되어 있기 때문에 비어가 그러한 상황과 조건에서 인간성과 법의 양가적 폭력성의 문제를 인식하고 그 밀도를 헤아리고 감내하는 일은 당연히 더욱 힘들 수밖에 없다.

따라서 비어의 고뇌 어린 부르짖음을 듣는 독자들은 비어의 입장에서 다음과 같은 의문을 갖게 된다. 만약, 빌리의 선한 인성, 애초부터 살인을 의도하지 않았던 우발적인 행동, 터무니없는 모함을 받아야 했던 상황, 언변 능력이 유난히 남들보다 뒤떨어져서 자기변호를 제대로 할 수 없었던 개인적인 조건들과 특징들을 그의 고유한 인간성의 증거로서 고려한다면 재판에 어떤 영향을 끼칠 수 있는가? 그가 저지른 살인죄에 대한 처벌이 조금이라도 경감될 가능성을 찾는 것은 전혀 불가능한가? 하지만, 빌리의 고유한 성품을 참작하더라도 군인 신분으로 하극상 살인죄를 범한 빌리의 경우에 있어서 군법의 위엄이라는 대원칙의 준수와 인간성에 대한 세심한 인식의 반영은 절대 양립될 수 없다는 냉혹한 현실을 비어와 독자들은 함께 재확인하게 된다.

한편, 『빌리 버드』에서 멜빌은 비어가 겪는 내적 고뇌의 좀 더 복잡한 측면에도 관심을 기울인다. 비어를 괴롭히는 문제의 본질이 지극히 순수한 천상적인 존재의 위법행위에 대한 지상의 법적 권위와 집행의 우위에 그치는 것이 아닌 까닭이다. 그동안 많은 비평가들의 조명을 집중적으로 받아온, 빌리가 대변하는 인간성의 고유한 영역과 법적 논리와 질서의 대비 역시 『빌리 버드』에서 두드러지게 강조되는 주제들 중 하나임에 분명하지만 멜빌이 작품에서 추구하는 궁극적인 주제로 보기에는 무리가 있다. 예를 들어, 멜빌은 그 자신을 『빌리 버드』의 화자로 설정하여 작품의 곳곳에서 직접 개입하여 자신의 목소리로 서술하는 내용에 대한 논평을 제공하며 빌리의 사연을 전하다가 잠시 곁가지 이야기로 빠져나가기도 한다. 이때, 그는 과거에 직접 만났었던 한 "정직한 학자"가 자신에게 법의 이해와 인간본성의 이해는 서로 보완적이지 않다는 사려 깊은 교훈을 전해주었다는 사실을 강조함으로써 법률적 판단과 인간성에 대한 고려의 양립 불가능성을 확실하게 밝힌다(309). 또한, 8장에서 18장에 이르기까지 줄곧 "인간본성"에 초점을 맞추는 듯한 화자는 환경이나 조건의 영향과 무관한 "자생적 타락"(310)의 대표적인 사례인 클래가트가 빌리를 모함하여 자신의 살인자로 전락시키게 되는 과정이 "에덴을 시기하여 망치려는 자가 지상의 인간들에게 교활하게 간섭하여 그들의 운명을 좌지우지할 힘을 가졌다는 사실을 생생하게 보여주는 사례"(289)라고 설명한다. 하지만, 19장부터 마지막 30장에 이르기까지 멜빌은 본성의 문제에 대해 더 이상 심도 깊은 숙고를 재개하지 않는다.

그 대신 『빌리 버드』의 후반부에서 멜빌이 새롭게 파고드는 문제는 빌리의 재판과 처형 과정에서 일련의 상황들의 의미가 비어와 동료 수병들의 영혼에 아로새긴 정신적 상흔의 깊이와 흔적이다. 이에 대한 탐구와 고찰은 빌리가 초래한 폭력, 법, 인간성의 문제를 그만의 개인적인 문제로서 뿐만 아니라 그가 야기한 문제를 겪는 주변 사람들의 일반적인 고충으로서 이해하려는 노력이다. 예컨대, 멜빌은 빌리가 군법회의에서 선고받은 교수형을 순순히 받아들인 후 처형되는 모습을 묘사할 때 그 과정을 의연하게 감내하는 빌리에게 주목할 뿐만 아니라 군법에 희생된 그에 대한 비어와 동료 수병들의 동정어린 공감이 공동의 기억으로 치환되는 과정에도 초점을 맞추어 묘사한다. 이러한 작가의 의도는 『빌리 버드』의 전체적인 형식과 구성에도 적극적으로 반영되어 있다. 총 30개의 장(chapter)으로 구성된 『빌리 버드』에서 멜빌은 19장부터 마지막 장까지 빌리의 살인, 재판, 처형, 그 이후의 이야기들을 차례대로 자세하게 서술하며, 특히 마지막 5개의 장들을 할애하여 빌리의 교수형 이후 동료 수병들이 그를 어떻게 회고하며 살아가게 되었는지에 대한 이야기를 상세하게 전해 준다.

멜빌이 『빌리 버드』의 말미에서 빌리의 최후를 함께 목격한 수병들의 공감을 통해 그들의 기억 속에 생생하게 각인된 상흔이 된 빌리의 사연을 전하는 동료 수병의 자작시의 전문을 실어 소개하는 의도 역시 독자들이 주목할 필요가 있다. 왜냐하면, 이 시에서 독자들은 전혀 예상하지 못한 뜻밖의 빌리를 만나게 되기 때문이다. 이 시에서 묘사되는 낯선 빌리는 실제 빌리 자신이 아니라 수병들의 기억과 공감이 이해하고 해석하고 재현하는 빌리이다. 이름이 전해지지 않은 동료 수병이 형장의 이슬로 사라진 빌리가 간직했을 내면의 목소리를 대신하여 묘사하는 이 시에서 빌리는 살인을 야기한 비윤리적인 폭력의 가해자이면서 가혹한 법적 폭력의 희생자이기도 한 자신이 과연 구원받을 수 있는지를 묻지 않는다. 그는 오히려 그러한 구원이 가능하다면 그것이 과연 윤리적인가라는 보다 근본적인 문제를 스스로에게 묻고 있다. 요약하자면, 멜빌은 독자들에게 『빌리 버드』 속에 숨은 여러 함의들을 더듬어 캐내려는 여정이 폭력, 공감, 윤리라는 서로 얽힌 문제들의 규명으로 귀결되어야 한다고 강조한다. 그런데, 그와 같은 여정을 시작하려는 독자들이 우선적으로 주목해야 할 점이 있는데, 멜빌이 폭력, 공감, 윤리의 문제들을 트라우마(trauma)라는 공통분모에 대한 물음과 대답을 통해 각각의 의미들을 하나씩 풀어내고 펼쳐 보인다는 사실이다.

III

오늘날 정신분석학계에서 통용되고 있는 『정신분석 용어사전』(*The Language of Psycho-Analysis*)에서 정의하는 바에 따르면 개인이 표출하는 "심리적인 트라우마"(psychical trauma)는 극도로 충격적인 사건을 겪지만 그에 제대로 대응할 능력이 없을 때 과도한 정신적 동요가 발생하고 지속되지만 그것을 견디거나 극복하기 힘든 상태를 의미한다(465). 즉, 트라우마의 특징은 손쉽게 치유하기 힘든 정신적 충격의 각인성과 지속성으로, 개인이 본인의 의지와 상관없이 강제적으로 갖고 간직하게 되는, 쉽게 떨쳐버리지도 못하고 아물지도 않는 상처라고 할 수 있다. 이와 같은 트라우마의 개념은 멜빌이 『빌리 버드』에서 그려내는 빌리의 비극적 삶과 죽음이 비어와 동료 수병들에게 직간접적으로 경험되고 공감되며 기억되는 방식에서 나타나는 정신적, 심리적 특징과 그 의미를 정확하게 설명하고 이해하는데 도움을 준다.

『빌리 버드』에서 트라우마의 각인성과 지속성은 빌리의 처형식 장면과 그 이후의 후일담에서 가장 생생하게 묘사된다. 가령, 즉결 군사재판에서 선고받은 사형의 집행을 앞두고서도 전혀 두려움을 표색하지 않으며 처형식에서도 초연한 태도로 오히려 "영적으로 정화된" 모습을 보이던 빌리는 죽기 직전 유언과도 같은 최후의 발언으로 "하느님께서 비어 함장을 가호하시길!"을 외친다. 현장에서 이를 듣고 "감정적 충격으로 순간 마비상태에 빠진" 비어는 이때 갖게 된 심리적인 트라우마로부터 벗어날 수 없는 삶을 살아가게 된다(354). 간결하지만 강렬하게 이 장면을 서술하는 멜빌은 사형당하는 빌리가 아닌 빌리의 사형 순간을 목격하고 예상하지 못했던 그의 유언을 들은 비어에게 초점을 맞춤으로써 비어의 정신이 트라우마에 의해 잠식당한 순간을 포착하여 보여준다.

훗날 해전에서 치명상을 입고 마지막 숨을 거두기 전 고통스러워하던 비어는 개인적인 유언대신 "빌리 버드"를 두 차례 되뇌는데, 이와 같은 비어의 최후는 빌리의 죽음이 그의 남은 생애동안 견디어 이겨 내거나 극복될 수 없는, 끝까지 치유되지 않은 상흔으로 그의 기억 속에 깊이 새겨져 있었다는 사실을 명백하게 입증한다(359). 죽는 순간까지 빌리는 비어에게 끝내 아물지 않은 상처였으며 빌리의 최후에 대한 기억은 그의 남은 생을 집요하게 따라다니며 지속적으로 그의 영혼을 고통스럽게 괴롭히는 트라우마로 남았던 것이다. 빌리라는 트라우마는 단순하게 비어의 일상 속에 위치한 아픈 과거의 기억의 파편에 그치지 않고, 비어의 삶의 의미를 가책과 고통 안에 가두고 옥죄었던 일방적이고 강제적인 폭력이었으며 그로부터 해방될 수 있는 기회는 오직 죽음뿐이었다.

한편, 빌리의 최후는 그 장면을 함께 목격한 모든 동료 수병들에게도 깊은 트라우마로 남게 된다. 비어와 달리 그들은 빌리의 재판과 죽음에 직접 관여하지 않았다. 하지만, 빌리가 처형되는 장면을 함께 목격하였던 그들 모두의 기억 속에 빌리의 죽음과 그 의미는 깊이 각인되고 지속되었다. 멜빌은 동료 수병들이 빌리라는 트라우마를 공통적으로 겪게 되는 경험의 시발점을 다음과 같이 상세하게 서술한다. 비어와 "승선한 모든 수병들"이 한명도 빠짐없이 집합한 장소에서 처형당하기 직전 빌리가 "하느님께서 비어 함장을 가호하시길!"이라며 마지막 유언을 외치는 순간, "그토록 통한스럽게 격심한" 생의 끝자락에서 터져 나온 빌리의 고통스러운 외침은 수병들의 폐부를 찌르듯 파고들었다. 그리고 그들의 "의지와 무관하게" 빌리의 유언을 제창하며 모두의 입으로부터 "하나로 울려 퍼지는 공감의 메아리"가 흘러나오도록 만들었다 (354-55).

이 장면에서 멜빌은 수병들 개개인의 각자의 내면에서 무엇을 어떻게 느꼈는지를 묘사하지 않는다. 마찬가지로, 멜빌은 비어가 빌리의 최후 유언을 듣자마자 마치 온몸이 마비된 듯 엄청난 충격을 받는 모습만을 묘사한다. 비록 부당하고 억울한 죽음이지만 순순히 맞이하며 온갖 할 말이 많았을 빌리가 정작 죽기 직전에 내뱉은 유일한 단어가 그의 이름이었다는 사실을 접한 비어가 느낀 구체적인 심정에 대해서는 전혀 설명하지 않는다. 대신 멜빌의 세밀한 묘사는 동료 병사들이 빌리의 최후에 반응하는 모습을 집중적으로 그려낸다. 그 묘사에 따르면, 빌리가 처형되는 순간 엄숙한 분위기가 그 순간을 지켜본 모든 수병들을 감싸 안았고, 그 분위기에 억눌려 그들은 아무 말도 하지 못한 채 빌리가 숨을 거두는 장면을 조용히 지켜볼 수밖에 없었다.

하지만 곧 처형대에 가까이 서있던 수병들의 입에서 함께 웅얼거리며 언어로 옮길 수 없는 불분명한 소리가 흘러나오기 시작했다. 그 소리는 점차 커져가며 마치 평지가 아닌 열대지역의 산악에서 퍼붓는 소나기 소리, 그로 인해 갑자기 불어난 격류가 흘러가는 소리, 그리고 그 격류가 절벽 숲의 경사를 흘러내리는 소리를 닮아갔다. 처형대 근처의 수병들뿐만 아니라 집합한 모든 이들이 그 소리를 내어 마치 그들 모두가 제창이라도 하듯 빌리의 죽음을 애도하는 소리가 가득 울려 퍼지게 되었다. 자발적이며 집단적인 그와 같은 반응은 빌리의 죽음을 직접 목격한 충격이 낳은 결과였다. 그 충격은 그들의 마음을 일제히 강제적으로 움직이게 만들었고 거부할 수 없는 이끌림으로 한명의 예외자도 없이 빌리의 추모에 동참하게 만들었다(356-57).

이러한 수병들의 집단적인 동요는 자칫하면 봉기로 이어질 수 있는 까닭에 비어를 비롯한 지휘관들에게는 우려하지 않을 수 없는 현상이었다. 특히, 강제 징집되어 억울한 누명을 쓰고 사형까지 당하게 된 빌리의 사연이 알려지고 그에 대한 동정심이 증폭되고 확산된다면 같은 수병으로서 겪는 열악한 처지에 대한 불만과 분노 역시 고조될 가능성이 명확하였다. 그리하여 이내 모든 수병에게 즉각적인 업무복귀가 지시되었고 그들은 어떤 저항이나 소요 없이 즉각적으로 각자 맡은 임무를 수행하게 위해 강제로 해산되었다(358). 그럼에도 빌리의 처형 이후 일상으로 되돌아간 수병들의 뇌리 속에 빌리는 비어에게서와 마찬가지로 치유될 수 없는 트라우마로 남았다. 이에 대해 언급하는 멜빌은 "치욕스럽게 목에 줄이 매인" 빌리의 입술 사이에서 처형 직전에 "예기치 않게 나온 음절들"이 비어와 동료 수병들에게 일방적이고 강제적으로 가한 트라우마의 폭력성을 부각시킨다(353). 그러한 폭력성은 트라우마가 형성되는 장면에서 이미 강하게 암시되었다. 하지만 트라우마가 수병들의 공동의 공감과 기억 속에 잊혀 지지 않은 방식에 대한 묘사에서 더욱 강조되어 설명된다.

『빌리 버드』의 마지막 장에서 멜빌은 빌리의 처형을 현장에서 직접 지켜 보았던 수병들이 그의 목이 매달렸던 바로 그 돛대를 몇 해가 흐른 뒤에도 계속 알아보고 기억하고 있었다는 사실을 전한다. 이에 덧붙여, 그 돛대가 훗날 원래 있던 자리에서 뽑혀지고 다른 곳으로 옮겨져 다른 용도로 쓰이다가 결국 폐기된 이후에도 여전히 수병들의 그 돛대에 대한 기억은 사라지지 않았음을 강조한다. 왜냐하면 그들에게는 그 돛대의 작은 조각조차도 마치 예수가 못 박혀 죽은 십자가의 파편처럼 부당하고 가혹한 폭력에 의해 희생된 신성한 희생자의 징표로 여겨졌기 때문이었다(361). 멜빌이 이러한 후일담을 굳이 전하는 이유는 단순히 빌리가 신성시되어 추모되었다는 사실을 덧붙이기 위해서만은 아니다. 멜빌은 어떤 특정한 사건이 집단적인 트라우마를 일으키는데 있어서 나타나는 중요한 특징을 설명하려는 것이다.

그 특징이란 집단적인 트라우마가 촉발하는 공동의 기억은 결코 쉽게 지워지거나 변질되지 않고 지속적이라는 사실이다. 빌리에 대한 수병들의 공동의 기억이 가능했던 이유는 그들 모두가 빌리의 처형 장면에서 함께 공유하지 않을 수 없었던 강력한 공감의 힘 때문이었다. 빌리가 죽음을 맞이하는 일련의 과정에서 그들이 함께 느낀 공감은 각자의 자발적인 의식에 의해 생겨난 주체적인 감정이 아니었다. 멜빌의 묘사에 따르면, 빌리가 살인을 저지르게 된 자세한 내막을 모르고 있던 수병들조차 절대로 빌리가 고의적 살인이나 반란을 저지를 수 없는 부류의 인간이라는 명백한 사실을 본능적으로 느꼈다. 이처럼 본능적인 감정에 의해 유발된 집단의 믿음으로 인하여 빌리의 동료 수병들은 처형되던 빌리의 비참한 모습에 대한 기억을 거부하게 된다. 그들은 오히려 살인 사건 이전의 빌리가 평소에 동료들에게 보였던 활기찬 모습과 악한 감정에 일그러지지 않은 선한 얼굴만을 기억하려고 했고, 그에 따라 빌리는 바로 그 모습으로만 동료들에게 기억되었다(361). 이와 같이 공동의 기억은 그 기억을 공유한 개인들이 각자 자발적으로 갖게 된 듯 보이나 실제로는 그들의 공감에 강제적인 방식으로 기입된 것이었다. 그런 까닭에 그 기억은 쉽게 없어지거나 바뀌지 않고 지속될 수 있었다.

특히, 동료들이 함께 빌리를 회상할 때 그들의 심상에 동일하게 새겨졌고 결코 지워지지 않을 불멸의 기억으로 남은 가장 트라우마적인 장면은 빌리의 신비로운 사멸 장면이었다. 그 장면에 대한 멜빌의 묘사는 다음과 같다. 이른 새벽에 집행되었던 빌리의 처형이 끝날 즈음에 해가 떠오르기 시작했다. 때마침 해상에는 안개가 자욱하게 깔려 있었는데 수평선에 비치기 시작하던 아침 햇살은 주변에 깔린 안개를 붉은 광채로 물들였다. 수병들의 눈에는 이 장엄한 장면이 마치 신이 직접 선택한 순결한 어린 양의 양털이 빛나는 모습처럼 보였다. 당연히 그 장면은 실제의 자연 현상에 심리적인 감각과 인상이 더해진, 착시적으로 구성되고 감각된 장면이었다. 하지만 바로 그 환각적인 광경은 그것을 직접 목격한 수병들이 함께 겪은 공통적인 경험이었기에 그들에게는 빌리의 최후 장면 못지 않게 중요하고 의미있는 장면이었다. 왜냐하면, 그들은 그들이 함께 보고 싶어 했고 함께 기억하고 싶어 했던 장면을 공유하고 있었기 때문이다. 그 장면은 일출을 배경으로 죽은 빌리의 모습을 장밋빛에 휘감겨 승천하는 숭고한 이미지로 인식하고 기억하려는 동료 수병들의 욕망이 함께 공감하는 마음 속에서 만들어낸 광경이었다(354).

이처럼 트라우마적인 사건이 집단적인 기억 속에 유난히 깊고 강렬하게 새겨지는 이유는 단순히 기억의 일방적인 강제성 때문만은 아니다. 역설적이게도 그 강제성의 이면에는 트라우마로서 기억되는 대상을 기억하고자 하는 이들의 자의적이고 주관적인 관점과 판단이 작용하고 있음을 멜빌은 강조한다. 즉, 집단적으로 경험하게 되는 트라우마가 공감되고 기억되는 방식은 결국 공감하고 기억하는 이들이 갖고 간직하는 정신적이고 심리적인 느낌과 인상에 의해 결정된다. 그렇다면 트라우마의 원인과 결과는 결국 트라우마를 겪는 이들이 갖는 주관적인 인식과 감정적인 이해와 직접적으로 결부된다. 트라우마를 일으키는 대상의 객관적인 속성과 특징, 또는 그에 대한 합리적이고 이성적인 판단과는 무관한 것이다. 그러므로 개인들이 함께 집단적으로 겪은 트라우마의 경우 그러한 경험을 강렬하게 공감하고 지속적으로 기억한다는 것은 그 필요성이 집단적으로 이미 공유되었음을 의미한다. 빌리의 최후가 동료 수병들에게 현실에서의 실제 사형 장면과는 전혀 다른 인상과 의미로 기억되고 공감되는 방식은 그들이 빌리를 그와 같이 기억하고 공감할 필요성에서 비롯된 결과인 것이다.

『빌리 버드』에서 확인할 수 있는, 개인과 집단의 차원에서 동시에 발생하는 트라우마의 본질과 구조 및 기능에 대한 멜빌의 예리한 통찰은 오늘날 일반적으로 사용되고 있는 트라우마의 개념과 일맥상통한다는 점에서 주목할 만하다. 현대인들이 이해하는 트라우마 개념을 정신분석학 용어로서 정립한 학자는 정신분석학의 창시자로 인정받고 있는 지그문트 프로이트(Sigmund Freud)였다. 프로이트는 그가 직접 상담과 치료를 담당한 여러 임상사례들에 대한 정밀한 분석을 통해 트라우마가 발생할 때 유발되는 정서적 반응인 "불안"(anxiety)에 주목하였다. 그럼으로써 불안정하고 불편하며 불확실한 감정 상태인 불안이 트라우마를 경험할 때와 유사한 정신적 상태가 후에 "반복"(repetition)될 때 이를 알리는 "신호"(signal) 역할을 수행한다는 사실을 밝혀낼 수 있었다(118). 프로이트의 이론에 따르면, 불안을 통해서 예고될 수 있는 트라우마는 육체적, 감정적으로 반복되어 지속되는 경험임에도 이성적으로 합리적으로 완전하게 이해될 수 없는 정신적 상처이자 그 흔적이다. 프랑스의 저명한 정신분석학자인 앙드레 그린(André Green) 역시 트라우마의 가장 핵심적인 구성요인이 트라우마와 결부되었으나 결코 "완전하게 제거되지 않은 감정"이라고 설명한다. 그는 또한 그와 같이 완전히 없어지지 않은 감정은 트라우마를 일으킨 원인의 의미가 완전하게 파악되거나 이해되지 않은 결과물이라고 분석한다(16).

프로이트와 그린이 지적하는 트라우마의 속성은 멜빌이 『빌리 버드』에서 묘사하는, 비어와 수병들이 겪는 트라우마의 징후와 정확하게 일치한다. 『빌리 버드』에서 멜빌은 비어가 임종을 맞을 때 빌리를 호명하며 깊은 탄식을 내뱉는 장면에서 그에게 빌리의 죽음은 그 어떤 언어적 설명이나 의미의 부여가 불가능한 문제였다는 사실을 독자들에게 보여준다. 이를 통해 사실상 그 실체에 대해 명료한 분석이 불가능하지만 그 징후는 실체적으로 존재하는 트라우마의 역설적 구조와 기능을 그대로 드러내 보인다. 결과적으로, 비어에게 빌리는 그의 최후의 순간까지 제거되지 않은 트라우마로 채워진 감정 그 자체였다. 그런 까닭에 비어에게 빌리는 딱 부러지게 의미를 규정하거나 이해할 수 있는 대상일 수 없었다.

빌리가 비어에게 평생 동안 떨쳐 버릴 수 없었던 트라우마였다는 사실을 강조하는 멜빌은 강박적으로 재발되는 정신적 상흔인 트라우마는 그것을 겪는 주체에게 존재적 폭력을 가차 없이 가한다는 사실 역시 강조한다. 빌리가 비어에게 트라우마인 이유는 빌리의 갑작스런 살인과 필연적인 죽음이 비어에게 가하는 강제적인 폭력이 불안이라는 형식과 내용을 통해 강박적으로 그의 정신 속에 내재하며 완전하게 제거되지 않기 때문이다. 하지만 빌리가 비어에게 가하는 폭력은 그것의 유발과 강도를 그 누구도 의도하지도 계획하지도 않았던 폭력이라는 특징을 지닌다. 따라서 그 정확한 원인과 작동 방식에 대한 명쾌한 분석과 설명은 불가능하다. 바로 이 때문에 빌리는 비어에게 결코 손쉽게 제거되거나 치유될 수 없는, 그 어떤 물리적, 정신적 폭력보다 원초적이며 불가항력적인 트라우마로서의 폭력이었다.

그러므로 『빌리 버드』에서 비어와 수병들이 함께 경험하는 빌리라는 트라우마는 그 자체로서의 폭력성을 지닌다. 트라우마의 폭력성은 트라우마의 부수적인 기능이거나 효과라기보다는 트라우마가 자체적으로 지닌 본질적 특징이다. 20세기의 대표적인 정치 철학자들 가운데 한명인 한나 아렌트(Hannah Arendt)는 『혁명론』(*On Revolution)*에서 고대 그리스의 철학자 아리스토텔레스가 정의하였듯이 인간은 동물과 달리 선천적으로 언어능력을 부여받은 정치적 존재임을 상기하며 그렇기 때문에 언어로 온전하게 표현되고 이해될 수 없는 폭력이야말로 가장 극한적이며 절대적인 폭력이라고 주장하였다(9). 아렌트의 관점에서 본다면, 빌리라는 트라우마는 극한적이며 절대적인 폭력이다. 비어가 임종 시 외마디 외치면서 오직 이름으로서만 부를 수밖에 없었던 빌리는 그의 이름 이외에는 그 어떤 언어적 표현을 통하여 의미를 표현하거나 이해할 수 없는 트라우마였기 때문이다. 실제로 비어가 겪는 빌리는 제대로 해명될 수도 없고 온전하게 치유될 수도 없었다는 점에서 그 자체로서 절대적인 폭력성을 드러낸 극한적인 트라우마였다.

IV

멜빌의 생애와 문학에 대한 면밀한 역사적 연구로 유명한 학자인 마이클 로진(Michael Paul Rogin)은 『빌리 버드』에서 멜빌이 의도적으로 독자들이 유추 가능한 사회적 맥락들을 의도적으로 지워냈다고 주장한다. 그렇게 함으로써 멜빌은 『빌리 버드』의 주제에 대한 역사적 연구와 정치적 독해를 어렵게 만들었다는 것이다. 그럼에도 불구하고, 결과적으로 "사회적 복합성"(social complexity)이 제거된 텍스트의 인물들은 역사적 현실과 조건으로부터 자유롭게 되기는커녕 오히려 더 심오한 주제에 구속된 모습을 보인다는 것이 로진의 결론이다(302). 하지만 『빌리 버드』에서 빌리의 문제는 사실상 "사회적 복합성"의 결과물임을 멜빌은 작품의 초반부에서 명확하게 기술한다. 빌리는 원래 영국 상선에 고용되어 일하던 선원이었고 함께 항해하는 모든 이들의 사랑을 받는 청년이었다. 그렇지만 그의 운명은 곧 예기치 않은 비극을 맞게 된다. 적정수의 병사들을 충원하지 못한 채 전선으로 나가게 된 영국의 전함 벨리포텐트(Bellipotent) 호로 강제징집을 당하면서 그 비극은 시작된다.

멜빌은 『빌리 버드』의 주 내용이 "특정한 배 안에서의 생활과 한 선원의 생애에 한정"된다면서도 강제징집의 배경을 다음과 같이 상세하게 설명한다(289). 1797년 템스 강 하구에 위치한 노어(Nore)의 영국 해군 정박지에서 "대반란"(the Great Mutiny)으로 불린 수병들의 대규모 폭동이 발발하여 당시의 적국 프랑스보다 더 큰 위기와 위협이 되었다(290-91). 수병들이 선상에서 겪은 여러 폐단으로부터 비롯된 불만의 표출이었던 폭동의 근본적 원인은 이전부터 전쟁이 발발하고 이어질 때마다 관례적으로 묵인되어 왔던 강제징집이었다. 강제징집은 영국의 대법관이 합법적이라고 옹호하여 전후에도 완전히 폐지되지 않고 있었다. 수병들의 대규모 봉기는 결국 진압되었지만 그 여파로 야기된 병력손실을 해결하기 위해 선원들을 대상으로 한 강제징집이 계속되었다. 따라서 갑작스럽게 민간인 신분에서 군인으로 강제적으로 복무하게 된 다수의 수병들의 불만은 항상 존재할 수밖에 없었다. 이런 상황에서 장교들은 항해 중 예기치 않게 닥칠 수 있는 반란의 가능성을 예의주시해야 했다(294).

물론 강제징집은 군법에 따른 적법한 절차가 아닌 "수세기 동안 용인된 관례"였음에도 명백한 인권침해이자 당사자의 의사와 무관하게 폭력적으로 집행된 법적 만행이었다. 이와 같은 폭력적 법의 집행은 징집 전 빌리가 승선했던 상선의 이름이 미국의 독립혁명에 불을 지핀 급진적인 사상가였던 토마스 페인(Thomas Paine)이 자신의 혁명론을 설파했던 저서인 『인간의 권리』(*Rights-of-Man*)와 동일하다는 사실에서 여실히 드러난다. 뿐만 아니라. 동료들과 이별하던 빌리가 상선을 향해 "친했던 네게도 작별을, 인간의 권리여"라고 외쳤을 때의 그 중의적 의미는 빌리가 당한 군법의 폭력성을 적나라하게 폭로한다. 결국, 빌리는 더 이상 일반적이고 보편적인 인권법이 적용되지 않는 예외대상으로 전락하여 이제 준엄한 군법의 통제만을 받게 된다. 그는 인간성의 문제를 중심에 놓는 법적 판단과 집행이 우선시 되지 않는 군법의 영향력에 전적으로 종속되어 인권법이 정의하고 보호하는 인간이 아니라 군법에 의한 해석으로 생각과 행위의 의미가 전적으로 규정되는 군인으로 살아가게 된다.

갑작스럽게 인권법이 아닌 군법의 적용 대상자가 된 빌리의 처지는 이탈리아의 대표적인 현대 철학자인 조르조 아감벤(Georgio Agamben)이 논의한 "예외"(exception)인 법의 폭력이라는 개념을 통해 이론적인 설명이 가능하다. 아감벤은 근대 이후의 서구의 정치체제는 전체주의와 민주주의의 구분을 하는 것이 사실상 무의미하다고 주장하였다. 왜냐하면, 전체주의든 민주주의든 공통되게 상시적으로 빌리와 같은 법적, 정치적 "예외"를 법질서 내부에 마련하여 통치해 왔기 때문이다. 특히, 인권법과 같은 보편적이고 일반적인 법의 중지를 통해 생성되고 적용되는 "예외"인 법의 폭력은 그 희생자들을 낳는데, 이들은 보편적이고 일반적인 법질서의 밖에 놓여 그 보호를 전혀 받지 못한다. 하지만, 역설적이게도 바로 그러한 희생자들은 군법과 같이 특수하고 특정한 목적에 의해 확립되고 집행되는 법률에 의거한 사회 질서와 안정을 유지하는데 없어서는 안 되는 필요조건이기도 하다(17-18).

『빌리 버드』에서 멜빌이 빌리가 처한 모순적인 법적 조건과 상황에 중점을 두고 있다는 사실은 클래가트가 빌리의 선상반란 모의죄를 억지로 꾸며내어 비어에게 일러바칠 때 강조하는 근거에 대한 묘사에서도 확인할 수 있다. "배 위에 적어도 한명의 위험인물이 있다"며 말을 꺼낸 클래가트는 비어에게 그 위험한 인물이 빌리임을 밝히고 그 이유를 다음과 같이 설득력 있게 설명한다.

> 바로 그놈입니다, 사령관님. 젊고 잘 생겼지만 음흉하기 그지없는 녀석입니다. 그자가 동료들에게 인기가 있는 것도 다 속셈이 있기 때문인데, 위험에 처한 경우에 모든 수병들이 자신에게 유리한 증언을 받아내기 위해서 수작을 부리는 것입니다. 버드가 상선에서 징집되어 떠날 때 이야기를 들으셨겠죠? 그는 상선의 뒤쪽에서 쾌속범선의 뱃머리로 날렵하게 몸을 던져 뛰어올랐지요. 마음속으로는 강제징집에 분개했으면서도 쾌활한 겉모습으로 그 사실을 숨긴 것입니다. 사령관님께서는 그자의 잘생긴 얼굴만 눈 여겨 보셨겠지요. 하지만 아름다운 색깔의 데이지 꽃잎 아래에 덫이 놓여 있을지도 모릅니다. (327)

클래가트의 모함이 비어에게 말도 안 되는 낭설로 들리지만은 않았던 이유는 빌리와 같이 억울하게 징집당한 경우가 당시에는 흔했었고 빌리와 같은 수병들의 불복종과 반란 모의 역시 개연성이 충분한 현실적인 문제였기 때문이었다. 설사 빌리가 천상적 존재의 천성과 미덕을 지니고 있었다고 하더라도 그가 살아가고 관계를 맺는 현실에서 그를 바라보고 판단하는 시선에는 현실에서의 복잡한 문제들에 대한 고려가 이미 개입되지 않을 수 없었다. 클래가트는 바로 이 점을 적극적으로 이용하였다. 그는 인권법의 보호를 더 이상 받지 못하고 군법에 전적으로 종속된 빌리의 모반 주동 가능성이 그의 순수한 인간성에 대한 고려를 배제한 채 사실로서 받아들여질 수 있는 상황적 조건을 명확하게 이해한 것이다. 실제로 상관 살인죄로 체포되어 기소된 빌리가 서게 된 법정은 인권법의 준수가 최우선적인 고려사항이 아닌 군사법정이었다. 빌리가 클래가트를 살해한 직후 비어는 즉각적으로 빌리를 구금시킨 후 즉결 군사재판을 구성하는 일련의 절차에 착수한다. 이후 빌리가 재판장에 소환되어 살인의 동기에 대해 심문을 받는 과정은 인권법의 밖에 놓인 그가 군법 내에서 심판을 받게 되는 과정을 사실적으로 보여준다. 폭력, 법, 예외간의 밀접한 상관관계에 대한 멜빌의 문제 제기는 바로 이 과정에 대한 묘사에서 집중적으로 드러난다.

멜빌은 우선 비어의 관점을 통해서 빌리의 폭력 행위를 사법적으로 다루는 법의 예외와 예외의 법이라는 이중적이며 상호 모순적인 문제에 접근한다. 예를 들어, 살인사건을 처리할 임시군법회의를 소집할 때 비어가 재판관들에게 상기시키는 재판 심리의 핵심은 가해자의 폭행으로 피해자가 사망했다는 사실, 즉, 범죄의 행위일 뿐이다. 그는 또한 그 이외의 다른 고려사항들은 심리적이거나 신학적인 문제이므로 군법회의에서는 배제되어야 한다고 강조한다(339-40). 이러한 강조는 빌리에게 적용되어야 하는 법적 조건의 한계와 제약을 재판관들에게 명확하게 주지시키는 환기인 셈이다. 사실, 빌리가 처한 예외적인 법적 조건은 그가 상선에서 강제 징집을 당하여 군함으로 옮겨와서 복무하게 된 그 순간에 이미 주어진 상황이었다. 빌리는 일반법을 구성하는 원칙과는 무관한 법적 예외로서 적용되는 군법이 만들어낸 희생양이었다. 하지만, 빌리가 법과 맺는 관계의 복합적인 양가성은 그의 인간성이 군법에 따른 판단에서는 인정하지 않는 예외적인 고려사항이라는 점에서 더욱 심화된다. 그는 양립할 수 없는 두 개의 상이한 법체계들 사이에 놓인 경계의 안과 밖에 동시에 위치하고 있으며 어느 쪽으로부터도 완전한 보호를 받지 못하는 예외적 사례 그 자체이다.

재판의 진행과정에서 비어는 빌리가 예증하는 법의 예외성을 누구보다 절실하게 이해한다. 그런 그는 재판관들에게 빌리의 사정을 아는 본인과 그들이 느끼지 않을 수 없는 동정심과 도덕적 가책을 환기시키면서도 재판의 한계를 명확하게 일깨워주려 한다. 빌리의 재판은 양심의 문제나 행위에 일반적인 윤리적 원리와 원칙을 적용하는 이들이 맡아야 타당하겠지만 현재 진행되는 재판은 군법에 따를 수밖에 없는 현실을 그는 재차 강조한다. 비어 자신과 재판관들 모두 버드가 살인과 반란을 의도하지 않았음을 인정하지만 의도의 유무는 전혀 고려되어서는 안 된다는 것이다. 그들은 오직 "전시상황이 만들어낸 반란법"에 따라 사형선고를 내릴 수밖에 없었다(343). 비어가 군사법정에서의 판결 주체가 재판관이라기보다 이미 정립되어 있는 군법이라는 사실을 강박적으로 강조하는 이유는 분명하다. 그는 일반법의 예외인 군법의 폭력성을 간접적으로 비판하려는 것이다. 역설적이게도 그 폭력성은 사실 빌리의 살인을 야기한 원인이기도 하였다. 빌리가 자신을 반란의 주모자로 모함하는 클래가트에게 즉타를 가할 수밖에 없었던 원인은 그러한 모함이 사실로 인정되면 반란법에 의한 처벌, 즉 사형을 받게 되리라는 사실에 기인한 극도의 불안이었기 때문이다.

하지만, 엄정한 법집행의 당위성과 필연성을 내세우는 비어는 재판관들에게 빌리의 사건을 다루는데 있어서 "예외적인 것"이 각자의 "개인적인 양심"을 뒤흔들고 있다는 사실을 일깨워줌으로써 그들의 심적 동요와 갈등을 일부러 가중시킨다(342). 비어가 강조하는 "예외적인 것"이란 앞서 설명한 예외로서의 폭력과 법의 예외성을 모두 포괄하는 함축적이면서도 의미심장한 표현이다. 요컨대, 비어는 그 누구보다 빌리가 야기한 사태의 본질을 정확하게 꿰뚫어 보고 있다. 그럼에도 정작 빌리라는 사건을 다루는데 있어서 정신적 부담과 압박은 비어 자신이 가장 극심하게 겪는 모순적인 모습을 보인다.

일례로, 사형선고 판결을 접견실에서 빌리에게 직접 전하는 비어의 모습은 "(신의) 엄한 명령에 복종하여 어린 이삭을 결연히 제물로 바치기 직전 아들을 껴안았을 아브라함"과 같았다. 또한, 통보를 마치고 접견실에서 나오는 그의 얼굴은 깊은 "고뇌"를 숨길 수 없어서 사형수인 빌리보다도 오히려 그가 더 극심한 고통에 시달리는 듯 보였다(346). 반면, 고통 받는 비어의 모습과 극명하게 대조되는 빌리의 모습은 다음과 같이 묘사된다.

> 그러나 이제 숙명이라는 족쇄에 옥죄어 있는 빌리의 고뇌, 말하자면 어떤 인간들에게 침투하는데 성공한 악마성에 무방비로 노출된 한 젊은이의 고뇌에서 비롯된 긴장은 사라지고 없었다. 비어 함장과 단둘이 만남으로써 빌리는 치유 받고 자신의 고통을 극복하였다. 그는 일체의 미동도 보이지 않은 채 꿈결에 빠진 듯 누워 있었다. 그런 그의 모습은 따스한 화롯불이 내뿜는 빛이 어떤 소리도 내지 않고 가울 거리면서 뺨에 있는 보조개 위에 기묘한 모양을 만들며 춤추듯 보일 때 드러나는, 고요한 한밤중 요람 속에서 볼 수 있는 아기의 표정이었다. (350)

만약 빌리에게도 트라우마가 있었다면, 비어 앞에서 클래가트가 자신을 모함하였을 때 제대로 된 자기변호를 못했던 기억과 당황과 울분을 참지 못해 일격을 가해 클래가트를 살해한 경험이었을 것이다. 하지만 빌리의 트라우마는, 행여 있었다 하더라도, 정작 그의 트라우마를 더욱 깊게 만들 재판 과정을 관장하는 비어와의 만남을 통해 오히려 깨끗하게 치유된 듯 보인다. 바로 그 이유 때문에, 역설적이게도, 비어의 트라우마는 더욱 가중되지 않을 수 없다. 빌리의 생사를 결정하는 비어가 빌리에게서 보게 되리라 생각했던 모습은 트라우마에 걸린 표정과 태도였을 것이다. 하지만 전혀 그렇지 않은 빌리의 모습은 비어로 하여금 빌리의 순수한 인간성과 그와 대비되어 더욱 잔혹하고 냉혹하기만 한 법의 폭력성을 더욱 가까이 깨닫도록 만들어 오히려 심화된 트라우마를 갖게 하였다.

『빌리 버드』의 원고를 검토한 학자들은 비어와 빌리가 살인 사건 이후 처음으로 둘이 단독으로 대면하는 이 장면에서 멜빌이 고민을 거듭하며 초고에 적힌 묘사를 지속적으로 수정했었다는 사실을 발견하고 그 이유에 주목하였다. 저명한 멜빌 학자인 앤드류 델방코(Andrew Delbanco)는 『빌리 버드』를 써내려간 멜빌이 품고 있었던 진정한 고뇌를 비어와 빌리가 재회하는 장면에서 확인할 수 있다고 주장한다. 그의 해석에 따르면, 멜빌은 사형의 집행을 하루 앞두고 비어와 빌리가 서로를 마주한 그 둘만의 공간을 따로 마련해 놓았다. 그곳에서 자식에 대한 사랑과 신에 대한 의무 사이에서 영혼이 찢겨지는 고통을 감수하며 이삭을 희생시키는 아브라함의 이미지를 비어에게 포개어 놓는다. 이러한 이미지의 겹침을 통해 멜빌이 종교적인 구원을 가능하게 해줄 신이 부재한 세계의 근원적인 비극을 그려내고 있다는 것이 델방코의 해석이다(314).

하지만 빌리는 종교적인 차원에서 뿐만 아니라 현실적인 차원에서도 뜻을 풀어 헤아리거나 판정할 수 없는 대상이었다. 그렇기 때문에 빌리라는 예외적인 존재와 그가 일으킨 경악스러운 사건이 그를 사법적으로 처리하려는 이들에게 가하는 예외적인 폭력을 단순히 양심의 문제로 판단할 수 없다는 사실을 독자들은 점차 깨닫게 된다. 중요한 점은 빌리가 대변하는 예외적인 폭력은 빌리라는 트라우마의 원인이면서 동시에 결과라는 역설이다. 그렇다면 원인이자 결과인 폭력의 양가성에 어떻게 함께 공감할 수 있는가의 문제가 독자들에게 제기된다. 그런데 공감의 본질과 기능의 문제는 다시 기억의 문제와 연관되므로 멜빌은 기억과 공감의 접점에 대한 깊이 있는 통찰을 『빌리 버드』의 후반부에서 드러낸다.

『빌리 버드』에서 멜빌은 공감의 문제를 빌리의 죄를 처벌하는 주체인 비어와 재판관이 겪지 않을 수 없는 "도덕적 가책"이란 측면에서 우선적으로 살펴본다. 빌리가 회부된 즉결 군법회의를 담당한 재판관들에게 비어는 자신과 그들이 "위기"에 처해 있음을 강조한다. 그러면서 그 위기의 본질이 "군인으로서의 의무와 동정심에 의해 촉발된 도덕적 가책 사이의 충돌"이라고 솔직하게 자인한다. 군법에 따르는 판결을 내려야 함을 천명하는 비어는 계속해서 빌리의 재판이 "신 앞에 죄가 없으며 우리도 그렇다고 느끼는 이"를 단죄하는 과정임을 인정한다. 그렇기 때문에 빌리의 재판이 법적 절차를 성실하게 수행하는 차원이 아니라 법적 정의와 진실을 고찰하고 고민하는 차원에서는 수치스러운 과정이라는 점에 서글프지만 동의하지 않을 수 없다고 재판관들에게 직접 고백한다. 이때, 비어는 자신과 재판관들이 빌리의 처지에 대한 동일한 공감을 공유하고 있음을 확인하고 그와 같이 공유된 감정을 인간인 까닭에 마음속에서 "자연적으로 발생한 내적 갈등"이라고 부른다(341-42).

멜빌은 이에 앞서 비어의 개인적 성품을 묘사할 때 그가 지적이고 냉철하며 진중하면서도 직선적이고 엄격했다고 소개하였다(296-97). 또한, 비어가 직접 신중하게 고려하고 선별하여 군사재판의 주심들로 임명한 세 명의 재판관들은 매우 사려 깊고 경험이 풍부하며 선량하고 정직한 이들이었다고 밝혔다. 이는 통례와는 매우 다른 임명 방식으로 비어의 의도가 적극적으로 반영된 결과였다(336-37). 그러나 멜빌이 비어와 재판관들이 공통적으로 겪는 빌리를 향한 공감의 문제와 그 과정에서 느끼는 심적 고통을 그들이 지닌 선한 도덕적 품성에서 비롯된 문제로 이해하는 것은 아니다. 오히려 멜빌은, 비어 역시 스스로 분명하게 인식하는 바와 같이, 재판관 각자의 "개인적 양심"과 공적인 재판절차가 요구하는 어느 한쪽으로 치우치지 않는 "공정한 양심"이 충돌하는 상황에 주목한다(342). 그 사이에서 절대적인 공공선을 위한 객관적이고 정의로운 판단을 내리는 일이 어려울 수밖에 없기 때문이다.

비어가 선임한 재판관들이 겪게 되는 도덕적 딜레마는 근대 정치사회체제의 구조와 기능 및 문제점들을 이해하려는 근대 철학자들이 전개했던 이론과 실천에서 확인될 수 있는 문제이다. 그 단적인 사례는 독일의 대표적인 근대 철학자인 임마누엘 칸트(Immanuel Kant)의 정치철학에서 살펴볼 수 있다. 작품의 시대적 배경을 놓고 볼 때 비어와 동시대인이었던 칸트는 급박하게 전개되어 수많은 지식인들을 열광시켰던 프랑스 혁명의 의의를 재평가한 적이 있었다. 비어가 급진적인 이론의 영속적인 제도화를 이루지 못할 수밖에 없는 급류와 같은 혁명에 반대하였듯이, 칸트 역시 "혁명은 불행과 잔혹으로 점철될 수 있기 때문에 분별력 있는 이라면 ... 성공에 대한 확신이 있더라도 그러한 대가를 치르고서라도 한번 실패한 혁명을 재시도 하려는 결심을 하지 않을 것이다"라고 단정하였다. 그럼에도 칸트는 "이러한 혁명이 그것에 사로잡히지 않은 채 유심히 지켜보던 모든 이들의 마음과 욕망 속에 거의 열광에 가까운 공감을 불러 일으켜왔다"고 강조하였다. 왜냐하면, 그러한 공감은 "인류에게 내재된 도덕성"에 기인한 까닭에 역사적 진보라는 현상은 "결코 망각될 수 없다"는 것이다(182, 184). 칸트는 공감과 기억이 상호 보완적인 관계를 맺고 있다는 사실을 분명하게 인식하였다. 더불어, 그는 공감과 기억을 연결하는 공통분모가 인간성의 본질적인 구성 조건으로 간주되었던 선천적인 도덕적 본성이라고 믿었다. 그런데, 칸트에게 있어서 이보다 더 중요한 문제는 따로 있었다. 그는 공감과 기억의 기원의 문제가 아닌, 그 작동 방식과 의의에 더 큰 관심을 갖고 있었다.

관념론으로만 여겨지던 칸트의 철학에 내재한 정치철학적인 주제들을 적극적으로 발굴하여 소개한 최초의 학자는 아렌트(Hannah Arendt)였다. 『칸트의 정치철학 강의』(*Lectures on Kant's Political Philosophy*)에서 아렌트는 칸트에게 있어서 역사적 사건의 진정한 의미와 그 중요성은 그 사건 자체에 있는 것이 아니라고 주장하였다. 아렌트가 새롭게 주목한 칸트의 관점은 프랑스 혁명과 같이 그 의미가 중요한 역사적 사건의 참된 의의는 객관적으로 존재하는 것이 아니라 관찰자의 주관적 시선에 의해 결정된다는 것이다. 물론, 어떠한 사건에 대한 관찰자의 시선이란 그 사건에 대한 공감적인 시선일 수밖에 없다. 따라서 공감적인 시선은 공감을 통한 사건의 의미에 대한 관여의 방식이다. 아렌트의 주장에 따르면, 칸트는 어떤 유의미한 역사적 사건에 대한 관찰자의 "공감적 관여"가 전혀 없다면 관찰되는 사건의 역사적 중요성은 그 의미가 완전히 달라지거나 심지어 전혀 존재하지 않을 수도 있게 된다고 이해하였다(46). 결국, 공감은 공감되는 사건의 의미를 주관적으로 규정하는 원리이자 원칙이다. 그러므로 특정한 역사적 사건의 의미를 규정하는 과정은 공감하는 이들의 주관적 욕망이나 의도에 전적으로 달린 문제로서 인식해야 한다.

공감하는 행위가 공감되는 대상의 속성과 의의를 규정한다는 이와 같은 관점은 근대철학 내부에서 이미 논의된 공감 개념의 문제와 한계를 극복하기 위한 대안이었다. 공감의 기제를 덕성이 아닌 상상력으로 다시 정의한 아담 스미스(Adam Smith)에 따르면 공감을 가능하게 만드는 "상상에 의한 역지사지"는 "단지 일시적"일 뿐이다. 그리고 관찰자가 느끼는 공감은 상상적인 까닭에 당사자의 감정의 강도를 경감시켜 완전하게 동일하지 않은 감정으로 바뀌게 되기 마련이다. 그럼에도 이 두 감정들이 서로 "일치"하는 경우가 있으며 이러한 일치된 감정은 완전하게 "합일"된 감정이 아닐지라도 "조화"를 이루는 감정이라는 점에서 "사회의 화합"을 위한 충분조건이 된다(27). 즉, 스미스는 공감하는 행위를 통해 가능하게 되는 감정의 조화를 중시하였다. 그리고 공감을 통해서 인간 사회의 화합이 충분히 가능할 수 있다고 전제하였다.

반면, 칸트의 공통감 개념은 스미스의 공감 개념과 달리 공감의 핵심 기능을 감정의 조화가 아닌 감정을 통한 의미의 재인식에서 찾는다. 또한, 스미스와 달리 칸트는 사회의 구성원들이 자신들 각자에게 의미 있는 사건의 의의를 어떻게 규정하고 수용하는지를 이해하는 열쇠로서 공감의 중요성을 강조한다. 이때의 공감은 공공선의 확인과 확립과는 무관하며 오히려 공공의 역사적 의미를 기억하는 방식과 밀접한 관련을 맺는다. 따라서 『빌리 버드』에서 멜빌이 집요하게 파고드는 트라우마의 공감의 문제는 바로 칸트와 같이 근대인으로 살아갔던 멜빌이 칸트의 공감 개념을 문학의 영역에서 고찰하고 재현한 사례라고 볼 수 있다. 실제로 1830년대부터 영국에서의 수용을 거쳐 본격적으로 미국의 지식인들에게 널리 읽히게 된 칸트는 미국의 건국기에 식자층과 일반인들에게 널리 읽힌 존 로크(John Locke)의 인기에 버금가는 대중적 인기를 누렸었다. 멜빌이 칸트의 철학을 숙지하였다는 사실은 1849년 말 뉴욕에서 런던으로 향하던 항해선에서 친해진 독일계 미국인과 칸트 철학에 대해 심도 깊게 논의했다는 기록이 적힌 그의 여행일지에서도 찾아볼 수 있다(*Journals* 4, 8).

V

『빌리 버드』를 마무리하기 전 멜빌은 빌리의 처형 이후를 전하며 당시의 해군잡지에 실린 관련기사의 전문을 29장에 싣는다. 하지만 그 기사는 빌리의 범죄, 재판, 사형에 관한 일련의 사실들을 철저히 왜곡하고 날조한 기사였다. 그 기사에 따르면 빌리의 반란주동은 사실이었으며 애국심이 강하고 성실한 복무와 분별력으로 존경받던 클래가트의 고발에 분개한 빌리가 갑자기 칼을 꺼내 그의 심장을 찔러 살해한 것이 사건의 전말이었다. 멜빌은 빌리를 희대의 악한으로, 클래가트를 억울하게 희생당한 선인으로 묘사하는 이 기록이 현재까지 출간되어 남아있는 유일한 기록이라고 덧붙인다(360-61). 그렇다면, 빌리의 처형장면을 세세하게 묘사한 멜빌의 기록과 『빌리 버드』는 어떻게 쓰여질 수 있었으며 어떻게 세상의 빛을 보게 될 수 있었을까?

멜빌은 그 단서를 직접 제시한다. 빌리의 동료 수병이 그의 비극에 대해 "서툰" 솜씨로 쓴 자작시가 "시가"(ballad)로 수병들 사이에서 구전되면서 비로소 후대에 전해지게 되었다는 마지막 장에서의 설명이 바로 그 결정적인 단서이다. 유추해 보자면, 우연히 그 시가를 접하게 되었던 작가 멜빌이 개인적인 호기심에서 빌리에 대한 기록을 찾던 중 해군잡지의 기사를 발견하였을 것이다. 그러나 그 내용이 허구임을 직감하였고 오직 그 시의 내용에서 암시된 빌리의 비극성에 의거하여 빌리의 비극을 문학적으로 재현하였을 것이다. 결과적으로 『빌리 버드』는 서술자인 멜빌의 적극적인 문학적 증언이 재구성해낸 역사적 기억으로서 기술되고 있는 것이다. 저명한 멜빌 연구자이자 멜빌의 전기를 쓴 학자인 허셀 파커(Hershel Parker)가 『빌리 버드』의 마지막 장에 소개되어 삽입된 "시가"는 해군잡지에 실린 기사가 잘못된 기록임을 반증하기 위해 작가가 개입하여 전하는 증언이라고 주장한 것도 같은 맥락에서이다(161).

만약 『빌리 버드』가 미출간된 그의 유고작으로 남았다면 멜빌이 작품 속에서 설정한 정황상으로 볼 때 결국 해군잡지의 기사가 빌리에 대한 유일한 기록으로 남았을 것이다. 그리고 먼 후세의 사람들은 빌리를 파렴치한 흉악범으로서만 기억하고 그의 처형에 대해 공감하는 것은 완전히 불가능하게 되었을 것이다. 하지만 빌리에 대한 유일한 문학적 회고록인 『빌리 버드』가 세상의 빛을 보게 된 사연을 접하게 됨으로써 독자들은 왜곡된 기사에 홀로 맞서 『빌리 버드』가 전하는 빌리와 주변 인물들, 그리고 사건의 내막에 관한 기록에 더 큰 관심을 갖지 않을 수 없게 된다. 비록 빌리의 사연이 소설의 형식과 내용으로 전해지지만 멜빌의 소설은 『빌리 버드』의 부제인 "한편의 내막 이야기"(An Inside Narrative)로서 빌리의 사건을 제대로 이해하기 위해 겹겹이 쌓인 내막들을 꺼내어 펼쳐 보여주기 때문이다. 독자들은 그 내막들의 너머에 자리한 숨겨진 진실을 향해 더 깊이 계속 파고 들어갈 수 있게 된다.

그렇다면, 이름 모를 수병의 시에서 빌리는 어떻게 묘사되고 있는가? 수병의 시는 교수형 전날 빌리의 내면의 심정을 그의 시점에서 쓰여진 단어들을 통해 읊고 있다. 무명의 시인은 빌리에게 완전히 공감함으로써 스스로가 빌리 자신이 되어 유언시를 쓰고 있는 것이다. 그의 유언시는 군목이 빌리를 찾아와 군법에 따른 사형이 피할 수 없는 판결임을 상기시키며 그 소식이 그를 자포자기로 만들 것이라 예상하여 사형의 의미를 어떻게든 "신의 뜻"에 비추어 설명해 주려고 하는 장면을 배경으로 삼는다. 하지만, 빌리가 지닌 특유의 "본질적인 순진무구함"은 그러한 신학적 해석 자체를 불필요하게 만든다. 빌리는 군목이 그를 위해 무릎을 꿇고 기도를 해줄 때 그 기도가 자신만을 위한 기도가 아닌 "자신과 똑같은 이들을 위한" 기도라고 여긴다. 그리고 그는 내일 새벽 자신의 목이 매달려 죽게 되면 그가 "활대 끝에서 걸린 진주 목걸이"가 되어 "낮은 곳에서 높은 곳으로 임하리라"는 믿음을 간직한다(351-52). 그는 예고된 죽음을 앞두고 이제 죽음 이후의 자신의 삶의 의미에 대해 숙고하고 있는 것이다.

그런데, 이와 같은 장면은 빌리의 유언시를 대신 쓴 수병이 혼자만의 상상을 통해 만들어낸 것이라기보다는 다른 수병들과 함께 공감했던 공유된 기억에 의해 상상적으로 재현된 것이다. 그럼에도 이 시에서 빌리는 신에 의한 구원을 받아서 천상으로 임하리라고 믿는 듯하지만, 점차 그가 목매인 밧줄을 누가 천상으로 올려 줄지는, 즉, 그의 사후 구원의 문제는 "아무도 모른다"고 회의하기 시작한다. 그 뿐만 아니라, 빌리는 그 자신이 살인사건과 그 이후 재판과정에서 직접 보고 겪고 느낀 모든 상황과 조건들이 "허구"가 아닌지, 그가 지금 "꿈꾸는 것"은 아닌지 자문하기 시작한다. 이러한 자문은 그가 겪고 이해한 모든 것들에 대한 근본적인 의문이다. 그 결과 빌리는 자신이 맞고 있으며 맞으리라 믿어온 모든 과정은 본질적으로 실체 없는 환영과도 같았으며 그렇기에 그 어떤 신학적 구원, 윤리적 확신도 무의미할 수밖에 없다는 아픈 진실을 깨닫게 된다.

빌리가 갖는 이와 같은 근원적인 회의와 자문은 빌리라는 비극적 사건을 역사적으로 의미화한 공감과 기억이 과연 정당한가의 문제와 그와 같은 공감과 기억에 의거한 그의 구원이 과연 윤리적인가의 문제를 함께 제기한다. 그리고 자신이 제기한 문제들에 대한 답을 얻게 된 빌리는 정작 자신의 생을 마무리 짓는 절명시에서 그의 시선을 관념적인 구원의 문제에서 당면한 죽음의 문제로 돌리고 있다. 그런 후, 결국 동료수병들이 기억했던 영광스러운 승천과는 거리가 먼, "축축한 해초가 몸 주위를 감싸는" 수장의 이미지로 자신의 최후를 묘사한다(361-62). 멜빌이 전문을 소개하는 이 시는 『빌리 버드』를 끝맺는 에필로그(epilogue)의 역할을 맡고 있다. 이 시에서 빌리는 자신의 구원이 가능한

가를 묻는 것이 아니라 자신에게 가능한 구원이 과연 근본적으로 윤리적인가를 묻는다.

물론, 이 질문의 주체는 그의 죽음을 목격하고 그의 비극을 시로 남긴 무명의 수병이다. 그러므로 그가 빌리에게 공감한 문제의 핵심은 그를 비롯한 동료 수병들이 자신들에게 트라우마로 각인된 빌리의 비극을 구원으로 이끈 공감이 과연 윤리적인가에 대한 자문이다. 시에서 빌리가 자신에게 던지는 질문은 좀 더 심오한 의문으로 이어진다. 그가 고민하는 문제는 가능한 구원의 주체를 도저히 알 수 없고 만약 이루어진 구원이 진실이 아니라면 그러한 구원은 과연 진정으로 윤리적일 수 있는가의 문제이다. 요컨대, 빌리라는 트라우마의 사례가 후대까지 기억되고 공감됨으로써 비로소 가능한 그의 구원이 진정 윤리적인가의 문제가 진지하게 제기되는 것이다.

무엇보다 중요한 사실은, 이러한 문제제기의 주체가 빌리가 아니라 빌리를 공감하고 기억하고 문학적으로 서사화한 이름 모를 무명 시인인 수병이라는 점이다. 왜냐하면 빌리의 유고시는 빌리 자신이 직접 쓴 것이 아니라 빌리의 심정을 대신 노래한 동료 수병의 작품이기 때문이다. 이러한 설정을 통해 멜빌은 문학만이 할 수 있는 통찰의 깊이를 『빌리 버드』의 마지막 장에서 확인할 수 있도록 독자들을 이끈다. 독자들은 멜빌이 『빌리 버드』의 화자로서 끊임없이 몰두하며 연관되고 이어지는 물음과 답을 번갈아 내놓았던 과정의 끝자락에 도달한다. 그리하여 그곳에서 『빌리 버드』의 텍스트 안에서 문학이 할 수 있는 자기 성찰과 반성의 진정한 의미를 비로소 깨닫게 된다.

이제 독자들은 멜빌의 최후작인 『빌리 버드』의 마지막 장을 덮으며 그가 작품 속에서 치열하게 통찰한 트라우마의 폭력과 공감과 윤리의 문제의 단면들을 모두 확인할 수 있다. 트라우마라는 폭력의 양가성과 법과의 관계, 트라우마가 공감되는 방식의 복합성, 그리고 트라우마의 의미를 현실로부터 괴리되도록 신성시하고 종교적 구원의 차원에서 받아들이는 과정의 문제를 일깨워준다. 이러한 깨달음은 결국 문학을 읽고 이해함으로써 가능하다는 것이 멜빌의 마지막 메시지이다. 따라서 『빌리 버드』의 의미를 가능하게 해준 주체가 빌리나 비어가 아닌 빌리의 비극을 역사적으로 기억하고 문학적으로 증언하는 무명의 시인일 수 있음은 『빌리 버드』를 멜빌의 진정한 최후작으로 평가받을 수 있게끔 하는 더할 나위 없이 의미심장한 결론이다. 문학이 현실 속에서 예외자들이 일방적으로 당하는 불행한 사연들에만 주목하고, 보편적인 공감만을 전제하여 이를 강조하며, 폭력과 공감의 대상인 인물들의 종교적 혹은 미학적 구원의 정당성을 의심 없이 확신시켜 주는 손쉬운 수단이 아니라, 트라우마의 폭력과 공감과 윤리에 대한 비판적이고 반성적인 통찰로 이끈다는 점에서 더욱 그러하다.

참고 문헌

Agamben, Giorgio. *Homo Sacer: Sovereignty Power and Bare Life*. Trans. Daniel Heller-Roazen. Stanford: Stanford UP, 1998.

Arendt, Hannah. *Lectures on Kant's Political Philosophy.* Ed. Ronald Beiner. Chicago: U of Chicago P, 1992.

_____. *On Revolution.* New York: Penguin, 2006.

Delbanco, Andrew. *Melville: His World and Work.* New York: Vintage, 2005.

Freud, Sigmund. *New Introductory Lectures on Psycho-Analysis.* Trans. James Strachey. New York: Norton, 1989.

Green, André. *The Fabric of Affect in the Psychoanalytic Discourse.* Trans. Alan Sheridan. London: Routledge, 1999.

Kant, Immanuel. "The Contest of Faculties" in *Political Writings.* Ed. Hans Reiss. Trans. H. B. Nisbet. Cambridge: Cambridge UP, 1991: 176-90.

Laplanche, J. and Pontalis, J.-B. *The Language of Psycho-Analysis.* Trans. Donald

Nicholson-Smith. New York: Norton, 1973.

Melville, Herman. *Billy Budd, Sailor and Selected Tales.* Oxford: Oxford UP, 2009.

_____. Journals, vol. 15 of *The Writings of Herman Melville.* Eds. Howard C. Horsford and Lynn Horth. Evanston: Northwestern UP and The Newberry Library, 1989.

Paine, Thomas. *Rights of Man, Common Sense and Other Political Writings.* Oxford: Oxford UP, 2008.

Parker, Hershel. *Reading Billy Budd.* Evanston: Northwestern UP, 1990.

Rogin, Michael Paul. *Subversive Genealogy: The Politics and Art of Herman Melville.* Berkeley: U of California P, 1985

Smith, Adam. *The Theory of Moral Sentiments.* Ed. Knud Haakonssen. Cambridge: Cambridge UP, 2002.

자메이카 킨케이드의 『루시』에 나타난 어머니/모국 트라우마의 근원과 극복양상

정은숙 _ 중앙대학교

Jamaica Kincaid

Lucy

자메이카 킨케이드의 『루시』에 나타난 어머니/모국 트라우마의 근원과 극복양상[1]

I

작가 소개

자메이카 킨케이드(Jamaica Kincaid)는 영국의 식민지였던 카리브 해상에 위치한 작은 섬 앤티가(Antigua)의 세인트 존스(St. John's)에서 1949년 5월 25일에 태어났고, 본명은 일레인 포터 리처드슨(Elaine Potter Richardson)이다. 킨케이드의 외할머니는 카리브계 인디언이었고, 킨케이드의 친할아버지는 감리교도 경찰관이었다. 킨케이드의 어머니는 16세에 도미니카(Dominica)에서 앤티가로 왔고, 택시 운전사인 로더릭 포터(Roderick Potter)를 만나 킨케이드를 낳지만 그와 결혼하지 않았고, 후에 데이비드 드루(David Drew)라는 목수이자 가구상과 결혼했다. 이후 세 명의 남동생이 계속해서 태어났고, 의붓아버지마저 아프게 되면서 엄청난 경제적 곤궁에 처하게 된 킨케이드는 고등학교를 중퇴하고, 잠시 봉제사의 일을 배우면서 가사 일을 도와야만 했다.

1965년 17살 때 킨케이드는 뉴욕 교외지역의 부유한 백인 가정에 거주하면서 아이들을 보살피는 외국인 보모인 오페어(au pair)의 일을 하기 위해 고국 앤티가를 떠난다. 킨케이드는 몇 달 후 뉴욕의 맨해튼(Manhattan)에 거주하는 『뉴욕커』(*The New Yorker*)지의 작가 마이클 알

1 이 글은 2012년 3월에 출판된 『영어영문학 연구』 54권 1호에 실린 「트라우마로 존재하는 어머니/모국 극복하기: 자메이카 킨케이드의 『루시』」를 책의 주제에 맞게 수정 및 보완한 것임.

렌(Michael Arlen)의 집으로 옮긴다. 그곳에서 킨케이드는 그들의 네 딸을 보살피면서 3년간 기거하는 동안 고등학교 졸업장을 취득하고 사진 강좌를 듣기 시작한다. 1969년 킨케이드는 뉴욕을 떠나 뉴햄프셔(New Hampshire)에 있는 프랜코니아 대학(Franconia College)에서 전액 장학금을 받으면서 사진을 계속 공부하지만 대학 졸업을 하지 못한 채 뉴욕으로 다시 돌아온다. 이후 킨케이드는 여러 잡지사에서 자유기고가로 활동한 후 1970년대 초반 뉴욕 출판계로 진출하게 되고, 『뉴욕커』지의 편집장인 윌리엄 숀(William Shawn)과의 인연으로 『뉴욕커』지에 소속된 작가로서 1974년부터 1995년까지 여러 글을 싣게 된다. 본래 이름인 일레인 포터 리처드슨에서 자메이카 킨케이드라는 예명을 쓰기 시작한 것도 이 때부터이다. 숀과의 오랜 친교는 결국 1979년 작곡가인 그의 아들 앨런(Allen)과의 결혼으로 이어졌고, 1985년 딸 애니(Annie)를, 1988년 아들 해롤드(Harold)를 출산했다(Paravisini-Gebert 9-25).

킨케이드는 그녀의 작품의 창조적 원천으로 카리브지역의 역사와 문화, 그 지역에서의 유년 시절의 경험, 소외와 추방 등과 같은 개인적 경험 등을 중심 주제로 삼고 있는데 주로 자서전적 방식과 사실주의 전통 등을 따르고 있다는 점에서 카리브계 문학 전통을 계승하고 있는 전형적인 카리브계 작가라 할 수 있다. 킨케이드 자신도 "그곳[엔티가]의 현실은 압도적이다. 나는 항상 이 장소에서 내 현실이 훼손당하는 것을 발견했지만 그곳은 내가 실제로 글쓰기를 원하는 유일한 곳이다"라고 말하면서 모국 앤티가가 자신에게 장소 이상의 의미를 가진 창조력의 원천이자 자신의 서사의 경험을 분명히 표현하게 하는 수단임을 밝히고 있다(Dilger 23). 킨케이드는 또한 글쓰기는 "내 삶을 구하는 문제이다"라고 말하거나 아니면 글쓰기가 없었다면 "나는 미쳤을 것이고, […] 신경쇠약에 계속 걸렸을 것이다"라고 고백하고 있듯이(Ferguson, "Interview" 169), 자아 찾기 방식의 글쓰기를 통해 과거에 끊임없이 집착하는 것으로 인해 야기된 정신적 고통을 치료할 뿐만 아니라 자신의 삶의 경험을 생생히 자서전적인 소설로 구성하면서 작가의 정체성을 형성하고 있다.

이런 특징은 킨케이드의 초기의 작품에서 더욱 두드러지는데, 킨케이드의 자전적인 요소는 작품들의 서사 속에서 거의 어머니라는 인물을 중심으로 추적되어질 수 있다. 1978년에 출판된 킨케이드의 첫 단편들인 「소녀」("Girl")와 「앤티가 횡단: 카리브 해의 깊고 푸른 항로」("Antigua Crossings: A Deep and Blue Passage on the Caribbean Sea")에서부터 모국 앤티가를 떠나기 전까지 애니의 성장이야기인 『애니 존』(*Annie John*, 1985), 미국에서 킨케이드 자신이 했던 오페어 걸에 관한 이야기인 『루시』(*Lucy*, 1990), 에이즈에 걸려 죽은 남동생에 대한 자서전적인 이야기인 『내 남동생』(*My Brother*, 1997)에 이르기까지 내내 어머니와 딸 사이의 관계를 단절하는 과정은 킨케이드의 글의 중심주제였다. 이외에도 킨케이드의 어머니 이야기와 도미니카 출신의 조부모님의 삶과 경험을 다룬 『내 어머니의 자서전』(*The Autobiography of My Mother*, 1996), 에세이집인 『나의 정원』(*My Garden*, 1999), 자신의 친부에 관한 소설인 『미스터 포터』(*Mr. Potter*, 2002), 모성, 결혼, 여성의 정체성 등 결혼 생활에 대해 쓴 소설인 『이제 그 때를 본다』(*See Now Then*, 2014) 등의 작품을 출판한 킨케이드는 여전히 미국에서 꾸준히 작품 활동을 하는 대표적인 카리브계 미국작가이다. 현재 킨케이드는 베닝턴 대학(Bennington College)에서 교수로 재직하고 있는 남편과 함께 버몬트(Vermont)주의 베닝톤에 거주하면서 작품 활동을 하고 있다.

II

작품 소개

킨케이드의 『애니 존』과 『루시』는 작품의 배경은 다르지만 여러 비평가들에 의해 한 작품으로 여겨진다(Paravisini-Gebert 118; Edwards 58; Bouson 67). 『애니 존』은 앤티가 섬에서 열 살부터 열여섯 살까지 어머니, 친구들, 선생님들에게서 겪었던 소외와 상실의 가혹한 성장과정을 그린 킨케이드의 자서전적인 이야기로 주인공 애니가 앤티가를 떠나 영국으로 가는 것으로 끝나고 있다. 반면에 『애니 존』의 후편으로 여겨지는 『루시』는 주인공 루시(Lucy)가 앤티가에서 미국의 뉴욕으로 추정되는 대도시에 도착하는 장면으로 시작해서 그 뒤 일년 간의 삶을 묘사하고 있다. 『루시』를 『애니 존』의 후편으로 읽는 것에 대해 킨케이드 자신은 애니와 루시는 "같은 사람이도록 의도되어진" 것이 아닐 뿐더러, 『루시』와 『애니 존』의 이야기는 "연속"되는 것도 아니라고 언급한다(Vorda, "Very Unreal" 99). 하지만 킨케이드는 『애니 존』과 『루시』가 "그 작품이 내 삶에 대한 것이고, 내가 쓰고 있는 같은 삶에 대한 것이라는 점에서는 연속성"이 있다는 주장을 함으로써 자서전적인 원천에 있어서는 유사성이 있음을 주장하고 있다(99). 게다가 킨케이드의 소설들 중 2014년에 출판된 소설인 『이제 그 때를 본다』를 제외한다면 유일하게 카리브 지역 밖을 배경으로 하는 『루시』는 앤티가 출신의 젊은 여성이 미국으로 와서 백인 가정에 숙식하면서 아이들을 보살피다가 독립하는 이야기라는 점에서 킨케이드 자신이 1960년대 후반부터 1970년대 초반까지 미국에서 겪었던 경험에 근거한 자서전적인 소설이라 할 수 있다.

『루시』는 총 다섯 장으로 구성되어 있는데, 1989년에서 1990년 9월 사이에 『뉴욕커』지에 시리즈로 실린 것을 모아 1990년 책으로 출판되었다. 『루시』의 첫 장인 「불쌍한 방문객」(“Poor Visitor”)은 계절상 1월에 시작되는데 루시가 뉴욕의 한 백인 가정에 거주하면서 네 명의 아이들을 보살피는 오페어로서 새로운 환경에 직면할 때 겪는 감정을 1인칭으로 서술하고 있다. 루시는 열대지역에 살 때는 알지 못했던 계절의 변화를 경험할 때, 그녀가 경멸하면서 떠나온 앤티가에 대한 향수병에 시달린다. 백인가정의 하녀들은 루시가 말하고 걷는 방식이 마치 수녀 같다며 그녀를 따돌리고, 이에 루시는 역사적 사건이나 일상생활에서 일어난 갖가지 사건들을 즉흥적으로 부르는 카리브 지역의 흑인들의 음악인 칼립소(calypso) 춤과 노래로 하녀들에게 반격을 가한다. 루시는 아이들을 보살피는 일이나 야간학교에 다니는 일과 같은 자신의 일상을 묘사하는 편지를 앤티가에 있는 어머니에게 보낸다.

제 2장 「머라이어」(“Mariah”)는 계절상 봄의 시기를 다룬다. 루시가 원하는 좋은 어머니의 모범인 여주인 머라이어는 봄이 오자 수선화에 대한 이야기를 한다. 머라이어는 수선화가 땅에서 돋아날 기대감에 기뻐하지만, 루시는 모국인 앤티가가 영국으로부터 독립하기 전에 학교에서 암송해야만 했던 영국시인 윌리엄 워즈워드(William Wordsworth)의 “수선화(Daffodils)”라는 시에 얽힌 나쁜 기억을 떠올린다. 당시 루시는 수선화라는 시를 낭송해서 기립박수를 받았던 기쁜 기억이 아니라 시 낭송 후 수선화에 쫓기고 수선화 더미에 깔려 자신의 모습이 보이지 않는 악몽에 시달렸던 것을 기억한다.

루시는 또한 지하철을 난생 처음 탔던 경험을 어머니에게 편지로 써서 보내는데 오히려 루시의 어머니는 루시 또래의 이민 소녀가 지하철에서 목이 베어졌다는 것을 루시에게 상기시키는 내용의 편지를 보냄으로써 그녀에게 새로운 세계에 대한 두려움을 주입시키려 한다. 루시는 어머니의 편지를 읽으면서 자신이 현재 뉴욕에 거주하고 있기 때문에 물리적으로는 떨어져있는데도 어머니가 계속해서 자신을 억압하려하고 있다고 생각하며 분노한다.

어느 날 오후 머라이어는 루시가 한 번도 수선화를 본적이 없는 것에 안타까워하면서 루시의 눈을 가린 채 노란 색 꽃들이 있는 곳으로 그녀를 데려가는데 갑자기 루시는 본능적으로 그 꽃들을 죽이고 싶다는 충동을 느낀다. 루시는 또한 머라이어와 아이들과 함께 호숫가의 별장으로 가기위해 기차여행을 하게 된다. 루시는 기차 안에서 잠을 자던 중 꿈속에서 말을 탄 수 천 명의 사람들이 흰 단도를 들고 자신을 조각조각 내기 위해 잡으러 오는 악몽에 시달린다. 아침에 머라이어가 의기양양해하며 루시의 객실로 와서 갓 쟁기질 된 들판이 참으로 아름답다고 말하자 루시는 오히려 자신이 그 들판에서 쟁기질 할 필요가 없다는 것에 안도하면서 머라이어와 자신 사이에서 허물 수 없는 장벽, 바로 정복자와 피정복자 사이의 장벽이 놓여 있다는 것을 깨닫는다. 그러나 이 장의 마지막 부분은 머라이어가 자신도 루시처럼 인디언의 피가 섞여 있다는 것을 루시에게 고백하는 것으로 끝나고 있다.

여름이 배경인 제 3장 「혀」(“The Tongue”)에서는 루시가 머라이어 가족과 함께 시골에서 보내면서 겪었던 중요한 사건들을 서술하고 있다. 이 장은 특히 머라이어와 루이스(Lewis)의 임박한 이혼에 대해 서술하고 있다. 루시는 변호사 일을 하는 머라이어의 남편 루이스가 집으로 온 후 머라이어의 목에 키스를 하지만 진실되지 않은 어떤 분위기를 감지하고 그들이 서로에게 “쇼”를 하고 있다는 것을 간파한다(47).

이 장에서 루시는 또한 머라이어의 가장 친한 친구인 다이나(Dinah)와 만나게 되는데 다이나는 머라이어가 어머니처럼 루시를 대해 주는 것과는 달리, 루시를 섬에서 온 아이, 아이들을 보살피는 하인으로 비하한다. 루시는 머라이어가 순수하게 다이나를 친구로 믿는 것에 반해 다이나가 남편과 아이들도 있고, 머라이어 만큼 재산이 있음에도 불구하고 머라이어가 가지고 있는 것을 탐내면서 그녀의 남편을 빼앗으려

하는 사람이라는 것을 직감적으로 알아차린다. 루시는 루이스가 다이나의 목을 애무하는 장면을 목격하는데 루이스가 자신의 부인 머라이어에게 할 때 했던 "쇼"와는 달리 실제 애무라는 것을 간파한다. 루시는 다이나와 루이스의 관계를 목격하면서 이런 일은 자신의 모국 앤티가에서는 흔히 발생하는 일로 자신의 아버지에게도 아마 서른 명의 자녀가 있을 것이라 추측하면서 낯선 여성이 어머니를 죽이려 했던 사건과 어머니가 아버지와 결혼했을 때 이미 아버지는 늙은 노인이었다는 사실을 떠올린다.

루시를 딸처럼 아끼는 머라이어는 루시가 뉴욕에서 사귄 아일랜드에서 이민 온 친구인 페기(Peggy)를 만나지 못하는 것에 몹시 외로움을 느낄 것을 걱정하면서 파티를 열어주고 루시보다 세 살 위로 일 년간 아프리카와 아시아를 여행하고 돌아온 지 얼마 안 된 다이나의 남동생 휴(Hugh)를 소개해 준다. 루시의 고향인 서인도 제도에 대한 휴의 식견은 급격히 루시의 관심을 끌게 되고 둘은 성적인 관계를 맺기에 이른다. 루시는 휴에게 키스를 하면서 앤티가에서 키스를 처음 했던 태너(Tanner)라는 소년을 떠올리기도 하고, 그 후 다른 소년들과 했던 키스를 떠올린다. 그러나 루시가 휴와 맺는 관계는 임신에 대한 두려움과 낙태하기 위해 어머니에게 약초를 요청하는 편지를 써야만 한다는 굴욕감으로 인해 짧게 끝난다.

이 장에서 머라이어와 루이스의 결혼 파탄의 전조는 토끼의 죽음을 통해 상징적으로 제시된다. 호숫가의 시골집에서 즐겁게 지내는데 한계가 있었던 루이스는 소일거리로 야채를 심는데 토끼들이 정원을 망치자 몹시 격노하게 되고, 결국 차를 몰아 그 토끼들 중 한 토끼를 치어 죽인다. 이 장면은 머라아어와 루이스의 임박한 이혼을 상징적으로 암시한다.

제 4장 「냉혹한 마음」("Cold Heart")은 계절상 가을로 어머니와의 관

계에 대한 생각을 주로 다룬다. 머라이어의 가족이 시골에 사과를 따러 가자 혼자 집에 남게 된 루시는 겉으로는 평온하고 행복해 보이는 머라이어의 가족에게 다가오는 위기를 "로마제국의 몰락"에 비유한다(88). 루시는 자신의 어머니는 곧 자신의 과거라고 생각하고, 자신의 과거와 단절하는 방법으로 어머니에게서 온 열 아홉 통의 편지를 열어보지 않는다. 그녀는 또한 그 편지들을 뜯어 읽지 않은 채 편지의 네 귀퉁이를 태워서 어머니에게 보내겠다는 생각을 하기도 하고, 어머니가 원했던 간호사가 되지 않겠다는 결심을 통해 어머니와의 단절을 꾀하려 하는 '냉혹한 마음'을 먹는다.

머라이어는 선의로 루시와 같은 원주민 여성들을 그린 폴 고갱(Paul Gauguin)의 그림 전시회에 루시를 데리고 간다. 그러나 루시는 외국 땅에서 자신만을 위한 새 삶을 살았던 고갱을 부패한 기존 질서에 반항한 예술가라기보다는 타이티 섬의 문화 개입자이자 그곳 원주민 여성들을 성적으로 착취한 남성이라고 생각하며 분노하기도 하고, 고갱의 그림을 통해 자신에게 드리워진 노예의 삶을 인식한다. 그런데 아이러니하게도 루시는 파티에서 친구 페기를 통해 알게 된 폴 고갱을 연상시키는 폴(Paul)이라는 화가를 만나 그와 급속도로 사랑에 빠지고 정사를 나눈다. 폴과 다른 예술가들과의 만남은 루시에게 예술에 대해 점차 눈을 뜨게 하고, 이를 계기로 루시는 카메라를 사서 머라이어와 그녀의 딸들, 여러 대상들을 찍기 시작하면서 자신의 창조적인 충동의 출구를 찾는다.

그러나 머라이어의 결혼 파탄, 뒤이어 앤티가에서 온 소식은 루시의 인생에 극적인 변화를 가져온다. 어머니의 대모인 모드 퀵(Maude Quick)이 전달한 편지에서 루시의 어머니는 남편이 한 달 전에 심장병으로 사망했고, 장례식을 치르기 위해 많은 돈을 빌렸다고 전한다. 루시는 페기와 함께 살 아파트를 구하기 위해 모아두었던 돈을 모두 어머니에게 보낸 뒤, 많은 사생아를 낳고, 죽을 때조차 빚을 남긴 몇 십 년이나 연상인 남자와 결혼한 어머니에 대해 분노하며 "다시는 집으로 돌아가지 않을 것"이라는 답장을 씀으로써 자신의 과거와 완전히 단절하려 한다(128). 머라이어는 루시에게 증오의 짐에서 벗어나서 스스로를 자유롭게 하기 위해 어머니를 용서하라고 조언하지만 루시는 자신이 읽지 않고 두었던 다른 편지들과 함께 어머니에게서 온 답장을 불태워 버림으로써 어머니와의 영원한 관계단절을 꾀한다.

마지막 장으로 이 소설의 제목과도 동일한 「루시」("Lucy")에서는 루시가 일 년 전 뉴욕에 왔던 시기이자 당시의 그녀의 마음인 1월로 되돌아온다. 이 장은 루이스의 외도와 앤티가에서 전해 진 아버지의 죽음 소식, 어머니의 편지를 열어보지 않았다는 죄책감, 일 년을 완전히 채우지도 않고 루시가 떠나는 것에 대한 머라이어의 슬픔, 전 해에 발생했던 여러 사건들을 루시가 재빨리 회상하는 것을 중심으로 전개된다. 이 장에서 루시는 또한 페기와 폴이 세상을 보는 방식과 그녀 자신의 인식 사이에 분명한 차이를 확인하면서 점차 세계를 보는 자신만의 독특한 시각을 형성하기 시작한다. 루시는 페기와 함께 같은 창문 밖을 내다보지만 그들은 다른 것들을 보고 있다는 것을 인식하는 한편, 폴과의 관계에서도 폴이 자신을 이국적인 대상으로 여기며 소유하려하고 있다는 것을 깨닫는 순간, 페기와 폴과 점차 거리를 유지한다.

이 장의 마지막 부분에서 루시는 어머니에게 마지막 편지를 쓰고 어머니가 다시는 그녀와 연락하지 못하도록 어머니에게 틀린 주소를 알려준다. 그녀는 사진관에서 새로운 일자리를 얻어 경제적으로 독립한 뒤, 자신의 인생에서 좋은 어머니와 같았던 머라이어와도 작별을 고하고 페기와 함께 살기 위해 이사를 한다. 루시는 새로 이사 온 아파트에서 절대적인 고독에 직면하지만, 그런 고독은 그녀로 하여금 자신의 내면과 마주하게 한다. 루시는 신에 도전하여 낙원에서 추방당한 루시퍼

(Lucifer)가 스스로의 힘으로 새로운 왕국을 창조한 것처럼, 루시퍼의 줄임말인 루시라는 자신의 이름을 긍정적으로 받아들이면서 자신도 자신만의 영토의 주인의 되고 스스로의 힘으로 자신의 새로운 공간을 창조할 준비를 한다. 소설의 마지막은 루시가 머라이어가 그녀에게 준 공책에 "누군가를 그토록 많이 사랑해서 그로 인해 죽을 수 있으면 좋으련만"이라는 글을 쓰면서 자유와 더불어 자신에게 닥친 상실감으로 인해 눈물 흘리는 것으로 끝나고 있다(164).

III

『루시』는 킨케이드의 어떤 작품보다도 비평가들의 주목을 많이 받은 작품이다. 이 작품은 이제까지 학자들 사이에서 디아스포라, 식민주의, 포스트콜로니얼리즘, 신식민주의, 흑인페미니즘의 관점에서 많이 연구되어져왔다. 특히 현재 가장 저명한 포스트콜로니얼 이론가중 한 사람인 가야트리 스피박(Gayatri Chakravorty Spivak) 교수는 『포스트콜로니얼 이성 비판』(*A Critique of Postcolonial Reason*)의 「서문」("Preface")에서 "식민주의"와 "포스트식민성"이 형상화되는 방식을 보여주는 한 작품으로서 『루시』를 예로 들고 있다(x). 스피박은 『루시』에 대해 "착취자들에게 들이대는 날카로운 칼날을 하나도 잃어버리지 않는" 강력한 작품으로서 "희생자의 상황에 처해있으면서도 행동을 선택하고 싶어 하는 주체에게는 거부된 사랑하기의 권리/책임"을 주장하고 있다는 점에서 중요한 작품으로 평가한다(x).

그러나 킨케이드의 작품에서 가장 핵심이 되는 주제 중 하나는 바로 어머니라 할 수 있다. 전기 형식의 글인 『내 남동생』에서 "강한 증오심"으로 "나는 한 때 20년 동안 내 어머니를 보지 않았다"고 적고 있는 것처럼(154), 킨케이드가 어머니에 대해 갖는 분노와 수치감은 극복할 수 없을 만큼 크게 킨케이드의 인생에서 트라우마로 자리하고 있다. 킨케이드에게 어머니라는 존재는 한편으로는 사랑, 보살핌, 행복을 제공하는 창조성의 원천으로, 다른 한편으로는 경멸적이고, 억압적이고, 복종을 강요하는 권위적인 존재로 결국 딸과의 고통스런 불화와 분리를 초래하는 양가적인 형태로 재현되어지고 있다. 특히 『루시』에서는 어머니에 대한 증오와 분노가 서사의 중심이 되고 있다. 킨케이드 자신도 "내 창조적인 삶의 비옥한 토양은 내 어머니이다"라고 주장하기도 하고(Cudjoe 222), "내가 작가가 되는 방식은 어머니가 나를 위해 내 삶을 썼고, 그것을 내게 말하는 것이었다"고 적고 있는 것처럼(O'Conner 6), 어머니는 그녀의 작품의 중심에 자리하고 있다.

그런데 킨케이드의 소설들에서 어머니라는 존재에 대해 리자베스 패러비시니-게버트(Lizabeth Paravisini-Gebert)가 "어머니와 모국으로서의 식민지 본국 사이에는 분명한 상호연관성이 있다"고 지적한 바와 같이(27), 킨케이드가 어머니와 겪는 불화는 어머니와의 파괴적인 관계뿐 아니라 제국주의 국가와 영국 식민지 하의 앤티가 문화와의 갈등이라는 또 다른 의미를 담고 있다. 킨케이드 자신도 "나는 유럽과 내가 온 장소[앤티가] 사이의 관계를, 이를테면, 권력을 가진 자와 갖지 못한 자 간의 관계를, 어머니와 딸 간의 관계를 통해 작업을 해 왔다. 딸은 권력을 갖고 있지 못하고, 어머니는 권력을 갖고 있다. 어머니는 딸에게 세상에서 존재하는 법을 보여주지만 그녀의 마음 뒤편에는 딸이 결코 권력을 갖지 못할 것이라고 생각한다 . . . . 그것은 정복자와 정복당한 자 사이의 관계에서도 다르지 않다"라고 지적하듯이(Vorda, "An Interview" 12), 그녀의 작품에서 나타나는 어머니와 딸의 갈등은 어머니/식민주의자와 딸/피식민지인 간의 갈등의 알레고리로서 읽혀질 수 있다. 이에 대해 모이라 퍼거슨(Moira Ferguson)도 킨케이드의 모성애 재현이

“생물학적인 동시에 식민주의적인” 것으로 나타나기 때문에 “그녀의 소설에서 어머니와 딸의 관계가 종종 아주 심하게 표현”되고 있다고 지적한다(1).

이런 상황은 『루시』에서도 그대로 표출되고 있는데 주인공 루시가 “내 과거는 내 어머니였다”라고 서술하고 있는 것처럼(90), 어머니는 물론 어머니가 대표하는 식민치하의 모국도 국외이주의 새로운 삶을 시작하는 현재의 루시의 삶을 압박하고 있다. 그런 점에서 식민지의 권력을 대표하기도 하는 “어머니”라는 존재는 유명한 페미니즘 이론가인 레이 길모어(Leigh Gilmore) 교수도 지적하듯이 영원히 추방하고 극복해야 할 “수수께끼 같은 트라우마의 장소”로 재현된다(104). 그런데 브룩스 부썬(J. Brooks Bouson)은 『루시』를 비롯한 킨케이드의 작품에서 어머니에 대해 갖는 강한 사랑과 증오의 감정이 “수수께끼적”이라는 것은 킨케이드가 성장과정에서 “어머니에게 받았던 학대를 묘사하는 것을 꺼리는 것”이라고 지적한다(12). 실제로 킨케이드의 작품에서 킨케이드가 어머니에게 드러내는 증오와 경멸은 그녀의 자서전적인 삶을 알지 않고는 이해할 수가 없다. 본 연구는 앞에서 서술한 어머니와 딸 간의 관계를 염두에 두면서 둘 간의 관계를 어머니/식민주의자와 딸/피식민지인의 관점에서 분석하고, 루시가 어머니/모국으로부터 겪은 소외와 상실의 트라우마와 그로 인한 분노와 수치심을 이주한 새로운 땅 미국에서 어떻게 극복하고 독립적인 정체성의 형성을 모색하고 있는 가를 살펴보겠다. 이를 위해 본 글은 『루시』를 이해하는 한 가지 방법으로서 이 작품에서 킨케이드가 어머니와의 관계 속에서 형성된 트라우마의 장면을 어떤 방식으로 드러내고 있고, 이런 장면들이 정신분석학적인 관점에서 어떻게 접근되어질 수 있는 가에 초점을 맞추도록 하겠다. 특히 본 글에서 루시의 트라우마의 증상 및 극복과 관련된 정신의학적 분석을 위해 현재 가장 저명한 정신분석가중 한 사람으로 하버드 의대교수인 주디스 허먼(Judith Herman)의 글이 중심 이론 틀로 이용될 것이다.

IV

1. 어머니/모국 트라우마의 반복과 기억

트라우마(trauma)라는 용어는 그리스어에서 온 말로 본래는 몸에 가해진 "상처"를 의미한다. 그러나 트라우마는 의학과 문학에서, 특히 정신분석의 창시자인 지그문트 프로이트(Sigmund Freud)의 저서에서 몸에 가해진 상처로서뿐 아니라 마음에 가해진 상처로 이해되어진다. 프로이트는 『쾌락원칙을 넘어』(*Beyond the Pleasure Principle)*에서 시간, 자아, 세계에 대한 마음의 경험 속에 생긴 균열, 즉 마음의 상처는 몸에 생긴 상처처럼 간단하고 치유 가능한 사건이 아니라 오히려 예상치 못하게 경험되어져서 완전히 알 수도 없고, 그것이 악몽과 생존자의 반복적인 행동 속에서 되풀이되어 발생할 때까지는 의식될 수 없는 사건으로 자아변화, 심지어 자아파괴를 의미한다고 주장하고 있다(39-43). 프로이트의 주장에서 이해되듯이 트라우마는 어떤 결정적인 방식에서 언어를 초월하고, 즉, 언어는 트라우마를 직면하는데 실패하고, 따라서 "트라우마는 언어화된 이야기가 아닌 증상으로 나타나기도 한다" (Herman 1). 그러나 트라우마를 드러내는데 있어 언어는 그것의 불충분함에 직면하기도 하지만 동시에 트라우마의 치료는 자신에게 발생했던 것을 이야기하는데서 출발하므로 언어는 트라우마를 이론화하는데 있어 무거운 짐을 떠맡게 된다. 다른 관점에서 보자면 트라우마는 분명히 표현되어서 공감을 하는 청자에 의해 들려질 때 비로소 존재하고, 치료를 향해 나아갈 수 있다. 그러므로 트라우마가 처음에 플래시백, 악몽들, 감정의 폭발을 통해서 반복해서 말해지는 무의식적 언어는 '기억하기'를 통해 의식적이고 구조적인 언어로 대체되어진다. 이에 대해 허먼도 "트라우마의 증상들에서 회복되는 기본적인 단계는 안전의 확립, 트라우마 이야기의 재구성, 생존자와 그들의 공동체 사이의 연결 복구에 있다"고 주장한다(3).

부썬도 지적하듯이 "킨케이드의 작품에서 기억은 자아 서술의 과정에서 중심이 된다"(10). 킨케이드에게 트라우마를 기억해가는 과정, 바로 "이야기의 재구성"은 과거의 여러 사건들을 다시 복원시키고, 나중에 얻게 된 그 사건들에 대한 지식에 입각해서 정신적으로 계속 성찰해가는 과정을 수반한다. 그리고 그 기억의 한 가운데에 항상 어머니가 자리하고 있다. 킨케이드도 이런 기억하기 과정에 대해 "나는 항상 내 삶, 내 인생의 사건들을 검토한다. 그리고 갑자기 나는 어딘가에 내 어머니와 함께 있었다는 것을 기억한다. 반복해서 나는 내 어머니와 내가 어딘가로 갔고, 단지 이제야 내게 무슨 일이 일어나고 있었는지가 분명해진다"라고 밝히고 있다(Ferguson, "Interview" 183). 킨케이드는 끊임없이 자신에게 트라우마로 남아있는 과거 사건들을 기억하고 성찰함으로써 "무슨 일이 일어나고 있었는지"에 대해 후에 발전된 인식을 확보하고 있고, 이런 과정은 그녀의 지속적인 자아 서술 과정을 정교하게 하거나 교정해 주는 역할을 하고 있다. 특히 킨케이드는 『애니 존』과 『루시』에 나오는 어머니라는 인물에 대해서 "그 인물은 내가 어머니로 인식했었던 사람으로서의 어머니"이고, "나는 어떤 사람도 그녀만큼 우리[킨케이드와 형제들]을 파괴시킬 수 있을 것이라고는 생각지 않는다"고 언급하면서 어머니가 자신에게 끼친 파괴적인 영향력에 대해 언급하고 있다(176).

이렇듯 킨케이드가 자신의 삶에 대해 언급하는 인터뷰에서 유추해 볼 수 있듯이 그림자 같은 어머니와 관련된 트라우마의 이야기는 그녀의 서사에 늘 따라다닌다. 킨케이드는 어머니에 대해 자주 언급하는 것에 대해 "내가 기억하는 것은 옛날이야기들이 아니라 실제 진실이다"라고 밝히면서, 기억의 중요성을 강조한다(Birbalsingh 146). 따라서 킨케이드가 개인적인 과거이든, 역사적인 과거이든, 과거 사건들을 기억하고 다시 회복시켜 이야기를 재구성하는 과정은 『루시』에서 킨케이드/루시가 자신의 트라우마를 청산하고 극복해서 독립적인 정체성을 획득해가는 과정이라 할 수 있다. 루시가 자신이 선택한 국외이주의 새로운 삶에 직면해서 "내게는 기억, 분노, 절망이 있다"고 서술할 때(134), 그녀는 어머니의 냉대와 어머니/모국을 상실한 것으로 인한 절망의 기억과 그 기억을 떠올릴 때마다 커져가는 배신과 분노를 자신에게 자리한 깊은 트라우마와 동일시하고 있다.

허먼이 설명하는 것처럼 트라우마를 경험한 사람은 "반복해서 공포, 분노, 슬픔을 환기시키는 트라우마의 경험"에 의해 감정 상태를 정상적으로 통제할 수 없기 때문에 "기본적인 자아의식을 잃게 된다"(108, 52). 그러므로 기본적인 인간관계를 문제시하게 되는 트라우마의 사건은 "다른 사람들과의 관계 속에서 형성되고 유지되는 자아형성을 파괴할 수" 있다(51). 『루시』에서도 루시가 맺는 여러 인물들과의 인간관계는 어머니와의 관계를 반복하기도 하지만 어머니를 넘어서기 위해 역경멸(counter-contempt)로 되갚거나 어머니가 정한 성(sexuality)의 기준에 저항하는 형태로 나타나기도 한다. 허먼은 "만성적이고 반복적인 트라우마는 속박된 환경에서만 일어난다"고 서술하면서 "피해자가 도망칠 수 없을 때, 그리고 가해자의 통제 아래 있을 때, 트라우마는 반복된다"고 지적한다(74). 허먼은 이러한 상황의 한 예는 "가정안에서도 존재한다"고 지적하면서, 특히 "가정 안에서 여성과 아동이 당하는 속박은 잘 보이지 않는다"고 지적한다(74). 이와 비슷하게 로라 브라운(Laura Brown)도 여성들의 일상 삶의 많은 것은 트라우마를 남길 수 있는데, 그 중에서도 가난은 성폭력 경험만큼이나 만성적인 트라우마의 중요한 요인으로서 상처를 준다고 주장한다(100-12).

루시가 보모로 일하기 위해 루이스와 머라이어 부부 집에 도착했을 때 루시가 머물 방은 미국으로 끌려온 노예들을 상기시키는 "먼 길을 여행한 짐짝이 실려져야만 했던 상자와 같은" 아주 "작은 하녀 방"이다(Kincaid, *Lucy* 7). 또한 그녀가 "내가 집을 떠날 때 나는 하인의 외투를 내 어깨에 감싸고 있었다"고 고백하고 있듯이(95), 루시가 미국으로 오게 된 것은 가족의 경제적 궁핍으로 인한 불가피한 선택이었다. 이것은 킨케이드 자신이 오페어로서 미국에 와서 일했던 그녀의 삶의 이력을 상기시키고 있을 뿐 아니라 가족의 가난이 얼마나 깊이 킨케이드의 실제 삶에서 트라우마로 자리하고 있는 가를 보여주고 있다.

"익사하는 영혼에게 구명정"이라고 생각되었던 미국이었지만(3), "불쌍한 방문객"으로만 여겨지는 뉴욕에서 그녀의 "미래"는 "검은, 더 검은, 가장 검은 것들에 둘러싸인 잿빛 조각"이고(15, 6), "비가 퍼붓고 있는데 어떤 배도 보이지 않는 잿빛의 텅 빈 어두운" 망망대해에 있는 듯 불확실하고 우울하고 암담하기만 하다(6). 이처럼 암담한 미래 속에서 루시는 과거의 족쇄에 묶여서 한 발자국도 나아가지 못한다. 그래서 그녀는 "내 전 삶에서 단 하루라도 내가 떠나온 사람들, 내 자신의 가족들이 이런 저런 방식으로 내 앞에 나타나지 않고 지나갈 수 있을 지 의아했다"라거나, 혹은 "결국 가족이란 너의 목에 맷돌을 매단 것처럼 무거운 짐이 되는 사람들이 아니겠는가?"라고 반문한다(8). 루시는 앤티가와 뉴욕의 두 장소에 사로잡힌 채 어느 곳에도 안주할 수 없는 상태이고, 어머니로 상징되는 과거를 망각하려고 애쓰지만 물리적으로 어머니/모국과 분리되어 있다고 해서 어머니가 덜 강력한 존재인 것은 아니다. 오히려 어머니는 "무거운 짐"으로 날마다 루시를 억누르고 있다.

이런 점에서 볼 때 루시가 백인 여주인 머라이어와 맺는 관계는 두 가지 서사를 포함하고 있다. 첫째, 루시와 머라이어의 관계는 루시가 어머니에 대해 갖는 사랑과 증오를 모두 포함하는 강한 집착의 이야기로 읽힐 수 있고, 다른 하나는 머라이어가 "공모하는 식민주의자"의 권력을 대표하는 이야기로 읽힐 수 있다(Gilmore 115). 루시는 머라이어와의 관계를 통해 미국이라는 새로운 환경 속에서 발생하는 권력관계를 인식하게 됨으로써 생물학적인 어머니와 식민지 본국과의 갈등을 파악하는데 있어 폭넓은 시각을 갖게 된다. 이런 갈등 관계 속에서 루시는 자신의 트라우마의 기억들을 재구성함으로써 서양의 백인 제국주의와 대면하여 피식민지인의 자아 탐색을 모색하고 있고, 하층민 주체의 시각을 대변하는 자신의 목소리를 내고 있다.

『애니 존』에서 애니가 유년시절 어머니와 사는 곳을 "낙원"이라고 묘사하면서 어머니와의 관계를 유토피아의 세계로 설정하는 것처럼 (25), 『루시』에서 루시는 사랑, 행복, 보살핌을 제공하는 "천상의 빛" 속에 사는 "축복을 받은" 원형적으로 '선한' 성모마리아의 이미지로 구현되는 머라이어의 힘에 압도된다(27). 루시가 자신이 일하는 곳의 고용주인 머라이어에 대해 "지구의 반을 돌아 그녀의 아이들을 도우러 온 젊은 여성을 사랑할 수 있다면 그 사람은 바로 머라이어였다"라거나 (27), 혹은 "난 너를 사랑한단다"라는 말을 "확신에 차서 의심 없이 분명하게 진심으로 말할 수 있는" 사람이 바로 "머라이어였다"고 말하듯이 (26-7), 루시에 대한 머라이어의 애정과 관용은 "좋은 어머니"로서의 모습이다(110). "그녀는 새로운 것들을 사기 위해 가게에 간다면 나를 생각해서 내게 또한 뭔가를 사다주었다"고 말하거나 아니면 "그녀는 내게 지불하기로 약속했던 것보다 더 많은 돈을 지불했다"고 루시가 서술하는 것처럼 머라이어가 루시에게 베푸는 관용과 배려는 셀 수 없이 많다(110).

머라이어는 자신의 모든 일상에 루시를 포함시킴으로써 그녀의 인생에서 최고의 것들을 경험하게 하지만 그렇게 하는데 있어 루시도 "그녀가 보는 방식으로 사물들을 보기"를 원한다(35-6). 머라이어가 세상에서 보는 순수한 아름다움은 제 3세계 사람들에 대한 영속화된 억압을 감추고 있기 때문에 자신의 시각을 루시에게 부과함으로써 루시에게 폭력을 행사하고 있다는 것을 머라이어는 의식하지 못한다. 루시는 머라이어의 사랑을 자신의 어머니의 사랑과 비교하면서 머라이어의 사랑에 압도되려는 순간 "난 이미 날 사랑했던 어머니가 있었다. 그리고 난 그녀의 사랑을 무거운 짐으로 여기게 되었고, […] 공포스럽게 여기게 되었다"고 고백한다(36). 루시의 이런 태도는 트라우마를 갖고 있는 사람들에게서 전형적으로 나타나는 현상이다. 허먼은 "트라우마를 경험한 사람이 갖고 있는 최악의 두려움은 공포의 순간이 다시 발생할지도 모른다"는 것이고(86), 성인이 되어서도 계속해서 "버림받고 착취당할지 모른다는 두려움에 시달리게" 됨으로써(111), "기본적인 인간관계에 대한 의문을 제기"하고, "가족, 우정, 사랑, 그리고 공동체에 대한 애착이 깨진다"고 설명하는데 이는 루시에게 그대로 적용될 수 있다(50).

특히 머라이어와 루시 사이에서 발생하는 수선화와 관련된 에피소드는 식민지 백성으로서 루시의 내면에 깊이 각인된 트라우마를 상기시키는 역할을 한다. 머라이어는 이른 봄의 상징으로서 수선화가 땅에서 돋아날 기대감에 기뻐하며 루시도 자신과 똑같은 감정을 느끼게 하려 한다. 그러나 봄을 경험한 적이 없는 루시는 머라이어가 수선화 꽃에 대해 이야기하자 영국식민지 교육체계 하에서 암기해야만 했던 워즈워드의 "수선화"라는 시를 떠올린다. 루시는 학교 조회시간에 부모들, 선생님들, 급우들 앞에서 "수선화"라는 시를 암송해야 했던 것과 이에 대한 압박감으로 노란 수선화 꽃들에 쫓김을 당하다가 넘어져서 수선화 꽃 더미에 매장되는 악몽을 꾸었던 트라우마적 사건을 상기하면서 "한 행, 한 행씩, 한 단어, 한 단어씩 내 기억에서 삭제해버리겠다"는 다짐을 한다(18). 즉, 수선화는 머라이어에게는 봄의 전령사이지만 루시에게는 식민지 억압의 상징이 되고 있다. 그럼에도 불구하고 머라이어는 루시의 비극적인 경험을 의식하지 못하고, 식민주의자의 교활한 책략처럼 자신의 시각을 루시에게 주입하기 위해 속임수를 사용한다. 어느 날 머라이어는 루시의 눈을 손수건으로 가린 뒤 수선화로 가득한 정원으로 데리고 가서 손수건을 풀어주면서 수선화 꽃을 구경하게 하고, 이에 대해 루시는 "나는 이 꽃들이 무엇인지 알지 못했는데도 난 왜 이 꽃들을 죽이고 싶어 하는지가 참으로 의아했다"는 본능적인 거부감을 드러낸다(29).

루시가 머라이어에게 이야기하는 수선화에 대한 수치와 분노는 문화적인 형태들이 어떻게 트라우마를 유발하는 가를 예시하고 있다. 저명한 페미니스트 사회학자이나 정신분석가인 낸시 초도로우(Nancy Chodorow)도 지적하듯이 "어린 시절의 심리적 경험과 문화적 결정은 여과되어지고, 어떤 의미에서 우발적이고, 역사화되고, 개별화되고, 전기적으로 특정의 심리 활동 속에서, 그런 활동을 통해, 개인적으로 구성"되면서 계속해서 개인과 문화 모두에 생생하게 살아있다(4). 루시는 자신의 식민지 교육에 대한 저항의 한 방식으로서 수치감을 당한 개인이 적극적으로 타자에게 수치심을 불러일으키고 모욕을 주는 전략 속에서 식민주의자에게 받았던 경멸을 그녀 자신의 역경멸로 되갚는다. 루시는 수선화가 그녀의 삶에서 드러내는 폭력에 대해 "머라이어, 당신은 열 살의 나이에 열아홉 살이 될 때까지 한 번도 실제로 본 적이 없는 어떤 꽃에 대한 긴 시를 암기해야만 했던 것을 이해할 수 있나요?"라고 대꾸하면서 극도의 분노를 표출한다(Kincaid, *Lucy* 30). 루시는 "정복당한 자와 정복자들의 장면" 속에 머라이어가 "사랑하는 수선화"를 투영시킴으로써 그들 사이에 좁힐 수 없는 역사의 간극을 드러낸다(30). 킨케이드는 루시의 말을 빌어 어머니가 자신에게 준 상처가 그녀에게 증오감을 키웠듯이 모국의 아픈 역사는 삭제되거나 신비화될 수 없음을 상기시킨다. 식민주의, 폭력, 억압의 공포는 사람들의 의식을 형성하고, 세상을 억압자들과 억압당하는 두 부류로 양분한다. 이처럼 각각의 세상은 서로 다른 그들 자신의 시각을 가지고 있다는 것을 루시는 "그것은 그녀의 과실은 아니었다. 그것은 내 과실도 아니었다. 그러나 어떤 것도 그녀가 아름다운 꽃들을 보았던 곳에서 내가 슬픔과 괴로움을 보았다는 사실을 바꿀 수는 없다"라고 인정한다(30).

머라이어는 루시와의 간격을 좁히려는 자신의 시도가 루시에게 더 큰 분노를 유발하고 있다는 것을 깨닫지 못한 채 "내 속에 인디언의 피가 있다는 것을 너에게는 꼭 말하고 싶구나"라고 말하면서 순진하게 억압받는 자들과의 친족관계를 주장한다(40). 루시의 역사를 이해하고 공감하려는 머라이어의 잘못된 시도는 루시를 더욱 소외시키고 자극한다. 그 결과, 루시는 "당신은 어떻게 정복자가 또한 정복당한 자라는 주장을 할 수 있는 거죠?"라고 되받아치거나(41), 혹은 "어떻게 당신은 그런 부류의 사람이 되었죠?"라고 반문함으로써 머라이어에게 수치감을 준다(41). 허먼에 따르면 "어린 시절 학대받은 아이는 분노에 차있으며 때로는 공격적"일 뿐만 아니라 "성인의 삶까지 지속될 수 있는 만성적인 불안과 우울증"을 형성할 수 있다(104, 108). 다시 말해 학대받은 사람은 성인이 되었을 때도 "유년시절의 포로"로 남게 되고, 자신이 집착하는 사람들을 이상화하지만 결국 "자신이 최근에 감탄했던 바로 그 사람을 격렬하게 모욕하는" 불가피한 실망에 직면하게 됨으로써 자신의 과거 트라우마를 기억하고, "구원, 불의, 배신"을 타인과의 관계 속에서 실행시키는 운명에 처하게 된다(110, 111). 게르셴 코프먼(Gershen Kaufman)도 수치심으로 깊은 자아경멸감에 빠져있는 사람은 타자에게 자신의 수치감을 되갚음으로써 "우쭐해졌다고 느끼고," 그들을 "자신의 존엄보다 하위에 있는 열등한" 사람들로 간주하는데(41), 그럼으로써 트라우마에 사로 잡힌 개인은 "수치감에 대항하여 자아를 소외시키게" 된다고 설명한다(100). 허먼과 코프먼의 주장은 루시가 머라이어에게 보이는 말과 태도와 정확히 부합되어진다. 루시는 모국에서 어머니와 식민체제 하에서 선생님들에게서 받았던 모욕적인 경험을 머라이어에게 역경멸로 되갚음으로써 자신의 수치심과 분노에서 벗어나려 한다.

머라이어와 루시의 시각 차이는 머라이어 가족과 함께 기차를 타고 시골 호숫가의 여름 별장으로 가는 중에도 발생한다. 기차에서 머라이어와 루시 간의 관점의 차이는 억압자와 억압받는 자, 식민주의자와 피식민지인 간의 이분법을 계속 반복한다. 저녁식사동안 루시는 "앉아서 식사를 하는 사람들은 모두 머라이어의 친척들인 것처럼 보였고, 시중을 드는 사람들은 모두 나의 친척들인 것처럼 보였다"는 것에 주목한다(32). 또한 기차에서 밤을 보내는 동안 "말을 탄 수천 명의 사람들이 흰 단도로 그녀를 산산조각 내기 위해 쫓아오는" 악몽을 꾸면서 노예제도의 역사와 자신이 잊고자 했던 물질적인 고난이 상기되어지고, 자아가 파편화되어지는 것을 느낀다(32). 이런 쫓기는 꿈은 루시와 머라이어 사이의 인식의 차이를 또 한 번 상기시켜주는 것으로 끝나고 있다. 머라이어가 "갓 쟁기질 된 들판"이 참으로 아름답다고 말할 때 루시는 스스로를 억압받는 자들과 동일시하면서 "글쎄요, 내가 그런 쟁기질을 할 필요가 없어서 감사할 뿐이에요"라고 "잔인한 목소리"로 응대한다(33). 잠재의식의 수준에서건, 의식적인 수준에서건 루시는 머라이어/식민주의자가 쟁기질된 들판의 아름다움을 감상할 때, 그 땅을 열심히 경작한 사람들, 그리고 인식을 확장하자면 그녀에 대한 소유권의 역사를 떠올린다. 그러므로 루시의 가장 큰 두려움은 소유당하는 두려움이다. 루시는 머라이어를 그녀의 어머니와 동일시하면서 "나에 대한 어머니의 사랑은 나를 단지 그녀의 메아리(echo)로 만들려고 의도되어졌다는 것을 알게 되었다. 나는 이유를 알지는 못했지만 내가 누군가의 메아리가 되느니 차라리 죽는 편이 낫겠다고 생각했다"고 고백하며 머라이어의 사랑을 자신에 대한 소유 의지로 받아들인다(36). 루시의 이런 표현을 통해 킨케이드는 『변신』(*Metamorphosis*)에서 오비디우스(Ovid)의 신화인 나르키소스(Narcissus)와 나르키소스에 대한 보상받지 못한 사랑 때문에 결국은 실의에 잠겨 여위어가다가 형체는 사라지고 메아리만 남게 되는 에코(Echo)의 신화를 환기시킨다. 루시가 에코처럼 시들어가는 요정이라면 루시의 어머니는 전지전능한 모든 힘을 가진 "신과 같은" 존재이다(153). 신성한 어머니의 에코 혹은 반영으로서 루시는 자신이 '아니다.' 루시 자신이 "나는 내 어머니였다"라고 고백하듯이(90), 루시의 자아는 어머니와의 관계에서처럼 머라이어와의 관계에서도 깊은 트라우마로 존재하는 어머니의 전도된, 부정적인 타자인 것이다.

2. 어머니/모국에 대한 거부로서의 성적 탐닉

『애니 존』에서 어머니가 "창녀(slut)"라고 모욕을 가함으로써 애니에게 깊은 분노와 수치심을 유발했던 것처럼(102), 『루시』에서도 어머니가 루시에게 남긴 가장 심각한 트라우마 중 하나는 "성녀"와 "창녀"의 가부장적인 이분법의 젠더 기준을 어머니가 구현함으로써 그녀를 매우 제한된 식민지의 흑인 여성의 자리 속에 가두려는 것이다(128). 루시의 어머니는 전통적인 식민지 관습이 요구하는 제한 속에서 자신의 삶을 살면서, 그런 제약을 딸에게도 적용하려하기 때문에 루시에게는 증오의 대상이고, 단절해야만 하는 관계이다. 루시의 현재 삶 속에서 어머니의 힘은 부재 속에서도 커진다. 집에서 온 편지는 어머니/모국을 연결시키는 모티브가 된다. 루시가 어머니에게 지하철을 처음 탔던 흥미로운 경험을 묘사하는 편지를 보냈을 때 루시의 어머니는 루시와 같은 이민 소녀가 지하철에서 한 백인 승객에 의해 목이 베어 살해당한 끔찍한 사건을 알려주는 답장을 보낸다(20). 루시의 어머니는 딸에게 외국에서 여성에게 발생할 수 있는 위험에 대해 상기시킴으로써 딸의 성애를 억압하려는 시도를 하고 있고, 헤어져 있을 때조차도 딸을 겁먹게 하는데 성공을 거두고 있다. 이 편지를 받고 난 후 루시는 너무 무서워서 "문 밖에 내 얼굴을 내미는 것조차 두려웠다"고 실토한다(20). 그러나 그 때 루시는 실제 위험은 앤티가에서도 존재하고 있었다는 것을 회상한다. 루시는 악마에게 혼을 빼앗겼다고 여겨져서 아버지에게 구타당하다가 바다를 건너야만 했던 급우를 떠올리면서 "한편으로는 자신이 볼 수 없는 한 남성에 의해 매를 맞고 있는 한 소녀가 있고, 다른 한편으로는 자신이 볼 수 있는 한 남성에 의해 목을 베이고 있는 한 소녀가 있다고 나는 생각했다. 이 거대한 세상에서 왜 내 삶은 이 두 가지 가능성으로 축소되어야만 하는가?"라고 반문하면서 모국에서의 가정 폭력에도, 외국에서의 인종 폭력에도 굴복하지 않겠다고 다짐한다(21).

루시가 어머니를 잊고자 하는 의지와 어머니에 대한 증오는 어머니가 보낸 편지에 대해 보이는 반응에서 분명해진다. 루시는 "나는 […] 내 가슴을 태우는 편지들을 내 브래지어 속에 넣고 내가 가는 곳은 어디든지 함께 지니고 다녔다. 내가 그렇게 한 것은 사랑과 갈망의 감정이 아니라 […] 증오의 감정에서였다"라고 서술하면서 그 편지들을 읽지 않는다(20). 그러므로 앤티가에서 온 편지들은 읽혀지지 않은 채 감춰지고 보관되어지는데 그것은 사랑이 아니라 증오에 근거한 것이고, 루시의 증오는 살갗을 "태우는" 앤티가의 더위만큼이나 열렬하다. 그러나 루시가 시인하듯이 "사랑과 증오는 나란히 존재"한다(20). 루시가 "만일 내가 한 통의 편지라도 읽는다면 난 어머니가 보고 싶어 죽을 것이다"라고 고백하고 있듯이(91), 편지를 읽지 않는 것은 어머니에 대한 증오만큼이나 자신 속에 자아의 일부로 자리한 어머니의 힘에 압도당할 것이라는 두려움이 그 기저에 깔려있다.

페미니스트 이론가이자 시인인 에이드리언 리치(Adrienne Rich)는 딸이 어머니와 맺는 역설적 관계와 그 속에서 형성되는 딸의 주체성을 "모성공포증(matrophobia)"이라는 용어로 설명하고 있다(235). 리치는 "아마 인간 본성에 있어서 생물학적으로 유사한 두 몸 사이의 에너지의 흐름보다 더 크게 공명하는 어떤 것도 없다. 그 두 몸 중 한 몸은 상대방의 양막 속에 행복하게 누워있었고, 다른 한 쪽은 그 타자를 출산하는 고통을 겪었다. 두 몸은 가장 깊은 상호관련성과 가장 고통스런 소외 때문에 이곳에 있다 . . . . 그러나 그 관계는 가부장제의 연대기 속에서 최소화되고 사소하게 되어져왔다"라고 주장하면서 어머니와 딸의 관계는 젠더 차이와 여성의 특이성에 근거하는 것임을 강조한다(225-26). 즉, 딸들은 자신의 어머니들이 자아증오의 타협을 가르치고, 여성 존재의 제한과 강등을 전달해 온 것으로 여김으로써, 딸들은 "어머니가 되는 것에 대한 두려움"인 "모성공포증"을 갖게 되었다는 것이다(235). 리치는 "모성공포증의 정도까지 어머니를 증오하는 곳에서 그녀를 향한 깊은 기저의 끌림"이 있을 수 있고, 어머니를 증오하지만 그 기저에는 어머니에 대한 긴장을 늦추어 버린다면 자신도 어머니와 "완전히 동일시 될 것이라는 두려움이 있다"라고 이 현상에 대해 설명한다(235). 리치의 주장은 루시의 심리 상태를 잘 설명해 준다고 할 수 있다. 머라이어에 대해서도 "내가 머라이어를 사랑할 때마다 그것은 내게 어머니를 생각나게 하기 때문이었다. 내가 머라이어를 사랑하지 않을 때마다 그것은 내게 어머니를 생각나게 하기 때문이었다"고 밝히고 있듯이(Kincaid, *Lucy* 58), 루시는 모든 관계를 과거 어머니와의 관계에 근거하여 설정하고 있고, 어머니 혹은 머라이어에 대한 감정은 사랑과 증오, 좌절과 만족이 서로 교차하는 양가적 태도로 표출된다.

루시가 자신이 증오하는 어머니라는 트라우마에서 벗어나려는 행동 중 하나는 어머니가 강조했던 역할들을 거부하는 것이다. 그렇기 때문에 다이앤 시몬스(Diane Simmons)가 지적하는 것처럼 "루시의 자아의식은 우선 자아부정 속에서 형성되어진다"(122). 루시는 "자신"만의 첫 "실제 과거"인 첫 겨울을 보낸 후(Kincaid, *Lucy* 23), "무겁고 단단한" 어떤 것이 그녀에게 "머물러 살고 있음에 틀림없다"고 서술하면서 한 남성 때문에 다른 여성과 싸우다가 감옥에 다녀온 "오른 쪽 뺨에 큰 상처"를 갖고 있는 여성인 실비(Sylvie)에 대해 회상한다(24). 실비는 앤티가 사회에서 부도덕한 여성을 의미하는 낙인이 찍힌 여성으로 그 사회에서 추방당한 여성이다. 낙인은 역사적으로 "심한 불명예나 수치를 가져오는 속성"을 가리키는 말로 노예, 범죄자, 또는 반역자와 같이 도덕적으로 오점이 있거나 의식상 흠이 있기 때문에 기피해야 할 인물, 특히 공공장소에서 거부해야 할 인물임을 알리는 역할을 했다(Goffman 3). 그러나 루시는 "굵직하고 거친" 목소리로 표현된 실비의 부정적이고 도전적인 정체성과 스스로를 동일시하면서 "그런 식으로 나는 굵직하고 거친 것들은 삶, 실제 삶의 시작이라고 생각하게 되었다. 내가 결국 내 뺨에 상처를 낼 수는 없지만 난 결국 틀림없이 어딘 가에 상처를 가진 채 끝날 것이다"라고 예측한다(25). 어머니의 기준에서 보자면 부정적인 실비를 자신의 자아상으로 받아들이는 것이다.

실비와는 달리 머라이어는 "마치 그녀가 결코 누군가와 남자를 놓고 다툰 적이 없는 것처럼, 결코 전혀 다툴 필요가 없는 것처럼, 잘못을 저질러서 감옥에 갈 일을 한 적이 결코 없는 것처럼" 보이고 "뺨이나 그 밖의 어느 곳에도 어떤 종류의 상처도 오점도 가지고 있지 않다"(27). 그러나 루시는 머라이어의 완벽함이 환영에 불과하다는 것을 발견한다. 머라이어의 낙원은 "그녀가 사랑한 유일한 남자였던" 남편 루이스가 자신의 친구 다이나와 사랑에 빠져서 자신을 배신했다는 것을 알았을 때 무너진다(81). 이제 루시는 "로마제국의 실제 멸망"을 보면서 머라이어를 더 이상 제국권력의 대표자로 인식하지 않는다(88). 오히려 루시에게 머라이어는 어머니의 친구 실비처럼 사랑의 상처를 가진 한 여성으로서 낙원에서 추방당한 무기력하고 "공허한 늙은 여성"이다(46). 그러나 보호받는 낙관적인 삶을 살아온 머라이어는 루이스의 변심에 적응하지 못한다. 이와는 대조적으로 루시는 다이나와 루이스 사이에서 발생하고 있는 것을 정확히 간파할 수 있는 삶을 체득해 왔다. 그래서 루시는 머라이어에게 "당신의 상황은 매일 일상적으로 일어나는 일이에요. 남자들은 항상 이런 식으로 행동해요 . . . . 루이스와 같은 남자들은 전혀 놀라움의 대상이 아니에요"라고 말하고 싶은 충동을 느끼면서(141), "여러 여성들" 사이에서 "서른 명의 자식을 낳은" 자신의 아버지와 상류층의 백인 남성인 루이스를 동일시한다(80). 루시는 루이스에 대해 "그의 위치 속에 있는 남성은 항상 자신이 원하는 것을 정확히 알고 있었고, 그래서 모든 것은 그를 위해 행해졌다"라고 말한다(119). 즉, 루이스는 상류층 백인 남성의 "교양 있고" "친절한" 그 이면에 제국주의자의 음흉함을 감추고 있고, "은밀한 방식으로 공격"을 가하는 "야비한 사람"인 것이다(119). 이처럼 백인 제국주의자와 식민치하의 가부장법에 사로잡혀 있는 남성들은 모두 그들의 행위 뒤에 숨은 동기가 자신의 욕구를 만족시키는 것이며 따라서 루시에게는 루이스와 자신의 아버지는 같은 부류이고, 경멸의 대상들이다.

이 지점에서 루시는 머라이어와의 관계를 불안해하면서도 머라이어를 객관적으로 볼 수 있게 되고, 또한 머라이어와 어머니의 차이점을 분간할 수 있는 분별력을 갖게 된다. 루시가 머라이어와 맺는 관계는 분명히 앤티가에서 어머니/모국과 맺었던 관계를 반복하고 있기는 하지만 그 두 사람의 관계는 "치유의 관계"라 할 수 있다(Herman 133). 허먼에 따르면 "심리적 트라우마를 경험한 사람들은 힘을 빼앗겼고, 다른 사람과 단절되었다. 그러므로 생존자가 역량을 강화하고 다른 사람과 새로운 연결을 생성할 때에 회복할 수 있는 토대가 생성된다. 회복은 관계를 밑바탕으로 이루어질 수 있으며 고립 속에서는 일어나지 않는다"(133). 이전에 머라이어와 대립하면서 스스로를 규정했던 루시는 이제 공통적인 경험을 통해 머라이어와 자신을 동일시 할 수 있다. 머라이어처럼 루시는 자신의 인생에서 사랑의 대상을 잃었지만 사랑의 상실을 인간 조건의 보편적인 양식으로 여기게 됨으로써 자신의 슬픔에 덜 예민해지고, 자신을 좀 더 깊이 있게 통찰하게 된다. 그럼으로써 루시는 어머니의 사랑을 상실한 것에 집착하는 것이 아니라 어머니와의 불화의 가장 큰 요인 중 하나이자 깊은 트라우마로 자리한 성애를 탐구하기 시작한다. 루시에게 몸은 그녀의 자아의 일부로 남아있는 어머니와의 분리를 꾀하고 개별화를 획득하는데 있어 가장 중심적인 장소가 되고 있다. 이처럼 루시는 스스로를 욕망의 대상으로 여기기보다는 욕망하고, 즐기고, 거부할 권리를 가진 적극적인 성적 주체로 스스로를 만들어간다. 그녀는 어머니가 금기시하는 "창녀"의 정체성을 실행에 옮김으로써 어머니/식민주의자의 권위에 대항하는 반역을 꾀하는 것이다.

루시의 첫 번째 성적 접촉은 다이나의 남동생인 휴(Hugh)와의 관계를 통해서인데, 휴와 키스한 후 루시는 "내가 알고 있었던 어떤 것을 넘어서서 내 자신을 즐기고 있다"고 서술하면서 스스로를 성적 주체로 설정하고 있다(66). 그러나 휴의 존재는 루시로 하여금 간접적으로 집에 대한 기억과 어머니에게 사로잡혔던 기억으로 되돌아가게 한다. 처음으로 루시는 휴와 정사를 나눈 후 자신을 "보호하는" 것, 바로 피임하는 것을 잊었다는 것을 깨닫고, 어머니가 알려주었던 피임과 관련된 "특별한 약초들"을 떠올리면서 "내가 결혼하지 않은 채 임신한 걸 어머니가 아느니 죽는 편이 낫다"라고 생각한다(70). 루시는 계속해서 "나는 휴와 사랑에 빠지지는 않았다. 사랑에 빠진다는 것은 현재의 내 삶을 너무 복잡하게 할 것이라는 걸 알고 있다. . . . 새로운 유대관계를 만드는 것은 내 마음속에 없다"라고 생각하면서 자신의 쾌락이 사랑과 연관된 것은 아니라는 점을 분명히 한다(71).

루시의 친구 페기를 통해 만나게 된 폴과의 관계도 마찬가지이다. 폴과의 성관계는 루시에게 어머니가 그녀를 비난할 때 썼던 "창녀"가 기꺼이 됨으로써 어머니에게 도전하는 것이다(127). 루시는 항상 "폴과의 정사에 몰두하고" 그 정사에 대해서 "내 삶의 이 부분은 내가 알지 못했던 모험"이고, "그런 쾌락이 존재할 수 있다니. 더구나 내게 가능하다니"라고 표현하면서(113), "얼마 전까지도 멸시했던" 그런 "쾌락과 위선으로 가득한 웃음"을 짓는 그런 여성으로 변화를 꾀한다(100). 그러나 폴이 먼 이국땅의 '원주민'을 통제하려는 식민주의자의 욕망으로 그녀의 "하체를 천으로 가리고, 상체를 벗게 한 채 사진을 찍었을" 때, "그 순간은 그가 나를 어떤 식으로든 소유했다고 생각한 때이고, 내게는 바로 그 순간이 그에게 싫증이 난 순간이었다"고 루시가 고백하듯이(155), 둘 간의 관계도 사랑이 아닌 쾌락에 근거한 관계이다. 루시는 폴이 어머니/식민주의자가 규정한 그런 젠더 기준으로 여성의 순수와 복종에 대한 여성다움의 제식을 자신에게 요구하고, 그녀를 "멀리서 온" 이국적이고 "신비스런 역사"를 가진 대상으로 취급할 때(156), 그 관계를 끊어버림으로써 의식적으로 어머니/식민주의자의 식민화 프로젝트에 저항한다.

루시가 페기와 맺는 우정도 어머니에 대한 증오에서 비롯된다. 루시가 공원에서 만나 알게 된 아일랜드 출신의 페기는 루시의 어머니와 머라이어가 인정하지 않는 여성의 젠더 기준을 드러내는 "나쁜" 소녀이다(63). 페기는 담배를 피우고, 속어를 사용하고, 꽉 끼는 청바지에 모조

뱀가죽 부츠를 신고 있고, 자신의 머리를 빗지도 않는다(60). 두 소녀는 마리화나를 피우고, 남성들과의 섹스에 대해 이야기하면서 함께 시간을 보낸다(63). 페기의 이런 모든 반역적인 행동은 루시에게는 도전적인 자아 구현으로 보인다. 그러나 루시가 페기와 맺는 우정은 머라이어와 루시의 어머니 사이의 시각 차이를 드러내는 한 예가 된다. 머라이어는 페기를 집이나 아이들에게 데려오는 것을 금지시키지만 페기가 루시에게는 중요한 친구라는 것을 인정하기 때문에 토요일에 밖에서 만나는 것을 허락한다. 이에 대해 루시는 "내 어머니는 아마 내 욕망이 그녀의 소망보다 더 중요하다는 것을 결코 알지 못했기 때문에 머라이어는 내 어머니보다 우월했다"라고 인정한다(63-4). 그러나 루시가 반역적인 페기와 우정을 지속하는 것도, 루시가 여러 남성들과 성관계에 몰두하는 것도 모두 어머니가 구현하는 식민지의 가부장적인 젠더 기준에 대한 역경멸을 드러냄으로써 어머니의 권위에 대항하려는 투쟁이다. 루시의 어머니는 물리적으로 루시와 함께 있지 않지만 루시에 대한 장악력은 여전히 매우 강했기 때문에, "나무랄 데 없는 깨끗한 처녀"가 되라는 어머니의 교육에 대해 루시는 자의식적으로 성적인 탐닉을 통해 어머니와 자신을 분리시키고 있다(97).

3. 트라우마로 존재하는 어머니/모국과의 분리와 단절

『루시』에서 어머니에 대한 루시의 기억의 대부분은 어머니를 향한 강한 증오에 초점이 맞추어져 있지만 킨케이드는 루시의 분노의 근원을 설명하는 것을 미룰 뿐 아니라 어머니와 루시가 맺는 불화에 대한 자세한 설명을 제공하지도 않는다. 부썬이 지적하는 것처럼 『루시』에서 킨케이드는 "자신의 개인사의 수치스럽고 트라우마로 남아있는 몇몇 양상들을 반쯤은 은폐하면서 생략과 양가성(ambivalence)을 되풀이한다"(81). 머라이어가 루시에게 "넌 매우 분노로 가득한 아이야. 그렇지 않니?"라고 말하고 있지만(Kincaid, *Lucy* 96), 실제로 루시의 분노, 더 나아가 킨케이드의 분노를 표현하는데 있어, 작가는 딸에 대한 어머니의 잔인함을 자세히 묘사하는 것을 꺼리는 것으로 보인다.

루시는 어머니의 편지를 읽지 않겠다고 결심한 후 "열아홉 통의 편지"를 뜯지 않는다(91). 그러나 루시의 어머니는 어머니의 대모인 모드 퀵의 모습으로 루시가 거주하는 아파트에 나타나고, 모드의 방문은 루시의 인생에서 극적인 변화를 특징짓는다. 루시는 모드의 출현을 통해 어머니의 학대에 대한 감추어진 비밀을 회상하고 있는데, 모드는 학대하는 억압적인 "나쁜" 어머니를 구현하고 있다(111). 루시의 어머니가 모드를 딸 루시에게 "모범이 되는 예"로 생각했다면, 어린 시절 잠시 모드의 보살핌 하에 맡겨졌었던 루시는 모드를 자신을 괴롭혔던 "혐오스런" 사람으로 기억한다(111). 루시는 모드가 자신을 벌주기 위해 뚜껑을 꽉 닫은 채 통 속에 집어넣겠다고 협박했고, 좁은 옷 광주리 속에서 잠을 자라고 루시에게 협박했던 일화를 기억하면서 "나는 그녀를 내 자신의 교도관으로 생각하곤 했다"고 언급한다(111-12). 루시는 자신을 벌주고 학대하던 어머니를 대신하는 억압자와 갑자기 직접 대면하게 되었을 때, 소녀시절 자신을 하찮게 취급하고 학대하고 상처 입혔던 감정이 되살아나는 것을 느낀다. "그녀[모드]가 내 이름을 말했을 때 나는 마치 지구의 중력이 모아져서 단지 내게로 쏠리는 것처럼 느꼈다. 나는 온 세상을 짊어진 하나의 작은 점이 되었다"고 서술하듯이(121-22), 루시는 심한 수치감에 압도되어 자신이 무의미한 존재인 것처럼 작아지는 듯한 혼미한 감정에 휩싸인다.

모드는 루시에게 아버지의 사망과 어머니의 극심한 빈곤 상황을 전하러 온다. 어머니의 불행과 궁핍을 전해들은 루시는 절망과 죄책감에 사로잡힌 채 막 무너지려는 순간, "널 보니 정말 너의 어머니가 생각나는구나"라는 모드의 말과 독선적인 웃음에 급격한 감정 변화를 보인다

(123). 어머니에게서 벗어나려는 루시로서는 어머니와 같다는 것은 이 세상에서 어떤 대가를 치르고서라도 가장 원치 않는 모습이다. 모드의 이 말은 깊은 수치심을 자극하고, 루시는 "난 어머니와 비슷하지 않아요. 어머니와 전 닮지 않았어요. 어머닌 아버지와 결혼하지 말았어야 했어요. 아이들을 낳지 말았어야 했어요 . . . . 전 전혀 어머니와 닮지 않았어요"라고 말하면서 분노를 터트린다(123). 이 지점에서야 비로소 킨케이드는 그녀의 인생에서 어머니와의 분리를 초래하게 한 깊은 트라우마의 뿌리를 확실히 드러낸다. 루시는 남동생들이 태어난 후 부모님이 그녀를 방치하고, 오직 아들들에게만 몰두했던 것을 고통스럽게 회상한다. 바로 이 부분에서 킨케이드의 이전 작품들에서 침묵했던 그녀의 인생의 가장 큰 트라우마가 폭로된다. 루시는 머라이어에게 어머니의 배신과 그로 인해 어머니/모국을 상실하게 된 상황을 다음과 같이 폭로한다.

> 제가 아홉 살 때까지 자식은 저 혼자였죠. 그런 뒤 5년 동안 엄마는 세 명의 남동생을 낳았어요. 새 아이가 태어날 때마다 매번 엄마와 아버지는 서로에게 아주 진지하게 새로 태어난 아이는 영국에 있는 대학에 들어가서 의사나 변호사 혹은 사회에서 중요하고 영향력 있는 위치를 차지할 사람이 될 거라고 말했죠. 저는 아버지가 나를 배제한 채 이런 말을 자신과 같은 성인 아들들에게만 하는 것을 꺼리지 않았어요. 아버지는 날 전혀 알지 못했어요 . . . . 그러나 엄마는 자신을 잘 알고 있는 것만큼이나 나를 잘 알고 있었죠. 그 당시 난 엄마와 내가 똑같다고 생각했죠. 엄마가 아들들이 해낼 일들을 생각하면서 너무나 자랑스러워서 눈에 눈물이 가득했을 때 나는 칼이 내 심장을 뚫고 지나가는 고통을 느꼈어요. 왜냐하면 엄마와 아주 유사한 상황에 있는 딸자식인 나를 바라보는 것 속에는 어떤 계획도 없었기 때문이죠. (130)

이 부분은 킨케이드의 "아버지가 친부가 아니라는 사실"을 상기시키고 있고, 또한 남동생들이 태어나면서 어머니의 사랑을 잃은 것에 대해 얼마나 수치스러워 했는지, 그리고 "가족이 빈곤한 상황에 처하게 되면서 고등학교를 중퇴하고 남동생들을 돌보아야만" 했던 자신의 삶의 이력과 그것들이 얼마나 크게 킨케이드의 인생에서 트라우마로 자리하고 있는 가를 고백하는 장면이다(Brancato 21). 루시가 자신의 어머니를 "유다 여사(Mrs. Judas)"라고 부르는 것도 바로 이 시점이고, 어머니/모국과의 "분리를 계획하기 시작한 것도" 바로 이 때이다(Kincaid, *Lucy* 130). 루시가 머라이어에게 고백하듯이 어머니와 딸 간의 고통스런 분리는 남동생들이 탄생한 후 딸이 겪었던 어머니의 냉대의 결과이자 식민지의 가부장 체계 속에서 여성이라는 것의 의미를 깨달은 것의 결과이다. 한 때 "신처럼" 여겨졌던 어머니는 딸의 시각에서는 "유다 여사" 바로 배신자로 전복되어진다(150). 부분적으로 루시는 자신이 여태껏 모은 돈을 모두 어머니에게 보냄으로써 딸로서의 책임 있는 행동을 다한다. 그러나 루시는 어머니에게 죽어서까지 장례비용 빚을 남기는 그런 남자와 어떻게 결혼할 수 있었는가를 물으면서, 어머니에게 결코 다시는 "집에 돌아가지 않겠다"는 냉랭한 비난조의 마지막 답장을 엉터리 주소와 함께 보낸다(127). 루시는 "어린 시절의 교육은 내가 창녀가 되지 않게 하는 것에 바쳐졌지만" 어머니의 양육은 "실패"했고, 실제로 "창녀처럼 사는 삶이 아주 즐겁다"는 내용도 덧붙이면서 어머니와의 영원한 단절을 결정한다(127-28). 이 장면은 『애니 존』에서 애니가 남자아이들과 몇 마디 나눈 것에 대해 어머니가 애니를 "창녀"와 같은 행동을 했다고 비난함으로써 딸에게 수치와 모욕을 주었던 장면을 연상시키면서(102), 어머니가 주었던 모욕에 대해 역경멸로 되갚는 장면이다. 루시는 분노에 차서 어머니의 규범들에 도전하고 자신에게 깊이 자리한 수치심에 대한 반작용으로서 "뻔뻔스러움(shamelessness)의 방어기제"를 이용한다(Bouson 83). 부썬이 지적하듯이 "수치에 대한 고전적인 방어인 뻔뻔스러움은 수치와 함께 동반하는 무력함과 상처받은 감정에 대항하여 자신을 방어하는 역할을 한다"(83).

허먼은 "자기방어"는 "트라우마와 싸우는" 한 방법으로서 피해자는 "자기방어" 과정을 통해 "트라우마에 의해 부서지고 파편화된 '행동체계'를 다시 구축할 수 있게" 되고(198), 또한 "가족의 비밀"을 털어놓음으로써 "수치심, 죄책감, 책임감이라는 무거운 짐을 내려놓는다"고 설명한다(200). 루시가 머라이어에게 수선화에 대한 분노를 털어놓거나, 자신의 출생과 어머니의 배신에 대해 털어놓는 장면은 루시가 트라우마적 사건들을 기억하기를 통해 회복의 단계로 나아가려는 의지로 볼 수 있다. "이야기의 재구성"은 트라우마를 치유하는 과정에서 반드시 거쳐야할 중요한 단계이다. 비록 그 과정에서 기억하기 싫은, 억압해버린 과거를 다시 떠올리고 분노와 절망의 단계를 거치더라도 기억하고 이야기하는 과정은 치유를 향한 한 과정이라 할 수 있다. 킨케이드 자신도 엘리너 와첼(Eleanor Wachtel)과의 인터뷰에서 "만일 당신이 어떤 것에 수치스러워한다면 당신은 그것의 지배하에 놓이게 될 것이다"라고 말하면서 "당신은 그것[수치감]을 말해야만 한다. 그것을 말하지 않는다면 그것이 사람들로 하여금 당신에게 힘을 행사하게 할 것이기 때문이다"라고 밝히고 있다(64). 따라서 기억하고 이야기하기는 킨케이드가 어머니와 식민지모국의 억압적인 힘과 트라우마에서 벗어나기 위해서는 반드시 필요한 작업이라 할 수 있다. 그런 점에서 머라이어는 루시가 자신의 자전적인 삶과 역사, 가족사와 자신의 이야기를 상세히 재구성해서 작가로서의 정체성을 형성해가는 과정에서 루시의 첫 청자라 할 수 있다.

마지막 장인 「루시」("Lucy")는 "다시 새로운 시작"을 위해 루시가 자아성찰을 하는 것으로 끝나고 있다(133). 루시는 "아버지가 죽었다는 소식을 들었던 날 밤" 그녀 자신의 분리된, 독립적인 정체성을 막았던 모든 사람들에게 작별을 고하면서 새로운 삶을 준비한다(138). 루시는 과거 어머니/식민주의자가 되기를 원했던 자신의 모습에 대해 "나는 어떤 것들을 할 것이고, 그런 일들 중 어떤 일도 괜찮다고 생각했던 그런 소녀였다. 이를 테면 간호사라는 직업을 택하고, 부모님께 의무를 다하고, 관습법에 복종하고 숭배하는 그런 소녀. 그러나 집을 떠나 일 년을 보내면서 그 소녀는 존재하지 않게 되었다"고 서술하고 있다(133). 미국에서의 첫 일 년 동안 어머니/식민주의자라는 트라우마를 극복하고 새로운 정체성을 모색하는데 있어 루시의 가장 분명한 전략은 자아부정 속에서 이루어지고 있다. 루시는 "이제 너의 과거[어머니]는 현재의 너라는 사람이 더 이상 아니고, 현재의 너의 상황도 더 이상 아니다"라는 말을 하면서 자신의 자아의 일부였던 어머니/모국을 타자화하면서 영원한 분리를 확고히 하고 있다(137). 이 지점에서 루시는 더 이상 과거의 어머니/모국 트라우마에 종속되어 있다고 느끼지 않는다. 그녀에게 이제 남은 과제는 자신이 되고 싶은 사람이 되는 것이다.

루시는 또한 자신의 독립을 위해서는 자신의 "좋은 어머니"이기도 한 머라이어를 떠나야만 한다는 것도 알고 있다. 루시는 "내가 하인이어야만 하고 그녀가 주인이어야만 한다는 것을 주장하는 것은 그녀에게 마지막 안식처였다. . . . 주인의 일은 그녀에게는 전혀 어울리지 않았다. 그런 식으로 그녀를 보는 것이 나를 슬프게 했다"라고 머라이어의 행동을 이해하고 동정하면서 어머니에게는 확장시킬 수 없는 그런 절제를 실행에 옮기며(143), 식민주의자의 흔적에 대해 머라이어를 기꺼이 용서하려 한다. 후에 루시는 "우리는 다시 친구가 되었다"라고 서술하는 것처럼(162), 이제 진정한 대화는 주종관계가 아닌 대등한 친구로서 두 여성들 사이에서 시작될 것임을 시사하고 있다.

V

트라우마의 치유와 극복을 향해

소설의 끝부분에서 루시는 머라이어의 집을 나와 페기와 함께 아파트에 살면서 자신만의 방을 확보한다. 새로운 직업은 그녀가 항상 원했던 재정적인 독립과 혼자만의 고독을 제공해 준다. 계절은 『루시』가 시작되었던 겨울로 되돌아가는 순환적 구조를 보인다. 이 부분에서 루시는 처음으로 자신의 이름이 "루시 조지핀 포터(Lucy Josephine Potter)" 임을 밝힌다(149). 그녀에게 이름들, 명명하기, 재명명하기는 자아정의, 자아교정, 자아소유, 자아창조에 필수적이다. 루시는 "조지핀"이라는 이름은 쿠바에서 사탕수수 농장으로 큰 부를 획득하지만 결국 빈곤으로 죽은 어머니의 외삼촌인 "조지프(Joseph)"의 이름을 따서 지은 것이고, "포터"는 루시의 노예조상들을 소유했던 영국인의 이름을 따서 지은 것이라고 적고 있다(149). 루시가 어머니에게 나중에 왜 자신의 이름을 루시로 지었는지 물었을 때 그녀의 어머니는 "'사탄의 이름을 따서 너의 이름을 지었다. 루시퍼(Lucifer)를 줄인 이름이 루시(Lucy)다. 너를 임신했을 때 얼마나 속상했는지'"라고 작은 목소리로 말해 준다(152). 어머니의 이 말은 바로 킨케이드 자신의 사생아 신분을 떠올리게 하는 말로 킨케이드는 자신의 출생의 비밀을 은폐하면서 동시에 폭로하고 있다. 그러나 이 시점에서 루시는 자신에 대해 어머니가 모욕적으로 지은 이름인 루시를 도전적으로 받아들이면서 자신의 이름의 의미를 알고, 그래서 자신이 "누구인지," 즉, 자신의 출생에 대해 "알게"됨으로써 "부담스럽고, 오래된, 지친 감정에서 가볍고, 새로운, 분명한 감정으로 바뀌어 갔다"고 고백한다(152). 그녀는 기존의 질서와 규칙들에 도전하도록 만들어진 "악마 같은" 루시퍼의 "나쁜" 정체성과 힘을 자신과 연관시키면서 자신의 이름이 루시퍼의 이름을 따서 지어졌다는 사실이 자신의 삶을 "실패에서 승리"로 바뀌게 했고(152), 자신의 이름을 "활짝 포용하게 되었다"고 서술한다(153). 루시퍼가 천국에서 추방되어 새로운 땅에 정착했듯이 루시는 "신과 같은" 어머니가 있는 천국/모국을 떠나 새로운 땅 미국에서 루시퍼로서 미래의 자신의 삶을 개척하겠다는 자아실현 의지를 피력하고 있다.

그러나 루시가 트라우마로부터 완전히 회복되기 위해서는 자신과의 진정한 화해와 자신에 대한 애정을 회복해야 하는 과제가 남아 있다. 허먼은 "스스로 주인이 되려면 트라우마가 만들어낸 허위 자기와 절연해야 한다"고 설명한다(203). 루시는 자신의 본질의 일부분이라고 느꼈던 어머니/모국과 결별하고 이에 대해 분노하는 것이 아니라 "애도(mourning)" 함으로써 자신과 화해하고 재탄생한다(188). 루시가 작가로서 어머니/식민주의자의 권위에서 벗어나 재탄생하는 것은 물의 이미지로, 좀 더 구체적으로는 눈물의 이미지로 나타난다. 트라우마를 극복하고 치유하는 단계에서 "깊이 애도하는데 전념"하는 것은 "가장 필요하면서도 가장 힘겨운 과제이다"(188). 그런데 허먼은 애도는 용서나 복수와는 분명히 다른 개념임을 밝히고 있다. "복수 환상을 반복하게 되면 트라우마를 경험한 사람의 고통은 사실상 증폭"되고(189), "용서 환상도 가혹한 고문"으로 "평범한 인간들의 영역을 벗어난" 신성의 영역에 속하는 것이다(190). 허먼은 "비탄을 포함하여 감정을 완전히 느끼는 것은 가해자에게 복종하게 된 것이 아니라 저항의 행동"이라고 설명한다(188). 『루시』의 마지막 부분에서 루시는 자신의 이름을 "루시 조지핀 포터"라고 머라이어가 준 공책의 첫 페이지에 적는다(163). 그리고 "많은 생각들이 스쳐 지나갔지만" 그녀는 "누군가를 그토록 아주 많이 사랑해서 그로 인해 죽을 수 있으면 좋으련만"이라고 쓸 수 있을 뿐이다(163-64). 루시는 "내가 이 문장을 보았을 때 큰 수치감이 나를 엄습했고 나는 너무 많이 울어서 눈물이 공책 위로 떨어졌고 모든 단어들을 아주 얼룩지게 했다"고 서술하고 있다(164). 파괴해버린 사랑을 원하는 수치심과 강한 감정의 복받침으로 인해 루시는 울음을 터트리고, 떨어지는 눈물이 공책에 쓴 "모든 단어들을 지워버려서 큰 얼룩이 생긴다"(164). 페이지 위에 떨어진 눈물의 흔적은 감정적이고, 심지어 죽을 수도 있는 사랑의 구체적인 방출을 통해 기존의 서사를 삭제한다. 이처럼 루시는 수치스럽고, 궁극적으로는 자기 부정적이고 파괴적인 욕망으로부터 자신의 몸과 마음을 정화시킨 후, 한없이 애도로 침잠하면서 끝없이 눈물을 흘린다. 눈물, 바로 물은 재탄생을 의미하고, 카타르시스를 통해 회복의 단계로 나아가는 것으로 해석해 볼 수 있다. 그녀는 트라우마의 치유 과정에서 상실한 사랑/어머니를 애도하면서 외적으로뿐 아니라 내적으로도 독립적인 자아를 획득하고 있는 것이다.

『루시』는 일견 독자들이 루시의 확고한 내적 변화와 자아성취를 목격하기 전에 끝에 이르고 있는 것처럼 보인다. 그러나 끝부분에서 루시는 어머니/모국과 분리된 독립적인 자아정체성과 작가로서의 정체성을 고통스럽게 시작하고 있다는 점에서 루시의 눈물은 희망적이고, 궁극적으로는 자아성취적이다. 그런 점에서 킨케이드의 『루시』는 독자들에게 자신의 어머니/모국에 대해 갖고 있던 트라우마와 자신의 출생과 관련하여 갖고 있던 트라우마를 글쓰기를 통해 새로운 시각으로 재해석, 재발견하는 과정을 통해 극복할 수 있을 것이라는 희망의 메시지를 전달하고 있다. 또한 언어로 표현할 수 없을 것 같은 사적이고 고통스런 트라우마도 결국 기억하기와 말하기를 통해 소통하고 표현함으로써, 트라우마에 공감하는 청자에 의해 들려질 때에만 비로소 극복가능하다는 메시지를 독자에게 전달하고 있다. 그런 점에서 루시의 트라우마를 인지하고 치료해 주는 가장 중요한 청자는 머라이어가 아니라 바로 우리 독자이다. 독자로서 우리는 또한 킨케이드의 트라우마 서사에 대한 공감을 통해 우리의 트라우마를 극복할 수 있게 된다. 그런 점에서 『루시』는 우리 독자에게도 우리 자신의 삶의 트라우마를 극복할 수 있게 하는 힘을 제공해 준다 할 수 있다.

참고 문헌

Birbalsingh, Frank. “Jamaica Kincaid: From Antigua to America.” *Frontiers of Caribbean Literature in English.* Ed. Frank Birbalsingh. New York: St. Martin's, 1996. 138-51.

Bouson, J. Brooks. *Jamaica Kincaid: Writing Memory, Writing Back to the Mother.* New York: State U of New York P, 2005.

Brancato, Sabrina. *Mother and Motherland in Jamaica Kincaid.* Frankfurt am Main: Peter Lang, 2005.

Brown, Laura. “Not Outside the Range: One Feminist Perspective on Psychic Trauma.” *Trauma: Explorations in Memory.* Ed. Cathy Caruth. Baltimore: Johns Hopkins UP, 1995. 100-12.

Chodorow, Nancy. *The Power of Feelings: Personal Meaning in Psychoanalysis, Gender, and Culture.* New Haven: Yale UP, 1999.

Cudjoe, Selwyn. “Jamaica Kincaid and the Modernist Project: An Interview.” *Caribbean Women Writers: Essays from the First International Conference.* Ed. Selwyn Cudjoe. Wellesley, Mass: Calaloux, 1990. 215-32.

Dilger, Gerard. “‘I Use a Cut and Slush Policy of Writing.’ Jamaica Kincaid Talks to Gerhard Dilger." *Wasafiri* 16 (Autumn 1992): 21-5.

Edwards, Justin D. *Understanding Jamaica Kincaid.* Columbia: U of South Carolina P, 2007.

Ferguson, Moira. *Jamaica Kincaid: Where the Land Meets the Body.* Charlottesville: UP of Virginia, 1994.

_____. “A Lot of Memory: An Interview with Jamaica Kincaid.” *The Kenyon Review* 16.1 (Winter 1994): 163-88.

Freud, Sigmund. *Beyond the Pleasure Principle.* Trans. by C. J. M. Hubback. Digiread.com Book, 2009 [1920].

Gilmore, Leigh. "There Will Always Be a Mother: Jamaica Kincaid's Serial Autobiography." *The Limits of Autobiography: Trauma and Testimony.* Ithaca: Cornell UP, 2001. 96-119.

Goffman, Erving. *Stigma: Notes on the Management of Spoiled Identity.* New York: Simon & Schuster Inc., 1986 [1963].

Herman, Judith Lewis. *Trauma and Recovery.* New York: Basic Books, 1992.

Kaufman, Gershen. *The Psychology of Shame: Theory and Treatment of Shame-Based Syndromes.* New York: Springer, 1989.

Kincaid, Jamaica. *Annie John.* New York: Farrar, Straus and Giroux, 1985.

_____. *Lucy.* New York: Farrar, Straus and Giroux, 1990.

_____. *My Brother.* New York: Farrar, Straus and Giroux, 1997.

O'Conner, Patricia. "My Mother Wrote My Life." *New York Times Book Review* 7 April 1985: 6.

Paravisini-Gebert, Lizabeth. *Jamaica Kincaid: A Critical Companion.* Westport: Greenwood P, 1999.

Rich, Adrienne. *Of Woman Born: Motherland as Experience and Institution.* New York: Norton, 1976.

Simmons, Diane. *Jamaica Kincaid.* New York: Twayne, 1994.

Spivak, Gayatri Chakravorty. "Preface." *A Critique of Postcolonial Reason: Toward a History of the Vanishing Present.* Cambridge: Harvard UP, 1999. ix-xiii.

Vorda, Allan. "An Interview with Jamaica Kincaid." *Mississippi Review* 20 (1991): 7-26.

_____. "I Come from a Place That's Very Unreal: An Interview with Jamaica Kincaid." *Face to Face: Interviews with Contemporary Novelists.* Ed. Allan Vorda. Houston: Rice UP, 1993. 77-105.

Wachtel, Eleanor. "Eleanor Wachtel with Jamaica Kincaid: Interview." *Malahat Review* 116 (Fall 1996): 55-71.

사랑의 배반, 트라우마 서사와 주체 형성:

토니 모리슨의 『자비』(*A Mercy*)

구은숙 _ 청주대학교

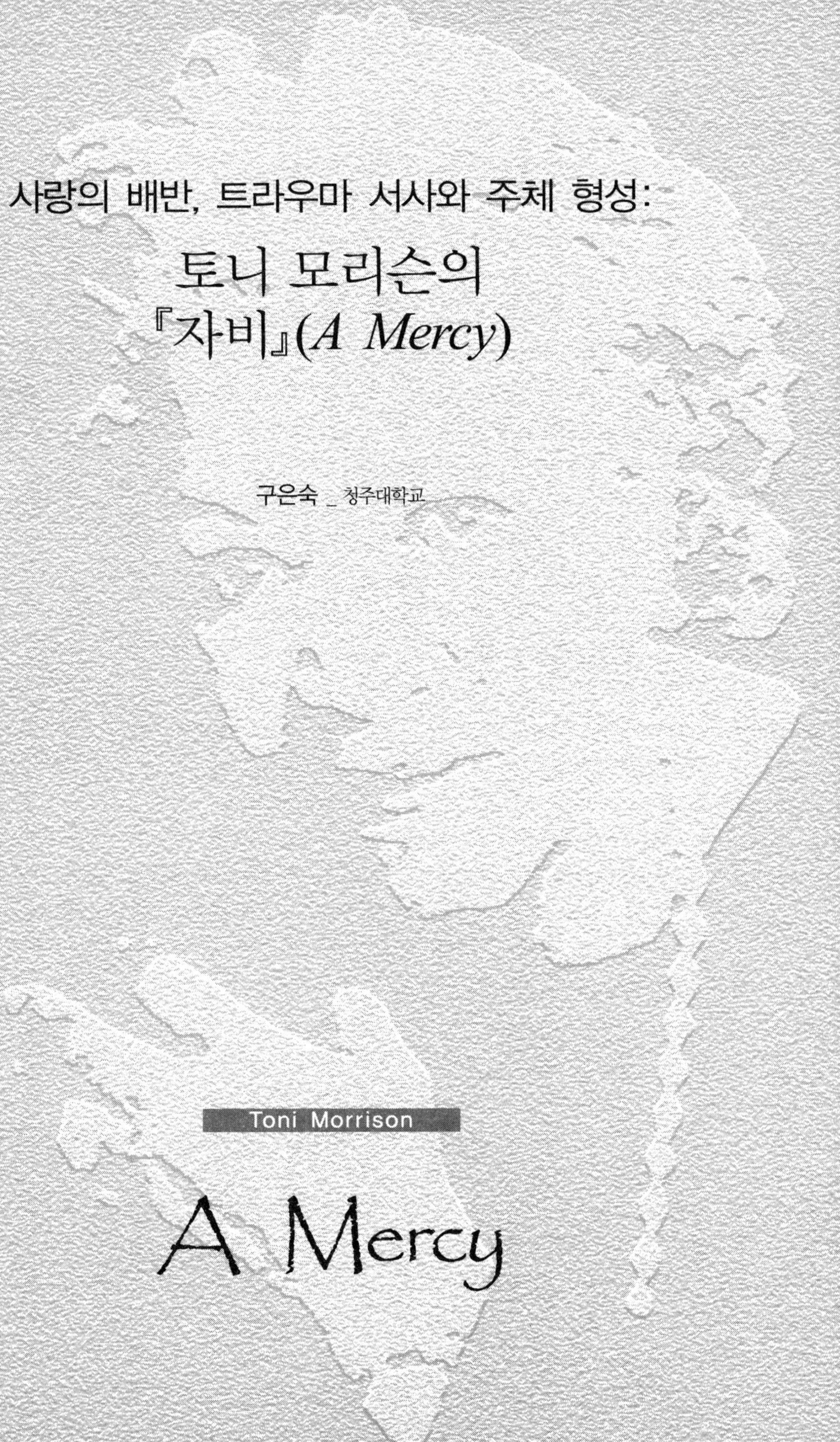

사랑의 배반, 트라우마 서사와 주체 형성: 토니 모리슨의 『자비』(*A Mercy*)[1]

I

작가 소개

1993년 흑인 여성작가로서 최초로 노벨문학상을 수상한 토니 모리슨(Toni Morrison)은 앨리스 워커(Alice Walker)와 함께 미국 흑인문학사에서 중요한 위치를 차지하는 작가이며 인종차별 문제뿐 아니라 정치 등 현실문제에 대해 비판적 시각을 제시해 온 미국의 대표 지성인이다. 모리슨은 1970년 출판된 『가장 푸른 눈』(*The Bluest Eyes*)을 시작으로 『술라』(*Sula*), 『솔로몬의 노래』(*Song of Solomon*) 『타르 베이비』(*Tar Baby*), 『빌러비드』(*Beloved*), 『재즈』(*Jazz*), 『파라다이스』(*Paradise*), 『러브』(*Love*), 『자비』(*A Mercy*), 『고향』(*Home*), 그리고 최근작인 『신이여 아이를 도우소서』(*God Help the Child*)를 포함하여 열한 편의 소설을 출판했으며, 『솔로몬의 노래』는 1977년 미국비평가상을, 그리고 『빌러비드』는 1988년 미국도서상과 함께 퓰리처상을 수상하는 영예를 안았다.

미국 경제 대공황기였던 1931년 오하이오주 로레인(Lorain)에서 출생한 모리슨의 본명은 클로이 앤쏘니 워포드(Chloe Anthony Wofford)이다. 아버지 조지 워포드(George Wofford)는 조지아주에서 소작인으로 일하다 흑인들이 도시로 대이동하던 시기에 더 나은 삶을 찾아 북부로 왔다. 조선소 용접공이었던 아버지는 뛰어난 이야기꾼이었으며 가족

1 이 글 중 작품 분석에 해당하는 내용은 2011년에 출판된 『영어영문학』 57권 5호에 수록된 글을 일부 수정하여 작성한 것이다.

들은 종종 흑인 민담을 나누며 음악을 즐겼기 때문에 모리슨은 독서와 음악에 대한 열정을 갖고 성장할 수 있었다. 1953년 흑인 대학인 하워드 대학을 졸업한 뒤에 코넬대학에서 영문학을 전공한 그녀는 버지니아 울프(Virginia Woolf)와 윌리엄 포크너(William Faulkner)의 작품에 대한 석사학위 논문에서 소외된 자들과 공동체 문제를 다루었고 이것은 이후 그녀 작품세계의 중요한 주제가 되었다. 모리슨은 1957년 하워드 대학에서 강의를 시작했고 1958년 자메이카 출신 건축학도인 해롤드 모리슨(Harold Morrison)과 결혼하여 두 아들을 낳았으나 결혼 생활은 오래 지속되지 못했다. 이혼 후 그녀는 출판사 랜덤하우스 교재 출판부서에서 일하기 시작했다. 당시 흑인민권 운동은 흑인들이 재현되는 방식을 수정하도록 학교에 압력을 가하고 있는 상황이었기 때문에 모리슨은 출판 작업에 참여함으로써 흑인들의 재현 방식에 변화를 가져올 수 있으리라고 생각했다. 출판사 일과 함께 모리슨은 작가 모임에 합류하여 글을 쓰기 시작했고 이 때 쓴 단편이 처녀작 『가장 푸른 눈』의 기초가 되었다.

모리슨은 랜덤하우스에서 편집자로서 토니 케이드 밤바라(Toni Cade Bambara)와 게일 존즈(Gayle Jones)와 같은 아프리카계 미국 작가들을 발굴하였으며 젊은 작가들에게 창작 의욕을 고취시키는데 큰 역할을 했다. 또한 편집자로서 중요한 프로젝트였던 『흑인사』(*The Black Book*)를 출판하는 과정에서 오래된 신문기사, 악보, 노예 매매 광고와 같은 흑인역사와 관련된 자료들을 접하면서 흑인역사를 새롭게 인식하게 되었다. 이 때 모리슨은 노예제도로부터 탈출한 마가렛 가너(Margaret Garner)라는 노예 여성이 딸을 살해한 이야기를 접하게 되는데, 딸이 노예가 되지 않도록 하기 위해 아이를 살해했던 어머니의 역사적 실화는 소설 『빌러비드』를 탄생시켰다. 『흑인사』 편집경험에 대해 모리슨은 「흑인 역사 재발견하기」라는 에세이에서 "마치 다시 한

번 흑인으로 성장하는 느낌이었고 . . . . 흑인들이 겪었던 야만성을 다시 경험하는 것 같았다"라고 회고한다(44). 모리슨은 이처럼 미국 역사에서 망각되고 삭제된 흑인 역사와 삶을 복원하기 위해 집필하였고, 따라서 자신의 글쓰기를 노예들의 자전적 서사를 확장하고 채워 넣는 작업으로 정의한다(Zinsser 120). 모리슨은 작품에서 흑인들이 경험한 억압의 역사 중에서도 인종, 계급, 성적 억압을 동시에 겪어야 했던 흑인 여성들의 삶을 중심에 위치시킨다. 특히 사랑의 부재, 왜곡 또는 배반의 이야기를 통해 인종차별적 억압의 역사가 흑인들에게 육체적 고통과 함께 치유할 수 없는 정신적 상흔을 남겼다는 사실을 강조한다. 19세기 노예들의 자전적 서사가 육체적 고통과 억압을 주로 기록했다면 모리슨은 인종차별주의가 흑인 개개인에게 가져다준 정신적 트라우마를 깊이 있게 재현한다. 특히 어머니의 사랑을 불가능하게 했던 노예제도하에서 어머니에게 살해되거나 또는 버림받은 아이들의 정신적 트라우마는 『빌러비드』와 『자비』에서 비극적으로 재현된다. 흑인 정체성 형성에 중요한 요소로 작용하는 트라우마에 대한 재현은 『고향』에서도 지속된다. 『고향』은 한국전쟁에 참전한 흑인 등장인물이 귀국 후 1950년대 미국에서 지속적으로 인종차별주의의 피해자가 되었다는 사실을 강조하며 전쟁 트라우마로 고통 받는 흑인들의 삶을 다루고 있다. 모리슨 소설의 근간을 구성하고 있는 인종 차별의 역사와 흑인 공동체에 대한 재현은 뿌리와 고향을 상실한 사람들의 정신적 상흔과 억압적인 역사에 의해 왜곡되고 이루어지지 못한 사랑에 대한 고찰이다.

모리슨은 열한 편의 소설이외에 인종과 젠더가 사회정의와 권력에 미치는 영향을 분석한 『정의의 인종화와 권력의 젠더화: 애니타 힐, 클래런스 토머스와 사회 현실 구성에 대한 에세이』(*Race-ing Justice, En-Gendering Power: Essays on Anita Hill, Clarence Thomas, and the Construction of Social Reality*)를 출판했다. 이 에세이는 1991년 아프리카계 미국인으로서는 두 번째로 연방대법원 대법관으로 임명된 클래런스 토마스의 인준과정에서 드러난 성희롱 파문을 분석한 글로서 애니타 힐 교수는 클래런스가 과거에 자신을 성적으로 괴롭혔다고 고발함으로써 미국 사회를 뒤흔들었다. 또한 문학비평서인 『어둠 속에서의 유희: 백인성과 문학적 상상력』(*Playing in the Dark: Whiteness and the Literary Imagination*)을 통해 포우, 멜빌, 헤밍웨이 등 백인작가들의 작품에서 자유와 개인주의와 같은 미국정신을 재현하고 미국적 자아를 정의하는데 흑인 등장인물들이 어떤 역할을 했는지 분석했다. 모리슨은 작가, 편집인, 사회정치 비평가로서 활동했으며 대학 교수로서 뉴욕주립대와 예일대에서 강의했다. 이어 아이비리그 대학에서 기금 교수가 된 최초 흑인 여성교수로서 1989년부터 2006년까지 프린스턴 대학에 재직하였고 현재 잡지 『네이션』(*Nation*)의 편집위원이다.

II

작품 소개 및 줄거리

모리슨은 작품의 깊이 면에서 뿐 아니라 스스로 계획한 힘든 글쓰기 과정 때문에 아홉 번째 작품인 『자비』를 자신의 최고 소설로 꼽는다. 인종차별주의가 미국에서 어떻게 시작되고 진화되어 왔는지 추적하기 위해 작가는 미국이 국가로서의 모습을 갖추기 이전인 17세기를 소설의 역사적 배경으로 선택한다. 그리고 17세기에 유럽과 아프리카에서 자의적, 또는 타의적으로 신대륙으로 이주한 백인과 흑인 노예들, 그리고 미국 원주민을 등장인물로 설정하여 각기 다른 역사적 경험을 갖고 있는 다양한 주체들이 이주과정에서 겪게 되는 상실과 억압의 역사, 그리고 이러한 역사적 트라우마가 개인의 주체 형성에 미치는 영향을 재현한다.

소설은 여주인공 플로렌스(Florens)가 사랑하는 사람에게 하는 고백 형식으로 시작된다. 플로렌스는 어린 나이에 앙골라 출신 노예여성인 어머니로부터 버림받는다. 플로렌스의 어머니를 소유한 백인 주인인 도르테가(Senhor D'Ortega)는 제이콥 바크(Jacob Vaark)라는 백인에게 진 빚을 갚기 위해 자신이 소유한 노예를 데려갈 것을 제안한다. 채권자인 바크가 플로렌스의 어머니를 선택하자 도르테가는 자신의 부인이 반대한다는 핑계로 그녀를 줄 수 없다고 주장한다. 그러자 플로렌스 어머니는 대신 자신의 딸을 데려가 달라고 바크에게 간청한다. 바크는 플로렌스 어머니의 이러한 간청을 이상하게 생각하지만 고아로 성장했던 경험이 있기 때문에 버려진 아이에 대해 동정심을 갖는다. 또한 자식을 잃은 자기 아내의 외로움을 달래 줄 수 있을 것이라는 생각 때문에 여덟 살의 플로렌스를 집으로 데려온다. 어린 나이에 어머니로부터 버림받은 것은 갑자기 일어난 충격적인 일로서 플로렌스는 사건의 의미를 이해하지 못하며 그것은 결국 트라우마로 남는다. 마지막으로 본 어머니의 모습은 플래시백과 꿈속에 반복적으로 나타나고 이것은 플로렌스가 이해하지 못한 과거의 트라우마를 상징한다.

제이콥 바크는 출산 중 어머니가 사망한 뒤 네덜란드 태생의 아버지로부터 버림받은 고아였지만 만난 적도 없는 친척으로부터 토지를 유산으로 받아 신대륙으로 이주해 정착한다. 1680년대의 신대륙은 혼란 그 자체였고 농사를 지으며 소박한 삶을 이루고자 하던 바크의 계획은 노예무역을 통해 부유해진 담배 농장주인 도르테가를 보며 변질되어 설탕과 럼주 거래로 부를 축적하게 된다. 바크는 도르테가의 저택을 부러워하면서 자신의 부를 과시하기 위해 백인 계약노동자인 윌라드(Willard)와 스컬리(Scully)의 도움을 받아 대저택을 짓기 시작한다. 그는 대저택에 어울리는 화려한 철 대문을 만들기 위해 대장장이를 고용하는데 그는 흑인이지만 노예가 아니었고 재산을 소유할 수 있는 자유인의 신분이다. 어머니에게 버림받고 사랑에 굶주려 있던 플로렌스는 주인 저택에 일하러 온 대장장이와 사랑에 빠진다.

플로렌스의 여주인인 레베카(Rebekka)는 영국 하층계급 출신으로 신대륙에서 함께 살 신부를 구하는 바크의 광고를 본 아버지의 결정으로 16세의 나이에 미국으로 이주 한 여성이다. 영국에서 더 나은 삶을 기대할 수 없었던 레베카는 영국사회와 가족으로부터 버림받은 자신과 같은 처지의 여성들과 함께 배를 타고 대서양을 횡단한다. 그녀는 바크의 하녀로서 농사일을 돕고 있었던 원주민 여성 리나(Lina)와 함께 미개척지에서의 새로운 삶을 꾸려간다. 리나는 마을 사람인 인디언들이 전염병에 걸려 죽는 것을 목격했을 뿐 아니라 백인들에 의해 불타버린 마을을 지켜본 트라우마를 갖고 있다. 백인 병사에 의해 장로 교인에게 넘겨진 리나는 자신을 야만인으로 간주하는 백인 주인으로부터 온갖 학대에 시달리다가 결국 바크에게 팔리게 된다. 어린나이에 홀로 살아남은 사실에 수치심을 느끼며 외롭게 지내던 리나는 바크가 데려온 흑인 아이 플로렌스에게 어머니와 같은 헌신적인 사랑을 보인다. 플로렌스와 리나는 모성에 대한 갈증 때문에 더욱 밀착된 관계를 형성하게 된다. "어머니에 대한 굶주림- 어머니가 되고 어머니를 갖고 싶은 갈망"으로 인해 리나는 플로렌스의 보호자 역할을 한다(63). 레베카의 집에는 리나와 플로렌스뿐 아니라 난파된 배에서 목수에게 발견되었다가 바크에게 건네진 혼혈아인 쏘로우(Sorrow)도 있다. 바크는 두 번이나 짓고 있던 저택을 부수고 세 번째로 짓던 중 병석에 눕게 되어 결국 사망한다. 하인들에게 친절함과 애정을 보였던 레베카는 남편이 사망한 뒤 그들을 냉정하게 대할 뿐 아니라 편협한 종교인들과의 관계를 거부했던 예전과 달리 교회에 나가면서 기도에 몰두한다. 남편을 잃은 레베카는 미개척지에서 신변의 안전을 보호 받지 못하는 상태였는데,

당시 "가족이나 후원자의 도움을 받지 못하는 과부는 실제로 불법적인 존재"나 다름이 없었기 때문이다(98).

레베카는 홍역에 걸리자 약초 등 민간요법으로 자신을 치유해줄 수 있는 대장장이를 찾기 위해 플로렌스를 보낸다. 여주인의 요청으로 위험한 여정에 오른 플로렌스는 결국 자신이 사랑하는 사람인 대장장이를 만나는데 성공한다. 대장장이는 함께 살고 있던 고아인 남자 아이 말라이크(Malaik)를 플로렌스에게 부탁한 뒤 레베카의 병을 고치러 떠난다. 말라이크와 함께 남게 된 플로렌스는 대장장이의 눈에서 말라이크에 대한 사랑을 느끼면서 자신의 사랑이 위협당하고 있음을 느낀다. 플로렌스는 어머니가 자신을 버린 것에 대한 기억 때문에 다시는 사랑하는 사람을 잃지 않겠다는 생각에 집착한다. 아이의 울음을 멈추기 위해 팔을 잡아당기는 플로렌스의 모습을 여행에서 돌아온 대장장이가 목격하게 되면서 두 사람은 격렬한 싸움에 휘말리고 플로렌스는 망치를 휘두르며 대장장이에게 저항한다. 대장장이는 플로렌스에게 사랑의 노예가 되었다고 질책하며 스스로의 주인이 되라고 충고한다(141). 이 사건 뒤에 피가 묻고 흙투성이가 된 옷을 입은 상태로 여주인 집으로 돌아온 플로렌스는 마치 정신이 나간 사람처럼 집안사람들을 쳐다보지도 않은 채 지나친다. 대장장이와의 싸움이 있은 지 3개월이 지난 뒤 플로렌스는 새들이 둥지를 틀고 거미줄 쳐진 바크의 폐허가 된 저택에 몰래 들어가 자신의 이야기를 벽과 마루에 새겨 놓는다. 그녀는 대장장이가 글을 읽지 못한다는 사실을 알고 있지만 언제가 그가 글을 배울 수 있을 거라고 생각한다.

플로렌스의 이야기는 대장장이를 향한 것이지만 이것은 또한 어머니에게 하는 이야기이다. 그녀는 자신이 더 이상 노예가 아닌 자유의 몸이라고 어머니에게 말하면서 어머니가 마지막 하려던 말이 무엇이었는지 모른다는 사실을 슬퍼한다. 소설의 마지막 장에서 플로렌스의 어머니는 고백을 통해 플로렌스가 이해하지 못했던 마지막 말을 설명하고 어머니로서의 사랑을 표현한다. 그녀는 주인집에 온 바크를 본 순간 주인과 달리 그가 인간적인 사람임을 직감하고 딸을 주인의 욕망으로부터 보호할 수 있는 단 한 번의 기회가 왔다고 생각한다. 결국 그녀는 "기적을 바라면서" 딸을 데려가 달라고 무릎을 꿇고 부탁한다(166). 그리고 그가 플로렌스를 데려간 것은 "한 인간이 베푼 자비"라고 말한다(164). 플로렌스 어머니가 다른 사람에게 딸을 주어버린 것은 백인 주인의 성적 욕망으로부터 딸을 지켜주고자 한 것이며 이것은 노예 여성이 직면했던 고통스런 역사이다. 노예 여성으로서 "아물지 않는 노출된 상처와 같은" 삶을 살아온 플로렌스의 어머니는 딸에게 어떤 경우에라도 자신의 주인이 되라는 말을 전해 주고자 한다(163). 어머니의 고백을 듣게 되는 독자와는 달리 플로렌스는 어머니가 전해주려던 이 말을 끝내 들을 수 없다는 사실 때문에 소설은 더욱 비극적이다. 플로렌스가 자신의 연약한 발바닥이 단단해졌다고 어머니에게 하는 말이 암시하듯이 소설은 플로렌스가 자신의 삶을 이야기함으로써 트라우마를 극복하고 변화된 주체가 되는 과정을 그린다.

III

1. 이주와 상실의 트라우마

『자비』는 미국 건국 이전 유럽 이민자들이 미국으로 이주하기 시작한 17세기를 역사적 배경으로 식민지 시대의 다양한 인종과 계층의 이주민들이 새로운 주체를 형성하면서 미국 사회 구성원으로 정착해나가는 과정을 추적한다. 흑인 커뮤니티를 중심으로 다루었던 이전 소설과 달리 『자비』에서 모리슨은 인종차별주의가 제도화되기 이전 시기부터 유럽에서 이주한 백인 남성과 여성, 노예무역의 희생자인 아프리카 흑인노예, 자유 흑인, 아메리칸 인디언, 백인 계약 노동자등을 등장인물로 설정하며 인종적 범주를 뛰어넘는 자유와 종속, 주체성의 문제를 탐색한다. 아프리카 노예들이 유입되기 전후 식민지에서는 백인 남녀 계약노동자들을 대상으로 노동 착취가 만연했고 백인 하인들은 흑인노예처럼 주인에게 종속되었다. 그러나 17세기 후반 베이컨 반란(Bacon's Rebellion)이후 백인들을 흑인들과 분리하여 보호하는 법이 통과되면서 인종차별주의에 근거한 노예제도가 제도화되었다. 모리슨은 17세기 말 계약노동제에 대해 조사하는 과정에서 승선 명단에 있는 유럽이주자들의 80퍼센트가 자신의 직업을 하인이라 기록했고, 이들은 영국사회가 원치 않은 범죄자, 창녀, 그리고 어린아이들이었다는 역사기록에 관심을 갖게 되었다고 집필과정을 설명했다(Nance 47). 다시 말해 모리슨은 사회로부터 버림받고 추방당한 이주민들을 소설의 중심에 위치시켜 신대륙에서 새로운 삶을 개척하는 그들의 여정을 재현함으로써 백인 중심의 미국 건국 신화를 탈신비화하고 주변적 시각에서 재조명한다. 프랑스의 정치 철학자이자 역사가인 알렉시스 드 토크빌(Alexis de Tocqueville)은 미국이 민주주의 원칙을 기반으로 자유와 평등을 신봉하는 청교도들이 세운 국가이며 신대륙에 위대한 국가를 건설하는 것이 이들의 운명이라고 주장했다(15-28). 토크빌로 대표되는 이 같은 건국 신화는 국가로서의 통일성을 위해 잔인한 폭력과 정복의 역사를 삭제해버린 "망각의 서사"(a forgetful narrative)이다(Ali Behdad 7). 따라서 캐시 웨그너(Cathy Wagner)는 모리슨의 『자비』가 인종과 성, 계층에 근거하여 자행된 무자비한 착취를 무시한 채, 미국 건국계획을 찬미하는 성찰적이지 못한 애국주의를 보충하고 균형 잡는 역할을 한다고 주장한다(91).

모리슨은 2006년 루브르 박물관에서 개최된 "이방인의 집"(The

Foreigner's Home) 전시회 개회사에서 이주와 이방인의 문제에 대해 역설했다. 이주와 이민, 추방에 따른 고통의 문제를 다룬 이 프로그램에서 모리슨은 노예 이주 이후에 이루어진 멕시코인들의 미국으로의 이동, 아프리카인과 아랍인들의 유럽으로의 이주, 그리고 중국인들의 도시로의 이동에 이르기까지 지속적으로 수많은 사람들이 고향을 떠나 새로운 곳으로 이주하고 있는 현상에 주목하며 그들이 낯선 정착지에서 어떻게 받아들여지고 적응했는가에 관심을 갖고 있다고 밝혔다. 그녀는 새로운 곳에 정착하는 사람들이 증가하는 상황에서 고국이라는 개념을 재정의하는 것이 필요하며 주체의 문제 또한 시민권이라는 개념을 넘어서 낯선 것을 정의하는 문제로 확장되었다고 강조했다. 모리슨에 의하면 이방인 개념은 안전과 헤게모니를 장악하고 토지를 빼앗으려는 백인 기득권층에 의해 구축되었고, 이것은 이른바 국가적 병적 현상을 총체적으로 지칭하게 되었다(Schreiber 159). 모리슨의 『자비』는 백인과 흑인, 그리고 아메리카 인디언들 간의 인종적, 계층적 갈등이 가시화되기 시작한 17세기 신대륙에서 백인 헤게모니가 구축되는 과정을 재현한다.

인종차별주의 역사를 살아온 흑인들의 삶을 재현한 모리슨은 흑인들의 이주 역사와 함께 고향과 사랑이 흑인들의 삶과 주체 형성에 갖는 의미를 지속적으로 탐구해 왔다. 노예제도와 인종차별제도 하에서 주체적 삶을 박탈당한 흑인들에게 고향과 사랑은 특별한 의미를 지닌 공간과 인간관계를 의미한다. 특히 백인 지배 하에서 자아의 주체적 의지를 실현할 수 없는 흑인들은 타인에 대한 사랑의 감정을 종종 왜곡된 형태로 표출할 수밖에 없는 상황에 놓인다. 작가는 『술라』, 『빌러비드』, 『재즈』, 『러브』 등의 작품에서 사랑, 특히 왜곡된 사랑을 그린다. 모리슨은 『러브』에서 자신의 소설이 전반적으로 사랑 그 자체보다는 사랑의 배반을 다루고 있다고 설명하면서 "사랑은 날씨와 같다. 그리고 사랑의 배반은 그 사랑을 쪼개어 가르고 드러내는 번개와 같다"라고 말한다(x). 『빌러비드』는 도망 노예인 세드(Sethe)가 자신의 딸이 비인간적인 노예제도를 경험하지 않도록 하기 위해 유아 살해라는 극단적인 선택을 한 어머니의 왜곡된 사랑과 모순을 그렸고 『자비』도 그 연장선상에서 어머니에게 버림받은 딸의 삶을 그린다. 『자비』는 백인 주인의 성적 탐욕으로부터 자식을 보호하기 위해 어린 딸을 데려가 달라고 새 주인에게 간청하는 노예 어머니와 버림받은 딸의 트라우마를 재현한다.

트라우마 연구의 저명 학자인 캐시 커루쓰(Cathy Caruth)에 의하면 그리스어인 트라우마는 원래 신체에 가해진 상처를 의미하는 용어였다. 그러나 의학서적, 특히 지그문트 프로이드의 정신분석학에서 트라우마는 육체가 아니라 정신에 가해진 상처로 이해되었고 그 후 정신적 외상을 뜻하게 되었다(*Unclaimed Experience* 3). 커루쓰는 트라우마란 개인이 경험한 과거의 파괴적이고 원초적 사건 그 자체가 아니라, 사건이 발생한 당시 인지하지 못해 기억으로 동화되지 않은 채로 남아 있다가 뒤늦게 자각하게 되는 것이며 생존자는 그로 인해 지속적으로 고통받게 된다고 주장한다. 정신적 외상은 불시에 경험되기 때문에 악몽이나 플래쉬백(flashback)을 통해 생존자에게 다시 나타나기 전까지는 의식되지 않는다(*Unclaimed Experience* 4). 프로이트는 『쾌락원칙을 넘어서』(*Beyond the Pleasure Principle*)에서 예기치 못한 외상적 위기 상황을 무방비 상태에서 조우하게 됨으로써 느끼는 정서를 경악(fright)이라 정의한다. 그는 불안(anxiety)과 경악(fright)을 구분하면서 불안은 위험 대상을 모를지라도 위험을 예측하고 그것에 대비하는 상태이고, 경악은 준비되지 않은 상태로 위험에 직면했을 때 느끼게 되는 것이라고 설명한다(6). 환자가 외상적 사건을 반복해 경험하게 되는 것은 당시 느끼지 못했지만 외상의 원인이 된 두려움을 다시 조성함으로써 그 자극을 통제하려는 시도라고 그는 주장한다(26). 커루쓰에 의하면 외상으로 남은 사건은 기억 속에 정상적으로 암호화되는 과정을 거치지 못하며, 따라서 이전 지식체계 안에 자리매김할 수 없다. 또한 이해되지 못한 사건은 과거의 완성된 이야기 안에 흡수될 수 있는 "서사적 기억"(narrative memory)이 될 수 없다. 플래쉬 백을 통해 상기되는 역사는 당시 그 사건이 충분히 경험되지 않았을 뿐 아니라 현재도 그 의미를 이해할 수 없기 때문에 과거뿐 아니라 현재에도 자리매김 되지 못한 역사인 것이다(*Trauma* 153). 커루쓰는 "외상적 기억은 동화되지 않은 채 남아있는 압도적인 경험으로서 기존의 정신체계와 통합되어 서사적 언어로 전환될 필요"가 있으며 외상 환자는 이를 위해 과거의 기억으로 다시 돌아가야 한다고 주장한다(176). 즉 트라우마를 경험한 사람들에게는 언어로 기억을 재생하고 이것을 총체적인 경험, 즉 서사적 기억 속에 통합시키는 것이 중요하다(167).

모리슨의 『자비』에서 등장인물들의 정신적 트라우마는 그들의 주체 형성 문제와 깊이 연관된다. 아프리카 노예였던 어머니에게 버림받은 주인공 플로렌스는 어머니의 사랑을 상실한 채 주체적 자아를 갖지 못한다. 꿈에 반복적으로 나타나는 어머니는 말없이 정지된 이미지일 뿐이며 무슨 말을 하는 것 같은 어머니의 소리 없는 메시지를 그녀는 이해하지 못한다. 모성을 상실한 플로렌스는 대장장이와의 이성애를 통해 자신의 존재를 확인하고자 하지만 그에 대한 집착과 편집증적 사랑은 그녀를 오히려 정신적인 노예로 만든다. 플로렌스는 말하기와 글쓰기를 통해 사랑하는 사람에게 고백하고 억압된 트라우마와 대면하면서 자신의 과거를 재구성한다. 그녀는 이 과정을 통해 자유와 종속의 진정한 의미와 자신에 대한 사랑의 중요성을 깨닫고 잃었던 주체성을 회복해 간다.

2. 트라우마와 글쓰기

『자비』는 어머니로부터 버림받은 트라우마를 갖고 있는 플로렌스의 일인칭 서술과 다른 등장인물들의 삼인칭 서술이 마치 직물의 날실과 씨실처럼 교대로 반복되는 구조로 이루어져 있다. 제목이나 숫자로 구분되어 있지 않은 전 열두 장으로 구성된 소설에서, 플로렌스의 이야기는 총 여섯 장에 이르며 이야기 사이사이에 다른 등장인물들의 삼인칭 서술이 교차된다. 2인칭 청자에게 이야기하는 형식으로 시작되는 소설에서 화자는 자신의 이야기를 고백으로 규정하면서 "두려워하지 마세요"라는 말로 이야기에 내포된 위험성을 예고한다.

> 두려워하지 마세요. 제가 저지른 일이 있기는 하지만 내 이야기가 당신을 해치지 않을 거예요 어둠속에 가만히 누워 있겠다고 약속하지요 . . . . 설명할게요. 내가 당신에게 말하려고 하는 것이 고백이라고 생각해도 좋아요. 그러나 꿈속에나 나타날 법한 궁금해할만 한 것들로 가득 찬 고백이에요. (3)

여기서 "당신"은 주인공 플로렌스가 사랑한 대장장이라는 한 개인을 지칭하지만 또한 트라우마에 대한 고백을 듣는 독자를 암시한다. 플로렌스는 폐허가 된 주인 저택의 마루와 벽에 자신의 이야기를 글로 쓰며 자서전이라 할 수 있는 고백의 글을 통해 사랑하는 사람에게 자신의 이야기를 전달하고자 한다. 자전적 글쓰기의 비평가인 폴 제이(Paul Jay)는 자서전을 대표하는 오거스틴(Augustin)의 『고백록』(*Confessions*)에 나타난 자기 성찰적 글쓰기의 정신분석 기능을 강조한다. 즉 오거스틴이 자신의 과거에 대해 글을 쓰는 것은 현 시점에서 지난 잘못을 되돌아보고 치유하기 위해서이다. 오거스틴의 『고백록』에 회고와 자기성찰이 밀접하게 연결되어 있듯이 자서전 쓰기의 주요 목적은 자기 분석을 통한 치유이다(23-24). 트라우마 비평가인 수젯 핸케(Suzett Henke)는 치유를 목적으로 사건을 되살리는 방식 중에서 외상적 경험을 글쓰기로 풀어내는 과정을 "쓰기치료"(scriptography)로 정의한다. 수젯은 이야기를 재구성하는 글쓰기 노력이 정신적 치유의 기회가 될 뿐 아니라 지속적인 불안과 플래쉬백 현상을 완화시킬 수 있다고 설명한다. 특히 자서전은 정신분석 행위를 효과적으로 모방함으로써 정신적 외상 환자에게 대안적 치유를 제공한다고 본다(xii-xiii).

『자비』에서 플로렌스는 말하기와 글쓰기를 통해 과거를 회고하고 다시 체험하게 되는데 이 과정은 실제로 자신을 분석하고 치유하는 기회가 된다. 말하기의 치유 기능을 강조한 프로이트는 정신 분석과정을 통해 회상되는 장면들은 실제로 일어난 사건의 재생이 아니라 상상의 산물이며 소망을 상징적으로 재현한 것이라 주장한다(49). 즉, 프로이트가 강조한 것은 회상을 통해 기억하는 과거는 주체가 경험한 사건들을 의식적 또는 무의식적으로 자신의 상상 속에서 재구성하여 창조되는 내러티브라는 사실이다((Jay 25). 플로렌스의 고백을 통해 드러나는 과거 역시 글을 쓰는 현 시점에서 상상을 통해 재구성된 과거이며 파편적 기억들이 연결되어 이야기가 완성된다. 플로렌스의 이야기는 트라우마 서사이며 그 이야기를 듣는 사람 역시 트라우마에 영향을 받는다. 커루쓰에 의하면 트라우마의 서사를 듣는 사람은 트라우마의 증인으로 선택된 것이며 트라우마를 경험한 자의 절박한 증언을 통해 청자 또한 심리적으로 트라우마를 겪게 된다(*Trauma* 10). 플로렌스는 고백의 끝에서 자신에 관한 고통스런 이야기를 해야만 하는 절박함과 증인의 필요성을 강조한다.

> 이 방에는 더 이상 공간이 없어요. 내가 쓴 이 말들이 마루를 다 덮었거든요. 지금부터 당신은 선 채로 내 말을 들어야 해요. 등불이 너무 작기 때문에 벽에 쓰는 것이 어려워요. 한 손에 불을 들고 다른 손으로 글을 쓰고 있어요. 팔이 아프지만 당신에게 이것을 꼭 말해야만 해요. 당신이

> 외에는 그 누구에게도 이것을 말할 수가 없어요. 이제 문 가까이 있고 끝마치려고 해요 . . . . 갑자기 기억나는 게 있네요. 당신은 내가 말하는 것을 읽지 못할 거예요. 당신은 세상을 읽을 줄은 알지만 내 이야기의 글자는 읽지 못하잖아요. (160)

"당신 이외에는 그 누구에게도 이것을 말할 수가 없어요"라는 말이 암시하듯이 대장장이와 독자는 플로렌스의 트라우마를 듣도록 선택된 증인이다. 또한 "당신이 아니면 아무도 이것을 읽지 않을 거예요"라는 플로렌스의 말은 독자가 트라우마의 증인이 되어야 하는 필요성을 제기하면서 화자와 청자는 상처에 관한 이야기를 통해 친밀한 관계를 맺게 된다(161).

플로렌스의 트라우마는 어린 시절 어머니로부터 버림받은 사건에서 출발한다. 어머니는 노예무역을 통해 바베도스(Barbados)를 거쳐 미국으로 건너온 앙골라 출신의 노예 여성으로서 그녀의 백인주인 도르테가는 자신의 빚을 상환하는 조건으로서 채권자인 바크에게 자신 소유의 노예를 한 명 데려가길 제시한다. 그러나 바크가 플로렌스의 어머니를 선택하자 아내의 반대를 핑계로 그 선택을 수용하지 않는다. 백인주인의 성적 착취에 노출되었던 노예여성은 주인과 거래하는 바크의 인간성을 짐작하고 그에게 딸을 데려가 달라고 간청한다. "저 말고, 이 여자 아이를 데려가세요. 내 딸 말이에요"라는 속삭임 같은 급박한 목소리와 "그녀의 눈에 나타난 공포감"에 놀란 바크는 어머니가 아이를 버리는 것은 가장 끔찍한 일이라고 생각한다(26). 하지만 고아로 자란 자신의 경험에 비추어 "낯선 사람들의 관대함 이외에는 떠돌이 아이들과 불량아들이 갈 수 있는 안전한 곳이 세상에 없다는 것"과 "어른들 밑에 있는 것이 덜 위험" 하다는 사실을 알고 있기 때문에 그는 어머니에게 버림받은 플로렌스에게 동정심을 갖고 아이를 데려온다(32).

어머니 상실로 인한 트라우마는 플로렌스의 꿈을 통해 반복적으로 나타난다. 웨그너가 지적하듯이 어머니는 플로렌스가 갖는 트라우마의 원형(ur-trauma)이며, 플로렌스가 "나의 어머니라는 사람"(a mina mãe)이라고 지칭하는데 나타나있듯이 일반적으로 어머니라고 불리는 존재로서 자신의 어머니를 상상한다(100). "나의 어머니" 앞에 부정관사를 사용하여 "나의 어머니라는 사람"으로 지칭하는 것은 플로렌스의 상상 속에서 자신과 특별한 관계를 맺은 사람으로서 의미화 되지 못한 어머니를 암시하며 관계 형성의 부재에서 오는 거리감을 상징한다. 꿈속에서 어머니는 앞치마 주머니에 플로렌스의 신발을 구겨 넣은 채 남자아이의 손을 잡고 있는데 이것이 플로렌스가 마지막으로 본 어머니 모습이며 정지된 이미지로 나타난다. 정신과 의사인 주디스 허만(Judith Herman)에 의하면 트라우마적 기억은 언어로 표현되지 않고 정지된 상태이며 일련의 스냅샷이나 무성 영화의 형태로 남아있다(175). 또한 언어화되고 연대기적 내러티브로 구성된 성인의 기억과 달리 트라우마적 기억은 어린아이의 기억처럼 "생생한 느낌과 이미지 형태로" 두뇌에 기록되어 있다(37-38). 꿈속에서 어머니는 눈과 입을 움직이며 무언가 말하지만 플로렌스는 소리로 전달되지 않은 마지막 말을 이해하지 못한다. 그녀의 기억 속에는 남동생 손을 잡고 있는 어머니 손이 자기 손을 잡아 주길 기대하며 어머니 치마 뒤에 숨어 백인남자들을 바라보는 자신의 모습이 있다. 어머니의 손은 사랑과 삶을 상징한다. 젖먹이 동생 때문에 어머니의 선택을 받지 못했다고 생각하는 플로렌스에게 젖을 먹이는 어머니는 두려움의 대상이다. 꿈과 환영 속에 나타나는 어머니 모습을 통해 트라우마와 대면하게 되는 플로렌스는 사랑하는 사람인 대장장이로부터 다시 버림받은 후에야 어머니가 전하고자 했던 중요한 메시지를 깨닫게 된다.

프로이트는 「히스테리아의 원인」("The Aetiology of Histeria")에서 첫 번째 충격적 사건을 상기시키는 제 2의 사건을 통해 이전 사건을 기억하게 됨으로써 최초의 사건에 외상으로서의 의미가 부여된다고 주장한다. 다시 말해 사후작용(Nachträglichkeit, deferred action)을 통해 두 사건이 연결되면서 무방비 상태에서 이해하지 못했던 첫 번째 사건이 두 번째 사건을 통해 트라우마로 인지되는 것이다(214-21). 정신분석학자인 쟝 라플랑쉬(Jean Laplanche)는 트라우마를 두 단계 작용으로 설명하는 프로이트 이론을 설명하면서 첫 번째 경험의 기억이 잠재해 있는 한 그것은 발병이나 외상의 원인이 되지 못하며, 두 번째 장면에 의해 되살아난 기억이 트라우마의 원인이 된다고 주장한다. 즉, 주체는 내부에서 기억의 공격을 받는 것이다(112-13). 라플랑쉬에 의하면 현재의 난관을 회피하려는 의도로 과거를 상기하는 융(Jung)의 회상(retrospection) 개념과 달리 프로이트는 첫 번째 사건과 두 번째 사건과의 긴장관계를 강조한다(Laplanche 118). 프로이트는 사후작용이 단순히 쌓여있던 긴장된 에너지가 분출되는 것이 아니라 복잡한 심리작용을 내포하는 "회상 작업"(a work of recollection)이라고 설명한다(Laplanche and Pontalis 114).

플로렌스는 어머니를 상실하는 순간 그 사건의 의미를 이해하지 못하기 때문에 그것은 상징체계에 자리 잡지 못한다. 커루쓰가 주장한 것처럼 트라우마는 정신의 상처, 즉 시간과 자아, 세계를 경험하는 정신의 파열 현상이며, 트라우마는 갑작스런 사건 그 자체에 있는 것이 아니라 환자가 당시 사건을 이해하지 못한다는 것과 그것을 뒤늦게 경험하게 된다는 사실에 있다(Unclaimed Experience 4). 플로렌스는 대장장이를 찾으러 가는 여행길에서 어머니 상실이라는 원래 사건을 기억하게 하는 장면과 우연히 마주치게 된다. 플로렌스는 여정 중에 한 과부의 집에서 하룻밤을 지내는데 그 과부의 딸 제인(Jane)이 사팔뜨기 눈 때문에 마을 사람들로부터 마녀로 지목받고 있다는 사실을 알게 된다. 당시 식민지 사회의 지도층은 가부장 질서를 공고히 하고 식민지 통치를 유지하기 위해 통제할 수 없는 여성들을 사회적으로 격리시켜 제거하고자 했다. 17세기 말 마녀사냥은 주로 과부나 결혼하지 않은 여자들, 그리고 종교집단에 소속되지 않은 여자들을 대상으로 했다. 마녀사냥을 주도한 사람들 중에 여성들도 포함되었다는 사실은 그 당시 여성들이 대단히 복잡하고 모순된 사회적 위치에 놓여 있었다는 것을 입증한다. 즉, 식민지 여성들은 경제적 사회적 책임을 져야했지만 공적 영역에서 권리를 행사할 수 없었고 따라서 이 여성들은 "피해자이며 가해자였고, 반항자이며 순종자"였다(Ryan 76-77). 마녀로 지목된 제인이 "그들이 원하는 것은 우리 목장이잖아요"(109)라고 지적한 것처럼 마녀사냥은 토지와 재산을 둘러싼 분쟁과 가문 간의 숙원, 그리고 인디언과의 전쟁과 정치적 혼란에 휩싸인 청교도 사회에 만연한 불안감에서 비롯되었다(Fischer 12-13). 제인을 심판하기 위해 마을 사람들이 과부의 집안으로 들어오자 제인은 어머니 치마에 매달린 채 떨고 서있다. 남녀 방문객들과 제인이 방에 함께 서있는 모습을 본 플로렌스는 그 어린 소녀가 자기 자신의 모습을 상기시켜준다고 생각한다(111). 어머니의 치마 뒤에 숨어서 다가올 위험을 예감하는 제인은 백인남자들 앞에 어머니와 함께 서 있었던 플로렌스의 모습과 유사하다. 뿐만 아니라 방으로 들어 온 플로렌스를 발견한 마을 사람들은 검은 피부를 사탄의 징표로 간주하며 옷을 벗게 하고 마치 동물을 검사하듯 그녀의 몸을 샅샅이 조사한다. 객체화된 플로렌스는 자신을 악의 화신으로 간주하는 백인들의 시선을 통해 자신을 바라보게 된다. 검은 피부를 갖고 있을 뿐 아니라 마음까지 사악할 수 있다는 백인들의 인식은 플로렌스로 하여금 자신의 어머니도 그 사실을 알고 자신을 떠나보내기로 결정했을 수 있다는 의구심을 갖게 되고 이로써 플로렌스는 어머니으로부터 버림받은 원초적 사건을 기억하게 된다.

플로렌스의 주체 형성은 어머니 상실과 그로 인한 사랑의 결핍으로 완성되지 못한다. 허만에 따르면 외상적 사건은 타인과의 관계를 통해 이루어지는 자아 형성을 파괴하고 인간관계에 의미를 부여하는 믿음 체계를 무너뜨려 피해자를 존재론적 위기에 빠트린다(51). 프로이트도 사랑의 상실이 자긍심에 영원한 상처를 남기며 이것이 열등의식을 조장한다고 설명한다(*Beyond* 14). 여덟 살에 어머니를 상실하고 애정에 굶주린 플로렌스는 자기 존재를 인정해 주는 타인의 미소나 애정표현에 민감하게 반응한다. 바크가 새 저택의 대문 장식을 위해 고용한 자유 흑인인 대장장이가 나타나자 플로렌스는 사랑에 빠지고 그와 눈이 마주치는 순간 처음으로 살아있음을 느낀다(38). 아이에게 어머니의 사랑이 그러하듯 대장장이와 함께 있으면 플로렌스의 "몸은 즐거움이 넘치고 안전하며 누구에겐가 속해 있다"(137). 그러나 타자와 자아를 완전히 일치시키는 편집증적 사랑에 빠진 플로렌스는 "자유로운 것과 자유롭지 않은 것이 어떤 느낌이고 무엇을 의미하는지 모른다"(69). 뿐만 아니라 "당신과 함께 있을 때만이 살아있기 때문에 당신으로부터 자유로워지길 원하지 않는다"고 말한다(70). 낸스가 지적하듯이 모리슨은 이 소설에서 자아를 삼켜버리는 정신적 무덤으로서의 낭만적 사랑에 빠진 플로렌스를 통해서 자유를 위협하는 다양한 힘들이 무엇인지 보여준다(48).

플로렌스가 사랑을 상실할 위기에 접하는 시점에서 어머니는 꿈과 환영을 통해 반복적으로 나타난다. 즉, 대장장이로부터 버림받는 사건은 플로렌스의 무의식 속에 억압된 채 잠재해 있던 어머니와의 이별 장면을 상기시킴으로써 트라우마로 부상한다. 플로렌스가 대장장이를 찾는데 성공하고 그는 자신이 돌보던 남자아이 말라이크(Malaik)를 그녀에게 맡긴 채 레베카를 치료하러 떠난다. 꿈결에 "주머니에 내 신발을 넣은 채 작은 남자 아이의 손을 잡고 문에 기대선 어머니"를 본 플로렌스는 잠에서 깨자 말라이크의 손을 잡고 침대 옆에 서있는 어머니 환영을 본다(137). 환영 속에서 어머니가 손을 잡고 있는 말라이크는 어머니가 선택한 남동생과 일치된다. 자신을 버리고 어린동생을 선택한 어머니에 대한 기억 때문에 플로렌스는 또 다시 버림받는 것을 두려워하며 "이렇게 쫓겨나는 일은 결코 다시 있을 수 없다"고 생각한다(137). 위기 상황을 직감한 자신과 말라이크 사이에 긴장이 고조되는 상황에서 플로렌스는 아이가 우는 것을 멈추기 위해 팔을 잡아당긴다. 때마침 돌아와 이를 목격한 대장장이는 플로렌스를 구타하고 두 사람은 격렬한 몸싸움에 휘말린다. 대장장이는 스스로 욕망의 노예가 된 플로렌스를 거부한다.

> 무슨 말을 하는 거예요? 주인이 날 팔았기 때문에 난 노예예요.
> 아니지. 너는 노예가 되어버렸어.
> 어떻게 말예요.
> 네 머리는 비었고 몸은 난폭해.
> 난 당신을 사랑해요.
> 그것에도 노예가 된 것이지.
> 당신만이 저를 소유할 수 있어요.
> 스스로 주인이 되도록 해. 그리고 제발 우리를 내버려 둬. 넌 이 아이를 죽일 뻔 했어. (141)

플로렌스에게 대장장이는 삶 그 자체이고 "자세히 들여다 본 뒤 나를 버리는 사람들과 소유하고 지배할 수 있다고 믿는 사람들로부터 나를 보호해줄 수 있는 그런 사람"이다(157). 허만은 환자의 무의식이 분석가에게 옮겨지는 일종의 투사현상인 외상 전이(traumatic transference) 현상에 대해 설명하는데, 환자의 무력감과 버림받았다는 인식이 강할수록 더욱 더 강력한 구원자를 필요로 하며 심지어는 구원자에 대한 기대감을 갖게 된다고 주장한다(137). 플로렌스는 대장장이에게 구원자의 역할을 투사함으로써 그를 이상화한다. 대장장이는 사랑의 노예가 된 플로렌스에게 자기 자신의 주인이 되라고 말하지만 그녀는 "내가 당신에게 아무 의미도 없다는 말인가"라며 분노한다(141). 사랑의 배반에 대한 억압된 분노가 폭발하면서 플로렌스는 그에게 망치를 휘두르며 폭력으로써 저항한다.

3. 버림받은 "주인 없는 여자들"

흑인 뿐 아니라 신대륙의 백인 여성들도 국가와 사회, 그리고 가족으로부터 버림받은 사람들이다. 플로렌스의 여주인 레베카는 16세에 아버지 결정에 따라 영국을 떠나 미국으로 왔다. 신대륙에서 함께 살 신부를 찾는 광고에는 여성의 옷과 비용을 차후 환불해 주겠다는 거래와 다름없는 결혼 조건이 포함되어 있었다. 18세기 영국 제국주의와 문화정책을 연구한 역사학자 캐틀린 윌슨(Kathleen Wilson)에 의하면 식민지 초기에 미국에 정착한 하층계급 영국 여성들은 이처럼 결혼을 통해 가족 구성원이 되거나 또는 계약 노동자로서 이주했다. 심지어 가난한 아일랜드 여성들은 돈과 옷을 주겠다는 조건으로 모집되었고 사회적으로 부랑자 문제를 해결하기 위해 국가는 가난한 여성들에게 이주할 것을 강요했다(270). 건강하고 순결한 여자를 신부로 구하는 광고를 본 레베카의 아버지는 부양가족을 줄이기 위해 "고집 세고, 질문 많고, 반항적인 입 모양새를 한" 애정 없는 딸을 포기한다(74). 사회적 위계질서를 중요시한 17세기 영국은 가부장적 이데올로기가 지배적이었고 남편에 대한 여성의 순종은 배우자에 대한 애정의 척도였을 뿐 아니라 사회적, 도덕적 질서의 일부로 간주되었다. 따라서 여성이 남편에게 이의를 제기하거나 반항하는 것은 위험한 일이었다(Mendelson 133). 또한 여성들은 종속적 관계의 어려움을 극복하기 위해 신앙에 의존했고 신앙심은 곧 여성적 순종을 상징했다(137). 따라서 광신도이었던 레베카의 어머니는 남편의 결정이 야만인에게 딸을 "팔아넘기는 것"이라고 생각하지만 그로부터 딸을 보호하지 못한다(74).

17세기 영국 도시는 인구이동으로 팽창하고 있었고 런던은 16세기보다 3배 가까운 인구 증가를 보였다. 특히 17세기 말 도시로 온 이주자들 대다수가 여성이었는데 여성들은 도시에서 하녀로 일하거나 물건을 팔 수 있었다. 하지만 이들 대부분은 가난했고 1625년 살스베리(Salisbury)에서는 빈곤계층의 2/3가 여성으로 빈곤의 여성 집중화 현상을 보였다(Eales 76). 인구가 집중된 런던은 폭력과 무질서가 난무했으며 공개 처형이 빈번했고 많은 여성들은 남편으로부터 습관적으로 구타당했다. 영국 사회는 아내 구타를 정상적 가족관계의 일부로 용인했으며 폭력의 피해 여성은 남편에게 이혼조차 제기할 수 없었다(Mendelson 141). 특히 하층계급 여성들이 종사할 수 있는 직업이 제한적이었던 당시, 주로 가사를 돌보는 하인으로 일했던 여성들은 자신의 주인으로부터 구타와 굶주림을 당했고 끊임없이 성폭력에 노출되어 있었다. 남성 권위에 대한 여성의 종속이라는 사회적 이념에 갇혀 있던 여성들은 오히려 가해자보다 더 큰 벌을 받게 되는 경우도 빈번했다. 더구나 임신한 하녀는 해고되어 부랑자가 되거나 더 이상 일거리를 찾지 못해 창녀로 전락하기도 했다(Mendelson 268). 레베카도 남자 주인의 성적 접근을 피해 다녀야하는 일을 겪고 사흘 만에 하인 일을 그만 둔 경험이 있다.

여성 사학자인 사라 멘델슨(Sara Mendelson)은 "가난한 싱글 여성이 생존하기 위해 할 수 있는 일이 제한되었다는 사실을 고려할 때 결혼은 가장 매력적인 경제적 선택이 될 수 있었다"고 주장한다(268). 부모의 사랑과 보호를 받지 못했을 뿐 아니라 가난한 집안의 딸로서 레베카가 생존하기 위해 할 수 있는 선택은 매우 제한적이었으므로 먼 곳에 있는 알지 못하는 남자와 결혼하는 일이 현재의 삶 보다 더 나쁠 수는 없다고 생각했다. 레베카는 "돈도 없었고, 길거리에서 물건을 파는 일도,

그리고 먹을 것과 쉴 곳을 제공받는 대가로 견습공이 되기도 싫었으며 상류층을 위한 수녀원도 갈 수 없는 상황에서, 그녀에게 가능한 미래는 하인이나 창녀가 되는 것, 그리고 결혼하여 아내가 되는 것"이라는 것을 잘 알고 있었고 따라서 "마지막 선택이 가장 안전한 것 같았다"(78). 레베카와 함께 앤젤러스(Angelus)호를 타고 대서양을 건너 온 여섯 명의 여자들 역시 사회와 가족들로부터 버림받은 사람들이었다. 그들은 불명예스런 일로 가족에게 버림받은 여성과, 법에 따라 감옥에 가거나 추방되는 선택을 강요받은 창녀, 도둑과 소매치기 등이었다. 상류층 여성들과 달리 이 여성들은 선박 아래쪽의 가축우리 옆에 있는 좁고 어두운 공간을 공유하며 항해했다. 이 "추방당하고 버려진 여성"들은 고통스런 대서양 횡단 여정 속에서도 마치 상류층 여성들처럼 함께 차를 마시며 여성으로서의 공통된 운명을 느낀다(82).

레베카의 집에는 부모를 잃거나 어머니로부터 버림받은 트라우마를 갖고 있는 사람들이 모여 산다. 레베카와 바크가 부모를 잃은 것처럼 그 집에 모여 살게 된 세 명의 여자 하인들도 유사한 상처를 갖고 있다. 남편이 도르테가로부터 빚 상환 조건으로 데리고 온 여덟 살의 흑인 아이 플로렌스, 배가 난파되어 아버지를 잃은 아이를 목수가 데리고 있다가 바크에게 건네진 혼혈아 쏘로우, 가사 일을 위해 장로교인으로부터 산 아메리카 인디언 리나가 주인과 함께 살고 있다. 쏘로우는 배가 난파된 뒤 해안가에서 목수에게 발견되어 그의 집에서 살게 되지만 두 아들이 그 여자아이에게 관심을 보이자 목수 부인이 바크에게 보내버린다. 바크는 아무도 원치 않고 갈 곳 없는 열한 살의 아이를 거절하지 못하고 데리고 온다. 과거를 모두 잊어버린 사람처럼 행동하는 쏘로우는 자신의 더블(double)인 상상 속의 친구에게만 마음을 털어놓는다. 하지만 아이를 출산하고 어머니가 되자 자신을 컴플릿(Complete)이라고 새롭게 명명함으로써 아이를 통해 다시 태어난다. 출산을 도와준 백인 노동자 윌라드와 스컬리의 아이를 돌봐주겠다는 호의도 "자기 자신을 믿어야 하는 필요성 때문에" 거절하는 쏘로우는 어머니가 됨으로써 자신의 존재를 확인하게 된다(146).

리나는 백인에 의해 말살된 아메리카 인디언 역사의 증인으로서 가족뿐만 아니라 인디언 고유의 문화와 언어를 상실한 트라우마의 생존자이다. 그녀는 여섯 살 때 전염병에 걸려 죽어가는 마을 사람들과 백인들에 의해 불타버린 마을을 목격한 정신적 상처를 갖고 있다. 백인 병사에 의해 장로 교인들에게 넘겨진 뒤 생존하기 위해 자신을 야만인이며 이단자로 간주하는 백인들의 도움을 받아들인다. 그러나 일요예배에 동행시키지 않고 폭력을 휘두르는 백인들의 위선과 모순을 깨닫게 되면서 "기억과 창의력에 의지해 그녀는 잊혀져버린 의식들을 엮어 내었고, 유럽 의약과 인디언 치유법, 성경과 인디언 지식을 융합시켰다. 그리고 숨겨진 의미를 기억해내고 발견했다. 다시 말해 세상에서 살아 갈 수 있는 방법을 찾아냈다"(49). 결국 장로 교인은 "강인한 여성이고 기독교인이며 모든 가사 일을 할 수 있으며, 물건이나 동전으로 교환가능 함" 이라는 광고를 붙여 리나를 바크에게 팔아버린다(52).

트라우마의 생존자는 새로운 관계 형성과 행위주체로서 힘을 얻는 것을 통해 외상으로부터 회복될 수 있다. 회복은 고립된 상태에서 이루어지지 않고 오직 관계 속에서 진행되며, 생존자는 타인과의 새로운 관계를 통해 외상적 경험으로 인해 왜곡된 친밀성과 신뢰, 자신감 등의 정신적 능력을 다시 작동시킬 수 있다(Herman 133). 리나는 플로렌스와의 밀착된 관계 형성을 통해 주체로서 힘을 얻게 되고 정신적 외상으로부터 회복된다. 어머니를 잃은 리나의 상실감은 플로렌스에 대한 모성으로 나타나며 플로렌스는 그런 모성의 대상이 된다. 어린 나이에 혼자 살아남은 리나는 가족을 버리고 살아남은 사실에 수치심을 느끼면서 사랑하는 사람을 절대로 배반하거나 버리지 않기로 결심한다. 리나는 "어머니에 대한 굶주림—어머니가 되고 싶고 어머니를 갖고 싶은 갈망"이 뼛속까지 남아 있다는 것을 안다(63). 리나는 낳은 알을 보호하려다 공격을 받고 죽은 새와 어미 새를 잃은 알들이 스스로 껍질을 깨고 부화하는 이야기를 플로렌스에게 들려준다. 이야기에 그려진 어미 새의 모성으로 인해 알이 스스로 부화해서 새가 될 수 있는 것처럼 플로렌스와 리나는 어머니 상실의 고통을 극복하고 살아남는다.

트라우마의 생존자로서 강인한 자아를 형성한 리나는 플로렌스를 모성적 사랑으로 보살필 뿐 아니라 레베카의 아이를 자기 아이처럼 돌보면서 여주인의 신뢰를 얻는다. 레베카는 리나에 대한 초기의 경계심과 두려움을 잊고 두 여성은 친구처럼 가사와 농사짓는 일을 함께 하며 신대륙의 어려운 삶을 개척해나간다. 플로렌스와 레베카에 대한 리나의 헌신적 사랑은 플로렌스의 편집증적 사랑과는 달리 종속적인 사랑이 아니라, 자신의 가치에 대한 표시이자 자신과의 약속을 지키는 것과 같았다(151). 그러나 바크의 사망은 레베카와 리나, 그리고 플로렌스가 가족이라는 허구성을 그대로 드러내고 "그들은 가족이 아니며 똑같은 생각을 갖고 있는 집단도 아니었다"는 사실을 깨닫게 만든다(59). 더구나 레베카마저 병에 걸려 눕자 리나는 세 명의 여자 하인들이 직면하게 될 위험을 직감한다. 누구에게도 속하지 않은 "주인 없는 여자"(unmastered women)는 누구든 넘볼 수 있는 먹잇감이고 "여주인이 죽고 나서 그곳에 계속 머물게 되면, 여성이고 불법자인 그들은 침입자나 무단거주자로 간주되어, 팔리거나 고용되거나 공격당하거나 납치당하고 추방당할 것"이었다(58). 남성들의 보호를 받지 못하는 신대륙의 여성들과 노예, 하인들은 법적 권리가 없었으며 따라서 억압과 착취의 대상이 되었다.

레베카는 남편이 죽은 뒤 백인 남성중심 사회구조를 수용하게 되고 그 결과 여주인과 하인 사이에 구축되었던 여성간 연대의식은 서서히 무너진다. 그 당시 "남편의 지위도, 기댈 곳도 잃었을 뿐 아니라 가족이나 후원자의 도움을 받지 못하는 과부는 실제로 불법적인 존재"나 다름없었고 윌라드는 그녀가 마을 사람들의 도움으로 곧 재혼할 것이라고 예언한다(98). 사실 여성이 부족했던 초기 식민시대의 변방지역에서는 재혼이 가능했으며 젊을수록 재혼 가능성이 높았다(Mays 418). 남편이 살아 있는 동안 종교의 필요성을 느끼지 못했고 종교인들의 편협한 생각을 경시했던 레베카는 병에서 회복된 뒤 교회에 나가기 시작하면서 속죄하는 사람처럼 기도에 몰두한다. 또한 얼굴에서 웃음이 사라진 채 그동안 여자 하인들에게 느꼈던 애정마저도 거둬들인다. 심지어 플로렌스는 자신을 악의 화신으로 여기며 몸을 검색하던 사람들과 레베카의 시선이 다르지 않다고 느낀다. 결국 하인들을 억압하고 거래할 수 있는 대상으로 간주하는 백인 중심의 가치관을 받아들인 레베카는 그들을 창고와 가축우리에서 지내게 할 뿐 아니라 쏘로우를 구타하고 플로렌스를 팔기 위해 광고를 낸다. 레베카가 "너와 달리 난 망명자일 뿐이야"라고 말하는 것처럼 그녀는 리나보다 더 깊은 소외감을 느끼며 동화하지 못한 채 살아 온 것이다(58).

4. 신대륙의 남성들

신대륙에 정착한 백인 남성들은 무한한 가능성과 위험성을 동시에 갖고 있는 원시적 대 자연 속에서 물질적 풍요를 꿈꾸면서 부를 축적함으로써 떠나온 구세계의 사회적 계층을 뛰어 넘고자 한다. 하지만 물질적 탐욕은 도덕적 정신적 부패의 위험성을 내포하고 있다. 인디언 추장은 백인들의 끝없는 탐욕과 그것으로 인한 비극적 결말에 대해 "대지의 영혼으로부터 잘려나간 채 그들은 땅을 사는데 몰두했고 모든 고아들이 그렇듯이 그들은 만족할 수 없었다. 그들은 세상을 파괴하고 끔찍한 것을 뱉어 낼 운명이고 이 끔찍한 것들은 인디언을 파멸시킬 것이다"라고 예언한다(55). 인디언들의 시선에 비춰진 유럽에서 온 백인 남성들은 채워질 수 없는 욕망을 갖고 있는 고아들이다. 바크는 영국태생의 어머니가 자신을 출산하다 사망한 뒤 네덜란드 태생의 아버지에 의해 버려진 "초라한 고아"이다(12). 그러나 만난 적도 없는 친척에게서 토지를 유산으로 받게 된 그는 뉴욕주 북부로 이주하여 정착한다. 17세기 신대륙은 "혼란" 그 자체였고 신대륙에서의 삶은 "살 수 없는 곳에서 살 곳을 개척하는 것"이었다(12). 신대륙의 원시적인 아름다움에 매료된 바크는 "노아 이래로 사람의 손길이 닿지 않은 숲과, 눈물이 나도록 아름다운 해안, 마음껏 즐길 수 있는 야생의 먹을거리를 보았을" 뿐 아니라 새로운 삶의 모험과 도전을 기꺼이 받아들인다(12).

농업 기반 사회였던 초기 식민지 사회에서는 많은 노동력이 필요했고 여성의 협력 없이는 일상적인 삶조차 꾸려가기 어려웠다. 식민지 지도자들도 유럽 이주자들이 식민지에 안정적으로 정착하고 뿌리내림으로써 식민지를 번성시키기 위해 가족 구성이 필수적이라고 생각했고 이를 위해 신대륙으로 이주할 여성들을 모집하기도 했다. 여성의 출산은 식민지 인구를 빠르게 증가시킬 수 있는 방법이었고 따라서 식민지 여성의 출산율은 영국 여성보다 훨씬 높았다(Ryan 37-38). 개척되지 않은 땅에서 지주가 되기 위해서 여성의 내조가 절실했던 바크는 오랫동안 결혼할 아내를 찾고자 노력한 끝에 자신의 광고에 응답한 미모와 능력을 갖춘 영국 여성 레베카를 아내로 맞이한다. 그러나 성실과 근면한 노동에 대한 바크의 초기 신념은 부에 대한 욕망이 커지면서 서서히 사라진다.

부에 대한 바크의 욕망은 담배농장 주인인 도르테가의 물질적 탐욕과 정신적 부패에 영향을 받음으로써 시작된다. 포르투갈 출신의 도르테가는 식민지 앙골라에서 브라질로 노예를 송출하는 노예무역에 종사했으나 신대륙에서 더 빨리 부를 축척할 수 있는 가능성을 보고 이주한 뒤 노예무역과 노예노동으로써 부를 축적한다. 노예선 침몰로 경제적 어려움에 부딪치자 그는 노예를 팔아 빚을 상환하기 위해 바크를 저녁 식사에 초대한다. 노예무역으로 지주가 된 도르테가의 웅장하고 화려한 저택은 바크로 하여금 계층적 열등감을 느끼게 하지만 도르테가의 부는 착취한 노예 노동에 의존했다는 것을 깨닫고 자신은 양심을 팔지 않고 재산과 지위를 쌓을 것이라 결심한다. 그러나 바크는 자신의 이러한 신념을 고수하지 못한 채 처음에 거절했던 도르테가의 제안에 굴복하고 결국 빚 상환의 조건으로 흑인 노예를 받아들인다. 화려한 저택이 상징하는 계층상승을 꿈꾸던 바크는 마침내 도르테가의 도덕적 부패에 오염되고 신대륙에서 새로운 인생을 계획했던 그의 순수한 꿈은 변질되고 만다.

물질적 욕망의 비극적 결말은 바크의 죽음과 폐허로 변하는 저택으로 상징된다. 바크는 바베도스의 노예노동에 의존한 설탕과 럼주를 파는 일에 손을 대면서 더 큰 부를 축적하게 되고 분에 넘치는 저택을 짓기 위해 백인 계약노동자인 윌라드와 스컬리를 고용하고 대문을 장식할 대장장이를 불러들여 대공사를 진행한다. 레베카가 신분에 어울리지 않을 뿐 아니라 불필요하게 큰 저택을 짓는 것에 대해 반대하자 "남자는 남겨진 것에 의해 평가된다"며 아내의 말을 일축해 버린다(90). 두 번에 걸쳐 세운 저택을 부수고 세 번째 저택을 짓기 위해 자연을 파괴하는 행위을 목격하는 리나는 그의 비극적 결말을 예견하면서 "자신을 위한 불경스러운 기념비를 세우는 것은 잘못된 일이다. 나무들의 허락도 요청하지 않은 채 그 많은 숫자의 나무를 죽이는 것, 그의 이런 노력은 불행을 자초하는 것이다"고 생각한다(44). 결국 집이 완성되기도 전에 바크는 병석에 눕고 죽음을 맞게 된다. 폐허로 변해가는 바크의 저택은 이주민이 갖고 있었던 초기의 순수한 꿈이 인디언 말살과 자연 파괴로 퇴색해 버린 것을 상징한다.

도르테가와 바크가 물질적 욕망과 부패를 상징하는 지주계층 백인 남성인 반면 윌라드(Willard)와 스컬리(Scully)는 백인 계약노동자이다. 그들은 신대륙에 온 백인 계약노동자로서 흑인 노예와 다름없이 주인에게 종속된 하인이다. 노예제도가 인종차별과 밀접하게 연결되기 이전에 이들은 흑인노예와 다름없이 노동을 착취당했고 억압과 폭력의 대상이 되었다. 두 백인 계약노동자는 바크의 토지를 사용하는 조건으로 그들의 원 주인이 바크에게 대여를 해 준 것이었다. 그들은 바크의 집 짓는 일을 도와주고 그가 사망한 뒤에는 레베카의 농장 일을 돕는다. 백인 계약노동자에 대한 착취는 온갖 사유로 주인이 계약기간을 연장함으로써 끝없이 지속되었고 따라서 이들은 자유인이 될 기약이 없었다. 유럽에서 온 스컬리는 이주비용을 갚기 위한 7년의 계약 노동기간이 도망 등의 다양한 사유로 인해 20년으로 연장되어 주인에게 종속된 노예와 다름없었다. 스컬리는 식민지로 추방된 어머니가 죽은 뒤 그녀의 계약 기간인 3년이 더해졌고, 그 후 아버지에 의해 계약노동자로 현 주인에게 팔렸다. 뿐만 아니라 그는 부목사에게 구타와 성적 착취를 당하는 등 폭력과 억압의 희생자가 된다. 자유 흑인과 백인 계약노동자의 사회적 위치에 대한 갈등은 대장장이와 윌라드의 만남에서 나타난다. 대장장이가 윌라드를 미스터 본드(Mr. Bond)라고 부르자 윌라드는 난생처럼 들어보는 "미스터"라는 경어에 자존감을 느끼며 "자유로운 아프리카인과 자신의 위치 때문에 속상했지만 그 문제에 대해서 그는 속수무책 이었다. 그들로부터 계약노동자를 보호해 줄 수 있는 법은 아무 것도 없었다"(151). 백인 노동자인 윌라드는 자유흑인에게 열등감을 느끼지만 흑인 노예인 플로렌스와 쏘로우에게 보호자와 같은 애정을 갖는다. 그는 남자임에도 불구하고 쏘로우의 출산을 도와줄 뿐 아니라 스컬리는 양가죽이 깔린 아기 침대를 손수 만들어 주는 사랑과 배려를 보여준다. 이처럼 당시 백인노동자, 흑인 노예, 자유 흑인들은 인종 차별의식에 갇혀 있지 않았고 오히려 계층의식에 따른 동질감을 갖고 있었다.

대장장이는 소설 속에서 일인칭 독백이 없는 유일한 인물로서 고유 이름 없이 등장한다. 자유흑인인 그는 "결혼을 하고 재산을 소유할 수 있고 여행을 하거나 자신의 노동을 팔수도 있었다"(45). 여주인을 처음 만난 대장장이가 흑인 신분에도 불구하고 여주인을 똑바로 쳐다보는 것을 목격한 리나는 놀라는 한편 그의 거만함을 직감한다. 또한 플로렌스가 대장장이와 사랑에 빠지자 리나는 자신의 사랑을 빼앗길 것을 우려하고 플로렌스가 대장장이로부터 버림받을 위험성을 예견한다. 하지만 대장장이는 홍역에 걸린 쏘로우뿐 아니라 사경을 헤매는 여주인을 살리는 치유 능력을 갖고 있으며, 죽은 남자와 함께 발견된 어린 말라이크를 데려와 함께 살며 보호자 역할을 하는 관대함을 갖고 있다. 플로렌스가 욕망의 노예가 된 사실을 일깨워 주고 스스로의 주인이 되라고 충고하는 것도 대장장이다. 매기 게일하우스(Maggie Galehouse)에 의하면 『자비』는 "노예가 종속을 내면화하는 과정을 고찰"하고 있으며, 모리슨은 노예들에게 인간성을 상기 시켜주는 대장장이를 통해 아프리카인을 독립적인 생각과 몸을 갖고 있는 자유인으로 묘사함으로써 전통적인 주인/노예 서사의 경계를 확장시킨다고 주장한다(2).

5. 어머니로 말하기

소설 마지막 장에 등장하는 플로렌스 어머니의 일인칭 서사는 딸을 버린 어머니의 죄책감과 딸에 대한 깊은 사랑을 그린다. 앙골라 태생의 플로렌스의 어머니는 아프리카에서 서인도 제도를 거쳐 미국으로 들어오는 노예무역 역사의 증인이다. 그녀는 바베도스의 사탕수수 농장에서 노예로 노동을 착취당한 뒤 다시 미국으로 팔려온다. 흑인 여성노예의 자전적 소설인 헤리어트 제이콥스(Harriet Jacobs)의 1861년도 작품 『노예 여성의 삶에 일어난 사건』(*Incidents in the Life of a Slave Girl*) 이 보여주듯 여성노예는 백인주인에 의한 성적착취와 억압의 대상이었고 여성 몸에 대한 이 같은 폭력은 노예제도로 인한 종속의 비극적 단면을 극적으로 보여준다. 플로렌스의 어머니도 성적 착취와 학대를 당했고 그 결과 플로렌스와 남동생을 낳게 되었다. 그녀는 담배농장 주인의 눈길이 성장하는 플로렌스에게 머무는 것을 인식하면서 딸도 자신과 같은 희생자가 될까 두려워한다. 그녀는 흑인 노예 여성이 직면한 고통에 대해 "이곳에서 여자로 사는 것은 아물지 않는 노출된 상처와 같다. 상처가 딱지 되어 아물어도 상처 밑에서는 여전히 곪아 쑤시는 것이다"라고 말한다(163).

종속된 노예 여성에게는 주인의 상대적 친절함과 인간성만이 자신을 보호해줄 유일한 희망이 된다. 플로렌스의 어머니는 주인 집에 온 바크를 보는 순간 자신의 주인과 달리 인간적인 면이 있음을 직감한다. 자신을 바라보는 바크의 시선에는 동물적 욕망이 보이지 않았고 따라서 자신의 딸을 보호할 수 있는 단 한 번의 기회가 왔다고 생각한다. 그녀는 무릎을 꿇은 채 "기적을 바라면서" 딸을 데려가 달라고 그에게 부탁한다(166). 물론 노예 여성의 의도를 알지 못한 바크는 어머니가 딸을 포기하는 것은 끔찍한 일이라고 생각한다. 어머니는 고백을 통해 "아무도 네 남동생을 원하지 않을 거야. 난 그들의 취향을 알고 있어 . . . 그들이 네 가슴을 바라보고 있어. 그리고 난 그들이 보고 있는 것을 알고 있어"라고 자신의 고뇌를 밝힌다(162). 그녀는 바크가 딸을 데려간 것은 신이 내려준 기적이 아니라 "한 인간이 베푼 자비"라고 말한다(164). 플로렌스가 떠나기 전 어머니가 들려준 노래는 자식에 대한 어머니의 사랑을 상징적으로 담고 있다. 이 노래는 자신이 낳은 알을 훔치려는 원숭이와 싸우다가 죽어버린 새에 관한 노래이다. 죽은 이 새처럼 어머니도 자신이 낳은 딸을 보호하기 위해 아이를 데려가 달라고 바크에게 애원한 것이다. 어머니는 일인칭 독백을 통해 타인에게 종속되는 것이 얼마나 힘든 일인지 호소하는 동시에 타인을 지배하거나 타인이 자신을 지배하도록 하는 것 또한 사악한 일이라는 점을 딸에게 알려주고자 한다(167). 그러나 어머니의 이 말은 딸에게 전달되지 못하고 말없이 정지된 어머니의 이미지만이 플로렌스의 기억에 남아 있다. 어머니의 독백을 통해 밝혀지듯이 딸에게 전해 주고자 했던 그녀의 마지막 메시지는 어떤 상황에서도 자기 자신의 주인이 되는 것, 즉 자유와 주체적인 자아의 중요성이다.

IV

플로렌스의 어머니는 소설에서 이름 없는 여성으로 남는다. 어머니는 노예들에게 몰래 글을 가르쳐주는 목사의 도움으로 글을 배우면서 "배움 속에 마법이 있다"고 생각하고 딸이 배움을 통해 언젠가 자신의 길을 찾아 갈 수 있을 것을 믿는다(163). 플로렌스는 자신과의 격렬한 싸움 끝에 피를 흘리고 쓰러진 대장장이를 남겨둔 채 주인집으로 돌아온 뒤 3개월이 지난 시점에서 폐허가 된 저택의 마루와 벽에 자신의 이야기를 쓴다. 목사로부터 글을 배울 때 고백은 말로 하고 글로 남기지 말라고 했던 것을 기억함에도 불구하고 밤마다 여주인 몰래 저택에 숨어들어가 불을 밝히고 글을 쓰는 플로렌스는 소설의 마지막 장에서 자신이 쓰고 있는 이야기가 완성되었음을 알린다.

플로렌스의 강인한 자아 형성은 홀로 설 수 있는 튼튼한 발바닥으로 상징된다. 어머니는 어릴 때부터 신발과 치장을 좋아했던 플로렌스가 여주인의 하이힐을 신는 것에 화를 내곤했다. 리나도 신발 신기를 좋아하는 플로렌스의 발바닥이 쓸모가 없으며 생존하는데 필요한 튼튼한 발바닥을 갖지 못할 것이라고 경고한다(4). 그러나 대장장이가 레베카의 병을 치유하고 떠난 후 이틀 뒤 주인집으로 돌아 온 플로렌스는 이전의 유순한 아이가 아니라 다른 사람들이 건드릴 수 없는 거친 사람으로 변해 있다(152). 플로렌스의 변화된 자아는 자신을 "플로렌스"로 호명하는 마지막 고백에 상징적으로 나타나 있다.

> 알아요? 당신이 옳아요. 그리고 어머니도 옳고요. 나는 거친 사람이고 거칠어졌어요. 그러나 난 또 플로렌스에요. 머리부터 발끝까지 말이에요. 용서받지 못한 채로. 용서하지 않은 채로. 슬퍼하지 말아요, 내 사랑. 그럴 필요 없어요. 내말 듣고 있나요? 노예였었고 이제 자유의 몸이에요. 나는 견디고 살아있어요. (161)

글쓰기를 통해 자신의 이야기를 완성해나가는 플로렌스는 트라우마를 자기 삶의 역사로 받아들이고 이해할 뿐 아니라 어머니의 상실을 애도함으로써 정신적 상처를 치유한다. 철학자이며 여성학자인 주디스 버틀러(Judith Butler)는 상실이란 자아를 구성하는 관계를 잃어버린 것을 의미하며 따라서 상실을 경험한 자는 스스로에게 알 수 없는 존재가 된다고 주장한다(22). 애도는 상실의 고통을 받아들이고 타인과의 관계 속에 있는 자아를 다시 인지하는 것이다(23). 플로렌스가 고백의 끝에서 마치 죽은 영혼을 불러내듯 어머니를 부르며 직접 말을 거는 것은 어머니의 상실을 받아들이고 애도하는 것이며, 이것은 어머니를 향한 사랑의 표현이다. 플로렌스는 "한 가지 슬픔은 간직할거에요. 어머니가 제게 무슨 말을 하려고 하셨는지 지금까지 알지 못한다는 사실이에요. 어머니도 제가 어머니에게 드리고 싶은 말이 무엇인지 모르실 거예요"라고 어머니와의 단절된 의사소통을 애도한다(161). 허만의 주장에 의하면 외상 환자는 상실한 것을 애도함으로써 파괴되지 않는 내적 생명력을 회복할 수 있다(188). 이처럼 플로렌스는 글쓰기를 통해 어머니 상실의 역사를 애도하면서 자신의 내적 생명력을 되찾는다. 어머니의 말을 이해하지 못한 슬픔에도 불구하고 자신의 변화된 모습에 어머니가 기뻐할 것을 기대하는 플로렌스의 말에는 고통에서 벗어난 자유롭고 독립적인 주체로서의 목소리가 담겨있다. 플로렌스와 흑인 노예 여성인 어머니의 이야기는 아프리카계 미국인들의 상실 역사를 상징적으로 재현하고 있으며 슬픔을 잊으려는 것이 아니라 슬픔을 간직하겠다는 플로렌스의 말에는 망각의 역사에 대한 저항이 담겨있다. 더 나아가서 플로렌스의 이야기는 흑인 노예라는 개인적 차원의 경험을 넘어서 이주와 상실을 경험한 여성들의 집단적 트라우마를 상징하며 이들의 트라우마는 커루쓰의 주장처럼 "울부짖는 상처의 이야기"로서 우리에게 역사적 진실을 전해 준다(*Trauma* 4).

플로렌스 어머니의 고백을 듣는 독자와 달리 플로렌스는 끝내 어머니의 메시지를 알지 못한다는 점에서 모녀간의 실현되지 못한 사랑의 비극은 극대화된다. 그러나 플로렌스는 말하기/글쓰기를 통해 자신의 과거를 재구성하고 이 과정을 통해 독립된 주체로 탄생한다. 정신 분석가이자 철학자인 라캉(Jacques Lacan)은 말하기 치유란 주체로 하여금 자신의 역사를 무의식으로 인정하게 하는 것, 즉 과거 역사적 전환점이 된 사실들을 현재 시점에서 역사적으로 문맥화하는 것이라고 설명한다(23). 플로렌스는 어머니 상실이라는 인생의 큰 사건을 현 시점에서 역사적으로 재구성함으로써 완성된 서사를 만들어 내며 자신의 트라우마 상처를 치유한다. 말하기 주체가 된 플로렌스는 헨케가 주장한 것처럼 자기 인생드라마의 주인공 역할을 함으로써 분열된 자아에 행위주체로서의 의식을 회복시킨 것이다(xvi). 모리슨은 인터뷰에서 플로렌스가 자신의 내부에서 사랑하는 사람을 찾아야 한다고 강조하면서, 사랑하는 사람이란 자신을 사랑하고 항상 자신을 지켜주는 자아의 일부라고 설명한다(Thompson C4). 『빌러비드』의 폴 디(Paul D)가 세드(Seth)

에게 "당신이 가장 소중한 사람"이라는 사실을 일깨워 주는 것처럼 대장장이도 플로렌스에게 자기 자신의 주인이 되라고 말한다(322). 플로렌스는 글쓰기를 통해 파편화 된 자신의 삶을 재구성하고 이 과정 속에서 이루어지는 자기 성찰과 분석을 통해 트라우마를 치유하고 주체로서 자아의 소중함을 깨닫는다.

참고 문헌

Behdad, Ali. *A Forgetful Nation: On Immigration and Cultural Identity in the United States*. Durham: Duke UP, 2005.

Brophy-Warren, Jamin. "A Writer's Vote," *The Wall Street Journal.* 7 November, 2008. 19 Aug. 2009: W5. <http:// www.wsj.com>

Butler, Judith. *Precarious Life: The Powers of Mourning and Violence*. New York: Verso, 2004.

Caruth, Cathy. *Unclaimed Experience: Trauma, Narrative, and History*. Baltimore: The Johns Hopkins UP, 1996.

_____. ed. *Trauma: Explorations in Memory*. Baltimore: The Johns Hopkins UP, 1995.

Eales, Jacqueline. *Women in Early Modern England, 1500-1700*. London: UCL P, 1998.

Fischer, Kirsten. "The Imperial Gaze: Native American, African American, and Colonial Women in European Eyes." *A Companion to American Women's History*. Ed. by Nancy A. Hewitt. Malden: Blackwell, 2002.

Freud, Sigmund. *Beyond the Pleasure Principle*. Trans. James Strachey. New York: Liveright, 1961.

_____. *The Standard Edition of the Complete Psychological Works of Sigmund Freud*. Vol. 17. Trans. James Strachey. London; Hogarth, 1955.

_____. *The Standard Edition of the Complete Psychological Works of Sigmund Freud*. Vol. 3. Trans. James Strachey. London; Hogarth, 1955.

Galehouse, Maggie. "A Mercy by Toni Morrison," *Houston Chronicle.* 7 Nov. 2008.

15 Nov. 2011. <http: / / www.chron.com>.

Gates, David. "Original Sins." Rev. of *A Mercy*, by Toni Morrison. *The New York Times*. 28. Nov. 2008. 15 May 2010. <http: / / www.nytimes.com>.

Henke, Suzette A. *Shattered Subjects: Trauma and Testimony in Women's Life Writing*. Bloomsburg: Macmillan, 1998.

Herman, Judith Lewis. *Trauma and Recovery*. New York: Basic Books, 1992.

Jacobs, Harriet. *Incidents in the Life of a Slave Girl*. Cambridge: Belknap P of Harvard UP, 2009.

Jay, Paul. *Being in the Text: Self-Representation from Wordsworth to Roland Barthes*. Ithaca: Cornell UP, 1984.

Lacan. Jacques. *The Language of the Self: The Function of Language in Psychoanalysis*, Trans. Anthony Wilden. Baltimore: Johns Hopkins UP, 1963.

Laplanche, Jean. *New Foundations for Psychoanalysis*. Trans. David Macey. Cambridge: Basil Blackwell, 1989.

Laplanche, Jean and J. B. Pontalis. *The Language of Psycho-Analysis*. Trans. Donlad Nicholson-Smith. New York: Norton, 1973.

Mantel, Hillary. "How Sorrow Became Complete." Rev. of *A Mercy*, by Toni Morrison. *The Guardian*. 8 Nov. 2008. 15 May 2010. <http: / / www.guardian.co.uk>.

Mays, Dorothy A. *Women in Early America: Struggle, Survival, and Freedom in a New World*. Santa Barbara: ABC-CLIO, 2004.

Mendelson, Sara and Patricia Crawford. *Women in Early Modern England 1550-1720*. Oxford: Clarendon Press, 1998.

Middleton, Richard and Anne Lombard. *Colonial America: A History to 1763*. Malden: Wiley-Blackwell, 2011.

Morrison, Toni. *A Mercy*. New York: Alfred A. Knopf, 2008.

_____. *Beloved*. New York: Vintage International, 1987.

_____. *Interview with Charlie Rose on PBS, 10* Nov. 2008. 16 Feb. 2009. <http: / / www.charlierose.com>.

_____. "Rediscovering Black History." *What Moves at the Margin*. Ed. Carolyn C. Denard. Jackson: University Press of Mississippi, 2008: 39-55.

Nance, Kevin. "The Spirit and the Strength." *Poets & Writers Magazine*. Vol 36.6:

47-54.

Riding, Alan. "Rap and Film at the Louvre? What's Up With That?" *The New York Times*, November 21, 2006. 15 Nov. 2011. < http: / /www.nytimes.com>.

Ryan, Mary P. *Womanhood in America: from Colonial Times to the Present*. New York: Harper and Row, 1975.

Schreiber, Evelyn Jaffe. Race, *Trauma, and Home in the Novels of Toni Morrison.* Baton Rouge: Louisiana State UP, 2010.

Takaki, Ronald. *A Different Mirror: A History of Multicultural America.* Boston: Little, Brown and Company, 1993.

Thompson, Bob. "Windows to the Soulful." *Washington Post.* 4 Dec. 2008: C4.

Tocqueville, Alexis de. *Democracy in America.* Trans. Henry Reeve. New York: Bantam Classic, 2000.

Todaro, Lenora. "Toni Morrison's *A Mercy*: Racism Creation Myth." *Village Voice.* 9 Nov. 2008. 16 Feb. 2009. <http: / /www.villagevoice.com>.

Updike, John. "Dreamy Wilderness," *The New Yorker,* November 3, 2008: 112-13.

Wagner, Cathy Covell. "Ruthless Epic Fotsteps: Shoes, Migrants, and the Settlement of the Americas in Toni Morrison's *A Mercy*." *Post-National Enquiries: Essays on Ethnic and Racial Border Crossings*. Ed. by Jopi Nyman. New Castle: Cambridge Scholars Publishing, 2009: 91-112.

Wilson, Kathleen. "British Women and Empire," *Women's History: Britain, 1700-1850.* Ed. by Hannah Barker and Elain Chalus. New York: Routledge, 2005: 260-84.

Zinsser, William. *Inventing the Truth: The Art and Craft of Memoir*. Boston: Houghton Mifflin Company, 1998.

트라우마와 탈식민주의 서사: 캐럴 필립스의『마지막 항해』

권영희 _ 서울시립대학교

Caryl Phillips

The Final Passage

트라우마와 탈식민주의 서사:
캐럴 필립스의 『마지막 항해』[1]

I

작가 소개

서인도제도 출신 영국 이민 2세대인 캐럴 필립스(Caryl Phillips)는 국내에 비교적 덜 알려져 있지만, 영어권 탈식민주의 문학계에서 이미 확고한 지위에 오른 비디아다 나이폴(Vidiadhar S. Naipaul)과 쌜먼 루쉬디(Salman Rushidie)에 이어 우리 시대 탈식민주의 소설 분야를 대표하는 작가이다. 필립스의 작품 세계는 1950년대부터 시작된 영국 흑인문학의 맥락에 놓이는 한편, 1980년대 이후 제국주의 문화와 담론을 탐구하는 탈식민주의 비평이 기존 영문학 연구의 지형을 크게 바꿔놓은 상황과도 깊이 관련된다. 1980년 희곡 작가로 데뷔한 이래 현재까지 장편소설만 열편 넘게 발표할 정도로 활발한 창작 활동을 해온 필립스는 특히 근대성의 반문화로서 흑인 이산(diaspora)의 정치적 문화적 의미를 탐구한 사회학자 폴 길로이(Paul Gilroy)의 "검은 대서양"(the black Atlantic) 개념을 실험적이고 독창적인 소설 언어로 구현한 작가로 비평가들의 주목을 받아왔다.

1958년 카리브 해 세인트 키츠(St. Kitts)에서 출생한 필립스는 생후 4개월이 되었을 때 부모님과 함께 영국행 이민선에 올라 영국으로 건너

---

1 이 글에서 『마지막 항해』를 분석한 내용은 2013년 9월 30일에 발간된 『현대영미소설』 20권 2호에 발표한 논문을 고쳐 쓴 것이다.

간 다음 요크셔 리즈(Leeds)에서 성장했다. 이국땅에서 육체노동을 하며 생계를 꾸려야 했던 필립스의 부모님은 필립스가 8세 되던 해에 이혼하였고, 이 때문에 필립스는 세 남동생들과 함께 양부모에게 맡겨졌다가 그 후 친부와 친모에게 번갈아 양육되었다. 가정사적인 불행과 경제적 곤궁함에 더해, 예상할 수 있는 것처럼 서인도제도 출신 흑인 이민자로서 필립스는 어린 시절부터 일상화된 인종적 차별과 편견에 시달려야했다. 그러나 특유의 근성과 강인함을 발휘하여 학업에 매진하였고 옥스퍼드대 영문과에 장학생으로 진학하였다. 대학 시절 그는 셰익스피어를 비롯한 영문학 고전들을 두루 섭렵했는데, 이는 훗날 자신의 작품 세계에 고전적인 영문학 텍스트들을 독특한 방식으로 도입하는 경향으로 이어진다. 예를 들어, 흑인작가로서 홀로코스트를 다뤘다는 이유에서 논란을 불러일으킨 문제작 『피의 본성』(*The Nature of Blood*)에서는 르네상스기 이탈리아를 배경으로 유태인 인물들과 더불어 무어인 오셀로(Othello)의 이야기를 풀어놓는다. 2015년 최신작 『잃어버린 아이』(*The Lost Child*)에서도 서인도제도 출신 남성을 배우자로 선택하여 가족들에게 버림받는 현대 영국인 여성의 이야기와 나란히 『워더링 하이츠』(*Wuthering Heights*)의 주인공 히스클리프(Heathcliff)의 이야기를 들려준다.

대학 졸업 무렵 TV 드라마와 희곡을 쓰면서 전업 작가의 길에 오른 필립스의 인생에서 결정적인 전기는 1980년 서인도제도로의 여행에서 마련된다. 필립스는 그곳에서 비로소 자신이 그동안 함몰되어 있었던 영국과 유럽 중심의 세계관에서 벗어날 수 있었다고 고백한 바 있다. 『가디언』*(The Guardian)*지에서 마야 재기(Maya Jaggi)가 소개하듯이, 필립스는 영국인이자 흑인으로서 "자신들의 이야기가 리즈나 브릭스턴(Brixton)에서 시작된 것이 아니었음"을, 따라서 작가로서 자신은 백인들이 지운 노예무역의 고통스러운 역사를 드러내고 탐문해야 함을 가슴 깊이 깨달았다. 필립스는 1980년에 발표한 『이상한 과일』(*Strange Fruit*)을 시작으로 현재까지 다수의 희곡 작품들과 에세이집, 여행기, 소설 작품들을 출간하였다. 마틴 루터 킹 문학상과 제임스 테이트 블랙 문학상을 비롯하여 여러 권위 있는 문학상을 수상했으며, 가나, 싱가포르, 바바도스, 인도, 뉴욕 등 다양한 지역의 대학에서 학생들을 가르쳐온 그는 현재 예일대 교수로 재직하고 있다.

필립스 작품 세계를 한 마디로 요약한다면, 상이한 시대적 배경과 장소, 인종, 성, 민족, 계급 정체성의 경계들을 가로지르는 방식으로 서사를 구성한다는 점이다. 단순히 여러 시공간을 배경으로 하여 다양한 정체성을 지닌 인물들을 등장시키는 것이 아니라, 이들의 고유한 시점을 다중적으로 도입하고 교차시키는 한편 각 인물들의 이야기를 다채로운 산문 장르와 스타일로 직조하는 식이다. 대표적인 사례로 1993년에 발표되어 영어권 문학상 가운데 가장 큰 영향력을 가진 부커(Booker)상 최종 후보작에 오르기도 한 『강을 건너며』(*Crossing the River*)를 들 수 있다. 이 소설에서 필립스는 흉작 때문에 세 아이를 모두 노예무역상에 팔아야 했던 아프리카인 아버지의 진혼곡 같은 넋두리를 서곡으로 들려준 다음, 노예로 팔려간 딸과 아들의 이야기를 완전히 다른 맥락에서 다른 스타일로 전한다. 이어지는 장에서는 서곡의 그 아버지로부터 노예를 구입한 노예선 선장의 이야기를 그가 작성하는 항해일지를 통해 들려주고, 마지막 장에서는 이차대전 종전 무렵 영국 백인 노동계급 여성을 등장시켜 그녀가 흑인 미군 병사와 사랑에 빠지는 이야기를 일기 형식으로 풀어놓는다.

이처럼 필립스는 영국흑인문학과 탈식민주의문학을 대표하는 작가이면서도 아프리카인의 이산 경험에만 집중하는 대신 그것이 다른 지역, 다른 민족과 집단이 경험한 폭력과 억압의 역사들과 긴밀하게 얽혀 있는 양상을 밝히는 데 주력해 왔다. 특히 앞에서 언급한 『피의 본성』의 경우 반유태주의와 홀로코스트를 흑인들이 경험한 폭압의 역사와 교차시킴으로써 백인과 흑인, 문명과 야만, 유럽과 아프리카의 이분법적 대립항의 허구성을 드러내고 아프리카인의 경험을 세계사적인 맥락에서 조명했다고 평가할 수 있다. 또한, 『캠브리지』(*Cambridge*)나 『눈을 맞으며』(*In the Falling Snow*) 같은 작품들에서는 성차나 계급면에서 다양한 배경을 지닌 백인 주인공들의 내면세계를 제시하는데, 필립스는 이 백인들의 이야기를 유색인종 주인공들의 이야기와 나란히 제시함으로써 인종 정체성을 절대적인 것으로 만들지 않으면서도 흑인들의 경험과 그 의미를 깊이 있게 탐색해 보인다. 유색인종 인물의 내면을 제대로 구현하는 백인 작가들이 거의 없었다는 점을 생각해 볼 때, 필립스 소설의 이러한 특징은 기존 흑인문학이나 탈식민주의 분야 문학뿐만 아니라 동시대 영어권 문학이라는 확장된 지평에서도 단연 돋보인다고 하겠다.

II

작품 소개 및 줄거리

필립스의 『마지막 항해』는 제목부터 나이폴의 산문집 『중간 항해』(*The Middle Passage*)처럼 아프리카를 유럽, 아메리카와 삼각형으로 연결했던 대서양 노예무역을 환기시킨다. 유럽의 상품을 싣고 아프리카 서부 해안으로 갔던 첫 번째 항해에 이어, 흑인 노예들을 화물처럼 싣고 아메리카 대륙을 향해 대서양을 건넜던 두 번째가 그 악명 높은 중간 항해였다면, 세 번째는 아메리카에서 노예들을 팔아 구입한 돈으로 면화, 담배, 커피 등을 구입하여 유럽으로 돌아오는 마지막 항해를 의미했다. 이처럼 데뷔작의 제목으로 필립스는 자신의 글쓰기가 흑인 이산의 역사에 적극적으로 개입하는 행위임을 분명히 한 셈이다. 그러나 『마지막 항해』가 노예무역을 소재로 삼고 있는 것은 아니다. 몇백 년에 걸친 다양한 시대적 배경들을 설정하고 서로 교차시키는 이후 작품 경향과는 달리, 『마지막 항해』는 샘 셀번(Sam Selvon), 조지 래밍(George Lamming), 나이폴 등 서인도제도 출신 1세대 작가들과 동시대인인 저자 부모님의 이민 체험을 소재로 한다. 서인도제도인들의 영국 이민사는 자메이카에서 출발한 엠파이어 윈드러쉬호(Empire Windrush)가 1948년 6월 22일 템즈강을 거슬러 틸버리(Tillbury) 항에 닻을 내리고 492명의 승객이 영국에 입국함으로써 시작되었다. 전후 재건 시대 노동력이 절대적으로 부족했던 영국 정부는 한동안 영연방국가들로부터 이민자들을 적극적으로 받아들였는데, 이 시기 영국으로 건너온 서인도제도인들을 최초 이민선의 이름을 따서 윈드러쉬 세대로 부른다.

윈드러쉬 세대의 이주 경험을 다루는 『마지막 항해』는 작가 자신 남성이면서도 셀번을 비롯한 1세대 작가들과는 달리 남성이 아닌 여성 이민자의 체험을 전면에 배치한다는 점에서 독특하다. 시종일관 침묵과 체념에서 벗어나지 못하는 주인공의 답답한 모습도 『외로운 런던인들』(*The Lonely Londoners*)을 비롯한 셀번의 모세 삼부작이나 래밍의 『이주민들』(*The Emigrants*)에서 남성 주인공들이 보여주는 낙관적인 태도나 활력과 무척이나 대조적이다. 어머니 릴리언(Lillian)이 실제로 그랬던 것처럼 필립스는 『마지막 항해』의 주인공 레일라(Reila)를 서인도제도에서 고등학교를 졸업한 후에 관공서에서 일하는 중간계층의 여성으로 설정한다. 소극적이고 무기력한 레일라는 어머니의 반대를 무릅쓰고 건달이나 다를 바 없는 마이클(Micahel)과 결혼한다. 애정이나 소통의 가능성이 없는 부부관계로 고통 받는 와중에 레일라는, 신병치료를 위해 영국으로 떠난 어머니를 염려하는 마음에 더해 희망이 보이지 않는 삶에서 벗어나는 한 가지 방편으로 영국 이민을 선택한다.

소설은 이들 부부가 흑인 이주민으로서 영국에서 부닥치는 인종차별의 냉혹한 현실과 레일라가 겪는 내밀한 정신적 고통에 대해 주로 들려준다.

이처럼 언뜻 보면 매우 단순하면서도 상당히 암울한 이야기를 필립스는 회상 기법을 광범위하게 사용하여 시간의 흐름에 역행하는 방식으로 구성한다. "끝"이라는 제목의 1부는 레일라가 어린 아들 캘빈을 안고 서인도제도의 한 부두에서 초조하게 이민선을 기다리는 장면으로 시작한다. 2부 "고향"은 시간을 거슬러 서인도 제도를 떠나기 전 레일라의 삶이 어땠는지 들려줌으로써 영국 이주 이후에 벌어진 사건들을 다루는 3부 "잉글랜드"와 시공간적으로 대칭을 이룬다. 마지막 4부 "항해"는 대서양을 건너는 2주 동안과 영국 도착 직후 일어난 사건들을 다룬다. 레일라가 서인도제도 고향으로 돌아가기로 결심하는 마지막 장면은 마치 원을 그리듯이 이민선을 기다리는 소설의 출발점으로 되돌아온다. 이런 식의 구성으로 필립스는 서인도 제도와 영국을 이어주면서도 아울러 두 공간이 겹치는 제3의 시공간으로서 "항해"의 복합적인 함의를 강조하고 있다.

이처럼 정교한 시간적 구성과 더불어 노예무역의 역사를 연상시키는 제목 "마지막 항해"의 의미 역시 간단치 않다. 오랜 병환으로 고생하던 레일라의 어머니는 외동딸이 마이클과 결혼한 것에 크게 실망하면서 표면적으로는 영국에서 치료를 받기 위해 고향을 떠난다. 서인도 제도로 돌아오지 못하고 영국의 병원에서 삶을 마감하는 그녀의 여정은 죽음의 여정이라는 의미에서 마지막 항해인 셈이다. 이에 비해 레일라의 영국행은 결과를 두고 보면 중간 항해에 가깝다. 고향에서는 불가능했던 어머니와의 소통과 남편과의 관계 회복을 막연히 기대했던 그녀는 영국에서 소통이나 관계 회복은커녕 한층 더한 고통을 겪는다. 고향에서와 마찬가지로 마이클이 자신과 아이에 대해 일말의 책임도 느끼지 않고 밖으로 나도는 상황에서 심신이 피폐해지고 게다가 두 번째 임신을 하는 레일라는 영국에서 생존 자체가 어려운 지경에 이른다. 결국 서인도 제도로 돌아갈 결심을 하지만 정신적 물질적으로 한계 상황에 도달한 그녀가 그 마지막 항해를 제대로 실행할 수 있을 지도 불확실한 상태로 이야기는 끝난다. 때문에 이 소설은 마지막 항해라기보다는 어떤 곳에도 제대로 정박하지 못하고 존재의 광막한 바다를 끝없이 부유하는 '항구적' 항해를 표상하는 이야기라는 느낌마저 준다.

III

1. 『마지막 항해』와/의 트라우마

필립스는 『마지막 항해』의 첫머리에 엘리엇(T. S. Eliot)의 대표 연작시 『사중주』의 마지막 시편인 「리틀 기딩」(Little Gidding)에서 다음 구절을 인용한다.

> 역사를 상실한 이들은
> 시간으로부터 구원될 수 없는 법. 역사는
> 초시간적 순간들이 만드는 패턴이니까. 해 지는
> 겨울 오후 어느 외딴 예배당
> 역사는 지금 여기 영국이다. (233-38행)

미국에서 귀화한 영국국교도 시인 엘리엇이 "역사는 지금 여기 영국"이라고 했을 때 이 말의 의미는 서인도제도 출신 흑인 작가인 필립스에게 결코 같은 것이 될 수 없다. 필립스는 엘리엇의 관점에 내포된 영국중심의 역사관을 정면으로 마주하고 극복하기 위해 "역사는 지금 여기 영국"이라는 냉엄한 현실을 되새기면서 자기의 서사에서 "초시간적 순간들이 만드는 패턴"을 포착하고자 한다. 이는 자기 소설의 궁극적인 지향점이 "역사를 상실한 이들"을 과거의 속박으로부터 해방시키려는 기획임을 암시한다. 이처럼 엘리엇을 비판적으로 원용하면서 필립스가 찾아내고자 하는 "초시간적 순간들이 만드는 패턴"과 그 의미를 우리는 트라우마의 미학적 기제를 통해 살펴볼 수 있다. 트라우마가 서사의 틀로 작용한다는 점에서 데뷔작 『마지막 항해』는 필립스의 독특한 소설 문법을 이해하는 관문과도 같은 작품이다.

물론 트라우마 개념은 필립스뿐만 아니라 다른 탈식민주의 서사들에 적용할 때 틀에 박힌 용어에 그치기 쉽다. 『마지막 항해』의 경우에도 현재의 삶이 복잡하고 착잡한 양상으로 과거에 저당 잡힌 인물이 등장하는데, 이해하기 어려울 정도로 무기력하고 주변 인물들에게 피학적인 태도로 일관하는 그녀의 모습은 트라우마를 통해 작품을 읽게 만드는 표면적인 근거가 된다. 그러나 주인공이 겪는 억압과 고통이라는 차원에서만 본다면 이 소설이 트라우마의 측면에서 딱히 새롭거나 주목받을 이유는 없다. 역사 자체가 트라우마라는 식으로 지나치게 트라우마 개념을 확대하는 입장이 아니라 하더라도, 제국주의적 침탈과 폭력을 경험한 이들이 어느 정도는 모두 "부서진 역사의 트라우마"로 고통받아왔고, 이런 뜻에서 트라우마는 그와 같은 경험을 다루는 모든 문학작품에 해당하기 때문이다(Kreilkamp 44). 이 용어 자체는 개별 작품의 특별한 성취나 서사의 특징을 살피는 데 도움이 되지 못하는 공허한 수사에 그칠 수 있다.

그러나 트라우마를 소재나 내용이 아니라 형식의 차원에서, 스타일과 기법상의 여러 특징들을 조건 짓는 일종의 미학적 기제로 파악한다면 조금 다른 이야기가 가능하다. 즉 트라우마 상황을 유발하는 소재가 아니라 글쓰기 자체에 영향을 주는 구조적이고 형식적인 요인으로서 트라우마를 생각해 보자는 것이다. 이 글에서는 다음 두 가지 질문을 중심으로 이 문제를 살펴보고자 한다. 우선, 미학적 기제로서 트라우마와 관련하여 『마지막 항해』에서 사용되는 포스트모던한 서사기법들의 함의를 어떻게 평가할 것인가이다. 관련된 다른 쟁점은 탈식민주의 비평에서 특히 중요한 개념인 하위자주체(subaltern)의 재현 문제다. 식민주의의 권력 구조와 헤게모니적 지배 속에서 가려지고 지워지며 왜곡되어 재현되는 존재인 하위자가 『마지막 항해』에서처럼 트라우마의 주체가 될 경우 어떤 글쓰기의 어려움이 발생하는가? 이 소설이 그런 어려움에도 불구하고 하위자주체의 진실을 조명하는 지점은 어디이며 그 내용은 무엇인가? 다음 절에서 먼저 이 질문들이 위치하는 이론적 비평적 맥락을 간략하게 검토하고, 이어 형식의 차원에서 트라우마가 『마지막 항해』라는 소설에 작동하는 방식과 그 함의를 구체적으로 짚어보고자 한다. 이렇게 이 소설의 미학적 난점과 성취를 분석하면서 탈식민주의 소설 일반의 가능성과 딜레마에 대해서도 생각해 보려 한다.

2. 트라우마 연구와 탈식민주의 비평

지그문트 프로이트(Sigmund Freud)의 정신분석 이론에서 트라우마는 방어기제가 정상적으로 작동하지 못할 정도로 충격적인 어떤 사건 때문에 강박적 기억의 형태로 해당 사건을 계속 경험하는 병리 현상을 의미한다. 『쾌락원칙을 넘어서』(*Beyond the Pleasure Principle*)에서 프로이트는 트라우마 현상에 수반되는 강박적인 반복이 쾌락원칙의 한계를 예증한다고 보면서 이로부터 다른 모든 생명체와 마찬가지로 인간 역시 생명충동의 이면에 본래의 물질적인 상태로 회귀하려는 본능, 즉 죽음충동의 지배를 받는다는 주장을 도출한다. 자끄 라캉(Jacques Lacan)의 경우 한 걸음 더 나아가 주체 구성 자체를 트라우마적 과정으로 설명한다. 강박적 반복이 "트라우마 상황을 관념들과 묶어주려는 정신계의 끈질긴 시도"라는 프로이트의 관점을 계승하면서 라캉은 주체가 정립되는 과정 한가운데에 "실재와의 만남"이라는 근원적 트라우마가 자리한다고 본다(55).

라캉의 이론에서는 트라우마가 언어적 재현 체계인 상징계 밖에 위치한다는 점이 한층 더 강조된다. 즉, 트라우마는 언어적 재현 체계와 질서를 교란시키고 붕괴시키는 특징이 있으며, 트라우마적 기억은 관념과 언어를 통해 재현될 수 없다는 점에서 통상적인 기억이나 회고와 다르다는 것이다. 말하자면, 그것은 정상적인 의미화 체계에서 벗어나 파편화, 분절화, 불구화된 형태의 기호들을 끊임없이 의식의 표면에 떠오르게 하기 때문에 과거의 경험과 기억이 무의식의 심연에 가라앉은 채 정신병리적 증상들이 나타나는 것과도 구별된다. 이렇게 볼 때 언어적 재현의 불가능성에서 비롯되는 현상인 트라우마를 말하기나 글쓰기를 통해 이야기로 풀어내는 일은 치유의 주된 도구이자 목표이기도 하지만 그 자체로 역설적이고 문제적인 임무다. 이 때문에 트라우마는 임상치료 분야를 넘어 문학비평의 이론적 관심사들과 겹쳐지고 역사 서술과 진실, 기억과 재현의 문제들이 트라우마와 깊은 관련을 맺게 된다.

프로이트와 라캉 이론을 바탕으로 트라우마 연구 분야가 성립한 경위를 상세하게 소개하는 일은 이 글의 범위를 벗어난다. 다만, 트라우마 연구와 문학비평의 접점을 마련하였고 이후 연구들, 특히 탈식민주의 비평과 대해 많은 통찰을 제공한 이 분야의 대표적 연구로 특히 도미닉 라카프라(Dominick LaCapra)의 논의와 최근 트라우마 연구의 확장된 지평을 간략하게나마 언급하고자 한다. 라카프라의 경우, 『역사 쓰기, 트라우마 쓰기』(*Writing History, Writing Trauma*)에서 역사 서술과 진실 규명의 문제를 중심으로 트라우마 개념을 둘러싼 이론적인 쟁점들을 검토한다. 논의의 핵심은 구조적인 트라우마와 역사적인 트라우마의 구분으로, 라카프라는 트라우마의 원인으로서 본원적인 차원의 "결여"(absence)와 특정한 대상의 "상실"(loss)을 구분할 것을 제안하고, 전자의 결과를 구조적인 트라우마로, 후자의 결과를 역사적인 트라우마로 개념화한다. 신이나 자연, 혹은 오이디푸스 전단계의 어머니 같은 대상과의 완전한 조화나 합일을 '결여'하는 데에서 연유하는 초역사적이고 구조적인 트라우마는 특정한 역사적 사건에서 발생하는 트라우마와 개념적으로 분리해서 생각할 필요가 있다는 것이다(76-77). 라카프라의 이처럼 이원적인 트라우마 개념은 애초에 프로이트와 라캉의 이론에 기반을 두고 해체 비평의 대전제 위에서 성립한 트라우마 연구가 여성주의나 탈식민주의 이론과 만나는 지점에서 특히 유용하다.

이와 관련하여 최근 트라우마 연구의 성과 중에서 주목할 사항은 노예제의 트라우마에 초점을 맞춰 론 에어먼(Ron Eyerman)이 개진하는 문화적 트라우마(cultural trauma)나 여성주의 트라우마 이론가 로라 브라운(Laura Brown)이 제시한 잠행성 트라우마(insidious trauma)와 같은 대안적인 개념들이다. 개인의 차원을 넘어서는 트라우마에 대해 종래의 연구들은 유태인 학살이나 양차대전 참전의 경험 등 예외적인 상황에 한정하는 경향을 보였는데, 여성주의와 탈식민주의 비평 진영을 중심으로 전통적인 패러다임에 대한 수정주의적 관점을 제기하면서 트라우마 개념을 확장한 것이다. 비판의 핵심은 주로 전쟁, 유태인학살, 원자탄 투하처럼 평범한 경험의 영역을 크게 벗어나는 사건들을 트라우마의 발단으로 간주하기 때문에, 브라운이 잠행성 트라우마 개념을 통해 설명하는 바와 같이, 구조적인 요인에서 비롯되는 일상화된 억압이 장기간에 걸쳐 정신과 육체에 미치는 영향을 탐구하지 못했다는 것이다. 예외적이고 일회적인 사건들이 트라우마 사건을 대표하면서 아이러니컬하게도 성, 계급, 인종상의 약자들이 경험하는 억압과 그 효과보다는 편재하고 고착화된 억압에서 비교적 자유로운 사회적 기득권자들에게 트라우마 개념이 주로 적용되는 상황이 초래되었다. 좀 더 근본적인 차원에서 생각해 보면, 이 문제는 기존의 트라우마 개념이 경험의 주체를 개인으로 상정한다는 사실, 즉 서구 근대의 개인주의 이념과 보편적 주체라는 신화와 관련된다. 스테프 크랩스(Stef Craps)나 브라운과 같은 학자들이 주장하듯이, 프로이트와 라캉의 정신분석 이론과 해체 비평에 기반을 둔 전통적 연구 틀에서 트라우마는 집단 대 집단의 억압과 착취가 지속되는 상황이 개별 주체에 끼치는 복잡다기한 영향과는 무관해지며, 따라서 억압구조와 권력관계에서 빚어지는 여러 증상을 개인화, 병리화, 탈정치화하는 데 기여한다.

그렇다면 기존의 트라우마 개념을 이렇게 비판함으로써 여성주의나 탈식민주의 비평은 어떤 방법론상의 통찰을 얻는 것일까? 가부장제, 이성애중심주의, 인종적 위계와 차별의 구조 등 제반 억압 기제들의 복잡한 작용과 그에 따른 주체의 고통스런 경험을 탐구하기 위해 트라우마 개념을 원용해야 할 필요는 어디에 있는가? 이 글에서는 필립스의 작품을 세밀하게 읽으면서 이 질문에 답할 생각이지만 먼저, 넓게는 탈식민주의 문학과 비평 일반, 좁게는 필립스 비평의 경향과 관련해 중요한 전제들 몇 가지를 짚어보고자 한다.

우선 탈식민주의 비평에서 트라우마 개념이 필요한 이유는 단지 하위자들이 항구적이며 일상화된 트라우마를 경험한다는 사실 때문은 아니다. 침묵의 주체, 더 정확히 말해 침묵을 강요당하는 하위자주체를 말하게 하는, 그 자체로 모순적이고 문제적인 과제는 발화의 불가능성에도 불구하고 증상을 통해 발화하는 트라우마의 역설과 유비관계를 이룬다. 바로 여기에 트라우마와 탈식민주의 비평의 좀 더 깊은 상관성이 존재한다. 하위자가 트라우마적 주체임을 제대로 인정할 때에야 재현의 한계 지점에서 하위자의 주체 구성에 억압이 끼치는 심층적이고 복잡 미묘한 효과를 단순화, 균일화하지 않는 방식으로 탐구할 수 있는 가능성이 열린다는 말이다.

이런 관점에서 볼 때, 하위자의 이야기를 조건 짓는 일종의 서사기제로서 트라우마의 문제는 탈식민주의 비평의 중요한 이론적 쟁점들을 탐구해 온 가야트리 스피박(Gayatri Chakravorty Spivak)이 「하위자주체는 말할 수 있는가?」("Can the Subaltern Speak?")에서 제기한 문제의식과 연결된다. 푸코와 들뢰즈에 대한 비판에서부터 하위자주체 연구그룹과 산 채로 미망인을 화장하는 힌두교 관습인 사티(Sati)를 둘러싼 담론 형성 과정, 바두리(Bhuvaneswari Bhaduri)라는 여성의 자살에 대한 해석에 이르기까지 광범위한 논제들을 검토하는 이 에세이에서 결정적 대목은 "식민[담론]의 생산이라는 문맥에서 하위자가 역사를 갖지 못하고 말할 수 없다면 하위자주체 여성은 더욱 더 짙은 그늘에 가려있다"라는 구절이다(287). 그런데 "하위자주체는 말할 수 없다"는 그녀의 결론은 하위자의 능동적 주체성(agency)을 부정하는 안일하고 비관적인 단정으로 들릴 수 있고 실제로도 논란을 일으켰다. 무어 길버트(Moore-Gilbert)가 하위자 재현 문제에 대한 스피박의 입장이 그녀 자신이 비판하는 서구 인식론을 답습하는 것과 같다고 비판한 것이 단적인 예이다.

하지만 스피박이 염두에 둔 비판의 주된 대상은 하위자들의 다양성과 이질성을 제거하여 그들에게 오직 동일하고 동화 가능한 타자(the Other)로서 주체성을 부여하는 한편 군주적 주체(the sovereign Subject)로서 유럽인 자신들의 위치는 유지, 강화하는 인식 체계의 폭력성과 강고함이다. 그 인식 체계 하에서 하위자는 언제나 말할 수 없는 상태에 놓이며 (비서구의 지식인이) 하위자를 대신해서 말하는 일 역시 그의 선의와는 무관하게 유럽중심적 인식 체계를 강화하는 데 기여하기 쉽다. 따라서 침묵하는 하위자주체에 관한 이야기를 트라우마 서사의 관점에서 읽는 일은 스피박이 비판하는바 하위자를 균일하고 동화 가능한 타자로 만드는 인식 체계에 맞서서 궁극적으로는 해당 서사가 어떤 비판적 가능성을 내포하는지 탐문하는 작업이 되어야 한다.

하위자주체를 재현하는 문제와 더불어, 트라우마 개념은 기존 탈식민주의 비평의 지리멸렬한 측면들을 극복하는 방향으로 활용될 필요가 있다. 사실 필립스는 현 단계 영어권 탈식민주의 문학과 비평의 상태에 대해 일종의 지표식물과도 같은 작가인데, 루쉬디의 소설들이 호미 바바(Homi Bhabha)의 혼종성(hybridity) 이론과 딱 맞아떨어지는 느낌을 주는 것처럼, 필립스도 검은 대서양, 이산, 초국가성(transnationality) 같은 탈식민주의 이론의 핵심 개념들을 미리 염두에 두고 쓴 듯한 인상을 준다. 그러나 현재까지의 비평은 탈식민주의 서사가 이론에 대해 의존적인 양상을 보이는 이런 문제점을 고찰하기보다는 지역, 민족, 인종, 문화 간 경계를 넘어서는 이산 경험의 서사화 자체를 높이 평가하는 경우가 많다(Silku, Ledent, Sarvan, Low, 박선주). 기법의 함의에 주목한 경우가 매우 드물다는 것도 문제인데, 시간의 순차적 흐름을 벗어나는 전개, 서술의 파편화, 전지적 서술자의 부재 등 필립스 소설의 주요한 특징들을 포스트모더니즘의 틀에서 파악하고 그런 특징들이 흑인 이산의 혼종적이고 초국가적인 양상을 효과적으로 나타낸다는 관점이 지배적이다. 그러나 포스트모더니즘 소설 기법을 탈식민주의 서사에 대입하는 식의 읽기는 후자의 정치적 지향성과 특수한 미학적 조건을 간과할 가능성이 있으며, 유럽중심적인 문예 담론으로 후자를 수용한다는 점에서도 비판의 여지가 있다.

사실 필립스 소설의 기법을 파악하는 데 빈번하게 동원되는 혼종성이나 문화 간 상호작용(transculturation) 같은 개념들은 이주민적 정체성, 이산, 초국가성 등의 개념들과 더불어 그 자체로는 상투적인 읽기를 낳을 가능성이 크다. 티모씨 뷰스(Timothy Bews)는 이들 개념을 단선적으로 적용하는 식의 독법이 필립스 비평만이 아니라 탈식민주의 비평 전반의 문제점과 답보 상태를 드러낸다고 보면서 미학적 형식적 차원에 대한 심화된 관심이 절실하다고 주장한다. 이러한 뷰스의 문제의식에 깊이 공감하면서 필립스의 데뷔작을 읽을 때, 우선 눈에 띄는 스타일과 기법상의 특징은 이후에 나온 소설들보다 파편화 경향은 덜하지만 초점 서술이나 상황 설명은 역시 최소한으로 제공된다는 점이다. 전후 사정이나 인물의 내적 동기, 욕망이나 감정의 추이 등을 분명하게 파악하기 어렵다보니 읽는 재미도 떨어지고 답답하며 불편한 느낌마저 들 수 있다. 뷰스의 경우 필립스 소설의 이런 부정적인 측면이 실은 탈식민주의 문학의 본원적 딜레마를 정직하게 드러내는, 이유 있는 실패라고 본다. 전지적 시점 없이 인물의 의식을 전하는 이른바 복화술식 서술(ventriloquist narration), 침묵, 생략과 같은 필립스 소설의 특징들은 인물들을 넘어 작가 역시 제대로 발화할 수 없는 상태에 처해있음을 지시한다는 것이다. 뷰스는 이를 현실 재현의 윤리적 요청을 인식하지만 그것을 제대로 수행하지 못하는 데에서 발생하는 괴리와 모순의 상태를 가리키는 이른바 '수치의 미학'으로 명명하고 이를 통해 필립스 소설에 내재한 발화할 수 없음의 상태와 그 의의를 탐색한다. 수치의 미학이라는 틀에서 볼 때 필립스의 소설은 존 쿳시(J. M. Coetzee)나 나이폴은 물론 근대의 개인이 처한 본원적인 실향의 상태를 해소하는 형식으로서 소설이라는 게오르그 루카치(Georg Lukacs)의 고전적인 정의와도 궤를 같이 한다는 것이다.

이런 뷰스의 관점은 발화의 불가능성을 가리키는 필립스 소설의 형식적 측면들을 폭넓은 문학사적 맥락에서 자리매김하는 미덕을 지니지만 탈식민주의 문학의 독자적인 성과와 고유한 딜레마를 현대 서사문학의 일반화된 틀 속에서 파악하는 문제점을 동시에 안고 있다. 때문에 이 글에서는 수치의 미학 대신 트라우마의 서사적 작용을 중심 개념으로 삼아 필립스 소설의 진면모에 접근하고자 한다. 『마지막 항해』에서 여성 하위자주체의 경험을 언어와 담론의 체계 속으로 끌어들이는 창작 행위에 연루되는 어려움을 살펴보면서 탈식민주의 서사 일반의 가능성과 딜레마를 가늠하는 하나의 계기로서 이 소설에서 트라우마 서사를 구축하는 방식과 그 의미를 생각해 볼 것이다.

3. 욕망과 예속의 트라우마

『마지막 항해』의 경우 처음에서 마지막 페이지까지 어떤 의미로든 주인공의 삶이 진일보했다거나 의미심장한 변화로 볼 수 있는 대목은 거의 없으며, 이런 이유에서 트라우마의 극복이나 치유에 해당하는 서술 효과 역시 찾아보기 어렵다. 이러한 측면은 비슷한 처지의 하위자주체에 관한 조앤 라일리(Joan Riley)의 『속하지 못한 사람들』(*The Unbelonging*)과 대조할 때 더욱 의미심장하다. 라일리의 주인공 히아씬스(Hiacinth)의 경우 서인도제도 고향에 대한 그리움과 이민자로서 겪는 차별의 경험에서 트라우마가 비롯한 것처럼 보인다. 하지만 그 저변에는 친부에 의한 강간이라는 끔찍한 과거가 놓여있고, 이 때문에 주인공은 의미 있는 인간관계를 맺지 못하며 특히 이성과의 만남에서 좌절을 겪는다. 그럼에도 불구하고, "속하지 못한 사람들"이라는 제목과는 달리 그녀는 차츰 영국 사회에 적응하면서 삶의 조건을 조금씩 개선하기 때문에 트라우마 역시 극복할 수 있는 어떤 것으로 제시되며 성장서사 틀 자체가 바로 그런 극복과 치유의 담론을 위한 장치로 기능하는 측면이 있다. 『속하지 못한 사람들』이 실제 인물과의 인터뷰를 기초로 창작되었다는 사실 또한 이 소설의 서사가 주인공을 트라우마의 속박에서 해방시켜 탈식민 이산자 주체로 거듭나게 하는 방향성을 띠고 있음을 시사한다.

이와 대조적으로 『마지막 항해』는 이주 · 성장서사의 틀에서 주인공의 트라우마를 해소하는 것이 아니라 주인공이 보이는 증상들의 이면에 놓인 행위의 동기나 사태의 원인들을 서사 표면에서는 뚜렷이 규명하기조차 어렵다는 의미에서 도리어 트라우마의 파편성 혹은 반서사성이 강력하게 작동하는 텍스트이다. 서인도제도에서 계급적 인종적으로 우월한 위치에 있던 주인공이 무일푼인 마이클과 결혼한 경위나, 소통이 불가능하고 애정마저 결여된 모녀관계의 진실은 무엇인지 파편적인 암시는 찾아볼 수 있지만 기댈 만한 배경 설명은 거의 제공되지 않는다. 그런데 주인공의 침묵과 무기력의 내막을 파악하는 데 트라우마 개념이 필요한 까닭이 바로 여기에 있다. 앞에서 언급한 것처럼 충격적인 사건의 기억과 그에 대한 반응을 강박적으로 반복하는 트라우마 현상에서 원인은 언어적 재현의 체계를 통해서 결코 온전하게 포착되지 않는다. 과거 사건과 현재의 증상 사이에 영향관계 혹은 인과관계를 쉽게 설정할 수 없다는 것이 트라우마를 트라우마로 만드는 핵심이기 때문이다.

트라우마의 극복이라는 서사의 방향성을 의도적으로 거부하는 이 소설의 이야기에서 통찰이나 각성, 혹은 변화를 촉발하는 계기 역시 끝까지 마련되지 않는다. 작가는 전지적 서술과 직접적인 해명의 계기를 최대한 배제하는 한편, 주인공의 의식과 잠재의식에서 파편적으로 떠오르는 욕망과 기억의 순간들을 통해 그녀 같은 하위자주체가 겪는 트라우마의 양상과 그에 따르는 내밀하고 복잡다기한 측면들을 비연속적이고 우회적으로 탐사하는 길을 택한다. 이때 트라우마 서사로서 『마지막 항해』가 거의 편집증적으로 집중하는 것은 관계를 둘러싼 욕망과 그로인한 예속의 문제다. 애비게일 와드(Abigail Ward)는 필립스 소설에서 이야기가 파편적으로 전개되는 것과는 대조적으로 관계와 관계 맺음의 중요성이 두드러진다는 사실을 지적한 바 있는데(46-62), 이러한 경향은 데뷔작에서부터 나타난다. 남녀관계, 모녀관계, 흑인 여성들의 관계, 백인 여성과 흑인 여성의 관계 등 혈연, 세대, 성차,

인종, 계급을 가로지르는 여러 종류의 관계들이 트라우마의 그물을 어지럽게 직조하고 주인공은 마치 그 한 가운데 사로잡힌 형국이다. 복잡한 관계의 망에서도 핵심은 레일라, 마이클, 비벌리 세 사람이 형성하는 삼각관계로서 이를 중심으로 필립스는 레일라의 '모호한' 욕망과 상당 수준 그 욕망 때문에 빚어진 예속의 내막을 제시한다. 흥미로운 점은 레일라의 욕망과 예속이 역사의 산물이면서도 라카프라가 말하는 구조적 트라우마의 외양을 취한다는 사실이다. 분석의 편의상 이 소설에 나타나는 트라우마의 양상을 공시적 측면과 통시적 측면으로 나누어 논의하겠지만 공시적 측면이 구조적인 트라우마는 아니며 두 가지 측면이 실은 모두 노예제라는 역사적인 트라우마에 해당한다는 것이 이 글의 주장이다.

흑인 어머니와 살고 있지만, 한 번도 만나지 못한 백인 아버지의 재정적 도움으로 교육을 받았으며 공무원으로 일하던 레일라는 어머니의 반대에도 불구하고 마이클과 결혼하면서 낯익은 가부장제적 억압의 희생자로 전락하게 된다. 미국으로 떠난 남편에게 버림받은 후에, 시장에서 행상을 하며 마이클과 낳은 아이를 혼자 키우는 마이클의 애인인 비벌리라는 여성의 존재를 레일라는 이미 알고 있으면서도 어떤 이유에서인지 개의치 않고 그와 결혼한다. 레일라와는 대조적으로 활기차고 상식적인 사고의 소유자인 친구 밀리(Millie)는 이런 그녀를 답답하게 여기면서 비벌리와 그녀의 아들과 관련하여 마이클의 도덕성을 문제 삼는다. 레일라가 그건 단지 "그가 사는 방식"일 뿐이라고 하자, 밀리는 "그 녀석이 너를 개처럼 취급하는 거 아니겠어? 그 여자[비벌리]도 마찬가지고"라고 마이클을 비판한다(59). 이 말은 레일라에게 별다른 반향을 일으키지 못하지만, 사실 마이클에 대한 레일라와 비벌리 두 여성의 예속을 정확히 짚어내고 있다.

정규교육을 받지 못한 비벌리와는 대조적으로 고교 시절 우등생이었으며 디킨즈를 탐독하기도 했다는 레일라가 마이클과의 관계에서는 철저히 종속적인 위치에 놓이는 상황에는 성과 욕망의 문제가 깊이 개입한다. 마이클을 만나기 전 레일라에겐 원래 아써(Arthur)라는 남자친구가 있었다. 미국 유학생인 그는 서인도제도의 작은 섬나라인 조국의 더 나은 미래를 꿈꾸며 레일라에게 함께 헌신하자고 제안한다. 그런데 이처럼 '건전한' 아써 대신 극도로 이기적이며 오직 순간의 쾌락을 위해 살아가는 것 같은 마이클을 주인공이 선택하는 이유는 대체 무엇일까? 필립스는 전지적 서술로나 레일라의 내적 독백으로나 이 질문에 대해 독자에게 속 시원한 답을 내놓지 않는다. 대신 간헐적, 파편적으로 등장하는 기억을 통해서 독자에게 암시할 뿐이다. 아써는 편안하고 안정감을 주는 남자친구지만 그와 입을 맞췄던 순간을 기억하면서 레일라는 "누군가 자신의 입술을 사포로 문지르는 것 같았다"고 한다(187). 아써가 사랑 고백을 한 순간에도 조국에 대한 책무를 강조하는 태도 때문에 "책에서 읽은 (낭만적인) 순간을 강탈당했다"고 느낀다(187). 레일라의 이러한 태도는 낭만적인 연애에 대한 욕망과 이 욕망이 낳은 그릇된 자아상 및 현실인식으로서, 말하자면 서인도제도판 보바리즘(Bovarism)으로 부를 만한 측면이다. 더구나 아써와의 관계에서 비롯한 좌절감 때문에 그녀는 "처음으로 자신의 몸을 경멸하게" 되며, 자위행위를 하면서 자기의 몸을 "더욱 혐오하는" 상황에 처한다(188).

흥미롭게도, 레일라를 이해하는 데 핵심적인 이러한 디테일들은 결혼 과정을 다룬 2부가 아니라 마지막 5부에서 마이클에게 완전히 버림받고 절망적인 상황에 놓였을 때야 비로소 레일라의 회상을 통해 서사의 표면에 떠오른다. 이처럼 주인공의 기억 행위는 회상기법에 따르는 지연된 해독(delayed decoding)의 형식을 취하지만, 파편화된 기억 속에 떠오르는 과거 사건들을 서로 연결시키고 종합하여 의미를 추출함으로써 비판적 성찰이 가능해지거나 주인공으로 하여금 고난을 헤쳐 나가는 힘을 부여해주지 않는다. 대신 현실의 고통을 더욱 더 처절하게 절감하고 무력감을 심화시킨다는 뜻에서 과거의 편린들은 그냥 불현듯 의식에 떠오르는 조각의 형태로 남아 트라우마적인 존재 양식의 주된 내용과 형식을 구성하게 된다.

레일라의 트라우마와 관련하여 주목할 또 하나의 측면은 식민적 만남(colonial encounter)이라는 차원이다. 뮬레토인 레일라에게 마이클과 비벌리는 인종적 타자가 되어 이국적인 욕망과 환상의 대상으로 작용한다. 레일라는 흑인의 성에 대한 낯익은 백인의 환상을 차용하면서 자신은 도저히 누릴 수 없는 어떤 충만한 육체적 삶을 그들이 누리고 있다는 생각에 몰두한다. 결혼식이 끝난 후 마이클은 비벌리의 집으로 직행해서 이틀 째 밤에도 돌아오지 않는데, 레일라는 그런 남편을 탓하는 대신에 비벌리네 집으로 찾아가서 그 앞에서 서성이다 돌아오는가 하면, 영국으로 건너간 후 둘째 아이 임신 사실을 알게 되었을 때는 오래전 비벌리가 마이클의 아이를 임신하게 되었을 때 두 사람이 어떻게 사랑을 나누었을지 상상해 보기도 한다. 이러한 레일라의 태도는 질투라기보다 내밀한 동경이자 관음증적 환상과 동일시에 가깝다. 이렇게 하여 인종적 구분의 경계 지대에 놓인 뮬레토 주인공의 미묘한 내면적 진실이 트라우마의 서사적 작용을 통해 드러나게 된다.

식민적 만남의 차원에서 주목할 또 하나의 장면으로, 레일라가 마이클이 새로 장만한 오토바이를 보면서 얼마 전 우연히 비벌리를 마주쳤던 순간을 회상하는 대목을 들 수 있다. 레일라가 스쳐지나갈 때 비벌리는 레일라를 '되받아' 응시하는데, 레일라는 그것을 "원주민이 관광객을 응시하는" 눈길로 받아들인다(63).

> 레일라를 지나칠 때 작고 통통한 체구와 주근깨 얼굴에, 젖이 차서 부풀어 오른 가슴을 한 비벌리가 돌아보았다. 그러면서 마치 원주민이 관광

객을 쳐다보듯이 그녀를 바라보는 거였다. 레일라는 누군가의 말없는 눈길에 의해 조롱당하고 있다는 사실을 알지 못하는 척 했고 걸음을 재촉하거나 자세를 바꾸지 않기 위해 필사적으로 노력했다. 단지 계속해서 걸었고 또 걸었을 뿐인데, 갑자기 태양의 불길이 온 몸에 덮치는 듯 화끈거렸다. 겨우 본 거라곤 아이의 얼굴이 전부였고, 그 때 아이가 마이클과 닮았다는 사실을 깨달았다. 똑같은 짙은 피부색, 아무것도 말하지 않는 눈매와 모든 것을 말하는 그 입. (63)

비벌리를 제대로 쳐다보지도 못하면서 레일라는 아이가 마이클과 닮았고 "똑같은 짙은 피부색"을 가졌다는 사실을 알아본다. 이 구절이 독자에게 시사하는 것은 표면상의 인종적, 계급적 위계에서는 레일라가 비벌리보다 우월하지만 실은 그녀가 서인도 제도의 흑인 공동체에 온전하게 속하지 못하는 하위자주체라는 점이다. "갑자기 햇빛이 온 몸에 불길처럼 쏟아지는 듯 했다"는 표현은 레일라가 이 순간 겪는 소외의 경험이 단순히 어떤 다른 여성과의 적대적 관계에서 비롯된 게 아님을 암시한다. 나아가 "젖으로 불어 오른 가슴"이라는 구절은 흑인을 과도하게 성적인 존재로 구성하는 인종주의적 고정관념의 일단을 보여주는바, 비벌리를 인종적 위계와 담론의 체계에서 흑인으로 구성하는 것과 나란하게 마이클에 대한 레일라의 욕망에도 비슷한 인종주의 이데올로기가 작동한다. 바로 이런 까닭에 보잘 것 없는 건달에 불과한 마이클은 '진정한' 흑인이 될 수 없는 레일라에게는 욕망하지만 가질 수 없는 것을 채워주는 존재가 된다.

5부 "겨울"에 이르면 영국에서 어머니의 장례식을 치르고 이제는 더 이상 부유한 백인 아버지가 어디선가 나타나기를 막연히 기대할 수 없는 상황에서 레일라는 절대적 빈곤의 현실에 놓인다(182). 흑인 어머니에 대한 애정, 친자매보다 더한 밀리와의 우정, 마이클을 향한 불가피한 욕망 등이 표면적으로는 레일라를 서인도 제도 흑인들의 세계에 속한 것처럼 보이게 만든다면, 어머니의 죽음 후에야 주인공 의식의 수면 위로 부상하는 백인 아버지에 대한 환상은 그녀가 처한 뿌리 깊은 예속의 또 다른 측면이라 할만하다. 그것은 "짙은 피부색"을 지닌 마이클과 결혼함으로써 레일라가 우회적으로 차지하고자 한 백인의 상징적 지위와 궤를 같이 한다. 불만으로 가득하고 무책임하지만 자존심은 더 없이 센 마이클에게 숙명적으로 끌리고 온갖 모욕을 다 감내하는 등 이해하기 힘든 그녀의 행동 이면에는 식민지배의 주체로서 백인 남성과 그들이 대표하는 모든 것에 대한 전면적인 반대와 적의를 체화하는 인물이 마이클이라는 사실이 놓여 있다. 비록 그 적의가 극도의 자기애, 타인에 대한 가학적인 착취, 무책임한 방종으로 와전된 상태라도 말이다.

이처럼 상징적 차원에서 레일라는 자신을 백인으로, 마이클을 흑인으로 '구성'하는 동시에 거의 이해할 수 없는 정도로 그에 대해 피학적인 태도로 일관함으로써 식민지배자로서 백인이 흑인에게 저지른 과오를 그녀 스스로 대속하는 것과 유사한 상황을 자초한다. 이러한 상황은 레일라의 삶을 침묵과 체념의 형태로 구속하는 근원적 원인이 다름 아닌 흑인 착취의 역사임을 암시하지만 이는 그녀 스스로 알 수 있는 진실이 아니며, 서사 표면에 분명하게 나타나는 내용도 아니다. 하지만 트라우마 개념을 통해 레일라와 마이클의 관계를 볼 때 요체는 성과 욕망의 영역에서 식민주의적 만남이 다중적이며 우회적으로 일어난다는 사실이며, 이는 곧 레일라의 삶을 옥죄는 트라우마가 개인적 경험과 병리 현상의 테두리를 훨씬 넘어서는 역사의 산물임을 의미한다.

4. 노예제와 트라우마의 세대 간 연속성

앞 절에서 레일라, 마이클, 비벌리의 삼각관계를 주된 축으로 삼아 이 소설에서 트라우마의 복잡한 서사적 작용을 공시적으로 파악해 보았다. 이 삼각관계는 레일라 모녀의 관계와 더불어 트라우마가 통시적으로 작용하는 측면에 대해서도 중요한 시사점을 제공하는데, 세대에 걸쳐 이어지고 심화, 변형되는 트라우마에서 핵심적인 사건들 몇 가지가 레일라와 마이클의 의식에 부서진 기억의 조각들로서 떠오르기 때문이다. 이 조각들을 맞추면서 우리는 레일라와 마이클의 삶이 공히 전 세대의 삶이 처했던 모순을 강박적으로 반복한다는 사실을 확인하게 된다. 노예제를 통한 인종적 착취와 억압, 이중적인 의미에서 하위자주체인 여성에 대한 착취와 억압은 직간접적인 경험의 형태로 트라우마를 초래하며, 세대에 걸쳐 이어지는 이 잠행성 트라우마를 극복하는 일은 거의 불가능에 가까워 보일 정도이다.

노예제의 기억이 레일라, 마이클, 비벌리의 삶을 예속하는 상황과 관련해서 주목할 장면은 비벌리와의 일대일 대면에서 레일라가 자신을 백인 관광객의 위치에 놓았던 것처럼 상징적 차원에서 마이클이 비벌리에 대해 스스로를 노예감독관의 위치에 놓는 순간이다. 비벌리는 마이클에게 줄곧 수동적인 태도를 취하다 그가 자기 아이를 허락 없이 레일라의 집으로 데려간 후에는 더 이상 그를 용납하지 않는다. 그 때에야 독자는 마이클의 회상을 통해 그에게 비벌리가 어떤 존재이고, 그들 관계의 더 깊은 함의가 무엇인지를 알게 된다. 시장에서 과일을 팔아 생계를 이어가며 마이클과 낳은 아이를 키우는 비벌리는 마이클이 레일라와 사귀기 시작한 다음에도 자기를 찾아오면 불평 없이 먹이고 재워주며 어렵게 모은 돈으로 새 오토바이를 선물하기까지 한다. 그런데 비벌리네 마당에서 그 오토바이를 처음 본 순간 마이클은 고맙거나 미안하기는커녕 걷잡을 수 없는 분노에 휩싸인다.

> 그는 비벌리를 뚫어져라 쳐다보다가 오토바이를 보았고 다시 비벌리를 보았다. 얼굴 여기저기를 활보하는 파리들이 도톰한 입술을 핥아대고 눈가에 어린 눈물에 몸을 축이도록 내버려둔 채 그녀는 잠자코 마당에 서

> 있었다. 더위가 빚어낸 비참한 광경 속에 그대로 선 비극의 주인공인양 말없이 마이클에게 오토바이 선물을 바치는 그 모습은 마치 술 취한 감독관에게 지친 육신을 내주는 벌거벗은 어머니 같았다. 뭔가 말을 하고 싶었지만, 비벌리를 보다가 오토바이를 보고 다시 비벌리 쪽으로 눈길을 돌리자니 점점 더 분노가 치밀었다. 그녀의 눈에, 얼굴 선 하나하나에 비벌리는 자신의 굴종을 속속들이 고백하고 있었기 때문이다. (88)

이처럼 마이클에게 비벌리는 술 취한 노예감독관에게 지친 몸을 유린당하는 (흑인) 어머니의 모습과 겹쳐지는데, 중요한 각성의 계기가 될 수도 있을 이 순간이 도리어 그를 한층 더 가학적으로 만든다. 비벌리를 마구 때리려는 듯 그의 시선은 근처에 놓인 작대기를 향하고 이를 눈치 챈 비벌리는 급히 집 안으로 피신한다. 잠시 후 마이클은 비벌리가 선물한 오토바이를 거칠게 몰고 "장차 자신의 아내가 될" 레일라를 데리러 간다(89). 마이클은 비벌리의 집으로 오는 길에 마주친 늙은이들이 계절의 순환마저 몸에 밴 노예 노동의 관점에서 생각하는 것을 보고 몸서리치지만 비벌리와 함께 그 역시, 공식적으로는 폐지되었으나 영혼과 감성의 구조 차원에서는 여전히 존재하는 노예제의 틀에 갇혀 있는 것이다. 노예처럼 자신에게 얽매여 살아가는 비벌리에게 연민이나 안타까움을 느끼는 대신 흑인여성노예의 육체를 마음대로 강탈하는 감독관-가해자의 역할을 수행함으로써 어떤 의미에서는 마이클 자신 노예제의 트라우마에서 한 치도 벗어나지 못한 상태이다.

『마지막 항해』의 인물들이 노예제의 직접적인 피해자가 아니지만 그들이 사로잡힌 트라우마의 기제가 노예제와 불가분의 관계에 놓여 있음을 예증하는 위 대목은 마이클의 조부가 그에게 유언처럼 들려주는바 노예들의 후손으로서 그들이 물려받은 부서진 역사의 어두운 단면들과 연계해서 이해할 필요가 있다. 레일라 모녀의 소통 불가능한 관계와는 대조적으로 마이클의 조부는 손자에게 고단한 육체노동을 피할 수 없는 흑인의 삶에 대해 말하며 "너무 많은 분노야말로 유색인종인 자신들에게 가장 해로운 감정"이라고 조언한다(41). 흥미롭게도 이 "남자들끼리의 이야기"에는 여성에 대한 마이클의 가학적 태도를 이해할 수 있는 단서가 들어있다. 마이클의 조부는 서인도 제도에서 중노동에 시달리는 사람들은 오직 유색인종이라는 사실을 강조하면서, 자신의 생명조차도 "아버지가 사탕수수대 사이에서 사랑이나 법도도 없이 [어머니가] 자신을 임신하게 만들었던" 것에서 비롯되었음을 지적한다(40). 남녀 간의 애정이나 제도로서 결혼과 가족이 노예 처지의 남녀들에게 제대로 누릴 수 없는 사치였다는 액면적인 의미를 넘어 이 대목은 극도의 소외된 노동으로서 노예제가 남녀에게 각기 다른 방식으로 그러나 성적인 존재로서는 공통적으로 심원한 파괴적 효과를 끼쳤음을 암시한다. 노예 남성의 섹슈얼리티는 공격적이고 가학적인 방식으로, 노예 여성의 섹슈얼리티는 무기력하고 피학적인 구도를 띠었고 이 구도는 노예제가 공식적으로 폐지된 이후에도 이후 세대들에게 쉽게 빠져나오거나 떨쳐버릴 수 없는 존재의 형식으로 굳어진 것이다.

레일라는 끝내 알지 못하고 서술자가 직접 개입해서 밝혀주는 레일라 어머니의 이야기에서도 성의 측면에서 흑인 이산 주체들의 영혼 깊숙이 작용하는 노예제의 유산이 두드러지며 이 점은 이 소설에서 세대를 관통하는 트라우마의 기제를 이해하는 데 핵심적이다. 레일라의 어머니는 중간계급의 도덕률을 체화한 것 같은 인물이지만 실은 딸의 아버지를 확신할 수 없을 정도로 백인 관광객들에게 상시적으로 몸을 팔아 생계를 유지했다는 사실이 뒤늦게 드러난다. 이 사실은 영국에서 다시 만났으나 기대와는 달리 어머니와 제대로 소통하기가 끝내 불가능함을 레일라가 절감하는 대목에서, 이 소설에서는 드물게 전지적 화자가 직접 개입하는 방식으로 독자에게 전달된다. 화자는 딸의 간절한 소망에도 불구하고 자신에 대해 말하기를 거부하는 레일라의 모친이 애초에 자식을 바라지 않았다는 점을 지적하면서 다음과 같이 충격적인 과거의 일단을 소개한다.

> 하지만 레일라로서는 어머니가 자식을 원한 적이 없었다는 사실을 결코 알 리 없었다. 실은 그녀는 남자를 원했던 적도 없었다. 자기 앞에 처음으로 페니스가 오만하게 흔들거리는 걸 봤을 당시 그것의 소유자는 적어도 쉰 살은 더 많은 그녀의 대숙부였고, 그때 그녀는 이제 남녀가 잠자리를 함께 하는 일은 자기에겐 아무런 매력도 갖지 못할 거라는 사실을 가슴 깊이 깨달았다. (125)

이어 화자는 레일라의 어머니가 대숙부에게 상습적으로 성적 착취를 당했으며, 이 경험은 백인관광객을 상대하는 매춘부로서의 삶뿐만 아니라 레일라의 어머니가 연인이나 자신의 딸을 포함한 타인과 맺는 관계의 성격에도 결정적인 영향을 끼쳤음을 암시한다. 관능적 즐거움을 알게 된 후에도 레일라의 어머니는 자신의 연인들이 떠난 다음 언제나 "마치 화가가 연한 연필로 캔버스에 장난삼아 끼적거린 것처럼 [자신이] 소모되었다는" 느낌에서 벗어나지 못했으며(125), 딸에게 자신의 과거를 노출하지 않으려 애쓰느라 모녀간의 참다운 소통도 누리지 못했다.

이처럼 레일라가 결코 알 수 없는 어머니의 트라우마적 과거를 전지적 서술로 접하면서 독자는 그것이 우회적인 방식으로 레일라의 삶에도 작용한다는 사실을 깨닫게 된다. 주목할 점은 레일라가 백인 여성 메어리와 우정을 형성하는 데 결정적인 걸림돌이 되는 고정관념을 그녀의 어머니가 심어주었다는 사실이다. 레일라 모자를 물심양면으로 도와주는 메어리는 잠재적으로는 대안적 어머니라는 의미를 가지며, 노동계급이면서도 인종주의적 편견을 극복한 인물이다. 2차 대전의 전시체제에서 여성의 지위가 크게 향상되긴 했으나 전후에 반동적인 분위기가 조성된 현실에 분노하는 여권주의자이기도 하다. 하지만 레일라는 메어리의 친절을 불편하게 여길 뿐만 아니라 심신이 극도로 지친 상황에서 마이클을 유혹하는 금발의 백인 여성 이미지와 메어리의 모습을 중첩시키기까지 한다.

특히 그들 관계가 착잡하게 무너지는 과정에서 소녀시절 우연히 만난 백인 부부에 얽힌 레일라의 기억과 그 당시 어머니가 그녀에게 한 훈계가 결정적인 역할을 한다. 레일라는 세인트 패트릭스의 해변에서 선탠 중인 백인 부부 곁에 누워 있었던 일 때문에 어머니에게 매를 맞은 경험이 있다. 딸이 자신의 삶을 반복할 가능성에 대한 수긍할 만한 두려움을 넘어 레일라의 어머니는 흑인 남성의 육체를 탐하는 존재로 백인 여성을 자리매김하며 그들을 경계하라고 말한다. 그런데 훗날 레일라가 영국에서 만난 메어리는 금발이 아니며 젊지도 않기에 마이클을 유혹하는 그녀를 상상하기는 쉽지 않다. 그러나 자는 척하며 남편 곁에 누워있던 예전의 그 백인 여자는 다시 레일라의 의식에 떠올라 메어리의 모습과 겹쳐진다. 레일라로서는 메어리를 성적인 경쟁자로서 백인 여성의 범주가 아닌 고유한 개인으로 생각하고 대하는 일이 불가능하며 바로 이것이 두 사람의 우정이나 연대를 어렵게 하는 근본 원인이다. 세대를 걸쳐 이어지며 인종적 성적 관계를 조건 짓는 트라우마의 기제 속에서 메어리의 선의는 레일라에게 아무런 도움이 되지 못한다.

자신의 결혼식 장면을 돌아보면서 레일라는 심지어 그 당시에도 자기가 관객이 되어 스스로의 결혼식을 구경하는 것 같았다고 생각한다 (50). 수동성, 무기력, 침묵 등 표면적인 억압의 증상들 아래 레일라와 같은 하위자주체는 자신의 삶에 대해 항구적으로 관객의 위치에 놓일 수밖에 없으며, 이런 상태로는 개인이나 민족의 차원에서나 부서진 역사의 트라우마로부터 구원되기 어려울 것이다. 결말부에서 레일라는 서인도제도로 돌아갈 결심을 하지만, 필립스는 도입부에서처럼 그녀가 출항을 기다리는 장면이나 영국을 떠나는 것이 확정된 상태로 소설을 끝맺지 않는다. 이는 서인도 제도와 영국, 그리고 두 곳을 이어주는 항해의 공간이 별도로 존재하는 것은 사실이나, 실은 이 세 장소들이 레일라와 같은 이들에게는 관이나 감옥처럼 출구 없이 유폐된 절망과 속박의 공간이라는 점에서는 매한가지임을 시사한다.

IV

탈식민주의 문학에서 트라우마 개념의 중요성은 프란츠 파농(Franz Fanon)의 『검은 피부, 흰 가면』(*Black Skin, White Masks*)에 나오는 유명한 일화에서도 찾아볼 수 있다. 파농은 파리의 어느 거리에서 우연히 마주친 백인 아이의 반응 때문에 일종의 상징적 죽음을 경험했던 일을 들려준다. 당시 그는 마치 검은 피를 흘리며 몸이 찢어지는 것처럼 자신의 육신에 흑인의 주체성이 폭력적으로 덧씌워지는 경험을 하는데, 이는 "파농 자신이 스스로에게 부여했을 수 있는 자아의 일관성이나 정체성"이 와해되는 순간이자, 한 인간이 식민주체로 구성된다는 의미에서 근원적 장면(primal scene)이다(Marriot 420).

파농이 반세기 전에 경험한 이 트라우마 사건은, 다문화주의적 관용을 보편적 원칙으로 세우는 이면에 경제적, 정치적, 문화적 억압과 착취의 구조를 존속 강화시키기 위한 차이들이 계속해서 생겨나고, 인종적 위계질서가 여전히 강력하게 작동하는 오늘날에도 근원적 장면으로 기능한다. 다른 한편, 표면적인 관용의 시대에 이르러 피부색과 같은 인종적 차이가 계급적, 성적 차이와 결합하는 양상을 보이면서 인종주의 이데올로기를 복잡하게 가동시켜온 진실은 한층 더 뚜렷해진 측면이 있다. 따라서 인종, 계급, 젠더, 섹슈얼리티 등 여러 정체성의 범주들이 하위자주체의 경험에서 복잡하게 뒤얽힌 상태로 작동하는 양상을 면밀하게 분석하는 일은 현 시점에서 더욱 중요해진 탈식민주의 문학과 비평의 과제일 것이다.

데뷔작의 책머리에서 엘리엇을 비판적으로 원용하며 필립스가 표현한 대로 "역사를 상실한 이들"을 구원하려는 서사적 기획은 실패로 끝난 것처럼 보일 수 있다. 결국 『마지막 항해』의 주인공은 트라우마 증상을 반복적으로 나타낼 뿐이며, 트라우마를 쓰는 작업이 곧 트라우마의 극복할 수 있는 가능성을 의미하지는 못하기 때문이다. 그러나 이 소설의 성취는 사실 트라우마를 극복하는 과정을 제시하는 것이 아니라 "초역사적 순간이 만들어내는 패턴"을 통해 인종주의가 계급, 젠더, 성의 측면들을 복합적으로 연루하며 여러 세대에 걸쳐 하위자주체의 내·외면적 삶을 예속하는 트라우마의 미묘한 진실을 구현하는 데 있다. 이 글에서 살펴본 것처럼 필립스는 파편화, 생략, 지연된 해독과 같은 서사기법들을 사용하여 노예제를 직접 경험하지 않은 2세대 흑인들의 삶이 과거에 의해 사로잡히는 양상을 조명함으로써 노예제의 역사적인 트라우마가 의식의 차원이 아닌 무의식의 차원에 잠복한 상태로 후대 인물들을 구속하는 방식을 드러낸다.

이와 관련하여 구조적 트라우마와 역사적 트라우마의 깊은 상관성과 구분의 필요성에 대한 라카프라의 논의를 돌아볼 필요가 있겠다. 『마지막 항해』는 노예제의 직접적인 피해자가 아니지만 그 역사적 트라우마에서 고통 받는 사람들의 경우 역사적 트라우마가 상당한 수준으로 구조적 트라우마의 형식을 취한다는 것을 예증한다. 가령, 레일라의 모호한 욕망과 섹슈얼리티가 차지하는 비중은 그녀가 겪는 트라우마의 역사적인 성격을 지우고 그것을 초래한 원인이 상실이 아닌 근원적인 결여인 것처럼 보이게 만든다. 그러나 이 소설은 인종적 정체성으로 한 인간을 주체화하는 인종주의의 기제와 식민주의적인 접촉의 내밀한 역학관계 속에서 레일라의 트라우마가 지닌 역사성을 포착하게 해 준다.

발화의 불가능성을 증상으로써 발화하는 트라우마의 역설적 속성은 하위자주체의 경험과 그 경험을 언어적으로 '재현'하는 일에 연루되는 미학적 형식적 문제들을 분석하는 데 유용하게 쓰일 수 있다. 특히 여러 차원의 모순과 억압이 복잡하게 맞물려 작동하는 상황에서 하위자주체가 겪는 고통을 트라우마 개념으로 파악하는 작업은 여성주의, 탈식민주의, 맑스주의, 정신분석, 해체비평의 통찰을 생산적인 방식으로 이어주면서 문학과 비평의 윤리에 대해서 고찰할 수 있는 계기를 마련해 준다고 하겠다. 『마지막 항해』 이후에도 필립스는 아프리카 이산의 역사가 세대에 걸쳐 흑인들에 가한 미묘한 작용들을 탐구해 왔다. 그러나 미학적 형식적 요건 자체가 트라우마의 기제 안에 놓이는 경우 이는 근본적인 차원에서 비평의 개입을 필요로 하는 서사임을 의미한다. 트라우마에 담긴 텍스트성은 서사의 표면에서 어떤 자명한 의미로 나타날 수 있는 것이 아니다. 그것은 분석자 역할을 하는 비평가로 하여금 발화 불가능한 발화라는 트라우마의 모순적인 텍스트성을 언어적 재현 체계 속으로 끌어 들여 실체화, 언표화하도록 요청하기 때문이다.

이처럼 『마지막 항해』를 비롯한 필립스의 탈식민주의 서사들은 분석자로서 비평가의 역할 없이 의미작용이 용이하지 않다는 근원적인 딜레마를 안고 있다. 필립스의 작품들뿐만 아니라 트라우마 서사에 해당하는 상당수 탈식민주의 소설 텍스트들이 비슷한 딜레마를 안고 있다는 사실은 포스트모더니즘 서사와는 또 다른 측면에서 이 분야 문학의 반대중성을 뜻하며, 대다수의 작품들이 학계와 제도권 비평계에 거의 전적으로 기대고 있는 현상과도 관련된다. 이처럼 하위자주체의 진실을 드러내는 서사가 정작 현실의 하위자와 유리되는 현실은 탈식민주의 문학의 근본적인 아이러니라 할 수 있다. 이 글에서 시도하지는 못했지만, 트라우마를 비롯한 정신분석학적 개념들을 전유하는 작업 역시 이 문제에 대한 깊은 고민과 성찰을 필요로 할 것이다.

참고 문헌

박선주. 「피의 역사와 기억의 주체: 카릴 필립스의 『피의 본성』에 나타나는 '우리'의 산재성」 『영미문학연구』 20호 (2011년 6월): 5-31.

Bews, Timothy. "Shame, Ventriloquy, and the Problem of the Cliché : Caryl Phillips." *The Event of Postcolonial Shame*. Princeton: Princeton UP, 2011. 49-72.

Brown, Laura. "Not Outside the Range: One Feminist Perspective on Psychic Trauma." *Trauma: Explorations in Memory.* Ed. Cathy Caruth. Baltimore: Johns Hopkins UP, 1995. 100-12.

Craps, Stef. *Postcolonial Witnessing: Trauma Out of Bounds*. Basingstoke: Palgrave, 2013.

Eliot, T. S. "Little Gidding." *Four Quartets*. NY: Harcourt Brace, 1943. 49-59.

Eyerman, Ron. *Cultural Trauma: Slavery and the Formation of African American Identity*. Cambridge: Cambridge UP, 2001.

Fanon, Franz. *Black Skin, White Masks*. Trans. Richard Philcox. New York: Grove P, 2008.

Freud, Sigmund. *Beyond the Pleasure Principle*. The Standard Edition. Trans. and Ed. James Strachey. New York: Norton, 1961.

Gilroy, Paul. *The Black Atlantic: Modernity and the Double Consciousness*. London: Verso, 1993.

Jaggi, Maya. "Rites of Passage." *The Guardian*, 3 Nov. 2001. Web. 10 Jan. 2015.

Krielkamp, Ivan. "Caryl Phillips: the Trauma of 'Broken History.'" *Publisher's Weekly*. April 28, 1997. 44-45.

Lacan, Jacques. "Tuché and Automaton." *The Four Fundamental Concepts of Psychoanalysis*. Ed. Jacques-Alain Miller. Trans. Alan Sheridan. New York: Penguin, 1977. 53-64.

LaCapra, Dominick. *Writing History, Writing Trauma*. Baltimore: Johns Hopkins UP, 2001.

Moore-Gilbert, Bart et al. "Introduction." *Postcolonial Criticism*. Eds. Bart Moore-Gilbert et al. New York: Longman, 1997.

Phillips, Caryl. *The Final Passage*. New York: Vintage, 1984.

Sarvan, Charles P. "The Fictional Works of Caryl Phillips: An Introduction." *World Literature Today* 65.1 (Winter 1991): 35-40.

Silku, Rezzan Kocaoner. "Postcolonial Routes and Diasporic Identities: Belonging and Displacement in Caryl Phillips's *The Final Passage and A Distant Shore*." *Journal of Postcolonial Writing* 45.2 (June 2009): 163-70.

Spivak, Gayatri Chakravorty. "Can the Subaltern Speak?" *Marxism and the Interpretation of Culture*. eds. Lawrence Grossberg and Cary Nelson. Chicago: U of Illinois P, 1988. 271-313.

Ward, Abigail. *Caryl Phillips, David Dabydeen and Fred D'Aguiar*. Manchester: Manchester UP, 2011.

외상 후 스트레스 장애와 트라우마의 치유:

문학과 의학의 관점으로 읽는 토니 모리슨의 『고향』

신진범 _서원대학교

Toni Morrison

Home

외상 후 스트레스 장애와 트라우마의 치유: 문학과 의학의 관점으로 읽는 토니 모리슨의 『고향』[1]

I

작가 소개

토니 모리슨(Toni Morrison)은 1931년 2월 18일에 미국 오하이오 주 로레인에서 라마(Ramah)와 조지 워포드(George Wofford)를 부모로 태어났다. 본명은 클로에 안토니 워포드(Chloe Antony Wofford)로 하워드 대학을 졸업하고 코넬 대학에서 버지니아 울프(Virginia Woolf)와 윌리엄 포크너(William Faulkner)의 소설에 나타난 자살 문제를 비교한 논문을 써서 영문학 석사 학위를 받았다. 1958년에 자메이카 출신 건축가 해럴드 모리슨과 결혼해서 두 아들을 두었고, 둘째 아들이 태어나던 해에 남편과 이혼했다. 모리슨과 함께 아동문학을 쓰기도 했던 둘째 아들 슬레이드 모리슨(Slade Morrison)은 2010년 45세의 나이에 췌장암으로 사망했다. 모리슨은 이혼 후 랜덤 하우스의 편집자로 일하면서 많은 흑인 작가를 발굴하였고, 뉴욕 대학과 예일 대학에서 강의했으며 프린스턴 대학에서 로버트 F. 고힌(Robert F. Goheen) 교수라는 이름으로 재직하기도 했다.

모리슨은 첫 소설 『가장 푸른 눈』(*The Bluest Eye*, 1970)에 이어 『술라』(*Sula*, 1973), 『솔로몬의 노래』(*Song of Solomon*, 1977), 『타르 베이

---

1 이 글 중 『고향』을 트라우마로 분석한 내용은 2014년 9월에 출판된 『영어영문학 연구』 56권 3호에 수록된 「트라우마와 치유: 문학과 의학의 관점으로 읽는 토니 모리슨의 『고향』」을 책의 주제에 맞게 수정, 보완한 것이다.

비』(*Tar Baby*, 1981), 『빌러비드』(*Beloved*, 1987), 『재즈』(*Jazz*, 1992), 『낙원』(*Paradise*, 1997), 『사랑』(*Love*, 2003), 『자비』(*A Mercy*, 2008), 『고향』(*Home*, 2012)을 출판하였고, 비평서로는 『어둠속 유희: 백색과 문학적 상상력』(*Playing in the Dark: Whiteness and the Literary Imagination*, 1992)을 출판하였다. 희곡 작품도 남겼는데, 『꿈꾸는 에밋』(*Dreaming Emmet*)은 1986년 뉴욕 주립대학에서, 『데스데모나』(*Desdemona*)는 2011년 비엔나에서 무대에 올려졌다. 또한 모리슨은 아들 슬레이드와 함께 『네모 상자 속의 아이들』(*The Big Box*, 1999)과 『얄미운 사람들에 관한 책』(*The Book of Mean People*, 2002)을 포함해 여러 권의 동화책을 집필하였다. 모리슨의 소설 가운데 가장 유명한 『빌러비드』는 1998년에 조나단 드미(Jonathan Demme) 감독에 의해 영화로 제작 되었으며, 자신이 직접 오페라 대본을 쓴 『마가렛 가너』(*Margaret Garner*)는 2005년 5월에 상연되었다. 모리슨의 가장 최근 작품은 2015년 4월에 발간된 『신이시여, 그 아이를 도우소서』(*God Help the Child*)라는 소설이다.

모리슨은 1977년 전미 비평가 상을 수상한 것을 시작으로 1988년에는 퓰리처 상, 1993년에는 노벨 문학상, 그리고 2012년 대통령 자유 메달(Presidential Medal Of Freedom) 등 다양한 상을 수상하였다. 그리고 1981년에는 아프리카계 미국 여성으로서는 1943년 조라 닐 허스턴(Zora Neale Hurston) 이후 처음으로 『뉴스위크』(*Newsweek*)의 표지 모델로 선정되었다. 모리슨의 작품은 다양한 언어로 전 세계에 번역되어 있으며, 국내에서는 그녀의 소설 중 『고향』과 『신이시여, 그 아이를 도우소서』를 제외한 모든 작품이 "문학동네"와 "들녘출판사"를 통해 출판되었다.

첫 소설인 『가장 푸른 눈』에서 최근 작품인 『신이시여, 그 아이를 도우소서』에 이르기까지 모리슨은 미국역사 속에서 소외되고 침묵 당한 흑인역사를 끊임없이 복원시키고자 하였다. 신화와 현실, 과거와 현재, 아프리카와 카리브 해, 유럽과 미국 대륙을 넘나드는 모리슨의 작중 인물들은 아프리카에서 노예로 강제로 끌려온 흑인들과 "대서양 중앙 항로"(Middle Passage)를 통해 미국으로 오는 선박에서 열악한 환경으로 인해 죽어간 선조들의 한풀이를 하는 인물이요, 역사의 산 증인이 된다. 모리슨은 1974년 『흑인사』(*The Black Book*)를 편집하고 출판하면서 역사에서 삭제 당하고 왜곡되거나 누락된 흑인 개개인의 역사를 발견하게 되고, 침묵 당한 이들을 무덤에서 해방시켜 자신의 작품 속에 등장시킴으로써 미국역사의 "국가적 기억 상실증"을 지목하고 복원시키는 역할을 한다. 실제로 모리슨은 소설가로서 자신의 소설과 그 안의 다양한 인물들의 삶을 통해서 마치 조상이 후손에게 이야기를 통해 지혜를 전해주듯 흑인들의 온전한 생존을 알려주는 역할을 하고 있다. 모리슨은 과거 블루스나 재즈와 같은 흑인 음악과 조상들이 구전하던 이야기가 해 왔던 역할을 이제 소설이 수행해야 한다고 생각한다.

모리슨은 특히 남성 작가들에 의해 많이 다루어지지 않은 흑인 여성들의 다층적인 상흔을 다루며, "세상의 노새"처럼 짐을 진 채 이중, 삼중의 고통을 당하면서도 인종차별에 희생된 자녀들과 남편에게 삶을 유지할 희망을 주는 역할을 하는 흑인여성을 소설 속에서 보여준다(Hurston 14). 소설에 등장하는 맥티어 부인(Mrs. McTeer), 파일럿(Pilate), 베이비 석스(Baby Suggs), 콘솔라타(Consolata)와 같은 등장인물은 인종차별적인 상황에서도 후손들에게 "온전한 생존"을 깨우쳐주는 조상의 역할을 하는 여성들이다. 모리슨의 독자들은 피콜라(Pecola), 술라(Sula), 세드(Sethe), 바이올렛(Violet)과 같은 흑인 여성들과 폴 디(Paul D), 밀크맨(Milkman), 조 트레이스(Joe Trace)와 같은 남성 등장인물들이 노예제도에서 현재에 이르기까지 겪어온 다양한 정신적 상흔과 인종차별이 파생시키는 해악을 경험하게 되며 동시에 그들이 어떤 선택을 했기에 생존 할 수 있었고, 어떤 선택을 했기에 생존할 수 없었는지 대리 체험을 할 수 있다.

II

작품 소개

『고향』은 프랭크 머니(Frank Money)와 씨 머니(Cee Money) 남매가 트라우마를 가지게 되는 여러 상황과 이를 극복하는 방법이 제시되는 작품이다. 프랭크는 한국전쟁에 참가해서 고향 친구들인 마이크(Mike)와 스터프(Stuff) 그리고 전우인 레드(Red)가 눈앞에서 전사하는 처참한 경험을 하게 된다. 또한 전쟁 중에 어떤 한국 소녀가 미군들이 버린 음식을 먹으러 왔을 때 그 소녀가 프랭크의 바지 앞쪽을 만지는 일이 벌어지고 그 손길에 흥분되는 것을 느낀 프랭크는 총으로 그 소녀를 쏘아 죽이는 잊을 수 없는 경험을 하게 된다. 소설의 초반부에서 프랭크는 소설의 화자에게 자신이 그 소녀를 죽이지 않았으며 동료가 그 소녀를 죽이는 장면을 봤다고 거짓말을 한다.

씨는 부모가 맞벌이를 하는 상황에서 자신을 혐오하는 할머니 레노어(Lenore)의 억압적인 양육 환경에서 자라게 되고 어머니인 아이다(Ida)로부터도 인정받지 못한 채 자존감이 극히 낮은 흑인 소녀로 성장한다. 불행한 가정에서 행복을 느끼지 못하던 씨는 늘 자신을 보호해 주던 오빠가 한국전쟁 참전으로 집을 떠난 후, 할머니의 차를 탐내던 남자 친구 프린스플(Principal)이 가출해서 다른 곳으로 가자고 하는 유혹에 아무런 의심 없이 집을 떠나서 생활하다가 결국 그 남자 친구로부터 버림받게 된다. 씨는 하고 있던 일로 돈을 별로 벌지 못하자 백인 의사 보우(Dr. Beau)의 업무를 보조하는 일을 하게 된다. 하지만 그 일은 사실 백인 의사의 실험대상이 되는 것이었다. 백인 의사는 여성의 자궁 안을 깊이 볼 수 있는 기계를 실험하고 있었는데 그의 도를 넘어서는 실험으로 씨는 심한 자궁출혈을 일으켜 사경을 헤매게 된다.

당시 사람을 폭행해서 정신병원에 수감되어 있던 프랭크는 씨가 일하는 곳에서 집안일을 돌보는 사라(Sarah)가 여동생이 죽어가고 있으니 와서 구해달라고 보낸 편지를 받고, 병원을 탈출하여 미국북서부 워싱턴 주 시애틀부터 동남부의 조지아 주까지 버스와 기차를 이용해서 오게 된다. 한국전쟁으로 인해 외상 후 스트레스 장애(PTSD: Post-Traumatic Stress Disorder)를 심하게 앓고 있는 프랭크는 존 로크(John Locke) 목사와 제시 메이나드(Jessie Maynard) 목사, 그리고 빌리 왓슨(Billy Watson)을 포함해 여러 사람들의 도움을 받으며 씨가 있는 곳으로 와서 씨를 데리고 간다. 프랭크 남매의 고향인 조지아 주 애틀랜타의 로터스(Lotus)는 그들에게 있어 아무런 꿈도 희망도 주지 못하는 황무지 같은 곳이었다. 하지만 프랭크는 위독한 씨를 데리고 로터스로 돌아가 그곳 공동체의 여성들에게 도움을 청한다. 미스 에셀(Ethel)을 필두로 마을 여성들은 그들만의 민간요법으로 씨를 치유시키는데 약초용법, 퀼트 짜기, 이야기하기, 햇볕에서 상처 부위를 소독하기, 노래하기 등과 같은 다양한 치료법을 동원한다.

프랭크 남매의 트라우마 치유과정은 그들이 어렸을 때 받은 초기 트라우마 극복과 더불어 진행된다. 프랭크 남매는 어릴 적 종마 사육장으로 말싸움을 보러 갔다가 어떤 흑인이 생매장 당하는 것을 목격하게 된다. 백인들이 미리 파 놓은 구덩이에 버려진 흑인 남성의 떨리는 발을 보게 된 것은 어린나이에 지울 수 없는 상처였으며, 이후로도 두 남매의 기억 속에 끈질기게 남아 있다. 나중에 프랭크는 생매장 당한 사람이 어떤 흑인 아버지였고, 백인들의 강요로 아버지와 아들이 칼싸움을 벌여, 어느 한 쪽이 죽을 때 까지 싸우게 된 상황에서, 아버지가 한 명은 살아야 하니 아들에게 자신을 찌르라고 말한 것을 알게 된다. 로터스로 돌아온 프랭크는 백인의 내기 도박을 위해 납치 되고 목숨을 내 놓아야 했던 한 많은 흑인 아버지의 생매장을 기억하게 되고 씨와 함께 그가 묻혀 있은 곳으로 간다. 그 곳에서 흙을 파내어 정성스럽게 유골을 모아 씨가 짠 퀼트에 감싸서 어느 기형적인 월계수 나무 밑에 묻고, 나무로 된 묘비명을 그 곳에 세워준다.

모리슨은 프랭크가 씨를 구하고, 억울하게 죽은 조상에게 합당한 애도를 함으로써 자신이 죽인 한국 소녀에게 사죄하는 모습을 통해 복합적인 트라우마에서 점차 회복되는 모습을 보여주고 있다. 한편 씨는 강인하고 현실적인 로터스 마을 여성들로부터 그들의 애환과 생존전략을 배우며 그 누구도 다시는 자신의 삶을 지배할 수 없도록 자신의 정체성을 굳건히 하게 된다. 심지어 지금까지 모든 것을 의존해 왔던 오빠에게도 적당한 거리감을 두며 자신의 인생을 살겠다고 말한다. 작품 끝에 등장하는 상처 입어 기형적인 모습이지만 여전히 굳건하게 생존해 있는 월계수 나무는 두 주인공의 생존, 더 나아가 흑인들의 생존을 상징적으로 보여주고 있다. 번개를 맞아 윗부분은 갈라져 팔을 벌린 모습을 한 월계수처럼, 외상 후 스트레스 장애에서 완전히 회복되지 못한 프랭크와 생체실험의 후유증으로 인해 아기를 가질 수 없게 된 씨는 그럼에도 불구하고 온전한 생존을 위해 노력할 것이기 때문이다. 모리슨은 흑인의 유골을 수습해 매장한 후에 씨가 웃고 있는 "작은 남자"가 사라지는 것을 보는 부분을 통해 프랭크 남매의 트라우마가 회복 될 것이라는 점을 암시하고 있다(144).

III

15세기 페르시아에 한 시인이 있었다. 그는 가슴에 수많은 돌덩이가 매달린 듯 답답하고 우울해서 의사를 찾았다. 의사는 시인에게 최근에 발표하지 못하거나 낭송하지 못한 새로운 시가 마음속에 있는지 물었다. 시인이 그렇다고 대답하자 의사는 그에게 그 시를 낭송하게 했다. 한 번. 두 번. 세 번. 그리고는 말했다. "이제 병이 나았으니 돌아가시오. 당신 마음속에 돌처럼 매달려 있던 건 시였소. 그 시를 밖으로 쏟아내었으니 당신은 회복된 거요." 문학치료사 셰리 라이터(S. Reiter)의 강연 중에서(이봉희 34 재인용)

모리슨의 『고향』은 어린 시절에 남매가 목격한 끔찍한 생매장 사건, 한국 전쟁에서 참전군인 프랭크가 경험한 포탄 충격(shell shock), 백인 의사의 비인간적 실험 때문에 생식기를 훼손당한 프랭크의 여동생 씨의 악몽 같은 경험과 그 정신적 트라우마를 보여주며 이들이 어떻게 점차 트라우마로부터 치유되어 가는지를 보여주는 작품이다. 작품의 주인공인 프랭크와 씨는 어렸을 때 말들이 싸우는 것을 보기 위해 종마 사육장에 갔다가 어떤 흑인 남성이 생매장 당하는 것을 목격하게 된다. 남매가 목격한 이 끔찍한 장면은 쉽사리 지워지지 않는 그들의 첫 상흔이 된다.

> 고개는 절대 들지 않고 풀 사이로 엿보면서, 우리는 그들이 외바퀴 손수레에서 시체 한 구를 끌어내서 미리 기다리고 있는 것 같은 구덩이 속으로 던져 넣는 것을 보았다. 약간만 노력한다면 삽으로 떠 넣는 흙을 뚫고 나올 수 있다는 듯이 발 하나가 그 구덩이 밖으로 튀어 나와 흔들렸다. 그 아이는 진흙이 묻은 크림 같은 분홍색 발바닥을 가진 그 검은 발이 무덤으로 던져지는 것을 보았을 때 온 몸을 떨었다. (4)

이름 모를 흑인의 생매장 사건은 프랭크와 씨에게 영원한 정신적 상흔을 남기게 되고 작품 전체에 걸쳐 해결되지 못한 과거로 남는다. 그 이유는 아무도 그 죽음에 대해 설명해 주지 않았기에 남매에게 그 죽음은 영원히 풀리지 않는 무서운 수수께끼 같은 것이었기 때문이다.

『술라』(*Sula*)에 등장하는 제정신이 아닌 퇴역 군인 섀드랙(Shadrack)을 연상시키는 프랭크는 한국전쟁에 참전하여 함께 입대했던 고향 친구들의 비참한 죽음을 목격하고, 처참하게 죽어간 친구들을 위해 복수하려다가 한국인 노인을 살해한 경험을 고백하기도 하지만 자신이 죽인 소녀의 죽음에 대해서는 다른 군인이 죽였다고 거짓말을 한다. 전쟁에서 돌아온 그는 주체할 수 없는 외상 후 스트레스 장애로 인해 환청을 듣거나 거듭되는 작은 유사 자극(trigger)을 받을 때마다 식은땀을 흘리며 전쟁 당시의 참혹함을 끊임없이 재경험하기도 하고 한국전 참전으로 받은 돈을 도박으로 모두 잃어버리기도 한다. 프랭크가 받는 유사 자극은 특히 자신이 죽인 한국 소녀를 연상시키는 아시아계 소녀를 볼 때 더욱 심해지게 된다. 한 번은 한 때 사귀었던 흑인 여성 릴리(Lily)와 함께 교회 모임에 참석하다가 다과 테이블에서 아시아계 미국 소녀가 컵케이크를 집기 위해 탁자 위로 손을 올리는 모습을 보고 충격을 받아 자신의 접시를 떨어뜨리고 사람들을 밀치며 도망가기도 한다.

외상 후 스트레스 장애는 "주로 크게 세 가지 단계로 구분되는데 과도각성(hyperarousal), 침투(intrusion), 억제(constriction)"가 반복 되면서 작은 일에도 놀라며 그 일로 일해 외상을 다시 경험하고, 악몽 같은 외상을 억누르는 일상이 반복 된다(허먼 70). 정신과 의사이자 저명한 트라우마 연구가인 주디스 허먼(Judith Herman)은 『트라우마: 폭력에서 정치적 테러까지』에서 전쟁에서 입은 외상과 관련된 작품을 쓰거나 전쟁에서 큰 상흔을 입은 작가들은 분석하고 있다. 허먼은 로버트 그레이브스(Robert Graves), 도리스 레싱(Doris Lessing)의 아버지, 버지니아 울프(Virginia Woolf), 팀 오브라이언(Tim O'Brien)과 관련된 일화와 일반 참전 병사들의 이야기를 함께 다루며 트라우마가 사람들을 괴롭히는 다양한 사례를 소개하고 있다.

> 시인인 로버트 그레이브스는 일상 속에서 살면서도 계속 제1차 세계 대전의 참호 속으로 되돌아간 것처럼 행동했다는 이야기를 하였다. "나의 정신과 신경은 여전히 그 전쟁을 위하여 조직 되어 있었다. 낸시가 나와 함께 있어 주었음에도 불구하고, 자정이 되면 내 침대 위에서 폭탄이 터

> 지곤 했다. 대낮에 마주치는 낯선 이들의 얼굴에 죽임을 당했던 동료의 얼굴이 떠올랐다. 힘이 생기는 날이면 할레크 성 뒤의 언덕을 올라 내가 제일 좋아하는 곳을 찾아가곤 했는데, 그때마다 그곳은 미래의 전쟁터로 바뀌었다." (허먼 70)

그레이브스는 낸시가 옆에 있었지만 트라우마를 이겨낼 수 없었다고 말하는데, 프랭크는 릴리로부터 일시적인 위안을 받지만 자신의 병이 악화되자 결국 릴리를 떠나게 된다.

프랭크는 친구들의 죽음과 참혹한 전쟁으로 인해 외상 후 스트레스 장애를 앓게 되는데 미국 정부의 부실한 치료 프로그램과 한국참전 당시와는 달리 미국으로 돌아와 겪게 되는 가혹한 인종차별 때문에 그 정신적 상흔에서 벗어나지 못한다. 실재로 프랭크가 겪게 되는 증상들은 허먼이 밝힌 환자의 증상과 많은 부분 일치한다. 프랭크는 쉽게 감정을 추스르지 못하거나, 갑자기 환영과 환청을 듣고서 이를 견뎌 내지 못하기도 하고, 일순간 자신을 둘러싼 세계의 모든 색이 사라지는 경험을 하기도 한다. 그 증상이 처음으로 일어난 것은 프랭크가 로턴 요새 근처에서 제대명령서는 손대지 않은 채 버스를 탔을 때였다. 프랭크는 화려한 옷을 입은 여자 옆에 앉아 있었는데 갑자기 여성의 치마와 블라우스의 색이 없어지는 것을 목격하게 된다(23). 프랭크가 겪게 되는 사물의 색이 없어지는 것을 경험하거나, 평온한 일상에서 무서운 과거를 기억해 내는 증상들은 허먼이 밝힌 환자의 환각 및 과도각성 증상과 일치한다. 이 작품에서 프랭크는 『가장 푸른 눈』에 등장하는 피콜라처럼 정신 분열을 일으키기도 하고 자신의 분노를 엉뚱한 사람에게 표출하기도 하며, 한 동안 정상인처럼 생활할 수 있도록 많은 도움을 준 릴리와 헤어지기도 한다. 프랭크는 릴리를 만나면서 일시적으로 트라우마에서 극복되는 것처럼 느끼지만 얼마간의 시간이 흐르자 다시 불안한 상태가 된다. 모리슨은 이를 통해 트라우마를 극복하는 것은 많은 시간이 필요하며 등장인물들이 자신의 트라우마를 정면으로 맞서야 효과적인 치유가 가능하다는 것을 강조하고 있다.

IV

모리슨은 생중사의 삶을 사는 프랭크와 어린 나이에 남자 친구에게 배신을 당하고 백인 의사의 실험에 참여하게 되는 씨의 비극을 나란히 제시한다. 씨는 생존의 수단으로 백인 의사의 실험에 참여하게 되는데 남북전쟁 당시의 남부 연방에 대한 회상과 향수를 가지고 있는 백인 의사 보우는 진화론과 유전학 등에 심취해 있는 사람으로, 흑인여성의 몸을 자신의 실험 대상으로 유린한다. 씨는 그의 서재에 『어둠 밖으로』(*Out of the Night*), 『위대한 인종의 멸망』(*The Passing of the Great Race*), 『유전, 인종 그리고 사회』(*Heredity, Race and Society*)와 같은 책이 꽂혀 있는 것을 보게 된다. 보우가 소장하고 있는 책은 백인 인종의 우수성을 강조하는 책으로, 특히 『위대한 인종의 멸망』은 미국이 이민 온 동유럽 유대인에 의해 우수성이 파괴되고 있음을 논하고 있는 책이며 보우가 "우생학에 토대를 둔 실험"을 하고 있다는 것을 드러낸다 (Ibarrola 119). "모리슨의 『빌러비드』에 등장하는 교활한 학교 선생의 현대판 인물"이라 할 수 있는 보우는 여성의 생식기 안을 더 깊이 관찰할 수 있는 검경(檢鏡)을 개선시키는 실험을 하다가 씨의 생식기를 심하게 훼손시킨다(Charles C1). 씨가 회복될 가망이 없자 그곳에서 일하는 사라가 프랭크에게 씨를 데려가라고 연락한다.

모리슨은 해리엇 워싱턴(Harriet Washington)이 2007년에 출판한 『의학적 인종차별: 식민지 시대부터 현재까지 미국 흑인에게 가해진 의학 실험에 대한 어두운 역사』(*Medical Apartheid: The Dark History of*

Medical Experimentation on Black Americans from Colonial Times to the Present)에서 실제 흑인들을 상대로 한 실험에 대한 정보를 얻었으며, 백인 의사 보우의 인체 실험을 통해 오랜 역사 속에 흑인들을 각종 생체실험에 동원하고 과학과 의학 담론을 이용해 미개하고 성욕이 강하거나 두개골과 골반이 동물에 가까운 인종으로 낙인찍어 평가 절하해 온 미국 역사를 비판한다. 신문수는 「미국 흑인 타자화 약사」에서 흑인을 열등한 인종이자 노예로 전락시키기 위해 미국의 백인들이 어떻게 과학적 인종주의, 골상학, 진화론과 다윈주의라는 수사를 이용했는지 자세하게 분석하고 있다(293-96, 303-04). 특히 다윈은 "인류는 한 인간종에서 발생하여 진화를 거듭하면서 점점 우수한 인종으로 변모해 가는데, 여러 인종 가운데 흑인이 진화의 가장 낮은 단계에 머물러 있고 그로부터 말레이, 아메리카인디언, 몽골족을 거쳐 코카서스 인종으로 진화가 진행되었다"라고 주장했는데 이런 주장은 노예제도와 인종차별을 거쳐 강화되었다(신문수 303).

백인 의사가 흑인 여성인 씨를 상대로 실험을 벌이는 장면은 1932년 미국 정부 산하 질병예방센터가 매독의 효과를 연구하기 위해 200명의 가난한 터스키기의 흑인 주민을 상대로 인체실험을 하고 이를 은폐했다가 수십 년이 지난 뒤 밝혀져 클린턴 대통령이 사과한 사건을 연상시킨다. 또한 악명 높은 터스키기 실험을 정면으로 다루며 "미국 남부 시골의 가난한 흑인 남성들에게 행해졌던 '과학적인' 의학 실험을 정부에서 주관했다는 도덕적인 문제를 제기" 하는 데이비드 펠드슈(David Feldshuh)의 희곡 작품, 『미스 에버스의 소년들』(*Miss Ever's Boys*)과도 맥락이 같다(세믈러 92-3). 에이 제이 버델(A. J. Verdelle)은 『고향』에 등장하는 사악한 보우가 "악명 높고 야만적인 제이 마리온 심스(J. Marion Sims) 박사를 연상시키는 인물"이라고 말한다(12).

> 현대 산부인과의 대부로 추앙받는 마리온 심스 박사는 마취도 하지 않고 흑인 노예들의 질 벽에 수술을 함으로써 방광질루(방광과 질 사이에 구멍이 뚫려 질을 통해 대소변이 새는 병)에 대한 외과 치료법을 발전시켰다. 몇몇 피실험자들에게는 서른 번도 넘게 수술을 하고, 몇 명에겐 일부러 구멍을 만들기까지 했다. (뷰터 81)

심스 박사가 흑인 노예 여성들을 대상으로 방광질루에 대한 실험을 해서 그 분야의 대가가 된 것처럼, 보우는 가난하고 교육을 받지 못한 흑인 여성의 신체를 유린함으로써 자신의 실험을 발전시키고자 한다.

또한 모리슨의 소설에서 착한 의사의 역할은 거의 크게 부각시키지 않는데, 『고향』에서 훼손되어 새로운 생명을 잉태할 수 없는 씨의 생식기관은 의사의 치료가 아닌 흑인 여성들의 민간요법에 의해서 치료된다. 모리슨은 씨의 치유 과정을 통해 약물 요법과 어머니 같은 대자연(Mother Nature)을 통한 치료, 인체에 질병 증상과 비슷한 증상을 유발시켜 치료하는 방법인 "동종요법 치료"와 대화 치료(talking cure)를 동시에 보여주며 특히 흑인 여성공동체의 민간요법과 자연을 통한 치유에 초점을 맞춘다(Montgomery 331). 흑인 여성들은 씨의 상처 입은 육체뿐만 아니라 정신적 상흔도 치유하는데 그들은 대화와 퀼트 짜기를 통해 개인의 상처를 공유하고 상흔을 객관화하며, 서로의 파편화된 상처를 바느질을 해서 꿰매는 동시에 트라우마로 인해 끊어진 여러 관계를 다시 연결시킨다. 반면, 외상 후 스트레스 장애를 앓고 있는 프랭크는 시카고의 참전군인 병원에서 의사들로부터 치료를 받지만 의사들의 무성의한 치료는 그의 소외감만 악화시킬 뿐이었다(Montgomery 321). 모리슨은 프랭크의 치료에 도움을 주지 못한 의사들이나 씨를 생체실험 대상으로 여긴 보우와 대조되는 대안적 치유 방법으로 남부 여성 공동체의 다층적인 치료의식을 소개하면서 현대 의학의 한계를 지적하는 동시에 진정한 치유는 신체적인 치유와 정신적인 치유를 포함하는 것임을 강조한다.

자궁이 훼손당해 계속 하혈을 하고, 고열에 시달리며 사경을 헤매게 된 씨는 로터스에 사는 미스 에셀의 정원에서 그 지역 여성들이 제공하는 통합적인 치료 과정을 경험한다. 프랭크가 씨를 에셀에게 데려가자 그 지역 흑인 여성들은 "창포 뿌리 치료, 퀼트 짜기, 노래하기, 블랙베리 잼을 듬뿍 바른 비스킷 먹기, 매일 상처 부위를 햇빛에 노출해서 소독하기"와 같은 민간 치료법을 동원한다. 현대 의학적 관점에서 보면 이해될 것 같지 않은 치료법이지만, 흑인 여성들은 굳은 믿음을 가지고 단계별로 치료 방법을 달리한다(White 37). 그리고 신체 치료가 끝날 무렵에 서로의 삶을 이야기하면서 씨는 자신이 겪은 일은 비록 감당하지 못할 상흔으로 남는 일이지만, 그 곳에 모인 여성들의 슬픔과 비교 해 볼 때 자신이 더 큰 슬픔을 지니지는 않았다는 것을 인식하게 된다. 씨는 에셀의 아들 중 한 명이 살해당했고, 어떤 여성은 성한 눈이 한쪽 뿐이고, 다른 여성들은 소아마비를 앓았지만 힘든 노동을 하면서 살아야 했던 사실을 알게 된 후, 자신만 큰 불행 속에 놓인 것이 아니라는 사실을 깨닫는다(123).

씨의 정신적인 치유에 마지막 역할을 한 사람은 바로 현명한 조상의 역할을 하는 에셀이다. 에셀은 모리슨의 『사랑』(*Love*)에 나오는 엘(L.)처럼 주인공의 생존에 관여하는 흑인조상으로 등장한다. 『사랑』에서 엘은 "소설 전체에 걸쳐 다양한 사람들의 인생에 관여하는 조상으로 제시된다. . . . 엘은 코지가 모든 유산을 창녀인 실레스티얼에게 물려주려고 하자 식당 메뉴 위에 쓴 코지의 유언장을 파괴하고 유언장을 위조하여 코지의 가족들을 위한 현실적인 생존을 도모한다"(신진범 219). 모리슨은 「뿌리내림: 토대로서의 조상」("Rootedness: The Ancestor as Foundation")에서 다른 아프리카계 미국 문학 속에 나타나는 조상에 대해 다음과 같이 말한다.

> 이 문제에 대해서 내가 첨언하고 싶은 유일한 것은 조상의 실재이다. 흑인문학에서 작가가 조상의 실재를 어떻게 다루었는지에 대해 검토해 보는 것은 흥미 있는 것처럼 보인다. 이는 랠프 엘리스 작품 속에 등장하는 할아버지나 토니 케이드 밤바라 작품에 나오는 할머니, 밤바라나 헨리 두마스의 작품에 나오는 치유자를 말하는 것이다. 늘 연장자가 소설 속에 등장한다. 그리고 그 조상들은 단순한 부모가 아니라 등장인물들과의 관계가 호의적이고, 가르침을 주며, 보호해 주는 초시간적인 사람들이다. 그들은 어떤 지혜를 주는 사람들이다. (343)

모리슨은 지혜와 생존 전략을 전수해 주는 조상의 역할을 여러 소설을 통해 강조하는데, 소설 속 조상들은 치유자의 역할을 할 뿐 아니라 인종차별이 가득한 세상에서 어떻게 살아야 하는지에 대해 자신들의 경험에서 우러난 조언을 하는 사람이다.

에셀은 씨에게 더 이상 다른 사람에 의해 좌우되는 삶을 살지 말라고 말한다. 에셀은 씨에게 자신을 학대하던 할머니, 자신을 이용하고 도망친 남자 친구, 그리고 악마 같은 의사에게 핍박받고, 배신당하고, 신체가 유린당하는 삶을 사는 것은 노예 상태로 사는 것과 같으니 자신의 내면에 있는 자유로운 자아를 찾고 그 자아가 좋은 일을 할 수 있게 하라고 말한다(126).

> 무슨 말인지 알겠어? 네 자신을 봐. 넌 자유로워. 널 제외하고는 아무것도, 누구도 널 구할 의무가 없어. 네 자신의 땅에 씨를 뿌려야해. 넌 어린데다 여자라서 심각한 한계가 있지만 너는 한 개인이기도 해. 레노어나 어떤 하찮은 남자친구나, 어떤 못된 의사가 네가 누군지 결정하게 해서는 안 돼. 그렇게 하는 것은 노예제도와 같아. 난 지금 네 몸속 어딘가에 있는 자유로운 개인에게 말하고 있는 거야. 그 자아를 찾아서 그 아이가 세상에서 멋진 일을 할 수 있게 해줘. (126)

이 장면은 『빌러비드』에서 베이비 석스가 현재의 절망적인 상황을 타개하기 위해 덴버(Denver)에게 마당 밖으로 나가라고 말하고 공터(Clearing)에서 신시내티 사람들에게 백인에게 착취당하고 지친 자신들의 육신을 사랑하라고 말하는 선구자적인 모습을 떠 올리게 한다. 베이비 석스는 공터에 여러 사람들이 하나가 되어 슬픔을 승화시킬 수 있도록 울고, 웃고, 춤추는 종교모임을 마련한다. 모리슨은 에셀을 통해 트라우마 환자에게 가장 절실한 "감정이입"을 포함한 정서적 치료나 대안치료의 가능성을 강조하고 있다(Ibarrola 114).

한편 모리슨은 『고향』에서 지금까지 선보이지 않은 다소 생소하면서도 충격적인 내러티브 기법을 보여준다. 조비결은 「토니 모리슨의 『집』— 트라우마와 치유의 수사학」에서 "모리슨은 이 작품에서 주인공들의 심리상태를 효과적으로 표현하기 위해 이탤릭체를 사용하여 과거를 재기억하고 트라우마의 심리상태를 함축적인 시학의 언어로 간결하게 미학적으로 구현해 보이는 수사학적 서술 전략을 구사한다"고 말하며, 『고향』의 서술전략을 "주인공 프랭크의 트라우마 서사는 독백의 수사학으로, 여동생 씨의 트라우마 서사는 비애의 수사학으로, 치유의 공간으로 자리매김하게 되는 고향 공동체의 서사는 설득의 수사학"으로 나누어 설명하고 있다(728-9).

이탤릭체로 제시되는 장은 1인칭으로 서술되고, 다른 장은 3인칭으로 서술되고 있는 이 작품의 서술 양식은 흑인 소설에서 흔히 볼 수 있는 "부름과 응답"(call and response) 양식과 닮아 있다. 모리슨은 『재즈』에서 믿을 수 없는 화자(unreliable narrator)를 등장시켜 등장인물에 대해 오판을 하며 후회하는 화자를 보여주었다. 조앤 맥파랜드(Joanne Mcfarland)는 이 같은 서술의 교차가 "개인적 경험과 참된 역사 사이에 거리감을 만들어 낸다"고 말하는데, 이는 전쟁 경험이 없는 서술자가 참된 재현을 할 수 있는가에 대한 작가의 고민인 동시에 반성의 서술이다(172). 모리슨은 『고향』에서 프랭크의 1인칭 서술을 부각시키며 프랭크가 전지적 시점의 서술자에게 대들고, 거짓말을 하기도 하고, 자신의 말을 바로잡으며, 경험하지 않은 것에 대해 이야기하는 서술자에게 진정성을 따져 묻기도 하는 1인칭 서술자를 부각시킨다.

> *피곤한 것에 대해 말해봐. 굶주림에 대해 말해 보라고. 난 감옥과 한국, 그리고 병원에서 쓰레기통에 있는 쓰레기 같은 음식도 먹었지. 그렇지만 식료품 저장실에 있는 남은 음식에 비할 음식은 아무것도 없어. 그것에 대해서 한 번 써 봐, 그렇게 해 보는 게 어때?*
> *여름에 당신이 직접 텍사스에서 루이지애나로 국경을 건너 볼 때 까지는 몰라. 당신은 그걸 묘사할 단어들을 떠 올릴 수도 없지.*
> *나무들이 말라죽고, 거북이들이 껍질 안에서 요리 되듯 죽어버려. 당신이 방법을 안다면 그런 걸 묘사해봐. (41)*

이 같은 프랭크의 말들은 다양한 의미를 가지고 있다. 프랭크의 말은 흑인 문학에서 "부름과 응답" 기법처럼 작가에게 말을 거는 행위로도 볼 수 있으며, 정신과 의사에게 끝없이 말하고 자신의 말을 수정하는 외상 후 스트레스 장애 환자의 외상 드러내기로도 볼 수 있다. 비평가 리어 헤이거 코헨(Leah Hager Cohen)은 이탤릭체로 된 프랭크가 서술하는 장들이 자기 주도감 회복의 표시일 수도 있고 트라우마가 악화된 것일 수도 있다고 말한다(Cohen 22).

이탤릭체로 된 프랭크의 관점은 정신과 의사의 상담을 받는 환자와 의사의 관계를 소설로 옮겨 놓은 효과를 부여하며 대화를 통한 치유와 도저히 말 할 수 없을 것 같던 외상을 고통스럽게 이야기함으로써 그 외상을 뚫고 비상하는 주인공의 정면 돌파 양상과 연결시킨다. 비평가 아니타 로이(Anita Roy)는 프랭크와 화자와의 관계를 환자와 심리치료사의 관계로 설명한다.

프랭크가 자신의 진실한 트라우마에 대해 자세하게 설명하고, 바로 잡고, 틀리게 기억하고, 무심코 드러내고, 독자인 우리는 마치 치료사가 환자와 있을 때처럼 그런 해명을 목격하도록 초대받고 이상하게 연루되어 적극적으로 될 때, 서술은 마치 정신치료요법처럼 작용한다. 우리는 최면 상태에 빠진 것 같은 프랭크의 목소리 때문에 부드럽고도 확실하게 훌륭한 듣는 사람의 역할에 빠져든다. 그가 자신의 공포를 분명히 말하고 결국 공포와 화해하는 방법을 찾을 때 우리는 많은 동정심을 느끼지만 수동적인 상태가 된다. (Roy)

로이가 말한 것처럼 프랭크는 여러 번 진술을 반복하고 고치면서 명료함을 향해 나아가는데 독자들은 정신과 상담의사처럼 계속적으로 프랭크의 이야기를 들으면서 그가 얼마나 극복하기 힘든 트라우마에 갇혀 있는지 이해하게 된다.

이 소설에서 프랭크는 화자에게 자신의 과거 행동을 고백하고, 얼마간의 시간이 흐른 뒤 그 진술을 번복하면서 자신이 경험한 상흔을 에둘러 말하는 서술 수법을 사용한다. 프랭크는 한국전쟁에서 어떤 한국 소녀가 동료 미군에 의해 사살되었다고 서술자에게 거짓말을 한다. 하지만 나중에 자신의 진술을 바꾸어 본인이 살인을 저질렀다고 말하며 소녀를 죽인 엄청나고도 수치스러운 진실을 서술자에게 이야기한다. 이 같은 프랭크의 말하기 전략은 『빌러비드』에서 세드가 자신이 죽일 수밖에 없었던 어린 딸의 살해에 대해 말하는 장면에서 폴 디의 주변을 돌면서 이야기하는 것과 관련이 있다. 세드가 차마 입 밖에 내지 못했던 말을 하려 하면서 자신의 트라우마와 다시 만나고 주저하고 망설이다가 겨우 말을 꺼내듯이, 프랭크도 자신이 겪은 일을 정당화하고 객관화시키며 가장 근본 적인 트라우마를 숨기는 “은폐기억”(screen memories) 뒤에 숨으려 하지만 결국 진실을 말하고 자신의 죄를 보상받는데 도움이 되는 행동을 함으로써 트라우마에서 해방된다(Ibarrola

120).

프랭크의 행동은 감당하기 힘든 트라우마와 관련한 편도체(amygdala)와 해마(hippocampus)의 기능으로 설명될 수 있다. 우리의 뇌 안쪽에 자리 잡고 있는 변연계(limbic system)에는 해마와 편도체라는 부위가 있는데, 트라우마의 경험은 뇌의 정보 처리 시스템에 마비를 일으켜 일상 기억이 저장되는 해마의 기능을 억제하고 부정적 기억들과 감정이 저장되어 있는 편도체를 활성화 시킨다. 그래서 트라우마의 기억은 조각조각 분리되어 통합적인 이야기 기억으로 전환되지 않은 채 저장된다(김준기 84). 프랭크와 서술자간의 대화는 편도체에 저장된 끊어지고 왜곡된 서술이 해마로 이동해 연결되는 과정과 충격적인 경험의 기억을 재처리하고 말하면서 대화치료에 참여하게 되는 환자 같은 등장인물의 모습을 보여준다.

외상 후 스트레스 장애 환자의 경우 자신을 괴롭히는 사건에 대해 해리 현상 혹은 억압, 변형 과정을 통해 뇌의 편도체 안으로 그 사건을 저장하는 경향이 있다. 하지만 계속되는 치유 과정 속에서 환자는 편도체에 저장된 억압적인 상황을 해마 영역으로 옮겨 뒤얽힌 뇌의 기능을 풀면서 되살려야 한다. 이때 환자는 분리된 자신을 사회나 타인과 연결시키고, 자신이 경험한 사건을 진실 되고 객관적으로 볼 수 있는 고백이나 말하는 훈련을 통해 트라우마에 맞서는 용기를 가지게 되고 트라우마의 충격을 약화시키게 된다. 허먼은 이야기를 재구성하는 것과 관련하여 "치료의 최종 목적은 심상을 포함하고 있는 이야기를 언어화하는 데 있다. 처음으로 이야기를 언어화시킬 때 환자들은 부분적인 해리 증상을 보일 수 있다. 환자는 의식이 변형된 상태에서 이야기를 적고서, 나중에는 이를 부인할 수 있다"고 말하는데 프랭크의 서술상의 흔들림은 해리 증상의 일부로 볼 수 있을 뿐만 아니라 편도체에 저장된 기억이 해마 부분으로 이동되는 과정으로 볼 수 있다(295).

프랭크는 계속되는 전지적 시점의 서술자와의 정신과 면담 시간 같은 부름과 응답 서술을 통해, 자신이 끝까지 숨기고 싶었던 내밀한 상흔을 고백한다.

> *그 여자 아이가 "냠 냠"이라고 말한 상대는 나였어요.*
> *그 여자 아이가 흥분시킨 사람은 나였어요.*
> *그 아이가 나도 모르는 욕망을 내 몸 안에서 느끼게 한 후에 어떻게 내가 그 아이를 살려 둘 수 있었겠어요? 바지 지퍼를 열고 바로 그때 그곳에서 그 아이에게 구강성교를 시키고 싶어 하는 내 욕망에 무너지면, 어떻게 내가 나 자신을 사랑하고, 내 자신이 될 수 있었겠어요? . . . . 당신은 계속 해서 글을 쓸 수 있지만 난 당신이 진실이 무엇인지 알아야 한다고 생각해요. (133-34)*

모리슨은 씨를 생각나게 하는 어린 한국 소녀를 죽인 죄책감과 수치심에 사로잡혀 있으면서도 엉뚱한 곳을 향해 자신의 분노를 터트려 왔던 프랭크의 혼란스러운 말을 통해 양파 껍질 안에 숨어 있던 것 같은 프랭크의 다층적인 트라우마를 노출시키고 있다. 이 같은 프랭크의 행동은 차마 입 밖에 낼 수 없는 행동을 애써 억누르면서 한국에서 경험한 트라우마를 정면으로 보려하지 않은 자신의 거짓 자아를 극복하는 행동이다. 모리슨은 흑인 여성 공동체의 도움으로 심적, 육체적 건강을 되찾은 씨와, 말할 수 없었던 참혹한 자신의 상흔을 이야기하면서 이를 객관화시켜 초기의 강력한 트라우마와 대면하는 프랭크의 모습을 제시하면서 작품을 끝내고 있다.

이런 면에서, 이 작품의 주제 가운데 하나가 트라우마의 "합당한 매장"이라고 할 수 있을 것이다. 보다 성숙해지고 어른스러워진 두 사람은 어린 시절에 잊지 못할 트라우마를 겪었던 곳으로 가서 생매장당한 흑인의 유골을 찾아 합당한 매장을 해 준다(Benfey 25). 모리슨은 씨가 짠 퀼트를 관 혹은 수의로 사용해서 유골을 감싼 후 합당한 예를 갖추고 매장해 주는 프랭크와 씨의 행동을 통해 그들을 끈질기게 괴롭힌 트라우마에 맞서는 변화된 주인공들의 모습을 보여주고 있다. 작품에서 매장은 남매가 어렸을 때 본 어떤 흑인을 다시 매장하는 것 외에도 프랭크가 느끼는 죄의식의 매장과도 깊은 관련을 맺는다. 프랭크는 한국에서 어떤 노인을 우발적으로 살해하고, 음식 찌꺼기를 가져가기 위해서 온 소녀를 복합적인 수치심으로 살해 한 벗어날 수 없는 트라우마에 사로 잡혀 있었다. 한국에서 프랭크의 손에 죽은 노인과 소녀의 영혼은 구천을 떠도는 한 많은 넋일 뿐 아니라 남매가 어렸을 때 본 흑인의 죽음 못지않게 억울하게 죽었으며 어떠한 방법으로든 이들에게도 합당한 애도와 장례나 매장이 필요한 것이다. 프랭크는 그 한국 노인과 소녀에게 사죄하는 마음으로 이름 없이 죽어간 흑인을 예를 갖추어 매장함으로써 한국에서 죽인 노인과 소녀에게도 합당한 매장을 하고 애도하는 것이다. 그렇게 함으로써 자신의 수치심과 비겁함을 매장시키고 더욱 진실한 자아를 만날 수 있게 된다.

모리슨은 생매장 당한 흑인이 랠프 엘리슨(Ralph Ellison)의 『보이지 않는 인간』(*Invisible Man*)에 등장하는 사투(battle royal) 장면보다 더 가혹한 강요된 부자지간 혈투의 희생자였던 사실을 작품 중에서 밝히고 있다. 백인들은 납치한 흑인 아버지와 아들에게 죽을 때 까지 싸우도록 강요하고, 자신들은 내기에 판돈을 걸면서 도박에 몰두한다. 아들의 생존을 위해 기꺼이 자신을 희생한 흑인 아버지의 꺼져 가는 생명을 목격하고 큰 충격을 받은 프랭크와 씨가 어른이 되어서 억울하게 죽어간 흑인 아버지에게 합당한 장례식을 치러 주는 행위는, 트라우마 투성이의 프랭크와 씨가 흑인조상과 흑인역사와 연결되고 공동체, 사랑, 애도, 장례와 연결되는 상징적인 장면이다. 프랭크는 자신이 써온 "여기에 한 남자가 서있다."("Here Stand A Man")라는 묘비명 같은 나무판을 흑인 남성의 유골이 묻힌 나무 부근에 세운다. 모리슨은 이름 없이 묻힌 흑인 남성이 프랭크와 씨로 대변되는 후손들에 의해 "한 남자"로 다시 명명되고, 과거에 그들이 본 당당하게 서 있던 말처럼 자유롭게 되는 과정을 포착하고 있다. 프랭크는 억울하게 죽은 흑인 선조에게 늦었지만 합당한 애도를 하면서 자신의 트라우마를 스스로 치유하면서 자신도 한 명의 성인으로 입문하게 된다.

모리슨은 프랭크와 씨가 엄청난 트라우마를 겪었지만 생존했다는 것을 "윗부분이 잘리고, 가운데가 갈라졌지만 죽지 않은 월계수 나무"를 통해 강조한다(144). 험한 세파의 영향으로 기형적인 모습을 하고 있지만 끈질기게 생명력을 지닌 나무처럼, 프랭크와 씨는 전쟁으로 인한 트라우마와 백인 의사의 탐욕스럽고 뒤틀린 욕망으로 인해 나락으로 빠질 뻔 했던 과거를 극복한 사람들이다. 씨의 경우 다친 자궁이 회복되었지만 그 상처로 인해 임신을 할 수 없는 상태이다. 모리슨은 그럼에도 불구하고 이 둘이 처한 환경과 트라우마에 굴복하지 않고 온전한 생존을 위해 계속 노력하며 살아갈 것이라는 점을 강조하고 있다. 이 작품의 마지막에 등장하는 상징적인 월계수 나무는 모리슨이 이 작품과 다른 작품에서 꾸준히 추구하고 있는 공간인 "고향"을 나타내고 있을 뿐만 아니라 트라우마로부터 회복된 주인공을 상징하고 있다.

흑인들은 대서양 중앙 항로를 통해 미국으로 끌려 온 이후 여러 농장을 전전하면서 노동을 하였고, 노예제도 폐지 이후 남부에서 북부로 이동하거나, 그 이후에는 『낙원』에 나타나 있는 것처럼 인종차별적 상황을 피하고 기회를 찾아 서부로 이주해 흑인들만 거주하는 공동체를 건설하기도 했다. 그러면서도 그들이 끊임없이 애타게 찾고 있던 공간은 지친 육체와 상처받은 영혼을 어루만져줄 "고향"이었다. 모리슨은 여러 작품을 통해 고향을 찾기 위한 흑인들의 역사를 보여주며 어떤 장소가 고향의 역할을 하는 공간인지 지속적으로 탐색하고 있다. 모리슨은 『고향』에서 1950년대 흑인들에게 고향은 어떤 넓은 의미를 가졌는지에 대해 독자들에 질문을 던지고 있다(Smith 131). 프랭크 가족은 프랭크가 4살 이었을 때 텍사스에서 루이지애나로 강제로 이주해야 했고, 그 이후에 그들은 조지아 주의 애틀랜타로 이주하였지만 작은 시골 마을 로터스는 그들에게 참다운 고향이 되지 못했다. 프랭크 가족이 강제 이주할 때 무슨 일이 있어도 고향을 떠날 수 없다며 버티던 어떤 노인은 그 다음날 두 눈이 뽑힌 채, 자신의 마당에 있는 오래된 목련나무에 목이 매달려 발견되기도 했다. 그 노인의 죽음은 흑인들이 함부로 어떤 곳을 자신의 고향으로 여기고 끝까지 그 고향을 지키기 위해 노력했을 때 겪게 되는 결과를 보여 주는 사건이었는데, 미국 흑인역사를 보면 이 같은 린치와 폭행은 현대인의 상상을 초월하는 노예제도의 해악이었다.

흑인 작가들의 고향에 대한 인식은 다양하다. 고향을 아프리카나 미국 남부로 보는 작가들도 있으며, 부두교(Voodoo), 후두교(Hoodoo), 오베아(Obeah), 칸돔블레(Cantomble) 같은 이산종교(diasporic religion)를 "절묘한 고향"이 될 성격을 가진 것으로 보는 작가도 있다(Martin 10). 그런가 하면 몇몇 작가들은 고향을 조상의 실재가 영향력을 발휘하는 흑인 공동체와 연결시키기도 한다. 반면, 이 작품에서 모리슨은 고향을 떠난 프랭크와 씨가 다시 고향인 로터스로 돌아와 월계수 나무아래에서 합당한 매장과 재기억을 통해 트라우마를 매장하는 장면을 보여 주면서, 이 땅에서 낙원과 같은 고향을 꿈꾸지만 결국 진정한 고향의 역할을 하는 곳은 그들이 그토록 도망치고 싶었던 로터스라는 점을 강조하고 있다. 갈라지고 꺾인 상태임에도 불구하고 죽지 않고 살아 있는 월계수 나무처럼, 그들의 고향은 인종차별, 폭력, 가난으로 얼룩져 있지만, 미스 에셀과 마을 공동체 여성들의 이웃사랑과 조상들의 지혜와 민간요법, 민담, 그리고 생존전략이 축적된 곳이요, 비록 한국전쟁에서 전사하긴 했지만 프랭크의 친구들과 보낸 추억이 있는 곳이기 때문이다. 모리슨은 남매의 고향 마을 이름을 로터스(Lotus)로 표기하고 있는데, 이는 진흙 속에서 자라고 꽃을 피우는 연꽃을 상징할 뿐 아니라, 모든 사람이 간절하게 추구하는 고향과 안식처는 새로운 곳에 있는 것이 아니라 보잘 것 없게 느껴지던 장소를 바꾸어 참된 고향이 되도록 해야 한다는 작가의 의도를 포함하고 있는 것이다.

모리슨은 소설의 마지막 매장 장면에서 주트 슈트(Zoot Suit: 1940년대 전반에 유행하던 어깨가 넓고 기장이 긴 상의와 위가 넓고 아래가 좁은 바지 스타일의 사치스런 남자 옷)를 입은 사람이 사라지는 장면을 소개하면서, 주인공들이 서있는 장소가 그들의 고향임을 다시 한 번 강조하고 있다. 이 작품에서 주트 슈트를 입은 인물의 등장은 이 소설에 초현실적인 요소를 가미하는데 모리슨은 프랭크가 기차에서 그를 처음 만난 장면에서도 이 등장인물이 진짜 인물인지에 대해 애매하게 묘사한다.

> 그는 놀랐다기보다는 재미있어 하면서 몸을 돌려 테가 넓은 모자를 쓴 옆 자리에 앉은 작은 남자를 살펴보았다. 연한 푸른색 수트는 긴 재킷과 나팔바지와 잘 어울렸다. 그의 신발은 이상하게 끝이 뾰족했다. 그 남자는 앞을 바라보고 있었다. 프랭크는 그 사람을 무시하고 다시 낮잠을 자기 위해 창문에 몸을 기댔다. 그가 몸을 기대자 말자 주트 수트를 입은 남자는 일어나서 복도로 사라져 버렸다. 가죽 의자에는 움푹 들어간 자국이 남지 않았다. (27)

이는 『빌러비드』의 마지막 장면에서 세드가 얼음송곳을 들고 학교선생(Schoolteacher)처럼 보이는 보드윈(Bodwin)을 향해 비상할 때 웃음을 보이고 사라지는 빌러비드를 연상시킨다. 이와 비슷하게 『고향』에서 유령처럼 끈질기게 프랭크를 따라 다니던 주트 수트를 입은 사람은 프랭크와 씨가 억울하게 죽은 흑인 남성의 유해를 묻는 장면을 보고 웃음을 보이며 사라지는데, 이 때 씨의 눈에도 그 사람이 보이게 된다. 모리슨은 주트 수트를 입은 사람의 웃음을 통해 프랭크의 손상된 남성성 회복을 비롯한 다층적인 의미를 부여하고 있으며 이를 프랭크의 트라우마 회복과 등장인물들의 미래와 연결시키고 있다.

프랭크는 자주 현재와 과거를 넘나들기도 하고, 자신의 의지와는 무관하게 발생하는 플래시백과 잦은 환청에 시달리게 된다. 그 가운데서 가장 두드러지는 장면은 주트 슈트를 입은 남자를 대면하는 장면이다. 주트를 입은 사람은 마치 저승에서 온 사람같이 행동하며 신화적인 인물의 면모를 보이기도 한다. 또한 그는 프랭크의 위태로운 남성성을 상징하기도 하는데 과장된 그의 복장은 프랭크의 위축받은 감정을 보상해 주는 역할을 한다(Cohen 22).

주트 슈트를 입은 남자는 프랭크의 무의식이 만들어 낸 희극적인 인물로 그 사람이 입고 있는 주트 슈트는 1940년대의 미국의 하위문화를 상징하는 아이콘이다. 또한 주트 슈트는 필요 이상으로 옷감의 양을 제한하던 당시 국가 전쟁 시기 의류 제한 정책을 위반하는 스타일이었으며, 이에 정부에서는 이런 스타일의 유행을 제한하거나 금지하려 했다. 1942년 전시물자위원회에서 남성복에 사용되는 울의 양을 줄이는 규칙을 정하고, 주트 슈트를 비애국적이고 불법적인 것으로 정의하면서 주티들—주트 슈트를 입는 사람들—이 반항운동을 전개하기 시작하였다. 1943년 미국의 여러 도시에서 인종 폭동이 일어났으며, 언론에서는 “주트 슈트 폭동”(Zoot Suit Riots)라고 언급하였다. 미국의 흑인뿐만 아니라 젊은 멕시코계 미국인들에 의해 수용된 이 주트 슈트는 미국 하위문화의 반항을 상징적으로 전달하며, 1940년대 대중적으로 인기를 누렸던 재즈 음악인들의 기본적인 정장 차림으로 채택되었다. 또한 겉치장을 과도하게 장식한 주트 슈트는 절제성을 강조하고 장식이 거세된 서구의 전통적인 남성 복식에 대항하는 상징물이며, 엘리트 문화에 저항하는 하위문화 스타일의 대안이었던 것이다. 모리슨은 주트 슈트를 입은 등장인물의 반복적인 등장을 통해 전쟁의 트라우마를 겪고 있는 프랭크의 무의식이 탄생시킨 자신을 관찰하고 조롱하는 또 다른 자아를 통해 전쟁을 의미화하고 있다.

억울하게 매장당한 흑인의 합당한 매장이 소개되는 부분에서 씨는 프랭크가 본 주트 슈트를 입은 사람을 목격한 것 같은 착각을 하게 된다. 모리슨은 이 장면에 대해 "'그가 사라진 것 같아.' 하지만 그녀는 확신할 수 없었다. 그녀에게 그것은 흐느적거리는 체인 시계가 달린 웃기는 수트를 입은 덩치 작은 남자가 싱긋이 웃는 것 같았다."라고 묘사하면서 『빌러비드』에서 웃으며 사라지는 빌러비드와 같은 인물을 연상시킴으로써 작품의 마지막 부분에, 다중적 의미를 부여하며 다양한 해석의 여지를 남겨두고 있다(145). 모리슨의 작품에서 눈이 내리는 풍경과 맞잡은 손, 주인공을 환영하듯 흔들리는 나무들과 여러 등장인물들의 웃음은 문제 해결과 화해, 조화, 평화, 그리고 생존을 상기시키는 역할을 하고 있다. 트라우마의 치유 척도는 주인공이 느끼는 자기 존중, 희망적 비전, 명료한 사고, 삶의 무게를 이겨내는 웃음과 깊은 관련을 맺고 있다. 모리슨은 때로는 유령처럼 끈질기게 따라 다니는 주트 수트 차림의 등장인물이 웃는 모습을 통해, 그리고 그 사람이 프랭크뿐만 아니라 씨의 눈에도 목격되고, 사라지는 장면을 통해 트라우마가 있던 자리에 웃음을 남겨두는 방식으로 소설을 끝마치고 있다.

V

모리슨은 『고향』에서 트라우마에 사로잡힌 등장인물들이 공동체의 도움을 받으며 회복되어 가는 과정을 보여주면서 생존과 치유를 위한 민간요법, 공동체의 노력, 재기억과 감정이입의 중요성, 합당한 매장, 그리고 합당한 애도를 강조한다. 모리슨은 진실을 숨긴 채 과거의 수치스러운 행위를 회피하고자 하던 프랭크가 두 가지 방식을 통해 과거와 화해하게 한다. 하나는 씨를 살리려는 그의 노력이며, 나머지 하나는 전지적 서술자와의 부름과 응답 형식의 대화를 통한 명료함을 향해 나아가는 것이다. 한편 이 작품의 또 다른 중요 등장인물인 씨는 마을 여성들로부터 배운 퀼트 만들기를 통해 자신의 정신적인 상처를 조각보 이불로 변화시키면서 억울한 피해 의식을 예술로 승화시키고 말 그대로 자신의 상처를 꿰매게 된다.

프랭크와 씨는 작품의 끝 부분에서 상처받기 쉽거나 트라우마에 갇혀 있는 사람이 아니라 현실을 정확하게 파악하며 조상을 기억하고 합당한 애도를 하는 성인들이 되어 있다. 비록 프랭크가 완전하게 치유되지 않았고, 씨는 자궁의 상처로 인해서 출산을 할 수 없다하더라도 그들은 끊임없이 자신들을 괴롭힌 과거와 화해를 이루고 생존과 미래를 생각하게 된 것이다. 작품의 마지막에 등장하는 기형적인 모양을 한 월계수 나무는 상처투성이인 주인공들과 닮은 점이 있는데, 세상 풍파에 시달린 월계수 나무가 생존해 있듯이 프랭크와 씨는 다른 사람이 아닌 자신들을 위한 삶을 살며 치유를 향해 나아가게 될 것이다. 모리슨은 프랭크와 흑인 여성들에게 많이 의지하고 있던 씨가 오빠에게서 독립하는 모습을 보여주고 있는데, 이를 통해 트라우마에서 회복되어 가는 등장인물들이 마지막 단계에서 이루어야 할 완전한 홀로서기를 강조하고 있다.

프랭크는 자신의 죄를 용서 받기 위해 씨를 돌보는 일에만 신경을 쓰고 있기에 정작 자신의 치유를 위해 신경을 쓰지 못하고 있으며, 씨를 구하러 갈 때 만난 여러 흑인들의 도움과 한 동안 함께 살며 사랑했던 여성 릴리와의 추억이 긍정적인 역할을 하고 있지만 상대적으로 본인의 치료를 위한 구체적인 노력은 하지 못하고 있다. 모리슨은 오빠의 전폭적인 관심을 받던 씨가 오빠에게 더 이상 전처럼 신경 쓰지 않아도 된다고 말함으로써 더 이상 여동생을 보호 하지 않아도 되는 프랭크가 이제 자신을 더 많이 신경 쓰면서 새로운 삶을 살 것이라는 점을 보여준다. 프랭크는 서술자와의 끝없는 대화, 여러 사람들의 도움, 씨를 구하는 행위, 억울하게 죽어 매장된 흑인 남성을 위한 합당한 애도와 매장을 통해 조금씩 자신의 트라우마에서 회복되게 된다. 모리슨은 프랭크의 외상 회복을 색채를 이용해서 더욱 설득력 있게 묘사하고 있다. 즉, 프랭크에게 전에는 세상이 자주 흑백으로 보였는데, 작품의 결말에서는 세상이 이토록 아름다운 색으로 가득 차 있는지에 대해 놀랄 정도로 뚜렷하게 여러 색으로 보이는 것이다.

모리슨은 여러 작품을 통하여, 아프리카에서 미국으로 끌려오다시피 한 흑인들이 참된 고향을 찾는 여러 방법과 긴 역사를 보여주고 있다. 이 작품에서 주인공들의 고향은 너무나 많은 트라우마를 상기시키는 곳으로 그들에게 황무지와 같은 공간이었다. 하지만 소설의 결말 부분에서 주인공들은 자신들이 경험한 트라우마의 진원지가 되었던 장소를 정화하는 행동을 함으로써 그들의 참된 고향을 재발견하고 있을 뿐 아니라 황무지 같은 자신의 고향을 생존할 수 있는 곳으로 변화시키고 있다. 주인공들이 참된 고향을 찾는 과정은 트라우마를 극복하는 방법과 유사한 점을 가지고 있는데, 그것은 과거의 고통을 재기억하고, 행위와 말하기, 글쓰기를 포함한 여러 표현적인 행동을 통해 명료함을 가지는 것과 관련이 있다. 도저히 말할 수 없을 것 같은 말을 할 수 있게 된 그들은 그토록 찾고자 한 마음의 고향을 찾고, 더 중요하게는 합당한 애도와 재기억을 통해 트라우마를 매장시킴과 동시에 참된 자아를 찾을 수 있게 된 것이다.

참고 문헌

김준기. 『영화로 만나는 치유의 심리학』. 서울: 시그마북스, 2012.

뷰터, 스티븐 해로드. 박윤정 역. 『식물의 잃어버린 언어』. 서울: 나무심는사람, 2005.

세믈러, 일리아나 알렉산드라. 「윤리, 언어, 그리고 이야기」. 앤 헌세이커 호킨스 & 마릴린 챈들러 매켄타이어 외 공저. 마종기 외 공역. 『의학과 문학』. 서울: 문학과 지성사, 2009. 85-104.

신문수. 「미국 흑인 타자화 약사」. 『미국학』 29집 (2006): 277-316.

신진범. 「모리슨의 『사랑』에 나타난 흑인 조상의 역할」. 『영어영문학연구』 53권 3호 (2011): 209-26.

이봉희. 「내 안의 시인을 깨우는 문학치료」. 『어문학』 110집 (2010): 31-60.

조비결. 「토니 모리슨의 『집』 — 트라우마와 치유의 수사학」. 『인문과학연구』 40집 (2014): 705-33.

허먼, 주디스. 최현정 역. 『트라우마: 가정폭력에서 정치적 테러까지』. 서울: 플래닛, 2009.

Benfey, Christopher. "Ghosts in the Twilight." *New York Review of Book* 59.12 (2012): 25-26.

Charles, Ron. "After War, a Korea Veteran's Own Battle." Rev. of *Home. The Washington Post* 1 May 2012. C1.

Cohen, Leah Hager. Rev. of *Home. New York Times Book Review* 27 May 2012. 22.

Hurston, Zora Neale. *Their Eyes Were Watching God.* New York: Harper & Row, 1990.

Ibarrola, Aitor. "The Challenges of Recovering from Individual and Cultural Trauma in Toni Morrison's *Home.*" *IJES: International Journal of English Studies* 14.1 (2014): 109-24.

Martin, Janette. "Jablesses, Sourcriants, Loups-garous: Obeah as an Alternative Epistemology in the Writing of Jean Rhys and Jamaica Kincaid." *World Literature Written in English* 36.1 (1997): 3-29.

McFarland, Joanne. Rev. of *Home. Prairie Schooner* 86.4 (2012): 172-73.

Minzesheimer, Bob. Rev. of *Home. USA TODAY* 5 July 2012.

Montgomery, Maxine L. "Re-membering the Forgotten War: Memory, History, and the Body in Toni Morrison's *Home*." *CLA Journal* 55.4 (2012): 320-34.

Morrison, Toni. *Home*. New York: Alfred A. Knopf, 2012.

______. "Rootedness: The Ancestor as Foundation." *Black Women Writers (1950~1980): A Critical Evaluation*. Ed. Evans, Mari. New York: Anchor Press, 1984. 339-45.

Myers, D. G. "Beloved by Whom?" *Commentary* 133 (2012): 71-73.

Roy, Anita. "Forever Coming Home." Rev. of *Home*. *The Indian Express* 7 July 2012.

Schindler, Melissa. "Home, or the Limits of the Black Atlantic." *Research in African Literature* 45.3 (2014): 72-90.

Smith, Valerie. "Epilogue: *Home*." *Toni Morrison: Writing the Moral Imagination*. MA: Blackwell Publishing, 2012. 131-36.

Verdelle, A. J. "The Worst Place in the World." *Women's Review of Books* 29.5 (2012): 11-12.

White, Evelyn C. Rev. of *Home*. *Herizons* 26.2 (2012): 37.

트라우마 소설연구 II
기억과 회복의 서사

한국근대영미소설학회

필진

김일영

성균관대학교 영어영문학과 교수. 한국18세기영문학회 고문, 한국근대영미소설학회 회장을 맡고 있으며, 「로렌스 스턴과 포스트모더니즘」, 「불확실성과 '중간자'에 대한 공포: 전환기 시대의 고딕 『드라큘라』」 등의 논문과 『18세기 영소설 강의』, 『영미해설 총서 1: 『트리스트람 섄디』』 등의 저서가 있다. 역서로 『업동이 톰 존스 이야기』 I, II권과 『주석달린 드라큘라』 등이 있다.

유재은

서울대학교 영어영문학과를 졸업하고 럿거스 대학에서 영문학 박사학위를 받고 현재 한양대학교 영어영문학과 교수로 재직 중이다. 주요 논문으로 "Broken Tongues in Dialogue: Translation and the Body in Slow Man," "Lost in the Passage: (Japanese American) Women in Julie Otsuka's The Buddha in the Attic," "'A Nothingness Capable of Damage': Translating Trauma and Reading Alterity in The Foreign Student" 등이 있다.

홍덕선

성균관대학교 영어영문학과 교수. 미국 사우스캐롤라이나 주립대학에서 문학박사 학위를 받았고, 현대영미소설 학회 회장, 제임스 조이스 학회 회장을 역임하였다. 영문학 연구의 첫발을 조이스 문학 연구에서, 특히 조이스 문학의 실험성이 현실세계에서 차지하는 정치성에 연구의 초점을 기울였고, 이후 포스트모던 역사소설과 탈식민지문학에 대한 연구로, 최근에는 재난의 파국적 상상력을 그려내는 재난서사에 연구의 관심을 집중하고 있다. 저서로 『포스트모던 영국소설의 세계』, 『몸과 문화』, 『제임스 조이스 문학의 길잡이』(공저), 『제임스 조이스 문학 강의』(공저), 『20세기 영국소설의 이해 I, II』(2권, 공저), 등이 있고, 역서로 『젊은 예술가의 초상』, 『혹스무어』, 『기적의 필름클럽』, 『나무들의 은밀한 생활』(공역), 『내 영혼이 깨어나는 순간』(공역), 『훌륭한 군인』(공역)이 있다.

부경숙

서강대학교 영문과 미국문화전공 교수로 재직 중이며 서강대학교 미국문화센터의 초대 소장을 역임했다. 한국아메리카학회에서 연구이사, 편집이사 및 2009년 국제학술대회 운영위원장을 역임했고, 현재 한국영미문화학회 부회장을 맡고 있다. 미국 문학과 문화에 드러난 정체성 형성에 초점을 맞춘 연구를 하며, 대표논문으로 미국 원주민계 문학과 영화 그리고 아시아계 미국 문학을 다룬 논문이 다수 있다.

한광택

연세대학교 영어영문학과를 졸업하고 노스캐롤라이나 대학에서 영문학 박사학위를 받았다. 현재 비평과 이론 학회 편집이사를 맡고 있으며 18, 19세기 영미문학을 연구하며 다수의 논문을 내었고 서울대, 연세대, 고려대, 서강대 등에서 문학과 문화연구관련 강의들을 담당하였다.

정은숙

정은숙은 『맥신 홍 킹스턴의 대화적 기법』으로 중앙대학교에서 박사학위를 받았으며, 현재 중앙대학교 교양학부대학에 재직 중이다. 한국동서비교문학학회의 재무이사, 동화와 번역 연구소의 연구이사, 중앙영어영문학회의 감사를 맡고 있다. 아시아계 미국 작가들인 맥신 홍 킹스턴, 데이비드 헨리 황, 칼로스 블로산, 강용흘, 김난영, 차학경, 김은국, 최숙렬 등에 대한 다수의 논문이 있고, 현재 한국계 아동 및 청소년 문학에 대한 연구를 진행 중이다.

구은숙

청주대학교 영어영문학과 교수. 중앙영어영문학회, 국제비교한국학회, 미래영어영문학회 부회장등을 역임했다. 인종과 젠더의 정치적 측면에서 아프리카계 미국문학, 한국계 미국문학을 포함한 아시아계 미국소설을 분석한 다수의 논문이 있다. 저서로는 『페미니즘의 어제와 오늘』(공저), 『20세기 미국소설의 이해』(공저), 역서로는 앨리스 워커의 『어머니의 정원을 찾아서』가 있다.

권영희

현재 서울시립대학교 영어영문학과에 재직 중이며 2006년에 아이오와대학교에서 박사학위를 받았다. 세부전공은 영국소설과 탈식민주의 문학이고, 영국의 제국주의 역사와 깊이 관련된 19세기 말 이후 서사문학이 오늘의 세계와 현실에 대해 어떤 의미를 가지는지 주로 탐구해 왔다. 하위자 주체의 재현 문제, 영국 모더니즘 서사와 제국주의 이념의 상관관계, 인종 간 접촉, 다인종적 주체 구성, 육체성에 대한 혐오 등에 관한 다수의 논문을 썼다.

신진범

서원대학교 영어과 교수. 현재 19세기영어권문학회 총무, 한국아메리카학회 편집이사, 미국소설학회 정보이사, 한국중앙영어영문학회 편집위원, 영미문학교육학회 정보이사로 활동하고 있다. 「17세기말 미국의 계급, 인종, 종교와 토니 모리슨의 『자비』」 등의 논문과 저서로 『아프리카계 미국소설과 이산종교』, 『토니 모리슨』(공저), 『20세기 영국 소설의 이해 II』(공저), 『미국 흑인문학의 이해』(공저), *Encyclopedia of Asian-American Literature*(공저) 등이 있고, 역서로 『가장 푸른 눈』, 『타르 베이비』, 『아시아계 미국 문학의 길잡이』(공역), 『미국 문화의 이해』(공역) 등이 있다. 최근에는 문학과 의학, 글쓰기 치료를 흑인문학과 연결시켜 연구하고 있다.

트라우마 소설연구 II

기억과 회복의 서사

초판 1쇄 발행 _ 2015년 8월 10일

저　　자 • 한국근대영미소설학회
발 행 인 • 정 현 걸
발　　행 • 신 아 사
인　　쇄 • 예지인쇄
출판등록 • 1956년 1월 5일 (제9-52호)
주　　소 • 서울특별시 은평구 통일로 59길 4 2F
전　　화 • 02)382-6411 · 팩스 02)382-6401
홈페이지 • www.shinasa.co.kr
E-MAIL • shinasa@daum.net

ISBN 978-89-8396-909-5(93840)

정가 14,000원